UNIVERSITY OF NORTH CAROLINA AT CHAPEL HILL
DEPARTMENT OF ROMANCE LANGUAGES

NORTH CAROLINA STUDIES
IN THE ROMANCE LANGUAGES AND LITERATURES

Founder: URBAN TIGNER HOLMES

Distributed by:

UNIVERSITY OF NORTH CAROLINA PRESS
CHAPEL HILL
North Carolina 27514
U.S.A.

NORTH CAROLINA STUDIES IN THE
ROMANCE LANGUAGES AND LITERATURES

Number 213

MÉMOIRES SUR LA LIBRAIRIE
ET SUR
LA LIBERTÉ DE LA PRESSE

MALESHERBES

MÉMOIRES SUR LA LIBRAIRIE
ET SUR
LA LIBERTÉ DE LA PRESSE

Introduction and notes

by

GRAHAM E. RODMELL

CHAPEL HILL

NORTH CAROLINA STUDIES IN THE ROMANCE
LANGUAGES AND LITERATURES
U.N.C. DEPARTMENT OF ROMANCE LANGUAGES
1979

Library of Congress Cataloging in Publication Data

Malesherbes, Chrétien Guillaume de Lamoignon de, 1721-1794.
 Mémoires sur la librairie et sur la liberté de la presse.

 (North Carolina studies in the Romance languages and literatures; 210 [i.e. 213])
 Bibliography: p.
 1. Press law. 2. Press law—France. 3. Booksellers and bookselling. 4. Booksellers and bookselling—France. I. Rodmell, G. E. II. Title. III. Series: North Carolina studies in the Romance languages and literature; 213.

K4285.M34 1979   343.09'98   79-21124
ISBN 0-8078-9213-0

I.S.B.N.: 0-8078-9213-0

DEPÓSITO LEGAL: V. 3.000 - 1979   I.S.B.N.: 84-499-3341-2
ARTES GRÁFICAS SOLER, S. A. - OLIVERETA, 28 - VALENCIA (18) - 1980

NOTE: The pagination of the first edition of the *Mémoires* (Paris, H. Agasse, 1809) is represented by the square brackets and the numerals given in the margin of this edition. All references in the editorial material to the text of the *Mémoires* give this pagination.

CONTENTS

	Page
INTRODUCTION	13
Malesherbes' life	14
The Book Trade	28
Malesherbes as *Directeur de la librairie*	37
The *Mémoires sur la librairie*	46
The *Mémoire sur la liberté de la presse*	56
SELECT BIBLIOGRAPHY	67
TEXT	69
NOTES	313
APPENDIX	331
The text of the principal laws governing the book trade in France under the *ancien régime*.	

PREFACE

Malesherbes was, as *Directeur de la librairie,* in charge of the control of the book trade in France in the early years of the second half of the eighteenth century. Whilst it is true that over the years a number of extremely valuable and important contributions have been made to the study of this fascinating man and his rôle, notably by writers such as J. P. Belin, P. Grosclaude, E. P. Shaw and others, the fact remains that Malesherbes remains a figure more talked about than read.

This volume sets out to provide, in a manageable form and under one cover, the text of Malesherbes' *Mémoires sur la librairie et sur la liberté de la presse* along with supporting material designed to facilitate the reader's enquiries, not only into Malesherbes himself and his ideas on the important topics with which he deals, but also into an important decade and more during which the great French *philosophes* were producing, under the system then being directed by Malesherbes, some of their most significant works. It also represents an attempt to make it more readily possible, in our colleges and universities, to devote to Malesherbes the attention which he deserves. To this end it presents the text of the *Mémoires,* which have much to say to historians of eighteenth-century France (particularly to all those concerned with the history of publication during that period), and which also throw light on the origins of our modern concept of freedom of the press, and it brings this text into juxtaposition with an introduction to the life of Malesherbes and to the state of the French book trade in his time. In addition, it offers notes which it is hoped will explain certain allusions in Malesherbes' text, some of which may not be immediately clear even to experienced students of eighteenth-century France. Finally, the volume contains, in the form of an appendix, the text of the principal laws governing the book trade under the *ancien régime,* which are not readily available to many readers, and which are a valuable (one might almost say indispensable) adjunct to the *Mémoires,* in that they enable the reader to understand the legislative framework within which Malesherbes was operating and within which his contemporaries were seeking to have their works published.

The introduction to this edition inevitably owes much to the work of scholars such as those mentioned above, and perhaps especially, in terms of the account given of Malesherbes' life, to the work of M. Pierre Grosclaude. At the same time, the modest hope is expressed that the introduction will not be thought totally derivative, but to have some new perspective to offer, however slight, and that it will be considered useful to scholars and students alike.

I should like to place on record my considerable gratitude to my mentor, Professor John Lough, for his kind encouragement and for his helpful comments on my manuscript. In addition, my grateful thanks go to my friend and colleague, Dr. David Hillery, for his similar help and encouragement, and to Mrs. Elizabeth Clifford, for her patient typing. My special thanks are due to the University of Durham Research Fund Committee for its generous financial assistance.

GRAHAM E. RODMELL

Durham, England

INTRODUCTION

There is a mass of documentation extant concerning Malesherbes, one of the most fascinating figures of eighteenth-century France, but within the limits of this introduction it is impossible to do more than give a brief outline of his life and career. The fascination which he holds even today can best be illustrated in the following terms:

> Étudier la vie et la pensée de Malesherbes, de cet homme qui fut mêlé à tout et qui voulut toucher à tout, à qui rien d'humain ne fut étranger ou indifférent, c'est voir bouillonner le courant tumultueux d'un demi-siècle, c'est partir de Montesquieu pour arriver à Robespierre, c'est suivre à la fois les drames politiques, le combat des idées, les transformations de l'opinion, c'est assister à la fin d'une ère, et c'est surtout faire connaissance avec un esprit supérieur, d'un rayonnement presque incomparable, avec une personnalité dont la richesse même est une invitation à la dépasser. [1]

Malesherbes was *Directeur de la librairie* from 1750 until 1763, thirteen years which mark perhaps the most fruitful period in the output of the *philosophes* of eighteenth-century France, and his *Mémoires sur la librairie* and the *Mémoire sur la liberté de la presse* are an expression of the richness of this personality at grips

---

[1] P. Grosclaude, *Malesherbes, témoin et interprète de son temps*, Paris (1961), p. 17. In giving this outline of Malesherbes' life I shall be enormously indebted to the writings of M. Grosclaude, and I wish to acknowledge this debt from the outset. M. Grosclaude's principal works on Malesherbes will be found listed in the select bibliography at the end of this introduction.

with a particular, almost insoluble problem, the control of a confused book trade at a moment of social and philosophical ferment, and at grips also with a question which has taxed men's minds for centuries and which is still very much a live issue today, the question of what limits, if indeed any, should be set on the individual's right to express himself freely in print on any subject whatsoever which may occur to him. Malesherbes' reflections may still have relevance in the second half of the twentieth century.

Malesherbes' Life

Chrétien-Guillaume Lamoignon de Malesherbes was born in Paris on 6 December, 1721. He was educated at the Jesuit Collège Louis-le-Grand, where he was, like Voltaire, a pupil of Père Porée. The precise date of his entry into the Collège is unknown, though it was probably in 1727. We do know that he left it, not yet sixteen years of age, in 1737. We are fortunate in that there still exists a letter written to Malesherbes just before he left Louis-le-Grand by his father, the future Chancellor of France. This letter, which is dated 16 April, 1737, gives us an interesting insight into the young Malesherbes' personality as seen through the eyes of his father. [2]

Malesherbes' father, a serious-minded, not to say a severe man, and an ardent supporter of the Jesuits, finds it necessary in this letter to complain of the "légèreté" of his son's character, of his "esprit d'indépendance qui se porte quelquefois jusques à la férocité," of his attitude towards religion ("A vous voir dans une église on dirait que vous n'avez aucune connaissance des mystères de la religion"), of his "indocilité" and his laziness. As M. Grosclaude observes, "Le conflit entre les générations ne date pas d'aujourd'hui." [3] In the event, however, Malesherbes, although he was never to share his father's religious views, was to become the very antithesis of laziness, as his period as *Directeur de la librairie* shows, and indeed in many respects he was to outdo his father. He

---

[2] Large sections of this letter are quoted by P. Grosclaude, op. cit., pp. 45-54.

[3] P. Grosclaude, op. cit., p. 55.

always, however, retained the spirit of intellectual independence which at its worst might lead one to suspect him of a certain dilettantism, but which at its best goes a long way towards accounting for his greatness.

In the years following his departure from the Collège Louis-le-Grand, Malesherbes for some time studied law under the guidance of the Abbé René Pucelle (1655-1745). It is not clear precisely how this arrangement came about. The elderly Pucelle may have been related to Malesherbes' mother's family, but he seems, on the face of it, a strange choice of tutor for the young Malesherbes since, although probably not a Jansenist himself, he was certainly a well-known and vigorous defender of Jansenists and opponent of the Bull *Unigenitus*. In other words, his religious views were just about as different as they possibly could have been from those of Malesherbes' father.

Be that as it may, Pucelle undoubtedly made a tremendous impression on his pupil, who followed in his footsteps in becoming a champion of the rights of the *parlements* and a defender of oppressed minorities (in Malesherbes' case the Protestants of France). Another of Malesherbes' masters in the study of law whose name should be mentioned was Guillaume Joly de Fleury, the great *procureur général*.

Malesherbes' career began in 1741 when he was appointed assistant (*substitut*) to Joly de Fleury. In 1744 he became a *conseiller* in the Paris *parlement*. Like so many of his contemporaries, however, he was not prepared to devote all his energies to his specialism: we know that he was passionately interested in the sciences, especially natural history, and that he attended Jussieu's lectures on botany and those of Rouelle on chemistry. He also showed great interest in literature and very soon began to frequent men of letters. Unfortunately, precise details are here once again lacking, but it is clear that by 1750 he knew a great number of the leading writers of the day.

It was in 1750 that Malesherbes' father, Guillaume de Lamoignon, became Chancellor of France and appointed his son *premier président* of the *cour des aides* and at the same time gave him an immense administrative task by making him *Directeur de la librairie*. In this same year, 1750, Malesherbes became a member of the *Académie des Sciences*: in subsequent years he was also to become a member of the *Académie des Inscriptions* (1759) and, without having written a single purely literary work, of the *Académie française* (1775). He was only the second person ever to have been a member of all three academies, Fontenelle having been the first.

Malesherbes' career as *Directeur de la librairie* will be examined separately later. For the moment let us simply note that he held the appointment from 1750 until 1763. These were years during which, as has already been observed, very many of the great works of the Enlightenment, not least amongst them the *Encyclopédie* of Diderot and D'Alembert, were published. The dissemination of the ideas of the great thinkers of the time might well have met with still greater impediments than was in fact the case had the *Directeur de la librairie* been a less liberal-minded man than Malesherbes.

Malesherbes resigned as *Directeur* in 1763 when his father fell from grace (although nominally Lamoignon remained Chancellor until December, 1768, when he was replaced by the *Garde des Sceaux* and vice-Chancellor René-Charles de Maupeou, who after twenty-four hours himself resigned in favour of his son Charles-Augustin de Maupeou). Malesherbes remained first president of the *cour des aides,* a sovereign court dealing, in both the civil and the criminal sphere, with matters of taxation — not only the *aides* themselves, but also the *gabelles,* the *tailles* and the *droits d'octroi* — and responsible for decisions concerning exemptions and privileges in taxation. For almost twenty years in this office — and particularly from 1756 onwards — Malesherbes fought a vigorous battle in defence of the independence and the rights of this important body against arbitrary and oppressive fiscal measures undertaken by the government of Louis XV.

The year 1756 saw the beginning of the Seven Years' War and, of course, increased taxation became necessary if funds were to be found with which to wage it. The *cour des aides* agreed to this as a short-term measure, on the understanding that as soon as the emergency was over the extra tax demands would be withdrawn. In September of that year, however, it formulated remonstrances to the king protesting against the multiplicity of taxes and, in particular, springing to the defence of the peasants, merchants and craftsmen on whose work the national prosperity depended:

> Quelle justice peut-on attendre, quand le travail du laboureur, l'industrie du fabricant, le crédit du négociant sont devenus des objets d'imposition?

The remonstrances went so far as to draw to the attention of Louis XV "l'oppression sous laquelle votre peuple gémit depuis longtemps" (Grosclaude, p. 212).

More protests came in 1758, when the *cour des aides* felt it necessary to try to

> ... détourner Sa Majesté d'une augmentation de prix qui doit encore multiplier la dépense, la peine des hommes et les vexations qui sont une suite nécessaire des lois trop dures (Grosclaude, p. 213).

The battle with the government became still more fierce in 1759 when the king saw fit to make the court accept by force certain edicts designed to raise yet more war funds. It was Malesherbes who, on these occasions, presented the court's remonstrances to the king. The battle continued. A remonstrance of 1761 again used very strong language, speaking openly of despotism:

> Le despotisme, cette forme de gouvernement effrayante pour les peuples et contraire aux droits de l'humanité, entraîne avec elle l'idée de l'injustice... Nous prévoyons encore que les partisans de ce despotisme dont nous nous plaignons ne manqueront pas de se récrier sur ce qu'on a la hardiesse de qualifier de despotisme un pouvoir exercé en vertu de vos ordres, et qu'ils exploiteront leurs artifices ordinaires pour faire regarder comme un attentat à l'autorité de Votre Majesté la dénonciation que nous lui faisons des abus de cette autorité (Grosclaude, p. 217).

Throughout these years Malesherbes, in the battle between the executive power and the claims of his fellow-magistrates, who incidentally had a good deal of public sympathy at this stage, always acted as a stalwart defender of the latter. Later on, when it became clear that the magistrature was more interested in its own vested interests than in the national good, he was to oppose them on more than one occasion.

When Maupeou became Chancellor at the end of 1768 the *cour des aides* and the *parlement* alike found themselves face to face with a redoubtable adversary. The struggle between magistrature and royal authority came to a head in 1770, and Malesherbes was to the fore. On 31 August the *cour des aides* made a solemn protest to Louis XV about the arrest at Versailles of two members of the Breton *parlement* as they left after an audience with the king. The court regretted that Louis had allowed himself to be persuaded that it was necessary to "régner par la terreur sur les ministres de la justice" (Grosclaude, p. 235).

The last months of 1770 and the early months of 1771 saw a veritable battle between royal authority, represented by Maupeou, and the Paris *parlement*. A series of *lits de justice* forced the royal will upon the *parlement,* and on 21 January, 1771, one hundred and thirty of its members were removed from their posts and exiled from Paris. Power was now effectively in the hands of Maupeou, the Abbé Terray and the Duc d'Aiguillon. On 18 February, Malesherbes drew up a series of remonstrances on behalf of the *cour des aides*. These remonstrances, which were circulated secretly, are an eloquent expression of the claims of the magistrature. Some of the statements they contain could scarcely have been more forthright. It is pointed out that the rights of the magistrature, including the right freely to register royal edicts and, if not satisfied that these are in the national interest, to present remonstrances to the king, have been "violés avec inhumanité." An attempt is being made to deprive the nation of the most essential rights of a free people:

> Les cours sont aujourd'hui les seuls protecteurs des faibles et des malheureux; il n'existe plus depuis longtemps d'États généraux, et dans la plus grande partie du royaume point d'États provinciaux; tous les corps, excepté les Cours, sont réduits à une obéissance muette et passive. Aucun particulier dans les provinces n'oserait s'exposer à la vengeance d'un commandant, d'un commissaire du Conseil, et encore moins d'un ministre de Votre Majesté.

The remonstrances are, of course, careful to draw a diplomatic distinction between the king's real desires and the things which are being done in his name. At the same time, Malesherbes' text sounds a clear note of warning when it asks Louis,

> Daignez considérer que la puissance divine est à l'origine de toutes les puissances légitimes, mais que le plus grand bonheur des peuples en est toujours l'objet et la fin, et que Dieu ne place la couronne sur la tête des rois que pour procurer aux sujets la sûreté de leur vie, la liberté de leur personne et la tranquille propriété de leurs biens,

and when it points out that

> Il existe en France, comme dans toutes les monarchies, quelques droits inviolables qui appartiennent à la Nation; nous n'aurons point la témérité de discuter jusqu'où ils s'étendent, mais en un mot, il en existe... (Grosclaude, pp. 237-238).

Law is the only guarantee of these rights. At the end, Malesherbes calls for a meeting of the States General ("Interrogez donc, Sire, la nation elle-même) [4] and goes on by implication even to deny the doctrine of the divine right of kings:

> Le témoignage incorruptible de ses représentants vous fera connaître au moins s'il est vrai, comme vos ministres ne cessent de le publier, que la magistrature seule prend intérêt à la violation des lois, ou si la cause que nous défendons aujourd'hui est celle de tout le peuple par qui vous régnez et pour qui vous régnez (Grosclaude, p. 239).

The king refused to receive these remonstrances.

The Paris *parlement*'s functions had been taken over by five *conseils supérieurs* at Blois, Châlons, Clermont-Ferrand, Lyons and Poitiers. On 22 March, 1771, the *cour des aides,* still presided over by Malesherbes, protested against "la prétendue érection d'un nouveau tribunal au lieu du Parlement de Paris," and explicitly stated that it would not recognise any acts "desdites personnes remplissant les fonctions de ladite Cour" (Grosclaude, p. 243). This amounted to open defiance of royal authority.

A delegation from the *cour des aides* led by Malesherbes had stormy interviews first of all with Maupeou and then with the king

---

[4] It should be noted that this is extremely important. We are still in the reign of Louis XV, and such a call as early as this from a *cour souveraine* of Paris amounts to a very dramatic move indeed.

on 27 March. On 6 April Malesherbes received the following *lettre de cachet,* dated two days later, the 8th;

> Monsieur de Lamoignon de Malesherbes, je vous fais cette lettre pour vous ordonner de rester à Malesherbes jusqu'à nouvel ordre de ma part. Sur ce, je prie Dieu qu'il vous ait, Monsieur de Malesherbes, en sa sainte garde.
> LOUIS.   PHÉLIPPEAUX. [5]

On 9 March the *cour des aides* was disbanded. Henceforth Maupeou was free to replace the Paris *parlement* by a new court and to render the provincial *parlements* ineffective.

The *lettre de cachet* reproduced above marks the beginning of three years of exile for Malesherbes on his country estate. On 10 May, 1774, Louis XV died. In a letter written in the last week of June of that year to Dionis du Séjour, Malesherbes' hopes for the future are manifest:

> Aujourd'hui les choses sont bien différentes; je ne sais rien particulièrement de ce qui se passe, c'est à dire que je ne suis dans aucune confidence, mais d'après tout ce que dit le public, on ne peut douter qu'il y ait des gens puissantes, bien intentionnées, pour le retour de l'ancienne magistrature... (Grosclaude, pp. 269-270).

At the instigation of Turgot, now a minister, Malesherbes, still in exile, returned to work on memoranda he had begun concerning the re-establishment of the *parlements.* Maupeou was disgraced in August, 1774. Despite Turgot's blandishments, Malesherbes refused to accept the post of *Garde des Sceaux,* feeling that since reforms in the powers of the *parlements* were undoubtedly necessary,

> ... il ne faut pas mettre à cette place dans ce moment-ci aucun de ceux qui ont joué un rôle pour la cause des Parlements... Le reproche d'avoir trahi sa conscience et abandonné par ambition ses principes et ses confrères est

---

[5] I.e. Louis Phélypeaux, duc de La Vrillière (1705-1777), *Ministre de la maison du Roi,* subsequently disgraced by Louis XVI. As Malesherbes himself was to point out in the last days of his life when he was himself accused of abusing the system of *lettres de cachet,* these were as a matter of course countersigned by a Secretary of State (see P. Grosclaude, op. cit., p. 772).

un reproche que je ne conçois pas qu'on puisse soutenir (Letter to Turgot, 5 August, 1774, Grosclaude, pp. 293-294).

In November Louis XVI's government, headed by Maurepas, re-established the *parlements*. The *cour des aides* was re-established too, with Malesherbes once again its *premier président*. In his speech at its opening session on 21 November, Malesherbes remarked:

> Le respect nous impose silence sur les malheurs que nous avons éprouvés. Nous ne devons plus y considérer que la main juste et bienfaisante qui nous rend à nos fonctions, et, on peut le dire sans témérité d'après le Roi lui-même, aux vœux de la nation... Un roi jeune est monté sur le trône avec un amour ardent pour la vérité et le courage nécessaire pour l'entendre: ayons celui de la lui faire parvenir.... La Justice est dans le cœur du Roi; la Nation a tout à espérer (Grosclaude, p. 310).

It was not long before the honeymoon was over. By 10 April, 1775, the *cour des aides* was producing remonstrances warning the young king against the temptations of despotism. Much more violent were the remonstrances of 6 May, which denounced "l'avidité des financiers et le despotisme des administrateurs," made a violent attack on the inequitable tax system, and on the scandalous *lettres de cachet,* arguing that

> ... des ordres attentatoires à la liberté des citoyens ne devraient jamais être accordés à des particuliers, ni pour leurs intérêts personnels, ni pour venger leurs injures, parce que, dans les pays où il y a des lois, les particuliers n'ont pas besoin d'ordres extra-judiciaires et que d'ailleurs de tels ordres sont donnés aux puissants contre les faibles, sans réciprocité, ce qui est la plus criante de toutes les injustices (Grosclaude, pp. 313-314).

The king promised to study these remonstrances with the utmost care, but no action was taken along the lines they suggested.

Turgot was eager for Malesherbes to become a minister and enter the *Conseil d'Etat du Roi* to help him with the implementation of his liberal policies, and it was agreed with Maurepas that Malesherbes be asked to accept the post of *Ministre de la maison du Roi.* Malesherbes, too readily able to see the various sides of any question, was reluctant to accept a ministerial post with the obligation to take decisive action which this would entail. Finally, and with much reluctance, at the end of June, 1775, Malesherbes agreed. His reply to the king's formal offer intimated that he accepted the post on a temporary basis. In the case of Malesherbes, it seems more than likely that this was more than mere conventional self-deprecation:

> Peut-être, ayant passé ma vie dans les compagnies où se rend la justice réglée, pourrais-je contribuer à rétablir la règle dans quelques parties de l'administration, s'il en est où on s'en soit écarté.
> Mais je ne suis aucunement propre aux détails et à la suite de l'administration. Ce ne fut jamais mon état et je m'en reconnais tout à fait incapable.
> J'accepte donc avec soumission, Sire, la place qui m'est confiée, mais comme un dépôt qui doit bientôt passer en d'autres mains et j'ose prévenir Votre Majesté que je ne perdrai aucune occasion de la supplier de s'occuper du choix de mon successeur (Grosclaude, p. 323). [6]

Malesherbes resigned from the *cour des aides,* and on 20 July, 1775, became *Secrétaire d'État à la Maison du Roi.* He was to remain a minister until 12 May of the following year. His ministry was distinguished by his attempts to improve the lot of prisoners. One of his first acts was personally to visit the Bastille, Vincennes and Bicêtre. Numbers of men arbitrarily imprisoned were set free, and once again Malesherbes turned his attention to the question of the abolition of *lettres de cachet,* although without bringing this project to fruition.

He also did his utmost to reduce the extravagance with which the royal household was run, but it was a hopeless task. One of his functions was the government of Paris, and one of his chief concerns was to reduce the level of poverty in the capital and

---

[6] The eighteenth century is characterised by a tremendous struggle for power between the *parlements* and the absolutist monarchy. Nothing more vividly illustrates the problem of divided loyalties facing a man such as the *parlementaire* Malesherbes than such passages as this and the one quoted above from his letter to Turgot in August 1774.

reduce the number of tramps and beggars. Imprisonment in itself, he argued, was useless. Convicts should be given useful work to do, preferably on the land.

But perhaps the most significant of his aims, as an enlightened man, was to bring about the award of full civil rights to French Protestants. Still in 1775 the smell of persecution was in the air. Malesherbes had for years studied the Protestant question and mixed in Protestant circles, and as a minister he worked hard on behalf of this downtrodden minority. He not infrequently turned a deaf ear to demands from zealous Catholic priests for action to be taken against Protestants who had, for example, committed the crime of having their children baptised at "underground" Protestant services. But not content with this, he inaugurated discussions with Protestants with a view to their being given once and for all an unequivocal and dignified civil status.

None of Malesherbes' endeavours had, however, borne fruit when, on 12 May, 1776, he resigned, at the time of the disgrace of his friend Turgot, of whose reforming policies he had so wholeheartedly approved. There now followed a period of retirement from public life, but not one of idleness. He wrote memoranda on the necessity of curbing the expenditure of the royal household, on the rights of the Protestants (his work in this field is no insignificant contribution to the debate which resulted in the Edict of Tolerance of 1787), on the problems of the *parlements,* on *lettres de cachet,* and so on. He furthered his longstanding interest in the sciences, corresponding with Jean-Jacques Rousseau on botanical matters and exchanging specimens with him. He travelled extensively within the borders of France, as well as going to Holland and Switzerland. In the words of M. Pierre Grosclaude,

> ... il ne voyage pas en poète ni en peintre, mais en observateur attentif et infatigable. Le naturaliste ne perd jamais ses droits: il examine sans se lasser les terrains, les plantes, les arbres; il n'oublie, ni ses herbiers, ni sa collection minéralogique. Il s'informe avec un égal intérêt des travaux publics, des industries, des manufactures, des machines modernes, des arts appliqués, de tout ce qui manifeste les progrès de la science et de la civilisation. Il est avide de découvrir et de comparer; il ne se perd point dans le rêve et dans la contemplation. Malesherbes

voyage comme un homme du dix-huitième siècle, comme un lecteur passionné de l'*Encyclopédie*. [7]

From the outset of the struggle between England and her American colonies, Malesherbes was sympathetic towards the American cause — moreover in 1779 his nephew Anne-César de la Luzerne became French plenipotentiary to the Congress of the United States. Malesherbes was on friendly terms with Benjamin Franklin during the latter's stay in Paris, and was also acquainted with John Adams and Thomas Jefferson. Much of his correspondence with these great Americans is, however, taken up with nothing other than botanical questions.

Malesherbes was recalled to the *Conseil d'État du Roi* early in 1787, but only because of the popularity of his name. This was a period of heightened aristocratic revolt which in a sense marks the beginning of the Revolution. He found himself without real power or influence, and his second period as a king's minister ended in August, 1788. When in 1787 the Paris *parlement* was exiled to Troyes, Malesherbes composed a memorandum to the king in which he stated that this time the quarrel was not merely one between royal authority and the aspirations of *parlement*. This time, "c'est le public qui échauffe le Parlement." He added:

> Je vois se former un orage que toute la puissance royale ne pourra calmer et..... des fautes de négligence ou de lenteur qui, dans d'autres circonstances, ne seraient regardées que comme des fautes légères, peuvent être aujourd'hui des fautes irréparables qui répandront l'amertume sur toute la vie du Roi et précipiteront son royaume dans des troubles dont nul ne peut prévoir la fin (Grosclaude, p. 652).

In July, 1788, Malesherbes presented to the king a *Mémoire sur la situation présente des affaires* which begins with a complaint that he is not allowed, despite his ministerial office, any real say in any decision, and which goes on to elaborate his political views just one year before the Revolution. He demands the establishment of a National Assembly, and also a full rôle for the *parlements*. The essential thing is to gain the confidence of the people:

---

[7] P. Grosclaude, op. cit., p. 535.

> Ce que la Nation demande est une nouvelle Constitution qui n'a jamais existé en France.... La Nation, qui se voit ruinée parce que cette constitution n'a pas existé pendant les règnes passés, est en droit de la demander et le Roi est obligé de la lui accorder (Grosclaude, p. 656).

The liberty of the individual citizen must be guaranteed and arbitrary imprisonment abolished. There must be sweeping reforms in the administrative structure of France. The need for a meeting of the States General is urgent, but it must take place in a new form, based on the model of the provincial assemblies. It must be a body in which all citizens shall have representatives. The assembly must be permanent:

> Quand la Nation réclame des États Généraux, elle ne demande pas exactement ce qu'elle a désiré; et quant aux personnes instruites qui les réclament, il est certain qu'elles ne demandent le rétablissement des anciens États Généraux que parce qu'elles les regardent comme un moyen d'obtenir ensuite des Assemblées nationales d'un genre différent et qu'on n'a jamais vues en France (Grosclaude, p. 658).

Such a proposal, striking in the contrast between the proposed permanent assembly and the old States General, a purely *ad hoc* talking-shop based on the old system of the three estates, was bound to meet with opposition from those with vested interests, particularly the church dignitaries who, naturally enough, would see the new idea as a threat to their privileges and influence. They would still demand the old type of assembly,

> ... dont les principes ont été solidement établis dans les temps où toute la nation était soumise à l'Église, pour le temporel comme pour le spirituel.

But the times have changed, and with them social attitudes. The doctrine of the divine right of kings is denied:

> Le souverain est le représentant perpétuel de la Nation.... La puissance du Roi n'est que celle que la Nation lui a conférée.

The nation is not a privileged minority, be they clergy or nobility:

> La Nation est composée de tous les sujets du Roi et de tous les individus qui ont leur établissement et leur fortune en France, dont la personne et les biens sont régis par les lois de France (Grosclaude, p. 659).

Malesherbes, then, sees the only hope for France in the creation of a national assembly whose members shall not be predominantly the representatives of any privileged class, but the duly elected representatives of the people as a whole, with whom the king can participate in "la consultation faite de bonne foi avec la nation entière." Some of Malesherbes' biographers say that Louis XVI did not read this memorandum until four years later, when he was in prison. If this is so it must indeed have made very poignant reading.

Malesherbes resigned his ministry in August, 1788. It was in the autumn of that year that he wrote his important *Mémoire sur la liberté de la presse,* of which more will be said later.

The Revolution of 1789 was seen by Malesherbes as the inevitable result of the self-interested stubborness and blindness of those in high places during the final years of the *ancien régime,* and of the king's refusal to take the nation into his confidence. As he put it in the *Mémoire sur la situation présente des affaires,*

> Il faut que le Roi déclare dans des termes qui ne peuvent laisser aucun doute les dispositions où il est pour le bonheur de la nation. Il faut qu'il ouvre son cœur en présence de la nation comme il l'a fait plus d'une fois en présence de ses ministres (Grosclaude, p. 663).

Faced with Louis' refusal or inability to do this, however, Malesherbes always remained loyal to monarchist principles. He withdrew more and more into private life, observing public events during the early years of the Revolution, without actively participating in them. He was a member neither of the States General nor of the National Assembly.

As the threat to the king's life became more and more manifest, Malesherbes drew closer to Louis. After Louis' imprisonment in the Temple, Malesherbes was a regular visitor. In a letter addressed to the president of the Convention and dated 11 December, 1792, he announced his willingness to act as defence counsel on behalf of Louis:

... j'ai été appelé deux fois au Conseil de celui qui fut mon maître, dans un temps que cette fonction était ambitionnée de tout le monde: je lui dois le même service lorsque c'est une fonction que bien des gens jugent dangereuse (Grosclaude, p. 706).

His colleagues were to be Tronchet and Romain de Sèze. On 17 January, 1793, Louis, despite the efforts of his advocates (and it must be said that Malesherbes's performance in this rôle was not, by all accounts, very persuasive), was by a narrow majority condemned to death. He was executed on 21 January.

Malesherbes retired once more to his country estate, where he received frequent visits from royalist sympathisers. On 20 December he was arrested, along with several members of his family, and taken to Paris. He was tried by the revolutionary tribunal on a charge of having conspired against the liberty of the French people and having done his utmost to destroy the Republic. He was executed, aged seventy-two, on 22 April, 1794, being first of all obliged, according to some accounts, to watch the execution of his elder daughter and two of his grandchildren, one of whom was married to Chateaubriand's brother Jean-Baptiste, who was also executed. [8]

Some accounts also claim that he underwent a religious conversation immediately before his death. There is no evidence of this. Throughout his life, and, to judge from his father's admonitory letter to him as he was about to leave the Collège Louis-le-Grand, from a very early age, this friend of the *philosophes* was, to put it no more strongly, never a practising Christian. There is no reason to believe he changed.

All the evidence points to his having been a man of great integrity and great loyalty. His instincts were those of a reformer, and although he was, like the great Montesquieu, a member of the *noblesse de robe,* he came to move away from the prejudices of that caste, away from his early belief that the magistrature, working through sovereign courts, had an important rôle to play as the intermediary body between the executive and the people.

---

[8] See Chateaubriand, *Mémoires d'outre-tombe*, Edn. du centenaire, 2e édn. revue et corrigée, 4 vols., Paris, n.d., Vol. I, p. 450.

If he remained a monarchist to the end, he was a constitutional monarchist and, in the *Mémoire sur la situation présente des affaires*, it can indeed be seen that Malesherbes has moved to a position which is remarkably liberal:

> Je ne désespère pas qu'on n'amène l'Assemblée même de 1789 à voter pour que ce qu'on appelle jusqu'à présent le Tiers-État, mais qui réellement est presque la totalité de la nation, ait au moins la moitié des suffrages, que les suffrages soient comptés par têtes, enfin puisqu'il faut qu'un nombre déterminé de votants soient de l'ordre de la noblesse et de l'ordre du clergé, qu'ils soient choisis dans ces deux ordres, mais par la pluralité des suffrages de tous les ordres....
>
> .... Le temps n'est plus où l'on persuadait aux peuples que l'ouvrage de leurs législateurs était celui des dieux et devait être immuable comme eux. Quelque bien conçu que soit un plan de législation, il doit toujours être soumis à l'expérience.... D'autres assemblées perfectionneront ce qui aura été fait dans celle de 1789, et pourvu que les deux ordres qui ne sont qu'une toute petite partie de la nation ne soient pas perpétués dans le droit de s'emparer de tout le suffrage national, le temps et les progrès de la raison feront le reste (Grosclaude, p. 661).

There speaks the optimism of his age! There is no reason to believe, despite everything that happened to Malesherbes and his family, that he ever basically changed these enlightened views.

The Book Trade

When Malesherbes was appointed by his father *Directeur de la librairie* in 1750, the regulations governing the book trade in France were in a very chaotic state. Law after law had been passed over the years since the invention of the printing press had made its impact, and authors, printers and publishers alike were chafing under the restrictions imposed upon them, restrictions so multifarious that it is doubtful whether they even knew the precise nature of all of them. Countless individual cases arose in which it was extremely difficult properly to interpret the law. Now, in 1750, at the age of twenty-nine, Malesherbes found himself in a post which made him responsible for the overall supervision of the various aspects of the book trade, including censorship. Not only was he to find himself faced with the complaints of authors with whom his own liberal views often led him to have a considerable degree of sympathy, but he was also to have pressure imposed on him by conservative elements, many of them in extremely influential positions in the social hierarchy. In the exercise of his functions until his resignation in October, 1763, Malesherbes was to display an amazing degree of industry and attention to detail, and a complex mixture of authoritarianism and liberalism, caution and courage.

An attempt had in fact been made in quite recent years to rationalise the mass of regulations governing the book trade. This took the form of the *règlement du conseil* of 28 February, 1723, known as the *Code de la librairie*. This code, however, which inevitably formed the legal basis on which Malesherbes had to work as *Directeur,* had several weaknesses. Not only was it in some respects an insufficiently precise document, but also it was originally intended only for the control of the book trade in Paris. It was summarily extended by a decree of 24 March, 1744, to apply to the country as a whole, without the slightest attention being paid to the local conditions holding good in the provinces. Consequently, in some respects it only made matters worse. Proof of the ineffectiveness of the Code is the mere fact that it was felt necessary in 1757 to seek to underpin existing regulations by means of the *déclaration* of 16 April of that year, which threatened everyone, from author to vendor, concerned in the publication and distribution of any work tending to "émouvoir les esprits" — the vagueness of the phrase is staggering — with the death penalty. [9] Malesherbes himself was to attack this law as being so barbarous that it was impossible to imagine anyone applying it. In such circumstances it is not difficult for law itself to fall into disrepute.

The text of the *Code de la librairie* is given below in an appendix, but it may be useful here briefly to summarise its major provisions. First of all, however, there are one or two points from earlier regulations which should be mentioned.

---

[9] It should be remembered that it was in 1757 that Damiens was publicly tortured to death for his attack on Louis XV with a knife.

As the effect of the invention of the printing press made itself felt, the multiplication of the number of copies of any given work which could readily be produced and consequently made available to an ever-widening circle of readers, the authorities were not slow to see the dangers to the established order. An *ordonnance* of Charles IX (10 September, 1563) established the basic principle that royal permission was needed before any book, letter or speech, whether in prose or in verse, could be either printed or published. The penalties were severe: it was forbidden to

> ... faire semer libelles diffamatoires, attacher placards, mettre en évidence aucune autre composition de quelque chose qu'elle traite; et à tous Libraires d'en imprimer aucuns sans permission dudit Seigneur Roi, sur peine d'être pendus et étranglés...

Two years later, an *arrêt* of the Paris *parlement* dated 31 July, 1565, forbade

> ... tous imprimeurs libraires, colporteurs, ou autres personnes de quelque état qu'elles soient, d'imprimer ou faire imprimer aucuns livres pleins de blasphèmes, convices ou contumélies, pétulants et ne tendants qu'à troubler l'État et repos public, sur peine de confiscation de corps et de biens.

Another *déclaration* of Charles IX, dated 4 October, 1570, forbade the publication of any work which had not been approved by the Faculty of Theology of the University of Paris.

First of all, then, permission to print had to be obtained. In addition, in June, 1618, it became necessary to print a *privilège,* if one had been obtained, at the front or at the back of any book published. This law of June, 1618, was in effect the first general law against piracy in the book trade. It must be made clear that a *privilège* was not the same thing as permission to print, but something quite distinct. Publishers applied for a privilege under the Chancellor's seal as a grant of the monopoly of the sales of a particular title for a given period of time, sometimes as long as fifty years, but more frequently for much shorter periods of time, such as one or two years. Permission to print originally had to be obtained by means of having the work examined and approved by

INTRODUCTION 31

a censor before a *privilège* could be granted. As David T. Pottinger puts it, however,

> A confusion ... soon arose in the use of the two terms so that we find contemporary laws as well as other documents using 'permit' and 'privilege' interchangeably. Nevertheless the actual distinction remained and must be kept clearly in mind ... The permit conveyed the censor's approval of the text and had nothing to do with the ownership of that text; the privilege conveyed the King's grant of a sales monopoly for a limited term. [10]

In all this the author had virtually no rights at all. No such thing as author's copyright existed under the *ancien régime,* and in consequence it was by no means guaranteed that, after the first edition, an author would derive any financial benefit from his work. Progress in this direction was not really made until the Revolution. [11] The last recorded *privilège* is dated 27 July, 1790. On 13 January, 1791, the Constituent Assembly passed a decree recognising the rights of a dramatist to control productions of his play. After his death his interest passed to his heirs for five years. This, however, referred only to production and not to publication. On 19-24 July, 1793, the Convention finally passed a decree granting authors during their lifetime the exclusive *right* to sell their works and to transfer their ownership in whole or in part. As D. T. Pottinger says, "The *privilège du roi* has become the *droit d'auteur.*" [12] All this, however, was still a long way off at the moment when Malesherbes became *Directeur.* The author sold his manuscript to a publisher and, so far as he was concerned, that was to all intents and purposes the end of the matter. By article fourteen of the law of June, 1618, he was specifically forbidden to print, publish or sell his own works. All this had to be done by an accredited member of the Community of printers and booksellers established in that same year.

The *Code de la librairie* of 1723 incorporated several provisions of earlier laws. Its chief facets were as follows. The detailed rules governing the Community of printers and booksellers were renewed.

---

[10] D. T. Pottinger, *The French Book Trade in the Ancien Régime,* Cambridge, Mass., 1958, pp. 211-212.
[11] But see infra., p. 47, n. 1.
[12] D. T. Pottinger, op. cit., p. 237.

The Community was governed by a *Chambre syndicale* consisting of a syndic and four assistants (*adjoints*), of whom two were printers and two *libraires*. The term of office of the *adjoints* was two years, and to ensure continuity they were elected in pairs each year. Every second year a syndic was chosen from among the former *adjoints*. The *Chambre syndicale* was called upon to examine the premises of all members of the Community and to submit quarterly reports on the identity of workmen, the number of printing presses, etc. in any given establishment. It was also called upon to report any infractions of the law committed by members of the Community. That this system, by which certain influential members of the Community virtually sat in judgment on their colleagues, was open to abuse is easy to see.

It was the *Chambre syndicale* which was responsible for searching for forbidden books (all packages of books, whether they were imports or merely books being transported within France, had to be taken to the *Chambre*'s premises for examination on Tuesdays and Fridays before being offered for distribution). The possibilities for abuse are once again clear. Foreign books had to be brought in through one of ten *villes d'entrée* (Paris, Rouen, Nantes, Bordeaux, Marseilles, Lyons, Strasbourg, Metz, Amiens and Lille) where the person in charge of the consignment received a clearance permit which had to be taken to a customs officer for checking purposes when the packages reached Paris, and then the books had to be delivered to the *Chambre syndicale*. Similar regulations applied to cases of books coming to Paris from the provinces. The *villes d'entrée* were not always particularly conveniently situated, and necessitated long round-about journeys. This was but one factor which encouraged smuggling the books in by the shortest route and thus reducing expenses.

The Code of 1723 continued the fiction that printers and booksellers were officers of the University of Paris and not mere tradesmen, and that they were therefore entitled to the traditional rights and privileges of the university. Their numbers remained at a maximum of thirty-six allowed to operate in Paris (this number had been decreed in 1686) and their establishment had to be situated either within the *Quartier de l'Université* (the limits of which were very precisely defined in article twelve of the 1723

Code) or within the confines of the Palais-Royal. No bookseller could have more than one shop. If he was also a printer, his printing establishment had to be on the same premises as his bookseller's business. In practice, the Community ran a very cosy closed shop.

The regulations concerning *privilèges* and permits to print, which have already been mentioned, remained in force. It was the *Garde des Sceaux,* in the name of the Chancellor, who was responsible for their issue. An *arrêt du conseil* was needed to annul a *privilège,* but a permit to print could be withdrawn at a moment's notice. To avoid changes being made to the text after its approval by the censor, the original manuscript, or alternatively a printed copy of it, with each page initialled by the censor, had to be lodged with the *Garde des Sceaux.* In practice it was considered adequate if the initialled copy was retained by the printer.

To traffic in counterfeit books was, of course, illegal, but there were enough loopholes in the apparatus which was set up to apply this cumbersome corpus of legislation to make such a traffic a rewarding, if hazardous, business. Provincial booksellers in particular were often forced into illicit trading, for the simple reason that the select band of Parisian booksellers obtained a large proportion of the *privilèges* which were granted. Malesherbes on more than one occasion criticises the Parisian monopolists for their avarice.

Infractions of the Code of 1723 were legion. In particular, clauses 101-105, which stipulated that all books which appeared must bear a permit or *privilège* as well as a printed copy of the censor's approval of the work, were flagrantly contravened. The picture was further complicated by the practice which developed under the Chancellorship of d'Aguesseau (Malesherbes' father's immediate predecessor in that office) of issuing *permissions tacites* for books to which it was preferred not to give full official approval since they contained elements which individuals — perhaps individuals of high social standing — might find offensive for one reason or another, although no impelling grounds for an absolute ban presented themselves. By 1750, when Malesherbes became *Directeur,* these *permissions tacites* had become so common that it was required that they be entered in a special book bearing, for form's sake, the title *Liste des ouvrages imprimés en pays étrangers, dont le débit est permis en France.* Still further to confuse the issue, other books were allowed to be printed without either official or tacit permission, but merely with a *tolérance.* This kind of permit was not officially recorded. Indeed it was not really a permit to print at all. It merely indicated that the authorities were prepared to turn a blind eye, although the book in question did contain questionable matter. Officially the *lieutenant général de police* would know nothing about it, but in practice he would in all probability warn the bookseller in the event of a police raid being found necessary as a consequence of complaints.

That even the provisions of 1723, an attempt, as we have said, to rationalise and codify the mass of earlier regulations, were quickly seen to be proving ineffective, is demonstrated by a law of only five years later, the *déclaration* of 10 May, 1728. The preamble to this *déclaration* stated that

> ... l'expérience nous a fait connaître que nonobstant l'attention et la vigilance des magistrats, plusieurs imprimeurs ont porté la licence jusqu'à imprimer sans privilège ni permission des ouvrages tendants à corrompre les mœurs de nos sujets, ou à répandre des maximes également contraires à la religion et à l'ordre public; nous avons été informés d'ailleurs que les différents règlements intervenus sur cette matière pouvaient laisser quelques doutes à ceux de nos juges à qui appartient la connaissance des contraventions, et faire espérer aux coupables de se soustraire à la rigueur des lois, sous prétexte que la disposition n'en était pas encore assez claire et assez précise, pour mettre la justice en droit et en état de les condamner.

One could scarcely have a clearer admission of the state of confusion in which the laws governing the book trade stood. Article 1 of the *déclaration* began by stating bluntly that the provisions of a whole series of laws from 1547 up to the present day still held good. It was decreed that these laws should continue to be

> ... exécutés selon leur forme et teneur dans tous les points auxquels il ne sera pas dérogé par ces présentes; défendons à tous, imprimeurs, libraires, colporteurs et autres d'y contrevenir sous les peines qui y sont contenues.

Subsequent articles imposed a series of severe penalties for various offences. Article 2 decreed that all printers convicted of printing without *privilège* or *permission* works dealing with religious matters, especially works contrary to the teaching of Papal bulls [13] or contrary to the respect due to the Pope and bishops or to royal authority, should be condemned

> ... pour la première fois, à être appliquées au carcan, même à plus grande peine, s'il y échet, sans que ladite peine du carcan puisse être modérée sous quelque prétexte que ce soit; et en cas de récidive, ordonnons que lesdits imprimeurs soient en outre condamnés aux galères pour cinq ans, laquelle peine ne pourra pareillement être remise ni modérée.

Article 3 applied the same penalties to printers guilty of printing works

> ... tendants à troubler la tranquillité de l'État, ou à corrompre les mœurs de nos sujets.

Through the provisions of article 4, authors and publishers of such works were to be condemned as "perturbateurs du repos public" to

> ... bannissement à temps hors du ressort du parlement où ils seront jugés

for a first offence and, for a second offence, to be banished for life from the kingdom of France. Article 5 left the sentences to be imposed in the case of a work published without either permit or *privilège*, but not falling within any of the categories mentioned above, to "la prudence et ... la religion de nos juges," but at the same time it urged these judges to

> ... tenir sévèrement la main à ce que tous ceux qui auront eu part à la composition, impression ou distribution de

---

[13] This was at the height of the controversy in France over the Bull *Unigenitus*. Just less than two years later, on 3 April, 1730, Louis XV held a *lit de justice* to oblige the Paris *parlement* to register a *déclaration* on 24 March in which he declared his intention that the anti-Jansenist bull, which had been issued by Pope Clement XI as long ago as 1713, should be accepted in France.

> tous libelles de quelque nature qu'ils puissent être, soient punis suivant la rigueur de nos ordonnances.

Even this was not enough to impose observance of the mass of confusing laws in existence for, if in 1728 it was felt necessary to impose such severe penalties, in 1757 it was thought necessary, as has already been mentioned in passing, to go even further and prescribe the death penalty for anyone concerned with the composition, printing, publication or distribution of

> ... écrits tendants à attaquer la religion, à émouvoir les esprits, à donner atteinte à notre autorité, et à troubler la tranquillité de nos États. (*Déclaration* of 16 April, 1757, articles 1 and 2)

For those concerned with the production of a work which did not fall within the above categories, but for which neither a permit to print nor a *privilège* had been obtained, the penalty was slightly less severe: they were to be

> ... condamnés aux galères à perpétuité, ou à temps, suivant l'exigence des cas. (Article 3)

Article 4 once again emphasised that

> Les ordonnances, édits et déclarations faits, tant par nous que par les rois nos prédécesseurs, sur le fait de l'imprimerie et de la librairie, seront exécutés.

It was, however, a long time before anything approaching order was introduced into the control of the book trade.

It is, then, clear that when in 1750 Malesherbes was placed in charge of the book trade, the prospect before him was a daunting one. What has been said above no more than scratches the surface of the confused situation with which he was faced, more details of which can be found in such works as those of J. P. Belin [14] and E. P. Shaw. [15] It was certainly impossible for Malesherbes to

---

[14] J. P. Belin, *Le Commerce des livres prohibés à Paris de 1750 à 1789*, Paris, 1913, and *Le Mouvement philosophique de 1748 à 1789*, Paris, 1913.

[15] E. P. Shaw, *Problems and Policies of Malesherbes as Directeur de la Librairie in France (1750-1763)*, New York, n. d. (1966).

transform this chaos into a piece of efficient machinery, but it remains for us to consider how he reacted when he found himself *Directeur*.

It was in certain respects an anomalous position for him. On the one hand, as the representative of his father the Chancellor, he was the agent of the Establishment in a particularly sensitive area of human activity; on the other hand, his own liberal, reforming views inevitably led him to have sympathy with the works of certain writers whose expressed views were at odds with those of the Establishment. The familiar story of his allowing pages of the manuscript of the *Encyclopédie* to be hidden away from the eyes of the police in his own house might well, taken in isolation, lead one to imagine him as the Enlightenment's Trojan horse within the camp of Authoritarianism, but in fact Malesherbes was too honest, too conscientious an administrator for this to be acceptable as a fair picture of him. The truth is far more complex.

Malesherbes as "Directeur de la Librairie"

Malesherbes found himself in command of more than a hundred censors, all of them situated in Paris. Theoretically they were appointed by the Chancellor, but in practice by the person to whom the Chancellor saw fit to delegate his functions as *Directeur de la librairie* — in other words, from 1750 onwards, by Malesherbes himself. Each censor dealt only with works which fell within his own specialism. In other words, works on theology would be examined by a doctor of the Sorbonne, legal treatises by a lawyer, purely literary works by a man of letters, and so on. The awkwardness of the censor's position is clear. Should he pass the work of a friend and risk the wrath of those in high places who might consider the work in some way anti-social? Should he, on the other hand, ban the work of a rival, out of spleen? The temptation to be harsh for the wrong reasons might well be strong, the temptation to be indulgent equally so. And the censor was just as liable to prosecution as the author himself if a work was subsequently declared undesirable or dangerous.

There can be no doubt that Malesherbes' position as *Directeur de la librairie* was helpful to the *philosophes* in the dissemination of their ideas. On the other hand, it would be totally wrong to see Malesherbes as a man exploiting his situation in a partisan way in the interests of writers with whose views he might well largely be in agreement. There were limits beyond which he could not go. Moreover, there were limits beyond which he *would* not go. He was not only an intelligent man but also a tolerant man, and moreover a prudent man. His office was by no means inviolable. For one thing, he was immediately answerable to his father the Chancellor, a man whose philosophical views by no means always coincided with his own. This he made abundantly clear to Voltaire when the latter, for reasons of his own, in a flattering letter of 28 February, 1754, described Malesherbes as being in charge of the "ministère de la littérature." In his reply, Malesherbes was quite blunt with Voltaire:

> Vous savez mieux que moi qu'il n'y a point de ministère de la littérature. M. le Chancelier est chargé de la librairie, c'est-à-dire que c'est sur son attache que se donnent les privilèges ou permissions d'imprimer. Il m'a confié ce détail, non pour y décider arbitrairement, mais pour lui rendre compte de tous les ordres que je donnerais. Ce n'est ni une charge, ni une commission, c'est une pure marque de confiance, dont il n'existe ni provisions ni brevet, et que je tiens uniquement de sa volonté. Ainsi vous voyez combien on vous a mal informé en vous disant que ce n'était point M. le Chancelier, mais moi, qui avais le ministère de la littérature ... [16]

No doubt one can say that Malesherbes' reply amounts to less than the whole truth. If Voltaire sets out to flatter him, Malesherbes, in the circumstances, deliberately underplays his own importance and influence as *Directeur*. The truth lies somewhere between the two versions.

Malesherbes, a man with liberal instincts entrusted by the conservative Establishment with a complicated and difficult job impinging directly on the sensitive matter of the expression of opinion, sought to be a fair, efficient and sensible administrator. That the works of the enlightened thinkers of his day met with

---

[16] Voltaire, *Correspondence* (ed. T. Besterman), 107 vols., Geneva, 1953-1965, vol. XXIV, p. 126, letter 5070.

fewer obstacles on their way to the hands of the reading public than might have been the case a few years earlier under a different administration was no doubt gratifying to him as well as to their authors, but to describe this as proof of his partisanship in the exercise of his functions would be wrong. His determination to be fair to Fréron, an arch-enemy of the *encyclopédistes,* is sufficient proof to the contrary. [17] Malesherbes was intent on being efficient at his job, and whilst his general sympathy with the *philosophes* must certainly not be disregarded, the new and happier situation of enlightened writers was a consequence of his sensible and prudent *general* approach to the problems of exercising censorship rather than of any personal prejudice on his part.

Malesherbes, like anyone responsible for imposing censorship, had to ask himself one question: in the words of J.-P. Belin,

> À quoi servaient en effet ces condamnations retentissantes qui arrivaient toujours trop tard ou ne faisaient qu'éveiller l'attention sur des ouvrages qui, sans elles, eussent peut-être passé inaperçus? [18]

Hence one of Malesherbes' most important practices as *Directeur de la librairie* was to adopt a policy of "wait and see" before taking action against a writer. It is this attitude, based on genuine philosophical principles such as are expressed both in the *Mémoires sur la librairie,* [19] written whilst he held the post of *Directeur,* and in the *Mémoire sur la liberté de la presse,* [20] written much later, and not only on mere expediency, which brought it about that during Malesherbes' tenure of office there was in practice, despite the mass of punitive legislation which existed in France, a much greater degree of freedom of the press than had been the case

---

[17] See P. Grosclaude, op. cit., pp. 139-162.

[18] J. P. Belin, *Le Mouvement philosophique de 1748 à 1789,* p. 38.

[19] See the second *Mémoire,* p. 45: "Ce n'est point dans la rigueur qu'il faut chercher un remède; c'est dans la tolérance. Le commerce des livres est aujourd'hui trop étendu, et le public en est trop avide pour qu'on puisse le contraindre à un certain point sur un goût qui est devenu dominant. Je ne connais donc qu'un moyen pour faire exécuter les défenses: c'est d'en faire fort peu."

[20] See the opening words of this *Mémoire:* "La discussion publique des opinions est un moyen sûr de faire éclore la vérité, et c'est peut-être le seul..."

under d'Aguesseau's Chancellorship, or than was to be the case under Le Camus de Néville, who was Directeur from 1774 until 1784. [21]

Malesherbes, then, tended not to take repressive measures against a work unless and until its publication created a real and a resounding scandal. Not, of course, that suspect books appeared with *privilèges* bearing the Great Seal. But Malesherbes did considerably develop the use of the already existing system of *permissions tacites* to which we have already referred. He recognises, indeed, in the fifth *Mémoire sur la librairie,* that in practical terms it would be almost impossible to do without these *permissions tacites* which, although they were officially recorded, neither bore the Great Seal nor were printed at the end of the book, so that the identity of the censor involved remained unknown to the reading public at large.

That the principle of free criticism which we have mentioned as being manifested both in the *Mémoires sur la librairie* and in the *Mémoire sur la liberté de la presse* was genuinely dear to Malesherbes, and one which he sought to apply as impartially as possible is brought home to us in a letter which he wrote to Morellet in February, 1758, at a moment when he was urging moderation on D'Alembert, who was demanding repressive action against Fréron on account of the latter's personal attacks on the *encyclopédistes*. At this time, Malesherbes was working on the *Mémoires sur la librairie*. The following particularly interesting passage is drawn from the letter to Morellet, which is quoted at length by M. Grosclaude: [22]

> Quand le mémoire sera fini, je le ferai passer sous vos yeux et vous me ferez plaisir de le communiquer encore à M. d'Alembert s'il vous paraît qu'il se veuille donner la peine de le lire.
> Enfin Monsieur, je vais finir par une proposition qui vous paraîtra peut-être singulière et que je consens que vous fassiez à M. d'Alembert si vous le jugez à propos.

---

[21] From the date of Malesherbes' resignation in 1763 until 1774 the post of *Directeur de la librairie* officially ceased to exist, but in practice its functions were carried out by Sartine, who added these duties to those he already held as *Lieutenant-général de police*.

[22] P. Grosclaude, op. cit., pp. 149-150.

> Vous avez vu dans les fragments de mon mémoire que nous avons lu ensemble, que mon principe de liberté n'est pas restreint à la littérature et que j'incline beaucoup à l'étendre jusqu'à la science du gouvernement, sans même en excepter la critique des opérations du ministère. Je ne suis pas le maître de donner cette liberté aussi entière que je le désirerais sur les autres administrations. Mais pour la mienne personne ne peut s'en plaindre, et je l'abandonne ainsi si M. d'Alembert ou un autre peut prouver qu'il est contre le bon ordre de laisser subsister des critiques dans lesquelles l'*Encyclopédie* est aussi maltraitée que dans les dernières brochures. Si quelque autre auteur trouve qu'il est injuste de tolérer des feuilles périodiques et s'il prétend que le magistrat doit juger lui-même de la justice des critiques littéraires avant de les permettre; en un mot, s'il y a quelque partie de mon administration qu'on trouve répréhensible, ceux qui s'en plaignent n'ont qu'à dire leurs raisons en public; je les prie de ne me pas nommer, parce que ce n'est pas d'usage en France, mais ils peuvent me désigner aussi clairement qu'ils le voudront, et je leur promets toute permission.
>
> J'espère au moins qu'après m'être exposé à leurs déclamations ayant la force en main de les en empêcher, je n'entendrai plus parler de plaintes particulières dont je vous avouerais que je suis excédé.

Notwithstanding Malesherbes' desire to carry out his duties as he saw them in the most impartial manner possible, it remains true that he did feel an instinctive sympathy for the more progressive thinkers of his day, and that on occasions he did go to remarkable lengths to ensure the publication of their works, or their entry into France from abroad.

In particular one may cite just two cases to illustrate this point. The first is that of Jean-Jacques Rousseau, most of whose major works appeared during the last years of Malesherbes' time as *Directeur de la librairie*: the period 1758-1762 saw the appearance of the *Lettre à d'Alembert sur les spectacles*, *La Nouvelle Héloïse*, the *Contrat social*, the *Émile*, etc. As J.-P. Belin puts it,

> On ne peut guère s'étonner de la facilité avec laquelle il réussit à faire imprimer et à vendre ses ouvrages: Malesherbes s'était trop laissé séduire par son génie pour ne pas lui tout pardonner.[23]

---

[23] J. P. Belin, *Le Mouvement philosophique de 1748 à 1789*, p. 149.

In point of fact, however, in the case of the *Lettre à d'Alembert,* Malesherbes showed some hesitation about allowing copies of the work to enter France from Amsterdam, where it had been published by Rey (although he had earlier permitted the import of Rousseau's two *Discours,* in the case of the first one actually over-ruling the censors in the process). However, assured both by D'Alembert (against whom, of course, the *Lettre* was directed) and by the censor Sassey that there was nothing to fear, Malesherbes did permit the import of the work. In the case of *La Nouvelle Héloïse,* he went so far as to act as intermediary between Rey and Rousseau, allowing the proofs to be sent to him free of postal fees. He also found Rousseau a publisher to bring out a Paris edition of the work — in other words, in effect the *Directeur de la librairie* was conniving at the publication of a pirated edition in the interests of Rousseau's bank balance, for Rey already had a Paris publisher as his representative. Finally, however, the Paris edition was produced with Rey's full permission.

Malesherbes refused to accede to the importing of the *Contrat social,* but, along with Mme de Luxembourg, he played an important part in the history of the *Émile.* Their benevolent intervention to obtain better terms for Rousseau from the French publisher Duchesne than had been offered by Rey was the beginning of a train of events which, after the condemnation of the *Émile* by the Paris *parlement,* the Sorbonne, and the archbishop of Paris, Christophe de Beaumont, was subsequently to be seen by the tortured Rousseau as part of a vast conspiracy against him.

The second case which may be cited here is that of the *Encyclopédie,* in the history of which Malesherbes played an important part from the year 1751 onwards. The opposition to this vast enterprise showed itself immediately after the publication of the first volume in July of that year. On 7 February, 1752, an *arrêt* of the *Conseil d'État du Roi* banned the first two volumes of the *Encyclopédie,* which had by then appeared. It appears that Malesherbes was instrumental in helping the *encyclopédistes* at this time in that he prevented seizure of the manuscripts of the work which were being prepared for publication by the simple expedient of having them sent to his own address where they were, of course, safe from discovery by the police. Diderot's daughter tells the story in the following terms:

> ... M. de Malesherbes prévint mon père qu'il donnerait le lendemain ordre d'enlever ses papiers et ses cartons. "Ce que vous m'annoncez là me chagrine horriblement; jamais je n'aurai le temps de déménager tous mes manuscrits, et d'ailleurs il n'est pas facile de trouver en vingt-quatre heures des gens qui veuillent s'en charger et chez qui ils soient en sûreté. — Envoyez-les tous chez moi, lui répondit M. de Malesherbes, l'on ne viendra pas les y chercher." En effet, mon père envoya la moitié de son cabinet chez celui qui en ordonnait la visite. [24]

There seems to be no real reason to doubt the basic truth of this story.

It was the scandal over the publication of Helvétius' *De l'Esprit* which finally brought disaster to the *Encyclopédie*. Throughout, Malesherbes did what he could to keep Helvétius out of trouble. Fearing excessive indulgence on the part of the censor Tercier, he appointed a second censor and in addition examined the work himself. Despite the cuts which were made, however, the work was condemned by an *arrêt de Conseil* and its *privilège* revoked. Malesherbes had to do his duty — there was nothing he could now do for Helvétius. He expressed his regret to the author in a letter of 3 December, 1758:

> J'ai reçu votre lettre, Monsieur, et malgré le désir que j'ai de vous obliger et de diminuer vos chagrins, je vous avouerai que je n'aurais jamais pu faire dire à la Sorbonne de la part du Roi, ce que le Roi ne m'a naturellement pas chargé de lui faire dire.
>
> * * *
>
> Du courage et de la sagesse, c'est à quoi je vous exhorte. [25]

---

[24] *Mémoires pour servir à l'histoire de la vie et des ouvrages de Diderot, par Madame de Vandeul, sa fille*, in *Œuvres complètes de Diderot*, ed. J. Assézat & M. Tourneux, 20 vols., Paris, 1875-1877, vol. I, p. xlv.

[25] B. N. MS. Fonds français, 22.191, folio 93. See the *Mémoire sur la liberté de la presse*. There in his account of this affair, Malesherbes writes openly of his affection for Helvétius.

Helvétius was obliged to make a humiliating retraction.

When, on 6 February, 1759, the *parlement* issued its condemnation not only of *De l'Esprit* but also of a number of other works including the *Encyclopédie*, Malesherbes again performed his duty to the letter, but once again he sought to attenuate the effects of the condemnation upon the *Encyclopédie* project, and to prevent its total ruin. The government stepped into the controversy and on 8 March the *privilège* for the *Encyclopédie* was withdrawn by an *arrêt du Conseil* drafted by Malesherbes himself in conjunction with his father. However, paradoxical though this may seem, it is in fact perfectly arguable that the promulgation of this *arrêt* was in itself beneficial to the enterprise. The Paris *parlement* had not only banned distribution of the *Encyclopédie*, but had also appointed a nine-man committee to examine it and report its findings to the *Procureur général*, a cardinal point in the argument alluded to above. Professor Jacques Proust outlines this argument:

> Cet arrêt du 8 mars 1759, exigé par le parti dévot mais rédigé par Malesherbes et pesé par le chancelier, semblait marquer le terme de l'entreprise encyclopédique. En fait il la sauva. Car on pouvait tout craindre de la censure projetée par le Parlement et de la convergence en ce point des attaques menées inlassablement depuis 1751 par le parti jésuite et le parti janséniste. Malesherbes le comprit. Comme d'autre part l'initiative prise par le Parlement frondait qu'on le voulût ou non l'autorité du roi, il était doublement opportun de lui ôter sa raison d'être. La révocation du privilège mettait l'*Encyclopédie* hors de l'atteinte légale de ses ennemis, sans pourtant empêcher sa continuation, pour peu qu'on usât bien de la *permission tacite*. [26]

(One would perhaps have preferred the term "tolérance" to "permission tacite" here.) Moreover, there is an interesting passage in the *Mémoire sur la liberté de la presse* which leads us to wonder whether Malesherbes was aware that the text of the *Encyclopédie* would continue to be printed secretly:

---

[26] J. Proust, *L'Encyclopédie*, Paris (1965), p. 65.

INTRODUCTION 45

> Les libraires prirent un parti *qu'ils auraient dû prendre plus tôt*. Ils firent imprimer sans censure, ou en pays étranger, ou secrètement dans le Royaume (je n'ai pas cherché à pénétrer ce mystère), et ils firent imprimer tout l'ouvrage à la fois pour n'avoir plus de querelle à essuyer à chaque tome.
>
> Quand l'ouvrage parut de cette façon, il n'y eut personne à qui on put s'en prendre, et alors le zèle se refroidit....[27]

Another way in which Malesherbes sought to help the *Encyclopédie* was in seeking to avoid publicity as far as he could. On 30 July he wrote to the *Gazette* in the following terms:

> Vous savez, Monsieur, qu'il a été rendu un arrêt du Conseil par lequel les libraires associés pour l'*Encyclopédie*[28] sont condamnés à payer aux souscripteurs la somme de 72 livres. Ces libraires ne peuvent pas nier que la liquidation ne soit juste, mais ils comptent demander un délai à M. le Lieutenant de police qui est juge des demandes qu'on formera contre eux à ce sujet. Pour cette raison, ils demandent qu'il ne soit point fait mention de l'arrêt dans la Gazette d'ici à quelque temps. Il me paraît raisonnable d'avoir pour eux cette indulgence et je vous prie de vouloir bien différer d'en instruire le public jusqu'à ce que j'aie l'honneur de vous écrire.[29]

According to the publishers, whose statement has been accepted at face value by many writers, including M. Grosclaude,[30] not a single subscriber demanded his money back. This is not strictly true. It seems clear that, despite Malesherbes' letter to the *Gazette*, a number of subscribers to the *Encyclopédie* not only heard of the *arrêt* of 21 July which ordered the repayment of 72 *livres*, but actually tried to extract the money from the publishers. In this attempt they met with no success whatsoever.[31] Nevertheless,

---

[27] See infra, p. 352. Our italics. Here and subsequently, references to Malesherbes' text are to the first edition of 1809, edited by A.-A. Barbier, the pagination of which is given in the margin of our edition.
[28] I. e. Le Breton, Briasson, Durand and David.
[29] B.N. MS. N. Acq. 3348, folio 134 (Grosclaude, op. cit., p. 135).
[30] Op. cit., loc. cit.
[31] See J. Lough, "Luneau de Boisjermain v. the publishers of the *Encyclopédie*," in *Studies on Voltaire and the eighteenth century*, vol. XXIII, 1963, pp. 142-4.

Malesherbes' action was clearly an important one on behalf of the *Encyclopédie*. In addition, it seems fairly clear that Malesherbes was an active participant in helping to keep the project alive by drawing up a plan to publish the volumes of plates, which had escaped the ban. This is indicated by the following interesting letter from the publisher Le Breton to Malesherbes on 1 August:

> Monsieur,
> J'étais venu dans l'intention de vous présenter le projet que nous proposons de donner pour les planches, sur *le plan que vous avez eu la bonté de nous tracer dimanche dernier,* mais avant de vous le présenter demain au bureau avec mes confrères associés, j'ai cru qu'il ne vous déplairait pas, Monsieur, que je prisse la liberté de vous le montrer en particulier pour la soumettre entièrement à vos ordres.
>
> Je suis avec un profond respect, Monsieur...
> LE BRETON [32]

It must, however, be reiterated that it is unfair to go as far as those who accuse Malesherbes of having been nothing other than a traitor to the government whose representative he was. His liberal sympathies, certainly, are clear, but he never permitted the publication of a direct attack either on the king or on the government. Wherever he took a liberal line he was doing no more than acting in accordance with the principles which he openly laid down in the *Mémoires sur la librairie,* written at the request of the dauphin at a time when he was still *Directeur*.

THE "MÉMOIRES SUR LA LIBRAIRIE"

It was early in 1758 [33] that Malesherbes set about writing down views on the book trade in five memoranda, apparently at the request of the dauphin. It was a poignant moment at which to do

---

[32] B. N. MS. N. Acq. 3348, folio 127 (Grosclaude, p. 135). Our italics.

[33] Not in 1759, as Barbier's *avertissement* to the 1809 edition says (see infra, p. iv). Malesherbes' letter to Morellet of February, 1758 (quoted supra, p. 40) makes this clear. The *avertissement* is in fact an *avertissement de l'éditeur* and not, as M. Grosclaude says (op. cit., p. 164) an *avertissement de l'auteur*.

INTRODUCTION 47

so, for the controversy over the publication of the *Encyclopédie* was in full swing. These memoranda were not published until much later, not, indeed, until well after the death of their author. They appeared in 1809, along with the *Mémoire sur la liberté de la presse,* presented by Antoine-Alexandre Barbier,[34] librarian to the Emperor, and published by H. Agasse. It is this edition which is reproduced here.

Along with the memoranda, Barbier published three letters written by Malesherbes to some unknown person to whom he is sending the memoranda, and dated respectively 11 February, 3 March and 28 May, 1759.[35] An intriguing passage appears at the end of the last of these three letters:

> Au reste je sens parfaitement, Monsieur, qu'il y aurait de l'inconvénient à laisser transpirer la correspondance qui est entre vous et moi à ce sujet et je sais que nous vivons dans un siècle et dans un pays ou on fait un crime de s'instruire et de s'intéresser au bien public à tous autres qu'à ceux qui ont un brevet pour cela. C'est ce qui fait que ceux qui arrivent dans les grandes places ne savent communément rien et n'ont plus le temps de rien apprendre. (p. xiv)

It is undoubtedly true that since the unknown recipient of these letters was in a position to present such liberal writings as these memoranda to the dauphin,[36] he must have been, in the words of the *avertissement de l'éditeur,*

> ... sinon un ministre entièrement dévoué au Dauphin, du moins un personnage considérable. (p. iv)

M. Grosclaude suggests[37] that this unknown intermediary may

---

[34] Antoine-Alexandre Barbier (1765-1825), the celebrated bibliographer, especially noted for his four-volume *Dictionnaire des ouvrages anonymes et pseudonymes,* Paris, 1806-1808.
[35] This accounts for Barbier's view that the memoranda were written in 1759. Work had, however, started on them a year earlier (see supra, p. 40).
[36] See infra, p. xiii.
[37] P. Grosclaude, op. cit., p. 164, n. 2.

have been the Chancellor himself, Malesherbes' father.[38] It is certainly true that Lamoignon was a close friend of the dauphin.

It should be noted that the second of the three letters refers to a sixth memorandum:

> Mais l'objet de ce sixième Mémoire n'étant que la perfection de l'art de la typographie et l'augmentation du commerce de librairie, il n'est pas à beaucoup près aussi pressé que les autres. Je crois même qu'il faut se déterminer sur les objets importants avant de passer à celui-là. (p. xi)

Another memorandum on the book trade by Malesherbes does exist,[39] but it is not the one referred to in the passage quoted above. It dates from much later (early 1774), and indeed Malesherbes went so far as to note on the manuscript,

> Ce mémoire sur la librairie fait du temps de l'exil, est différent de celui que j'ai fait pendant l'année des États Généraux,

to distinguish it from the *Mémoire sur la liberté de la presse*. It can be seen, as M. Grosclaude says, as

> ... le trait d'union entre les cinq mémoires qu'il avait composés en 1759... et le *Mémoire sur la liberté de la presse* qu'il rédigera en 1789 [40]

but there is in fact little in the memorandum that is not to be found in those published by Barbier. It does nevertheless stand as testimony to Malesherbes' consistently liberal outlook in these matters, especially in the matter of censorship. He makes one prediction:

> Je prédis que d'ici quelques années, la licence des livres qui augmente sans cesse, quelque chose qu'on fasse, et qui

---

[38] The letter of February, 1758, to Morellet speaks of "un Mémoire que je dois donner à M. le Chancelier sur les livres qui doivent être permis ou défendus".

[39] Archives de Rosanbo, carton 7, dossier 1. See P. Grosclaude, op. cit., 285-290.

[40] P. Grosclaude, op. cit., p. 286.

> force toutes les prohibitions, viendra à tel point que les gens de tout état y seront accoutumés en France comme on l'est en Angleterre, et alors il sera possible d'établir en France la liberté de la presse; mais il faut que cette habitude soit, en quelque façon, contractée par la nation, et c'est ce changement préalable dans nos mœurs que j'ai annoncé comme nécessaire. [41]

It did indeed require a social and political revolution before the principle of the freedom of the press was at last openly and officially enunciated. The principle was assured by article 11 of the *Déclaration des droits de l'homme* voted by the Constituent Assembly on 27 August, 1789 ("La libre communication des pensées et des opinions est un des droits les plus précieux de l'homme"), and it was embodied in the Constitution of 1791. Not that this meant that the struggle for the freedom of the press had by any means now ended in permanent victory. The history of that struggle from 1791 onwards is, however, much too long and much too involved to be recounted here.

What about the contents of the five *Mémoires sur la librairie* with which we are here concerned? They will, of course, speak for themselves in the pages which follow. It may, however, be useful briefly to recapitulate the main point of the argument which they contain.

The first memorandum is introductory in character. It describes the *status quo:* chaos reigns. The opening sentence sounds the key note:

> Les abus de la librairie sont depuis longtemps montés à tel point, qu'il n'est plus possible de les tolérer,

whilst the second sentence clearly expresses Malesherbes's own sense of frustration during the years he has been *Directeur de la librairie:*

> L'auteur de ce mémoire désirait ardemment depuis longtemps, qu'il lui fût permis de s'expliquer en détail sur cet objet; mais il n'en a trouvé aucune occasion.

---

[41] Quoted by P. Grosclaude, op. cit., p. 287.

The laws which at present exist are useless, since adequate means of enforcing them do not exist (see pp. 11-12). Laws which cannot be applied inevitably fall into disrepute. The government must state its policy in this matter with unequivocal clarity, and then find effective means to carry this policy into practice. The *Directeur* must be known to act in the name of the king and be freed from all other pressures.

Having shown in the first memorandum that reforms are clearly needed, in the second Malesherbes sets out to deal with the question of on what principles new regulations governing the book trade should be based. The first point is that writers are alone in being dealt with in a manner which departs from the practice of straightforward common law. They alone are allowed, and indeed compelled, to ask in advance whether what they seek to express will bring trouble about their heads. A preacher climbing into a pulpit has no censor to consult. He knows perfectly well that if he preaches insurrection or propagates erroneous doctrines he will be punished for it in the natural order of things. So it should be with authors. They should know better than anyone else the import of what they are writing, and should be allowed to publish and only then be called upon to face the legal consequences. Censors can be deceived. This fact should not exculpate authors. Secondly, faced with the undeniable fact that past experience has shown the existence of countless ways around the laws governing the book trade, Malesherbes emphasises that to restore order, whilst it is essential that penalties should exist for, for example, smuggling illicit books, at the same time the categories of books declared illicit should be reduced to a minimum:

> Ce n'est point dans la rigueur qu'il faut chercher un remède; c'est dans la tolérance... Je ne connais... qu'un moyen pour faire exécuter les défenses: c'est d'en faire fort peu. Elles ne seront respectées que quand elles seront rares, et il faut les réserver pour des objets importants. (p. 45)

A minimum of laws, then, but they must be strictly enforced. Anyone bringing out a book without permission must be severely punished. Finally, Malesherbes deals with the censors themselves. Their position should be clarified. They should be responsible to no one save the person who appointed them, namely the Chancellor. The regulations on the basis of which they are to act should be clearly defined so that it will not be possible for them to behave in an arbitrary manner. Otherwise, chaos will return:

> ... si on admet le principe, qu'il faut très peu défendre pour que les défenses soient exécutées, il s'ensuit qu'il faut donner au censeur des instructions qui aient des objets déterminées, sans quoi il est certain qu'on retombera dans la méthode de ne rien permettre et de beaucoup tolérer ... (pp. 52-53)

Having declared in the second memorandum that the categories of books to be banned should be as few as possible, Malesherbes goes on in the third memorandum to broach the question of which types of book should be allowed to appear and which should not. Here he begins by saying that any *Directeur de la librairie* should be convinced that the principles according to which he is to ban or permit publication are right. He must be given clear guide-lines to which he can work. Malesherbes then sets out his own principles, which are refreshing in their liberalism, and offers his resignation if these principles do not meet with approval. Firstly, he says:

> Il n'est pas possible que la loi punisse ni défende tout ce qui est mal; et ceux qui gouvernent, ne doivent ni ne peuvent empêcher tout ce qu'ils désapprouvent. (p. 69)

Following on from this, he makes the basic point that

> ... ce qui importe au public, c'est que le vrai soit connu; il le sera toujours quand on permettra d'écrire, et il ne sera jamais sans cela. Si on défend de publier les erreurs, on arrêtera les progrès de la vérité parce que les vérités nouvelles passent toujours pendant quelque temps pour des erreurs et qu'elles seront rejetées comme telles par les magistrats. (p. 71)

He goes on to list four categories of books which might be considered for one reason or another reprehensible. Firstly there are "les satires personnelles". Here Malesherbes is positive: defamatory writings are to be condemned, but prosecution after publication is the answer. This is not a job for the censor, who could, in the nature of things, miss the offensive material:

> ... il est impossible qu'un censeur, quelque éclairé qu'il soit, prévoie tous les traits de cette espèce. (p. 74)

Secondly there are books directed against the government of the day. One clear rule is here possible:

> ... empêcher de paraître des ouvrages où on ose soumettre à l'examen l'autorité royale. (p. 77)

That apart, however, there is no real danger in allowing free discussion on

> toutes les autres lois et... toutes les autres parties de l'administration publique. (p. 77)

Indeed, it would be positively advantageous:

> Plus de connaissances répandues dans la nation auraient souvent fait trouver moins d'opposition à des opérations utiles: ces connaissances s'acquerraient surtout par les livres. (pp. 79-80)

The remarks Malesherbes makes in this connection concerning the suppression of information in the interests of national security (pp. 84-89), whilst no doubt too sweeping, nevertheless make interesting reading in the second half of the twentieth century. Thirdly, there is the problem of books undermining public morality. Malesherbes' view is that clear rules can be prescribed for the censor concerning obscenity, which should be banned ("tout le monde pense de même à cet égard" (p. 89)), but that it is by no means as easy to prescribe precise rules concerning licentiousness in books. Once again he returns to a principle dear to him:

> Pour moi, je m'arrête à une règle: c'est que pour faire respecter les défenses, il ne faut faire que celles qui pourront être exécutées, et qu'il vaut mieux tolérer ce qu'on ne peut pas empêcher. (p. 90)

In practical terms, what does this mean, as far as licentious works are concerned?

> Il faut se restreindre à ce qu'exige la décence, c'est-à-dire, à ne les pas autoriser expressément, et à empêcher le débit public. (p. 91)

In other words, he goes on, they should be given a *permission tacite*. The fourth and final category listed by Malesherbes is that of anti-religious writings. Books which are expressly anti-religious should not be tolerated. For Malesherbes, as for the vast majority of his contemporaries, it would seem that morality is inseparable from religion:

> Ses principes sont ceux même du christianisme. La loi qui vengera la religion vengera la morale... (p. 92)

In fact, however, Malesherbes uses a good deal of veiled irony of a distinctly *philosophe* kind in what he has to say about religion. In excepting religion from the general principle of free discussion, he has already remarked that in religious matters

> ... l'erreur est un crime, et... les grandes vérités de la foi n'ont pas besoin des disputes des hommes pour être éclaircies. (p. 70. See also pp. 94-95)

But the fact is that in any case attacks of a direct nature on religion rarely appear — still more rarely are they presented to the censor. Once again in practice his attitude is a liberal one. To impose severe repression is to encourage deception and the acquisition by publishers of considerable illegal profits. A banned book is always popular. What about works which attack religion in an indirect, ironical way? Malesherbes' own irony once again appears:

> Pour les censeurs théologiens, rien ne doit les arrêter, parce qu'ils sont assez heureux pour professer une science dans laquelle rien n'est douteux. (p. 93)

His advice to these "censeurs théologiens" is moderation. In any case, he argues, as far as heretical works are concerned, it is virtually impossible to unearth the clandestine presses which produce them, and his conclusion emphasises the dangers of becoming obsessed with the printing press as a prime source of social disorder:

> ... On se plaint de la police, qui laisse paraître toutes sortes de livres, et on ne songe pas que, dans tous les temps, le même abus a régné; que ce sont les troubles qui ont amené la licence des écrits, et non les écrits qui ont causé les troubles... (p. 102)

In the fourth and longest of the five *Mémoires sur la librairie*, Malesherbes tackles a whole host of technical problems arising in the exercise of his functions as *Directeur*, revealing in the process what an extremely conscientious administrator he was, so intimate is his knowledge of the minutiae of the book trade and the legislation governing it. His prime purpose here is to suggest what regulations should be introduced in order to prevent the production of and dealing in such works as he considers should be banned. He attacks existing regulations: the *déclaration* of 10 May, 1728, failed to put an end to fraudulent practices and imposed too many irritating rules on printers, and as for the *déclaration* of 16 April, 1757 (registered by the Paris *parlement* in the absence of most of its members),

> La peine de mort pour un délit exprimé aussi vaguement que celui d'avoir composé des ouvrages tendants à *émouvoir les esprits* déplut à tout le monde et n'intimida personne, parce qu'on sentit qu'une loi si dure ne serait jamais exécutée. (p. 109)

Malesherbes then goes on, in detail, to examine existing legislation and the current situation in terms of various aspects of the book trade. He examines the position of the printers, the position of those who sell publications (be they *libraires* or *colporteurs*), and that of authors, energetically demanding that they be given the right to sell their own books.[42] He examines the problems concerning

---

[42] An *arrêt* of Louis XVI dated 30th August, 1777, finally gave authors who had obtained *privilèges* for their own works the right to sell them. This was the first step in France in the direction of the concept of author's copyright (see also supra, p. 31).

the introduction of books into France from abroad and, in a postscript, considers methods of putting an end to the flourishing business of book smuggling which was operated from the Papal territory of Avignon. His concern throughout is to have a bare minimum of rules, but they must be clearly defined and, moreover, they must be capable of being genuinely and equitably applied to the whole of France, since it was the arbitrary extension to the provinces of regulations intended solely to govern the Paris book trade which was responsible for much of the existing confusion and ineffectiveness of the legislation. Malesherbes includes in this memorandum an interesting *Projet de Déclaration sur la librairie* drawn up by him in 1758 with "les principaux chefs du Parlement" (pp. 118 et seq.), in which he sets out to rationalise certain of the existing legal provisions.

The fifth and final memorandum is a short one, but is none the less important for that. It is "un éclaircissement sur ce qu'on appelle *Permissions tacites*" in which Malesherbes argues that whatever one may say about the principle of issuing *permissions tacites* they are, in practical terms, absolutely essential. They may be against the letter of the law, but they are not, as popular belief has it, "de pures permissions verbales ou de simples actes de tolérance, dont il ne reste aucun vestige" (pp. 245-246), although this may originally have been the case. They are officially recorded in a register, admittedly under the title of *Liste des ouvrages imprimés en pays étrangers dont le débit est permis en France,* one copy of which is held by the syndic, the other by the *Lieutenant de police.* (This in any case applied only to *permissions tacites* granted in Paris. There was no record of those granted in the provinces, an anomaly which should be removed.) In defence of the *permissions tacites,* Malesherbes argues that exclusive *privilèges* alone need, strictly speaking, to be printed in the published work, so that the interests of the publisher shall be protected. Otherwise, it is not fair that censors, as is the case under existing legislation, insofar as their names have to be printed along with the *permission,* should be thus exposed to the resentment of those who disagree with their decision to pass a given book for publication. Malesherbes agrees that, as things stand, the *permission tacite* does not give full protection to the bookseller, since in the event of prosecution, he has no means open to him of proving that he had permission, however tacit, to publish. This must be changed, and it is for this reason that in article 2 of the draft *déclaration* he had drawn up with "quelques-uns de MM. du Parlement" and which is to be found in the fourth memorandum, great care was taken with the wording. The article in question deals with printers, and it reads,

> ... *leur défendons d'imprimer ou faire imprimer aucuns ouvrages sans avoir obtenu permission, conformément aux réglements et usages de la librairie* ... (p. 121)

As Malesherbes says,

> ... *ce terme, usage, a paru renfermer l'usage des permissions tacites.* (p. 251)

In other words, Malesherbes is recommending that full recognition be given to this practice, so that in the event of prosecution

> ... *le libraire qui a obtenu une pareille permission, puisse la produire pour sa décharge, et que celui qui n'en a pas obtenu, ne puisse pas alléguer qu'il en a une.* (pp. 251-252)

A situation in which, as Malesherbes says,

> ... *le libraire, accusé d'avoir imprimé sans permission, soutiendra toujours qu'il en a eu une tacite, et que ce n'est pas sa faute si elle n'a pas été mise sur le registre par négligence, ou si elle en a été ôtée par infidélité* (p. 252),

should not be allowed to continue. The answer is to confer some clear legal status upon the *permission tacite*.

The "Mémoire sur la Liberté de la Presse"

There is no problem about dating this memorandum. Malesherbes himself informs us, in his *avertissement,* that

> Ce Mémoire sur *la Liberté de la Presse* en général, et particulièrement sur le parti qu'il convient de prendre dans

l'instant de la convocation prochaine des États-Généraux, m'a été demandé à la fin de l'année 1788. Je le diviserai en six chapitres, qui seront la discussion de six questions.

It was not published until 1809, when it appeared along with the *Mémoires sur la librairie*. Barbier, the librarian to the Emperor, had the manuscript from Baron Louis,[43] who claimed to have received it from Malesherbes himself. Malesherbes altered the original draft of parts of chapter six, but the alterations are of expression rather than of substance. The 1809 edition, which we are using here, follows the final text.

In the opening chapter, in reply to the question of what are the advantages and disadvantages of the freedom of the press, firstly in general terms, and secondly at the particular moment when the States General are about to meet, Malesherbes begins by once again establishing a favourite general principle:

> La discussion publique des opinions est un moyen sûr de faire éclore la vérité, et c'est peut-être le seul. (p. 265)

He recalls that this is a maxim which he has been defending for almost forty years (since his appointment in 1750 as *Directeur de la librairie*), despite the opposition of "la plupart des gens en place" (p. 267). He recapitulates the main objections to the freedom of the press, the argument that books contrary to morality, religion and government, and defaming individuals should not be allowed to appear, and he gives much the same answer as he had given thirty years earlier in the third *Mémoire sur la librairie*. Contrasting the French system with the English system, in which writers are permitted to bring out defamatory books provided that the subject of the attack is not actually named, he deplores the excesses to be found there, but argues that in France the situation is no better,

---

[43] See P. Grosclaude, op. cit., p. 665. Baron Louis-Dominique Louis (1755-1837), a friend of Talleyrand, had a lengthy public career. He was appointed Ambassador to Stockholm by Louis XVI, although he never took up the post, emigrated to England when the excesses of the Revolution became too much for him, was appointed to the *Conseil d'État* by Napoleon, who made him a Baron of the Empire and was appointed Finance Minister by Louis XVIII. He held this office several times, ending his career under Louis-Philippe.

despite the existence of censorship.[44] Moving from the general to the particular, Malesherbes argues that at this moment of time, "au moment heureux où le Roi lui-même demande les lumières de tous ses sujets" (p. 275),

> Une assemblée nationale, sans la liberté de la presse, ne sera jamais qu'une représentation infidèle, telles qu'ont été celles de nos anciens États-Généraux.... On attend tout de l'assemblée qui va se tenir. Pour que les espérances de la nation ne soient point déçues, il faut que ce soient ses véritables vœux qui soient portés, par ses représentants, aux pieds du trône. Il faut donc que cette nation dispersée reçoive des lumières qui lui parviennent jusque dans ses foyers, et c'est là ce qu'elle ne peut espérer que lorsque l'impression sera libre... (pp. 283-284)

In chapter two, Malesherbes deals with those who argue that the question of the freedom of the press does not merit discussion since, despite the complicated apparatus of legal sanctions, in practice, "tout s'imprime librement et se vend publiquement" (p. 289). He argues that those who are of this opinion are mistaken: "Rien n'est plus mauvais qu'une tolérance contraire à la loi" (p. 290). It may well be, he writes, that

> Dans un temps de tolérance contraire à la loi.... tous les étourdis, tous ceux qu'on nomme *têtes chaudes, têtes exaltées,* écrivent et se permettent tout, en comptant sur l'inaction du gouvernement et de la justice.
> Mais il est un grand nombre d'autres gens très capables d'écrire, qui n'impriment jamais quand il y a une loi qui le défend: ceux-là sont des auteurs modestes et raison-

---

[44] In England, the development of journalism in the seventeenth century was of considerable help in the establishment of the notion of the freedom of the press. Licensing Acts were employed on and off throughout the seventeenth century, but in 1694, the licensing system came to an end. It was John Locke who led the attack against the Licensing Act, which had not in fact prevented the publication of seditious matter. Henceforth two salaried "messengers of the press" were employed to detect libels, and all prosecutions were under common law. Wilkes' victory in the case of no. 45 of the *North Briton* in 1763 reaffirmed the principle of the freedom of the press. In the case of the theatre, of course, the Licensing Act of 1737 gave the Lord Chamberlain powers of censorship which he exercised until September, 1968.

nables, qui n'ont pas un amour de célébrité assez violent pour y sacrifier leur tranquillité.

La tolérance contraire à la loi nous prive des ouvrages des auteurs de ce caractère, et ce sont quelquefois ceux qui seraient le plus utiles au public... (pp. 290-291)

The law should then be revised to grant freedom of the press, just as, indeed, the whole of criminal and civil legal procedure should be reviewed.

In the lengthy chapter three, Malesherbes asks the question how this practice of "tolérance contraire à la loi" has become so firmly established in France. He gives his answer immediately:

La raison en est tout simple: c'est qu'il n'y a point de loi qui soit exécutée lorsqu'une nation entière cherche à favoriser la fraude, et que le gouvernement lui-même reconnaît qu'il faut souvent fermer les yeux; et c'est ce qui est arrivé en France dans le commerce de la librairie. (p. 299)

He goes on to illustrate this point. Under the existing system, over the years, the government has banned a great number of books "qui sont ceux que le public désire avec le plus d'ardeur" (p. 299) — not merely licentious works, either, but "ceux qui sont reconnus nécessaires pour l'instruction". In consequence of official policy,

... un homme qui n'aurait jamais lu que les livres qui, dans leur origine, ont paru avec l'attache expresse du gouvernement, comme la loi le prescrit, serait en arrière de ses contemporains presque d'un siècle.... La plupart de ces livres, devenus nécessaires, sont permis aujourd'hui. La permission a été accordée par le laps de temps, lorsqu'on a vu qu'ils étaient dans les mains de tout le monde, malgré les défenses. (p. 300)

He cites as examples Voltaire's *Henriade* and *Le Siècle de Louis XIV*, Fénelon's *Télémaque*, Montesquieu's *De l'Esprit des lois*, his *Considérations sur les causes de la grandeur et de la décadence des Romains*, his *Lettres persanes*, the *Encyclopédie*, Rousseau's *Émile*, the works of Hume, Mably and Condillac and, says Malesherbes,

> Je ne parlerai pas des auteurs vivants ni de beaucoup d'autres ... (p. 307)

The result of this state of affairs is that

> La plupart des imprimeurs et libraires sont fraudeurs, parce que sans cela ils ne vendraient rien ... (pp. 307-308)

The law is in complete disrepute because it is unenforceable. Hence the emergence of the system of *permissions tacites* and of the mere *tolérances* of which Malesherbes says, "Ce ne sont proprement que des assurances d'impunité" (p. 314), assurances which, moreover, were not always honoured, as is illustrated in the case of the letters of Mme de Maintenon. [45]

Malesherbes goes into a whole series of tricks employed to avoid the sanctions which the government seeks to impose, underground bookshops, the illicit use of hawkers, the use of portable presses which could easily be hidden, the fact that certain influential people were prepared to indulge in a little illegal activity in the field of contraband, etc. He concludes that the only answer is to do away with the legal requirement that each and every book be submitted to a censor before publication. He recognises that a censor's decision is in the last resort bound to be subjective, and that it can easily be mistaken. He draws on his own experience as *Directeur de la librairie* for thirteen years. A censor is traditionally a writer working in the same field as the author of the book which he has to examine. The weakness of this arrangement is that the censor is almost always either a friend or a rival of the book's author. In either case his judgment is likely to be influenced. He cites as examples the case of Rousseau's *Discours sur les sciences et les arts* (pp. 335-337) and the case of Voltaire, about whom censors tended to be highly prejudiced one way or the other, and to illustrate how even the most diligent of censors can be led astray, Malesherbes describes at some length the cases of *De l'Esprit* and the *Encyclopédie*. His conclusion is that, since the present confusion has been brought about because official sanction has

---

[45] See infra, pp. 315-6 and note 105.

been refused over the years to "une multitude de livres qui sont devenus nécessaires à la nation", then

> ... tant qu'on laissera subsister la loi qui exige, pour chaque livre une permission expresse après une approbation préalable, les réglements sur cette partie d'administration seront toujours illusoires. (p. 355)

The extremely brief fourth chapter makes a transition. What he has said does not necessarily mean that all forms of censorship should be abolished in France. Before coming to a decision on that, Malesherbes wishes to consider what would be the effect if the English system of a completely free press, with the danger of prosecution under common law as the sanction after publication, were to be adopted in France.

This he sets out to do in chapter five. French judges have much more latitude than English judges, he points out. Whereas in England, "les juges doivent s'en tenir aux termes précis de la loi", in France

> ... l'esprit de la loi supplée au texte littéral; et quand le juge français croit voir clairement que l'accusé a eu une mauvaise intention, et qu'il l'a effectuée, ce que nous appelons *concilium et eventus,* il prononce la condamnation, et l'accusé n'échapperait pas à la justice en disant que le cas n'a pas été prévu par la loi. (p. 359)

This is an important difference. In France,

> Les juges ne se regardent pas uniquement comme des interprètes de la loi; ils statuent sur la doctrine, comme les conciles où l'Église est assemblée. (p. 362)

The result is that, just as in chapter three Malesherbes has demonstrated that the fate of an author depends on the personal views of the censor, so he here argues that if the author were subject only to the French courts of law, he would be dependent on the whim of the individual judges. He would merely have censors of a different kind, and more of them: "autant qu'il y a de conseillers au Parlement et au Châtelet". Writers would then be in a perilous position indeed:

> Cette censure serait bien plus redoutable, puisqu'elle ne se terminerait pas à leur faire sacrifier un trait de leur ouvrage, mais qu'elle leur ferait subir un procès criminel; et peut-on prévoir quelle en serait l'issue dans un pays où les lois ne sont pas précises, et où le jugement dépend de la façon de penser de ceux qui un tel jour tiennent le tribunal? (p. 363)

To illustrate his point, Malesherbes compares the case of John Wilkes in England with that of Dupaty [46] in France. The contrast is heightened by the fact that criminal justice is carried out in public in England and in private in France. Wilkes was acquitted and became a national hero: Dupaty was summarily imprisoned (pp. 365-375). Clearly, then, if censorship were abolished the effects would not be the same as in England. Moreover, the same subterfuges which are now utilised to overcome the censors would be employed to overcome the judges, and the result would be that "la licence dont on se plaint régnerait comme aujourd'hui" (p. 390). Many authors, as they do today, would not seek to have their works published, for fear of unfair condemnation.

Malesherbes has already declared, in chapter three, that it is wrong to insist that every book be examined and passed by a censor before publication. Now, in chapter five, he has said that on the other hand it would be folly to abolish all censorship and submit all authors to the rigours of French justice. He suggests the way out of the dilemma in the sixth and last chapter.

His solution is in a sense a compromise. The dangers and disadvantages of obliging authors to submit each and every book to a censor before publication he has clearly outlined. On the other hand, given the nature of the French judicial system, the fact that its judgments can be extremely partial, and depend on the whims or personal philosophies of individual judges, total abolition of censorship would not improve the situation and might even make it worse. He does not claim that his solution is perfect, but he does consider it the best possible one in the circumstances.

He is determined that a well-intentioned author shall not be obliged to undergo prosecution and conviction merely because "ses intentions sont mal interprétées dans les tribunaux" (p. 392). For

---

[46] See infra, pp. 365-375 and notes 121 and 122.

this reason he is determined to retain an element of censorship, but with safeguards for writers:

> ... il faut prononcer, plus précisément qu'on ne l'a fait jusqu'à présent, que les auteurs qui auront subi cette épreuve, ne pourront plus être recherchés par la justice. (p. 392)

On the other hand, he maintains that all those writers who object to the principle of censorship should be allowed to publish at their own risk, and face any possible consequences in the courts. There should be free choice.

This will entail the necessity of taking various precautions. Firstly, to safeguard the censors themselves, and secondly to safeguard authors. In the past there have been examples of authors whose works have been passed by the censors, and of the censors themselves, finding themselves in grave trouble: the obvious example is that of Helvétius and the censor Tercier in the case of *De l'Esprit*. This kind of thing must be stopped. The censor should be answerable, as a royal official, only to the king, and the author, once his work has been passed by the censor, should be free from the fear of prosecution. In the case of defamation of character, which Malesherbes always has in great abhorrence, the censor cannot hope to be able to spot every allusion: in this case, therefore, the author (and the author alone) will be liable to prosecution, even if the censor has passed the work.

Malesherbes further agrees that precautions must be taken to ensure that "la liberté accordée... ne dégénère pas en licence" (p. 412). There are those who argue that the courts be given absolute powers to suppress clandestine presses by means of which authors might seek to publish actionable works and still avoid the consequences. This would be excellent if only it were possible. There are again those who advocate granting complete freedom of the press provided that the author always puts his name on the title page. This sounds an excellent idea, and yet Malesherbes condemns it. He points out that not all anonymous works are contemptible. There are cases in which the cloak of anonymity is fully justified. What about, for example, the junior law officer who has knowledge of abuses in the operation of the legal system and would expose them if the fear of reprisals from his superiors were removed? Malesherbes even advocates the establishment of a commission to whom anonymous letters denouncing abuses could be sent. The commission would sift these and act upon those which had substance. The dangers of such a system are manifest. He considered the plan unrealisable in France, however, "applicable ni à nos lois ni à nos mœurs" (p. 422). His alternative to insisting that all authors name themselves is simple:

> C'est d'ordonner que les imprimeurs et libraires qui auront fait paraître les ouvrages pour lesquels on ne se sera pas soumis à la censure, soient responsables des condamnations civiles ou pécuniaires, sauf leur recours contre l'auteur. (pp. 423-424)

To threaten the pocket of the printer and bookseller is the best method of limiting this kind of abuse.

For various reasons, Malesherbes admits that the measures which he advocates will not eliminate all abuses ("... il n'y a point de contrebande qui ne se fasse quand il y a beaucoup d'acheteurs pour les marchandises prohibées" (p. 428)), but for Malesherbes legislation is the art of the possible:

> ... quand on ne peut pas faire une aussi bonne loi qu'on voudrait, il faut faire la moins mauvaise qu'on peut. (p. 429)

On the eve of the meeting of the States General from which Malesherbes hoped for so much, it was inevitable that he should give some consideration to the

> ... partisans de la puissance populaire, qui aimeraient mieux qu'il n'y eût ni censure ni jugement des livres dans les tribunaux. (pp. 411-412)

Malesherbes is not prepared to go as far as this, fine though the idea may be in theory. The "tribunal national, composé et choisi par les États généraux" which the "partisans de la puissance populaire" desire does not in fact as yet exist, and so, in the conclusion to this final chapter, Malesherbes puts his position as clearly and as powerfully as he can:

> Il faut donc, ou prévenir les livres répréhensibles par la censure, ou les punir par la justice; et comme la censure et la justice s'exercent par des hommes, le caprice des censeurs ou la crainte des caprices de la justice seront toujours un obstacle à la liberté de la presse, jusqu'à ce que tous les tribunaux du royaume, dirigés par la nation elle-même, se soient pénétrés de principes assez certains sur cette liberté, pour que les auteurs qui, dans leur conscience, savent qu'ils n'ont pas d'intention criminelle, soient bien assurés qu'ils n'ont rien à craindre.
>
> Or, nous sommes encore bien loin de là en France, et, en attendant qu'on y soit parvenu, il est juste de donner une sauve-garde aux auteurs qui veulent écrire sans se compromettre.
>
> Ainsi, l'expédient proposé de leur donner le choix de se soumettre aux fantaisies des censeurs ou de s'exposer à celles de la justice, me paraît meilleur que tous les autres partis qu'on pourrait prendre, c'est-à-dire, meilleur que celui de les soumettre tous à la censure, meilleur que celui de les exposer tous au caprice de la justice, et meilleur aussi que celui de laisser subsister des lois rigoureuses qu'on n'exécute pas, parce que bien des auteurs ne veulent pas se fier à cette tolérance tacite, et que ceux qui s'y fieront, en seront peut-être la victime dans un moment où il plaira à la justice de vouloir remettre les lois en vigueur, et de l'annoncer par un exemple. (pp. 430-431)

Malesherbes, then, convinced of the folly, in the circumstances in which he lives, of abolishing censorship altogether, and true to the principles which were always his, retains the practice, but seeks to strip off its connotations of arbitrariness and oppression and to make of it a tool of liberalism.

As has already been mentioned, the principle of freedom of the press was laid down in 1789 in the *Déclaration des droits de l'homme,* and confirmed by the Constitution of 1791, but the battle was still far from won. We have, in Malesherbes' *Mémoire sur la liberté de la presse,* a document of crucial importance concerning one phase of this continuing struggle. Malesherbes' views on freedom of the press may not coincide with enlightened twentieth-century views on the subject, but there can be no doubt of their very liberal character in terms of the received opinions of his day.

The *Mémoires sur la librairie* are perhaps of even greater historical importance and interest, affording us as they do an intimate and vivid picture of the workings of the book trade in the eighteenth century.

SELECT BIBLIOGRAPHY

Andrieu, Jules, *La Censure et la police des livres en France sous l'ancien régime*, Paris, 1884.
Bachman, Albert, *Censorship in France from 1715 to 1750: Voltaire's Opposition*, New York, 1934.
Belin, J. P., *Le Commerce des livres prohibés à Paris de 1750 à 1789*, Paris, 1913.
———, *Le Mouvement philosophique de 1748 à 1789, Étude sur la diffusion des idées des philosophes à Paris d'après les documents concernant l'histoire de la librairie*, Paris, 1913.
Blondel, Pierre Jacques (attrib.), *Mémoire sur les vexations qu'exercent les libraires et imprimeurs de Paris*, Paris, 1725.
Brunel, L., "Observations critiques et littéraires sur un opuscule de Diderot" (i.e. the *Lettre sur le commerce de la librairie*), in *Rev. d'hist. litt.*, 1903, pp. 1-24.
Coyecque, Ernest, *Inventaire de la Collection Anisson sur l'histoire de l'imprimerie et la librairie principalement à Paris (Manuscrits français 22061-22193)*, 2 vols., Paris, 1900.
Cristea, L. N., *Contribution à l'étude du droit d'auteur*, Paris, 1938.
Diderot, Denis, *Lettre sur le commerce de la librairie*, in *Œuvres complètes* (ed. Assézat and Tourneux), 20 vols., Paris, 1875-1877, vol. XVIII (A slightly abbreviated form of this work, under the title *Sur la liberté de la presse*, edited by M. Jacques Proust, was published in Paris by Éditions sociales in 1964).
———, *Encyclopédie*: the article *Librairie*.
Estivals, R., *Le Dépôt légal sous l'ancien régime*, Paris, 1961.
———, *La statistique bibliographique dela France sous la monarchie au XVIIIe siècle*, Paris, 1965.
Falk, H., *Les Privilèges de librairie sous l'ancien régime*, Paris, 1906.
Furet, F., (ed.), *Livre et société dans la France du XVIIIe siècle*, 2 vols., Paris, 1965-1970.
Gastambide, M., *Historique et théorie de la propriété des auteurs*, Paris, 1862.
Grosclaude, Pierre, "Deux épisodes de l'histoire de la librairie, d'après une lettre inédite de Malesherbes," in *Rev. d'hist. litt.*, 1959, pp. 491-501.
———, "Malesherbes et l'*Encyclopédie*," in *Rev. des sciences humaines*, 1958, pp. 351-380.

Grosclaude, Pierre, *Malesherbes et son temps. Nouveaux documents inédits*, Paris, n.d. (1964).
——, *Malesherbes, témoin et interprète de son temps*, Paris, n.d. (1961).
Hatin, E., *Histoire politique et littéraire de la presse en France*, 8 vols., Paris, 1859-1861.
——, *Manuel théorique et pratique de la liberté de la presse*, 2 vols., Paris, 1868.
Isambert, F. A., Jourdan, A. J. L., and Decrusy, —, *Recueil général des anciennes lois françaises depuis l'an 420 jusqu'à la révolution de 1789*, 29 vols., Paris, 1821-1833.
Lardeur, G., *Du Contrat d'édition en matière littéraire*, Paris, 1911.
Lottin, A. M., *Catalogue chronologique des libraires et des libraires-imprimeurs depuis l'an 1470, époque de l'établissement de l'imprimerie dans cette capitale jusqu'à présent*, Paris, 1789.
Lough, J., *The 'Encyclopédie'*, London, 1971.
——, *Essays on the 'Encyclopédie' of Diderot and D'Alembert*, London, 1968.
——, "Luneau de Boisjermain v. the Publishers of the *Encyclopédie*," in *Studies on Voltaire and the Eighteenth Century*, XXIII, 1963, pp. 115-177.
Malapert, F., "Histoire abrégée de la législation sur la propriété littéraire avant 1789," in *Journal des Économistes*, November 1880, pp. 280 et seq.
Malesherbes, C. G. Lamoignon de, *Mémoires sur la librairie et sur la liberté de la presse* (ed. A. A. Barbier), Paris, 1809 (A reprint of this first edition was produced in 1969 by Slatkine Reprints of Geneva).
Morellet, Abbé André, *Mémoires*, 2 vols., Paris, 1821.
Mornet, D., *La Pensée française au XVIIIe siècle*, Paris, 1929.
——, "Les Enseignements des bibliothèques privées, 1750-1780," in *Rev. d'hist. litt.*, 1910, pp. 449-496.
Neret, J. A., *Histoire illustrée de la librairie et du livre français*, Paris, 1913.
Pellisson, M., *Les Hommes de lettres au XVIIIe siècle*, Paris, 1911.
Plan, Pierre-Paul, *J.-J. Rousseau et Malesherbes: un dossier de la librairie sous Louis XV*, Paris, 1912.
Pottinger, D. T., *The French Book Trade in the Ancien Régime, 1500-1791*, Cambridge, Mass., 1958.
Proust, Jacques, *Diderot et l'Encyclopédie*, Paris, 1962.
——, *L'Encyclopédie*, Paris, 1965.
Saugrain, C. M., *Le Code de la librairie et imprimerie de Paris*, Paris, 1744.
Shaw, E. P., *Problems and Policies of Malesherbes as 'Directeur de la Librairie' in France (1750-1763)*, New York, n.d. (1966).
Tromp, E., *Étude sur l'organisation et l'histoire de la communauté des libraires et imprimeurs de Paris (1618-1791)*, Paris, 1922.
Ventre, Madeleine, *L'Imprimerie et la librairie en Languedoc au dernier siècle de l'ancien régime (1700 à 1789)*, Paris, 1958.
Voltaire, *Correspondence* (ed. Theodore Besterman), 107 vols., Geneva, 1953-1966.
Wilson, A. M., *Diderot*, New York, 1972.

TEXT

AVERTISSEMENT
DE L'ÉDITEUR

Jamais un ouvrage n'a eu moins besoin de préface que celui-ci. Il serait également inutile et déplacé de chercher à le faire valoir, parce que le nom de son auteur le rend assez recommandable.

Quelques gens de lettres savaient que M. de Malesherbes avait composé sur la librairie, des mémoires d'autant plus intéressants, qu'il y parlait aussi de notre littérature, et en général des connaissances humaines, comme pouvait le faire un homme aussi instruit et aussi philosophe; ils craignaient que ce manuscrit, dont ils regrettaient vivement la perte, n'eût été dévoré par la Révolution comme tant d'écrits précieux, lorsqu'un savant biographe le découvrit dans la bibliothèque d'un ancien militaire qui cultive les lettres, et entre les mains duquel le hasard l'avait fait tomber en 1787. Il fut lu par plusieurs amateurs, qui tous furent d'avis de le livrer à l'impression. On pressa alors le propriétaire de l'ouvrage de le publier, tant pour l'utilité] dont il pouvait être, que pour ne pas l'exposer à être perdu par un accident, puisque ce manuscrit était unique.

M. de Malesherbes, reçu premier président de la Cour des Aides le 14 décembre 1750, à la place de son père, qui avait été élevé, le 9 du même mois, à la dignité de Chancelier, fut aussitôt chargé par celui-ci de la direction de la librairie et de la littérature. Ce fut au commencement de 1759 que M. de Malesherbes composa ses cinq mémoires sur cette matière, à la sollicitation du Dauphin fils de Louis XV. Le Dauphin cherchait à s'instruire en secret de toutes les branches de l'administration. Pour parvenir à son but, il se servait d'un intermédiaire qui nous est inconnu, mais qui était, sinon un ministre entièrement dévoué au Dauphin, du

p. iv

moins un personnage considérable, ainsi que le prouvent les formules respectueuses que M. de Malesherbes, premier président d'une cour souveraine, employa dans trois lettres de sa main, jointes au manuscrit, et qu'on trouvera par ordre de date à la fin de cet avertissement. Ces lettres sont du 11 février, 3 mars et 28 mai 1759, et servent naturellement de préface aux mémoires] qu'elles accompagnaient. Il ne faut pas croire qu'on ne trouve p. v dans ces mémoires qu'une sèche et fastidieuse discussion sur des règlements ou sur des mesures administratives. Non seulement M. de Malesherbes approfondit et propose les meilleurs moyens de protéger les lettres et d'étendre la sphère des connaissances, mais il examine encore de quelle manière il convient d'encourager les progrès de l'esprit humain, en même temps qu'il indique d'excellents expédients pour opposer aux abus et à la licence un frein prescrit par la raison et par une sage prévoyance.

Enfin, on trouve dans l'ouvrage de M. de Malesherbes sur la librairie et la littérature françaises, une foule de réflexions et de traits profonds ou ingénieux, très propres à donner une juste idée du genre d'esprit et du caractère de l'auteur, et qui prouvent que M. Gaillard a eu raison de dire*: "Qu'il était supérieur aux gens d'esprit mêmes, par la pénétration, la sagacité, la chaleur et la gaîté du sien; aux savants,] par la multitude, la variété, l'étendue, p. vi la sûreté de ses connaissances, accrues et embellies par les lumières."

L'éditeur conserve soigneusement les lettres de M. de Malesherbes, ainsi que le manuscrit de son ouvrage, et il s'empressera de les communiquer à quiconque sera curieux de les voir, ou de s'assurer de la parfaite similitude de l'imprimé avec l'original.

On a cru bien mériter de ceux à qui la mémoire de M. de Malesherbes est chère, en leur offrant une copie de son écriture, figurée trait pour trait. En conséquence on a fait graver sa troisième lettre, qui se trouvera placée à la fin de cet Avertissement, à la suite de l'imprimé: il en facilitera la lecture; car cet homme, aussi vertueux que respectable, avait un caractère d'écriture fort négligé. C'était son plus grand et peut-être son unique défaut.

---

* Page 32 de la *Vie* ou de l'*Éloge* historique de M. de Malesherbes, in-8°. Paris, 1805.

— On donna en 1795, dans le journal intitulé *le Magasin encyclopédique,* une excellente notice sur M. de Malesherbes, par feu J. B. Dubois. La troisième édition de cette notice fut publiée à Paris, en 1806, chez le libraire Potey. M. Dubois y parle d'un mémoire fort] étendu sur la liberté de la presse, donné au roi et au ministre par M. de Malesherbes avant la Révolution; mais il déclare ignorer dans quelles mains est tombée la copie qu'il a lue.

M. Gaillard, dans la Vie ou dans l'Éloge historique de M. de Malesherbes, parle aussi de ce mémoire sur la liberté de la presse, et il entre à ce sujet dans des détails qui en font sentir tout l'intérêt.

Les deux biographes que l'on vient de citer parlent également des mémoires de M. de Malesherbes sur la librairie. Le mémoire sur la liberté de la presse se trouvait entre les mains d'un ancien magistrat qui en tenait la copie de M. de Malesherbes lui-même, et il a consenti facilement à en faire jouir le public.

Il ne faut cependant pas conclure du temps où M. de Malesherbes écrivait, au temps présent. Il proposait ce qu'il croyait le plus avantageux dans les conjonctures où se trouvait alors la France; plusieurs de ses idées ne sont même plus applicables aux circonstances actuelles, dans lesquelles il aurait apporté à ses plans des modifications convenables. On publie donc aujourd'hui ses mémoires sur la] librairie et sur la liberté de la presse, non dans l'idée de les présenter comme une autorité à suivre dans tous les points, mais comme un supplément nécessaire à ses autres ouvrages, et propre d'ailleurs à faire connaître le caractère et le genre d'esprit administratif de l'auteur. La réunion des mémoires sur la librairie et sur la liberté de la presse, qui ont des rapports intimes, offre enfin l'avantage de donner un ensemble complet de tout ce que M. de Malesherbes a écrit sur cette branche importante d'administration, et c'est ce qui a déterminé l'éditeur à les publier en un seul volume.]

Je ne m'attens pas Mattr, Monsieur, que des memoires aussi etendus que ceux que j'y vous ay remis puissent passer par les yeux de m. le dauphin tout ce que je desirois c'est que vous voulussiez bien les lire et que par la vous fussiez en etat de repondre aux questions qu'il pourroit vous faire sur une matiere dont les principes ne sont ecrits nulle part. d'ailleurs sans porter si loin mes vuës je trouverois mon travail tres bien employé s'il me servoit à vous faire connoistre que je desire le bien, et je souhaiterois par de ssus tout que vous me fissiez part des reflexions que cette lecture vous feroit naistre.
feroropart. Je sens toute l'importance de celles que vous m'avez communiquées et vous verrez par mes reponses que je vous envoyeray incessamment qu'il est aisé de nous rapprocher.

je vais aussi relire les memoires pour en faire un extrait
à peuprès tel que vous le desirés.

au reste je sens parfaitement Monsieur qu'il y auroit
de l'indécence à laisser transpirer la correspondence qui est entre
vous et moy à ce sujet et je sçais que nous vivons
dans un siecle et dans un pays ou on fait un crime de
s'instruire et de s'interesser au fait bien public à tous
autres qu'à ceux qui ont un brevet pour cela. c'est ce qui
fait que ceux qui arrivent dans les grandes places ne scavent
communement rien et n'ont plus le tems de rien
apprendre.

je suis avec respect, Monsieur,

      votre tres humble et tres
à paris ce 28 may obeissant serviteur
1760   de Lamoignon de Malesherbes

PREMIÈRE LETTRE

J'avais bien voulu, Monsieur, pouvoir vous envoyer plutôt les mémoires que vous avez désirés sur la librairie, mais ce qui se dit dans une heure de conversation est bien long à rédiger par écrit. J'espère que vous excuserez ma lenteur quand vous voudrez bien songer que j'ai été distrait par un grand courant d'affaires et que vous considérerez le volume des trois mémoires que je vous envoie.

Ce n'est pas cependant encore tout, je vais travailler à un quatrième qui n'est pas moins important et ne sera pas moins long que ceux-ci; et après celui-là je vous donnerai encore des éclaircissements sur quelques objets particuliers. Cela devient bien long, mais la matière n'ayant été éclaircie par personne et les principes n'en étant discutés nulle part, j'ai cru nécessaire de l'approfondir. D'ailleurs je n'ai pas voulu attendre que les derniers mémoires fussent achevés pour vous envoyer les premiers.

Mon principal objet a été de vous marquer mon empressement de me rendre à vos désirs que j'ai osé regarder comme des ordres supérieurs.]

C'est aussi par cette raison que vous trouverez surtout dans les premiers mémoires des corrections et des augmentations. Il est arrivé pendant que j'y travaillais des événements qui ont rendu une partie de ces changements nécessaire. Il y en a d'autres qui contiennent des réflexions et des éclaircissements que j'avais omis dans la première rédaction. Tout cela aurait demandé d'être mis au net, et j'ai trouvé en relisant que les mémoires eux-mêmes auraient grand besoin d'être changés et surtout abrégés. Mais j'ai cru qu'il valait mieux les envoyer tels qu'ils sont avec des ratures et des additions, des longueurs et des répétitions que de les faire attendre encore quinze jours.

J'ai l'honneur d'être avec respect, Monsieur,

> Votre très humble et très
> obéissant serviteur

DE LAMOIGNON DE MALESHERBES.

à Paris ce 11 février 1759.

SECONDE LETTRE

Voici, Monsieur, un quatrième et même un cinquième mémoire sur la librairie. Ce n'est pas encore tout, il y a un objet qui n'y est pas traité et qui mérite de l'être dans un mémoire particulier. C'est celui des privilèges exclusifs donnés aux libraires pour la plupart des livres. Il faudra y joindre la discussion de quelques articles de règlement sur le prix des livres et sur la beauté et la correction des éditions. Mais l'objet de ce sixième mémoire n'étant que la perfection de l'art de la typographie et l'augmentation du commerce de librairie, il n'est pas à beaucoup près aussi pressé que les autres. Je crois même qu'il faut se déterminer sur les objets importants avant de passer à celui-là.

D'ailleurs je vous avouerai que je suis chargé dans le moment présent de travailler à des mémoires de jurisprudence et de finance pour la Cour des Aides qui me laissent peu de temps pour penser à autre chose.

Quant au quatrième mémoire et à l'addition, je vous les envoie, Monsieur, pour que l'ouvrage soit complet et pour faire connaître qu'il y a des moyens à employer pour] empêcher la fraude. Mais je vous conseille fort de ne les pas lire.

Vous y trouveriez un détail fastidieux d'arrêts et de règlements contenant des précautions de police. D'ailleurs les projets que j'y donne ne sont en grande partie qu'ébauchés. Il faut encore les concerter presque tous avec le Parlement, ou avec le lieutenant de police, ou avec les intendants, ou avec les fermiers généraux. Il faudra même consulter les libraires.

Je suis cependant très persuadé que la plus grande partie de ce que je propose est utile, gênera peu le commerce et diminuera la fraude. Je suis d'autant plus fondé à le croire que depuis que le quatrième mémoire est fait et pendant qu'on le copiait, j'ai parlé de ce qui en fait l'objet à un exempt de police qui avait la confiance de M. Berryer en cette partie et il m'a dit qu'il avait depuis longtemps un projet pour arrêter les imprimeries clandestines. Il me l'a communiqué, et c'est précisément et mot pour mot un règlement sur les garçons imprimeurs que j'ai proposé dans le quatrième mémoire. Cette rencontre d'idées m'a encore confirmé dans la mienne.

Le cinquième mémoire sur les permissions tacites n'est fait que pour détruire la mau]vaise opinion qu'on a de ces permissions et en faire connaître la nécessité. Le règlement que je propose sur cette matière est comme ceux du quatrième mémoire, il demande à être encore médité, discuté et consulté. p. xiii

Je suis avec respect, Monsieur,

Votre très humble et très
obéissant serviteur

DE LAMOIGNON DE MALESHERBES

à Paris ce 3 mars 1759

TROISIÈME LETTRE

Je ne m'étais pas flatté, Monsieur, que des mémoires aussi étendus que ceux que je vous ai remis pussent passer sous les yeux de M. le Dauphin. Tout ce que je désirais était que vous voulussiez bien les lire et que par là vous fussiez en état de répondre aux questions qu'il pourrait vous faire sur une matière dont les principes ne sont écrits nulle part. D'ailleurs sans porter si loin mes vues je trouvais mon travail très bien employé s'il me servait à vous faire connaître que je désire le bien, et je souhaitais par-dessus tout que vous me fissiez part des réflexions que cette lecture vous] ferait naître. Je sens toute l'importance de celles que vous m'avez communiquées et vous verrez par mes réponses que je vous enverrai incessamment qu'il est aisé de nous rapprocher.

Je vais aussi relire les mémoires pour en faire un extrait à peu près tel que vous le désirez.

Au reste je sens parfaitement, Monsieur, qu'il y aurait de l'inconvénient à laisser transpirer la correspondance qui est entre vous et moi à ce sujet et je sais que nous vivons dans un siècle et dans un pays où on fait un crime de s'instruire et de s'intéresser au bien public à tous autres qu'à ceux qui ont un brevet pour cela. C'est ce qui fait que ceux qui arrivent dans les grandes places ne savent communément rien et n'ont plus le temps de rien apprendre.

Je suis avec respect, Monsieur,

Votre très humble et très
obéissant serviteur

DE LAMOIGNON DE MALESHERBES

à Paris ce 28 mai 1759

PREMIER MÉMOIRE SUR LA LIBRAIRIE

Sur la nécessité de faire de nouveaux règlements ou de réformer les anciens

Les abus de la librairie sont depuis longtemps montés à tel point, qu'il n'est plus possible de les tolérer. L'auteur de ce mémoire désirait ardemment depuis longtemps, qu'il lui fut permis de s'expliquer en détail sur cet objet; mais il n'en a trouvé aucune occasion.

Les ordres sévères qu'il aurait pu donner dans l'administration dont il est chargé, auraient été absolument inutiles, soit par le défaut de bons réglements pour les faire exécuter, soit par le mélange des différentes autorités qui y doivent concourir. C'est ainsi que, dans les dernières années de la vie de M. le chancelier d'Aguesseau, le parti que prit ce grand magistrat de ne permettre ni romans ni brochures frivoles,[1] engagea d'autres ministres à établir une espèce de tribunal secret de tolérance, où on assurait les auteurs et les libraires qu'ils ne seraient point pour-] suivis en se soumettant à un examen particulier.

C'est ainsi que M. le Chancelier d'aujourd'hui a essayé inutilement, pendant plusieurs années, d'arrêter l'inondation de ces libelles téméraires, où, sous prétexte de défendre les droits de la magistrature, on ose discuter les droits sacrés de la souveraineté. Ses défenses ont été illusoires, et non-seulement les libelles ont paru, mais on les a vendus publiquement à la porte des spectacles et des promenades publiques. La crainte de déplaire à des magistrats qu'on croyait protecteurs de ces brochures, a fait taire toutes les lois.

Dans de pareilles circonstances on avait un parti tout simple à prendre: c'était de suivre l'exemple de tous ceux à qui les chanceliers ont confié jusqu'à présent cette portion de leur autorité.

Ne permettre rien que sur le rapport d'un censeur à qui on ne donne aucune instruction, et qui répond personnellement de tout ce qu'il approuve; donner peu de permissions expresses, et cependant ne prendre aucune mesure pour que les défenses qu'on a faites, soient exécutées, voilà les deux principes ordinaires d'après lesquels un administrateur de la librairie se met à l'abri de tout reproche;] mais cette politique, qui est très connue et qu'il est très aisé d'employer, n'a jamais produit aucun avantage réel. p. 3

Le censeur incertain incline à l'indulgence ou à la sévérité.

Si c'est à l'indulgence, on est obligé de le punir pour des fautes qu'il a commises à son insu, parce que tout étant arbitraire dans cette matière, le magistrat qui refuse de le décider, le met dans la nécessité de suivre ses propres lumières; ce qui fait qu'il y a autant de principes différents, que de censeurs.

Si c'est à la sévérité, l'auteur, rebuté des difficultés qu'on lui fait, et témoin de l'impunité avec laquelle les règlements sont enfreints, se passe de permission, l'ouvrage ne paraît pas moins, et il paraît même sans les adoucissements que le censeur le moins rigide aurait exigés.

Je crois avoir touché ici une des principales causes des abus. Personne jusqu'à présent n'a cherché à remonter à leur source, parce qu'on a été effrayé du grand nombre de tracasseries auxquelles on était exposé, et qu'on a cru qu'il n'y avait de moyen de s'y soustraire qu'en rejetant tout sur un subalterne, et encore plus souvent en dissimulant, par des permissions tacites ou par de simples] tolérances, le consentement qu'on avait donné aux ouvrages qui occasionnaient les plaintes. p. 4

C'est par les mêmes raisons qu'on ne s'est porté que très froidement à la réformation des règlements. Les uns ont senti que si les règlements étaient assez bien faits pour être exécutés, on aurait à répondre de tous les livres qui paraîtraient: dès lors ils ont craint d'être exposés, ou à un reproche bien fondé de la part du public si, par trop de déférence aux considérations particulières, on gênait le goût des amateurs de la littérature et on retardait le progrès des sciences, ou à un autre reproche, souvent injuste, mais très incommode par sa multiplicité, de la part de tous les particuliers qui se plaignent des livres par mille raisons qu'il est impossible de prévoir.

D'autres n'ont pas porté si loin la prévoyance, et ils se sont contentés de dire qu'inutilement ferait-on des règlements; qu'ils ne seraient jamais exécutés, et que la librairie ne pouvait être qu'un objet d'administration.

Le principe que de certaines matières ne doivent être régies que par administration, est la maxime favorite de bien des hommes d'État, et il est certain qu'à beaucoup d'égards elle est vraie, et qu'elle a un grand nombre d'applications. Mais il faut convenir] p. 5 aussi qu'il est dangereux d'en abuser, parce qu'elle tend à tout remettre au pouvoir arbitraire.

Ce pouvoir arbitraire contre lequel les parlements déclament avec tant de véhémence, doit nécessairement être réuni à l'autorité souveraine, sans quoi chaque corps ou chaque particulier puissant voudrait interpréter les lois à son avantage, et on tomberait dans l'anarchie.

Mais en même temps je crois que, pour le bonheur et la tranquillité des peuples, il en faut borner l'exercice, autant qu'on le peut, dans les administrations subordonnées, et qu'il est toujours avantageux de donner des lois fixes quand la matière en est susceptible.

Pour faire l'application de ces principes généraux à la librairie, je crois qu'on a avancé trop légèrement que cet objet était purement d'administration. De là viennent toutes ces plaintes particulières qui inquiètent le gouvernement, et qui, comme j'ai déjà dit, ont souvent empêché les administrateurs de cette partie, de travailler sérieusement à y mettre la règle. Si on avait bien voulu établir pour principe que l'homme public n'a à veiller qu'à l'intérêt public, et que les particuliers ont des lois et des tribunaux pour se plaindre du tort] qui leur est fait et en poursuivre la réparation, on aurait p. 6 été débarrassé de cette importunité, au lieu que, dans le système actuel, puisque tout est d'administration, chacun est fondé à porter ses plaintes à l'administrateur et de l'administrateur. Cependant il ne peut répondre de rien, attendu que son autorité sera toujours impuissante et sa vigilance en défaut, lorsqu'on voudra qu'il prévoie par lui-même ou par ses censeurs le tort réel ou imaginaire que chaque livre peut faire aux particuliers.

Ce même principe que la librairie n'est qu'un objet d'administration, a donné lieu à une évocation générale au Conseil, faite en 1723, évocation qui n'est exécutée ni ne peut l'être entièrement, parce qu'il y a des cas qui intéressent tellement la police générale du royaume, qu'il n'est ni possible ni juste d'imposer silence aux parlements, et parce que, dans les circonstances où il est question de prononcer des peines graves, il faut une instruction criminelle qui ne peut pas se faire au Conseil. Il résulte cependant de cette jurisprudence incertaine, que les juges ordinaires ont un prétexte pour négliger la poursuite des délits de librairie lorsqu'ils ont intérêt ou que leur inclination les porte à les laisser impunis, et] qu'ils p. 7 ont un titre pour les poursuivre dans les cas où ils désirent d'exercer toute la sévérité possible.

Il y a des exemples récents et frappants de cette rigueur inégale que je me dispenserai de citer, mais qui doivent faire connaître combien il est nécessaire de changer des règlements qui servent à colorer de pareilles injustices.

Je vais plus loin, et je soutiens que, pour l'intérêt même de l'administration et pour lui conserver l'autorité qu'elle doit avoir, il est nécessaire d'en fixer les bornes: ce qui est arrivé depuis quelques jours au Parlement, m'en fournit la preuve. ² La défense faite par le Parlement de débiter un ouvrage revêtu d'un privilège, peut avoir des suites très préjudiciables pour l'autorité du Roi si elles ne sont pas prévenues, comme je l'exposerai par la suite. Cependant il faut avouer que la nécessité de punir un scandale public par des peines plus fortes que celles qu'un arrêt du Conseil peut prononcer, est au moins un prétexte bien plausible.

On peut même soutenir que le privilège et la censure ne peuvent jamais disculper un auteur, * parce qu'on ne peut point avoir] de p. 8 caution pour un fait criminel, et que le censeur d'un ouvrage punissable n'est qu'un complice.

Ainsi la démarche du Parlement, que je crois dangereuse par les conséquences qu'elle peut avoir, ne peut cependant être accusée d'irrégularité tout au plus que dans la forme, et au fond je crois qu'il y aurait plus d'avantage que d'inconvénient à autoriser le Parlement à faire ce qu'il a fait aujourd'hui: c'est ce que je détaillerai plus au long en discutant le règlement qu'on peut faire; mais pour le présent je me contenterai d'observer que cette démar-

---

* C'est aussi ce que je soutiendrai dans les mémoires suivants.

che, dont le motif secret est peut-être d'attribuer au Parlement une autorité illégitime sur la portion d'administration que le Roi doit réserver à son Conseil, est fondée, ou au moins prétextée, sur ce qu'on a voulu attribuer à l'administration et au Conseil ce qui est fait, par sa nature, pour être porté en justice réglée.

Voilà précisément l'inconvénient des lois mal conçues dans leur principe. Si le Parlement avait expressément le droit de poursuivre les auteurs malgré l'approbation qu'ils auraient pu surprendre, l'arrêt rendu contre l'*Encyclopédie* ne porterait aucun préjudice à l'autorité du Conseil, et ne pourrait donner] lieu à aucun règlement p. 9 tendant à attribuer au Parlement une administration qui ne lui a jamais appartenu.

Mais de ce qu'on a regardé mal à propos les privilèges comme suffisants pour mettre les auteurs à l'abri de toutes recherches, les partisans de l'autorité parlementaire se croiront peut-être fondés à établir de nouvelles règles, par exemple, à exiger des censeurs une prestation de serment à demander ou ordonner que l'examen des livres soit fait par des députés de la compagnie [3] ou sous leurs yeux, et à limiter tellement l'autorité du chancelier en cette matière, que ce soit réellement du Parlement que dépende la faculté de parler au peuple par la voie de l'impression, faculté qu'il serait bien dangereux de laisser entre les mains d'un corps qui n'a déjà que trop de pouvoir sur les esprits.

Je crois qu'en voilà assez pour faire connaître la nécessité de donner des règlements sur la librairie, qui déterminent jusqu'à quel point l'administration doit s'étendre, et qui cependant laissent le cours de la justice libre.

J'ajouterai que le moment y est plus favorable qu'un autre. Cette démarche du Parlement, que j'ai critiquée et que je critiquerai encore, a au moins cet avantage, qu'elle ap]prend au public p. 10 qu'il n'est pas injuste de traduire les auteurs en justice réglée malgré les permissions qu'ils ont surprises. J'ai toujours soutenu ce point de droit, et j'étais fondé sur des raisons que nous approfondirons par la suite; mais j'y ai trouvé de l'opposition de la part de tous ceux que j'ai consultés: on m'a dit qu'il serait trop dur qu'un auteur qui s'est soumis à la loi de l'examen fût encore responsable de son ouvrage, et que d'ailleurs il serait dangereux de supprimer la formalité de la censure. Les partis mitoyens que j'ai proposés pour écarter ces objections n'ont plu à personne, parce que personne n'a senti comme moi les inconvénients de la loi sous laquelle nous vivons, et que ceux mêmes à qui on les a fait connaître, n'en ont pas pu être frappés comme celui sous les yeux de qui ils se reproduisent tous les jours.

Mais aujourd'hui nous n'avons plus cette question à discuter. Il faut faire une loi, sans quoi le Parlement la fera tôt ou tard, et on ne doit pas se flatter qu'elle soit favorable à l'autorité royale. D'ailleurs, la loi qu'on fera doit, dans tous les cas, réserver contre les auteurs l'action du ministère public, sans quoi elle ne passerait pas au Parlement, et cette loi, rigoureuse en apparence, sera moins] désagréable au public dans cette circonstance-ci, parce p. 11 que l'arrêt du Parlement, le scandale qu'a causé le livre *de l'Esprit,* [4] et la haine contre quelques auteurs soupçonnés d'irréligion, qui commence à succéder à l'admiration qu'on avait pour eux, y ont préparé les esprits.

Enfin, ce moment que je crois favorable, est un moment précieux qu'il ne faut pas perdre. La licence des livres est au comble. Je ne crois pas, à beaucoup près, qu'on puisse l'arrêter entièrement; mais, en prenant de bonnes mesures et en se restreignant aux objets principaux, je crois qu'on peut beaucoup la diminuer.

C'est ce qu'on ne doit attendre ni des partis qu'a pris et que prendra encore le Parlement, ni de la sévérité qu'on prescrira aux censeurs.

Les condamnations faites par le Parlement de livres anonymes et défendus, tels que la plupart de ceux contre lesquels il a sévi, sont absolument inutiles si on n'emploie pas de meilleurs moyens pour découvrir les auteurs et les imprimeurs, et pour faire exécuter les défenses. Le Parlement peut punir l'auteur *de l'Esprit* parce qu'il s'est fait connaître; il peut arrêter le débit de l'*Encyclopédie* parce] que l'ouvrage est revêtu de privilège, et que le nom des p. 12 libraires s'y trouve. Mais tout l'effet de cet arrêt pour l'avenir sera que les auteurs de pareils ouvrages se cacheront comme ceux de presque tous les autres, et les livres ne paraîtront pas moins. Il en est de même de l'attention qu'on dit qu'il faut recommander aux censeurs. Il est inconcevable qu'un censeur, et surtout un homme de l'état et du caractère de M. Tercier, [5] ait approuvé le livre *de l'Esprit*. Mais quel mal réel en est-il résulté? L'ouvrage n'en aurait pas moins paru. Il aurait moins excité de cris, et je regarde comme un grand bien que ces cris aient éclaté. D'ailleurs, l'auteur n'ayant pas été publiquement connu, aurait joui de l'impunité.

En voilà assez pour faire connaître qu'il faut nécessairement établir des changements dans les lois de la librairie, et dans les principes de cette administration si on veut remédier aux abus.

Il y a long-temps que l'auteur de ce mémoire a senti cette nécessité, et qu'il a conçu sur cette matière les idées qui vont être développées; mais il a pensé en même temps que tout l'effet qu'on peut attendre des meilleurs règlements s'évanouira si, dès leur origine, on] les fait tomber dans l'inexécution; ce qui serait cer- p. 13
tainement arrivé s'il avait donné à M. le Chancelier un projet d'arrêt du Conseil portant règlement, et que cet arrêt eût été rendu après avoir été seulement discuté dans le Conseil de chancellerie suivant la forme ordinaire. La preuve en est dans le peu de déférence qu'on a marqué, depuis quelques années, pour les ordres émanés de M. le Chancelier en cette matière; dans le peu de concours qu'il y a eu entre les différentes autorités, et nommément dans ce qui vient de se passer de la part de MM. du parquet du Parlement, de quoi je parlerai plus au long à la fin de ce premier mémoire. D'ailleurs, un arrêt du Conseil eût été insuffisant par lui-même, au moins suivant mes principes, parce que les lois pénales que je crois nécessaires ne peuvent être portées que dans une déclaration enregistrée au Parlement, et que, suivant les mêmes principes, il faut absolument conserver au Parlement la connaissance des délits graves, et la discussion des plaintes des particuliers.

Enfin, j'établirai que les règlements sont inutiles si on ne prend un parti sur les livres qu'on veut défendre ou permettre, et si les arrangements à cet égard ne sont tels, que] l'administrateur de la p. 14
librairie et chaque censeur n'aient plus à répondre à tous les particuliers, même à tous les gens en place, et ne soient responsables que des objets principaux.

Or, le règlement, considéré sous ce point de vue, tient tellement à toutes les parties, qu'il ne peut être fait que par un concours de toutes les autorités particulières qu'il est bien difficile de réunir, ou par l'autorité souveraine.

Il est donc nécessaire que le Roi veuille bien déclarer que son intention est qu'on remette la règle dans la librairie, et ordonner qu'on en cherche les moyens.

Dès lors celui qui est préposé à cette administration est autorisé à donner ses mémoires, à consulter ceux qui y peuvent mettre opposition, ou à qui l'exécution de la loi doit être confiée, et tous ceux que les nouveaux arrangements peuvent intéresser, à écouter leurs objections, à en profiter ou à y répondre; en un mot, à faire toutes les démarches nécessaires pour rétablir le bon ordre dans cette partie.

Mais jusqu'à ce qu'il puisse assurer que c'est par ordre du Roi qu'il agit, il est certain de n'éprouver de tous les côtés que] des p. 15 obstacles, et peut-être de la dérision.

Comment, par exemple, un simple magistrat, qui n'a même dans cette matière qu'une autorité empruntée et pour ainsi dire précaire, peut-il se flatter de persuader à tous les ministres, qu'il y a un très médiocre inconvénient à laisser paraître des ouvrages dans lesquels on trouvera des allusions désagréables pour eux, sauf la punition qui pourra être infligée aux auteurs si l'allusion est trop sensible, mais que la censure doit négliger ces considérations pour s'attacher à des objets plus importants?

Comment pourrait-il aborder les chefs du Parlement, et de quel droit pourrait-il leur proposer de se concerter avec eux sur les règlements à faire pour la librairie, pendant qu'il n'a d'autre qualité que celle de dépositaire de l'autorité de M. le Chancelier, que, nommément dans cette occasion-ci, ces magistrats ont affecté de méconnaître?

Ce que j'avance ici sur la disposition des chefs du Parlement n'est point imaginaire: la crainte frivole de se compromettre n'a point empêché qu'on n'essayât d'établir un concert dont il pouvait résulter de grands avantages. Messieurs du Parlement désiraient,] l'année passée, * d'avoir une loi qui remédiât à quelques incon- p. 16 vénients de la déclaration de 1757. L'auteur de ce mémoire en fut averti; il leur donna sur cela des projets qui sont à peu de chose près la même chose que ce qu'il va proposer aujourd'hui. Ces projets furent discutés avec eux: on y fit les corrections qu'ils

---

* En 1758.

demandèrent; et quand tout parut être d'accord, il se trouva qu'ils ne voulaient plus de règlement, et ils n'en donnèrent aucun motif; ce qui donne lieu de croire qu'ils n'en eurent d'autre que la crainte qu'un règlement assez simple pour être exécuté ne déplût encore plus que la déclaration de 1757 aux protecteurs des imprimeries clandestines.

Quoi qu'il en soit, il est bien singulier que les mêmes personnes qui refusèrent alors de faire un règlement trop sévère, soient celles que leur zèle vient de porter à provoquer une assemblée de Chambres pour un fait qui, par sa nature, ne devait être porté qu'à la Grand-Chambre, qui a été de tous les temps très compétente pour faire brûler des livres.

Il est encore plus étonnant qu'ils aient fait agiter dans les comités particuliers quels rè]glements on pourrait faire sur cette matière, pendant qu'ils ont refusé de se prêter à concourir avec la seule autorité légitime en matière de législation. p. 17

Enfin, ce qu'on aura de la peine à croire, c'est qu'une affaire projetée depuis longtemps et concertée avec différentes personnes, n'ait pas seulement été communiquée à M. le Chancelier, et cela lorsqu'il était question d'attaquer un privilège émané de son prédécesseur, et par conséquent revêtu de l'autorité dont il est aujourd'hui dépositaire.

Ce procédé indécent vis-à-vis du chef de la justice, et contraire à toute espèce de subordination, pourrait néanmoins être enseveli dans l'oubli s'il ne provenait que d'un manque de déférence, ou du moins ce serait à M. le Chancelier seul à en marquer son mécontentement; mais il est très possible qu'il cache des projets qui n'éclateront peut-être que dans des circonstances où il sera difficile d'en empêcher l'effet.

Le danger de la démarche du Parlement est trop sensible, et les conséquences en sont trop graves pour que je néglige cette occasion de les faire connaître. Je suis bien éloigné d'être ennemi de la justice réglée; je suis chargé par état d'en défendre les droits, et] dans les fréquentes contestations que j'ai sur cela avec les ministres, je parle encore plus d'après les sentiments de mon cœur, que d'après les devoirs de ma charge. Ce serait de ma part le comble de l'injustice, que de soutenir, comme administrateur de la librairie, contre le Parlement, une thèse contraire à celle que je p. 18

soutiens tous les jours, comme premier président de la Cour des Aides, contre les intendants. Aussi j'atteste, et MM. du parquet du Parlement ne peuvent l'ignorer, que j'ai été le premier à désirer qu'on rendît par une loi constante ce qu'on a voulu ôter par des évocations vagues à l'autorité parlementaire. Je n'ai jamais cru qu'un acte d'administration, comme un privilège, dût mettre un délit à l'abri de la rigueur des lois, et les principes que j'ai exposés jusqu'à présent, et que je regarde comme la base des seuls bons règlements qu'on peut faire, tendent tous à rendre aux juges ordinaires ce qui leur apartient de droit commun, j'ose même dire de droit naturel, c'est-à-dire, la connaissance de toute espèce de délits, et surtout de ceux qui causent du scandale et du trouble public.

Mais en même temps je soutiens que rien ne serait si dangereux que de leur confier l'ad]ministration ou de la leur laisser usurper. p. 19 Le sens du mot *administration* n'a jamais été bien fixé, et l'incertitude d'une dénomination jette souvent de l'obscurité dans des objets qu'il faut éclaircir. Ainsi il faut la définir, au moins quant à l'objet de ce mémoire.

En matière de librairie, l'exercice de la juridiction consiste à punir les coupables: c'est le droit des citoyens. Il doit être remis à un tribunal qui juge suivant des lois; mais l'*administration* consiste à prévenir des fautes qu'il est toujours fâcheux d'avoir à punir, et souvent à arrêter; ce qui, sans être répréhensible en soi-même, pourrait avoir des conséquences dangereuses.

Il paraît d'abord difficile de concilier ces deux autorités: je crois cependant que le principe de décision se trouve dans ce que nous avons déjà dit. D'ailleurs, nous l'expliquerons dans le second mémoire; mais pour le présent, il nous suffira d'observer qu'il est rare qu'un juge intègre abuse de son autorité en matière de juridiction. On ne condamne point légèrement un homme: des soupçons vagues de mauvaise intention ne suffisent point pour asseoir une peine; et quand on pourrait supposer de la prévention ou des affections à un tribunal, il n'y a guère] qu'un délit caractérisé qui p. 20 puisse exciter sa rigueur.

Mais il n'en est pas de même de l'*administration*. Le principe qu'il ne faut pas laisser répandre des maximes abusives mène bien loin, et on peut aisément s'en servir pour laisser établir sans contestation celles qu'on a intérêt d'accréditer. Ce n'est pas à moi à examiner si la conduite du Parlement a donné lieu de croire qu'il pût abuser de cette autorité si elle lui était confiée. Je me contenterai d'assurer que, si les prétentions de ce corps sont contraires en quelque chose à l'autorité royale, si on ne le croit pas tout à fait impartial sur des questions importantes, et si on croit que l'*impression* soit une voie propre à émouvoir les esprits, il est bien dangereux de mettre en sa main des armes qu'il ne sera pas aisé de lui arracher quand on le voudra.

J'irai plus loin, et je soutiendrai qu'on fait toujours mal d'attacher aucune administration à une charge. Les qualités nécessaires pour remplir une charge, surtout une charge de magistrature, ne sont point celles qui conviennent à un administrateur, et il est rare qu'elles soient réunies.

D'ailleurs, le même homme qui serait très] propre à être préposé à une administration, s'il avait le temps de s'en occuper uniquement, ne le peut plus lorsqu'il est distrait par des fonctions qui absorbent son attention, et qui sont d'un tout autre genre. S'il était permis de rendre cela sensible par des exemples, on en pourrait trouver de frappants, tel que celui de la caisse des saisies réelles, [6] dont le désordre n'a que trop éclaté; mais ce serait perdre notre objet de vue. p. 21

Ce n'est pas que je ne sois persuadé qu'il y en a qui y sont plus propres que personne. Je crois, par exemple, que l'administration de la librairie ne peut être mise en de meilleures mains que dans celles de chacun de MM. du parquet du Parlement, considéré séparément; mais je dis qu'il serait très dangereux de l'attribuer à leurs charges, et que toute démarche qui y tend, est une démarche captieuse et préjudiciable à l'autorité du Roi. Je ne sais cependant pas si l'affaire actuellement entamée au Parlement conduira à quelques règlements d'administration, ni si on en a eu le projet. Les avis particuliers que je peux avoir eus à ce sujet, ne sont pas un objet digne de ce mémoire; mais j'ai cru devoir avertir d'avance des suites que cette entreprise pourrait avoir, et cela m'a paru d'autant plus nécessaire,] que ce qui se fera dans cette occasion-ci p. 22 est coloré du prétexte spécieux de proscrire des livres réellement condamnables, peut-être d'en punir les auteurs, et de prendre des précautions pour empêcher à l'avenir de pareils ouvrages de paraître. Or, il est très facile de masquer, sous ce zèle apparent, des projets très dangereux.

Les auteurs de la dénonciation pourraient se plaindre qu'on les accuse bien légèrement, et qu'on leur suppose des intentions qu'ils n'ont jamais eues; mais ils ne doivent s'en prendre qu'à eux-mêmes, et la nécessité de prévoir les suites de leur démarche oblige d'en examiner les motifs. Quand on se soustrait sans raison apparente aux égards que l'on doit, on est justement soupçonné d'avoir des motifs cachés, et il est rare que des motifs qu'on cache aient un objet légitime.

Cela posé, qu'est-ce qui a pu les engager à manquer dans cette occasion à ce qu'ils doivent à M. le Chancelier? Rien n'était plus aisé que de poursuivre le délit sans toucher à l'autorité de M. le Chancelier sur les privilèges. Celui du livre *de l'Esprit* est révoqué: on n'aurait exigé d'eux que de faire mention de cette révocation, et tout était sauvé. A l'égard de l'*Encyclopédie,* c'était] l'occasion p. 23 de prendre un parti sur cet ouvrage, que je crois nécessaire depuis long-temps. [7]

D'ailleurs, ils savent qu'on est dans la disposition de décider authentiquement dans quel cas et vis-à-vis de qui l'action du ministère public, pour des ouvrages revêtus de permission, doit être dirigée.

Ils ont vu l'année passée un projet de Déclaration sur la librairie; ils n'en ont point désapprouvé les dispositions, et si ce projet n'a pas été exécuté, c'est parce qu'ils n'ont pas voulu pour lors qu'on donnât une loi fixe.

Ils pouvaient demander qu'on insérât dans ce projet une clause qui les autorisât expressément à ce qu'ils viennent de faire; ils savent même qu'on était disposé à se rendre sur cela à leurs désirs. Qu'est-ce qui a donc pu les empêcher de prévenir M. le Chancelier d'une démarche qu'ils ont crue nécessaire? On dit qu'ils en ont parlé à d'autres ministres; mais outre que M. le Chancelier est celui à qui ils doivent principalement s'adresser, c'était le seul que cette affaire regardât, et le seul qui put prendre des mesures pour en prévenir les suites.

De plus, la dénonciation d'un livre revêtu de privilège est une chose nouvelle: cette dénonciation une fois faite, ceux qui en sont] les auteurs ne peuvent plus répondre de ce qui s'ensuivra: p. 24

c'en était assez qu'on prît sur cela les ordres du Roi, et qu'on les lui fît demander par M. le Chancelier.

Un de MM. du Parlement lui a dit qu'on avait des exemples de pareilles poursuites, et que le Parlement avait exercé la même autorité sur le *Recueil des Conciles* du Père Hardouin.⁸ Mais, premièrement, ce que fit alors le Parlement fut concerté dans son principe avec le Gouvernement, et même fut fait par ordre. D'ailleurs, la circonstance était différente: ce n'était point un privilège qu'avait le Père Hardouin. Il y avait à la vérité une marque non moins éclatante de la permission qui lui avait été accordée, puisque le livre était imprimé à l'imprimerie royale. Mais à cela le Parlement pouvait répondre que cette volonté du Roi ne lui était pas manifestée dans une forme juridique, au lieu que les privilèges sont reconnus par des lois enregistrées.

Enfin, je ne sais pourquoi, en citant cet exemple, on a dissimulé que l'arrêt du Parlement sur le livre du Père Hardouin était cassé par un arrêt du Conseil. Je sais que le Parlement ne reconnaît pas les arrêts du Conseil comme lois du royaume, mais au moins doit-on les reconnaître assez pour ne pas citer] non plus comme lois irréformables ceux de ses arrêts que le Roi a cru devoir casser. p. 25

> Il est temps de finir ce premier mémoire, et je crois avoir prouvé: premièrement, qu'il faut un nouveau règlement sur la librairie; secondement, qu'il faut que le Roi paraisse ordonner qu'on y travaille.

Ce n'est point ce qu'on appelle un coup d'autorité que je demande: tout ce que je désire depuis longtemps, c'est que le Roi veuille bien dire à M. le Chancelier, que son intention est qu'on s'occupe sérieusement de cet objet, et dès lors je serai fondé à proposer des partis qui pourront ne pas plaire à tout le monde, mais que je crois les seuls bons pour remplir l'objet qu'on se propose.

Sans cela on restera toujours avec des ordres sévères et mal exécutés, et des arrêts du Parlement, qui n'intimideront personne parce qu'il sera aisé de s'y soustraire en ne mettant pas son nom, et n'imprimant pas à Paris, ou même en imprimant dans des imprimeries clandestines.

C'est ainsi que, malgré la grande sévérité de M. le chancelier d'Aguesseau sur les livres, dans ses dernières années, on a vu paraître *les Pensées philosophiques, l'Histoire*] *de l'âme, les Mœurs* [9] et mille autres. C'est ainsi que la *Gazette ecclésiastique* a existé sous l'administration de M. Hérault, [10] qui sûrement ne protégeait pas les jansénistes.

C'est pour remédier au moins en partie à ces abus, que je demande des ordres, et je regarde celui qui m'a déjà été donné de travailler à ce mémoire comme la plus grande faveur que je pusse obtenir.

Addition au premier mémoire sur la librairie

Ce mémoire a été rédigé depuis la dénonciation faite au Parlement du livre *de l'Esprit,* de l'*Encyclopédie* et de quelques autres ouvrages, et avant le jugement qui a été rendu contre ces livres.

Les soupçons que je crois encore avoir été fondé à élever contre l'intention des dénonciateurs, y sont exposés en plusieurs endroits, parce que j'ai cru nécessaire d'instruire des dangers que pourrait avoir un règlement fait par le Parlement, et on ne peut jamais bien faire connaître les suites d'une conduite artificieuse qu'en en démêlant les motifs.

Depuis l'arrêt definitif rendu contre *l'Esprit* et l'arrêt provisoire contre l'*Encyclopédie,* M. le premier président du Parlement [11]] et MM. les gens du Roi [12] ont fait, vis-à-vis de M. le Chancelier, des démarches pour réparer ce qui s'était passé. Puisque je me suis plaint dans ce mémoire du manque d'égards, je dois avertir de la réparation.

Ils prétendent qu'ils n'ont point cru manquer à M. le Chancelier en ne le prévenant pas de leur dénonciation; qu'ils ont cru déférer à la justice un délit ordinaire; que le privilège de l'*Encyclopédie* n'était pas imprimé au commencement du livre, et ne devait l'être qu'à la fin, etc. Sur cela il est singulier qu'ils aient été six mois sans imaginer de parler à M. le Chancelier d'une affaire de cette nature, pendant que tout le public était instruit de ce qui devait se passer. Au reste, ils m'assurent que c'est oubli de leur part. Je les crois.

Ils disent aussi qu'ils n'ont jamais eu intention de faire faire de règlements tendants à attribuer au Parlement l'administration de la librairie. A cet égard j'aime encore mieux les croire que ceux qui m'ont assuré que, dans le projet de leurs conclusions, il y avait un réquisitoire concernant les censeurs, et que ce sont d'autres membres du Parlement, ceux mêmes qui sont les plus vifs dans d'autres affaires, qui leur ont fait retrancher cet article.]

Il en est de même de M. Tercier. Ils disent que c'est ce censeur qui, de son propre mouvement, leur a porté sa rétractation. M. Tercier disait au contraire, l'année passée, que c'était M. le cardinal de Bernis [13] qui le lui avait conseillé par l'avis de MM. les gens du Roi du Parlement.

Tout cela est indifférent. Le procédé personnel vis-à-vis de M. le Chancelier est réparé autant qu'il peut l'être. Il faut en revenir au fond de l'affaire, et, laissant de côté ce que j'ai dit de l'intention, il ne faut pas perdre de vue que ce que le Parlement n'a pas fait jusqu'à présent, peut être fait dans une autre occasion, et nommément dans la suite de l'affaire; par exemple, dans l'arrêt définitif qui sera rendu contre l'*Encyclopédie*. C'est cela qu'il est nécessaire de prévenir; et ce que j'ai dit sur le danger qu'il y aurait que le Parlement ne s'emparât de l'administration, subsiste dans son entier.

Il y a même dans l'arrêt rendu sur l'*Encyclopédie* un terme bien remarquable. Aux défenses d'imprimer, vendre ou débiter aucun ouvrage contraire aux bonnes mœurs, à la religion, etc. on a ajouté le mot *ni d'approuver;* ce qui ne se trouve dans aucun ancien arrêt, et ce qui donne précisément au] Parlement l'inspection sur les censeurs, c'est-à-dire, l'administration.

Je ne dois pas laisser ignorer que ce mot important n'a été proposé qu'à la fin de l'opinion; que celui qui l'a fait passer est un de ceux mêmes avec qui les règlements à faire sur la librairie avaient été concertés, et qui par conséquent en sentait les conséquences; que cependant il n'en a parlé que comme d'une addition qui ne souffrait aucune difficulté, et qu'il n'a pas été discuté dans l'assemblée si ce terme serait inséré dans l'arrêt.

Voilà au moins ce qui m'a été assuré par quelques personnes. Si ce fait est vrai, et s'il y a de la part des principaux magistrats du Parlement un dessein formé d'attirer l'administration à leur compagnie, il serait dangereux de concerter avec eux un règlement à enregistrer, parce qu'ils ne manqueraient pas d'en profiter pour établir leur droit par une modification. Si cela est, tout ce que je propose dans ces mémoires touchant le règlement général à faire, doit être remis au temps où les troubles seront passés et où l'autorité prévaudra, et il faudra se contenter d'ici là de ne permettre expressément que très peu de chose pour empêcher qu'on ne multiplie les coups d'autorité sur des livres revêtus de permission], p. 30 et d'ailleurs se résoudre à voir les imprimeries clandestines subsister.

J'aurais peut-être dû faire des changements dans ce mémoire, d'après les démarches de MM. du Parlement; mais cela aurait été long, et j'avais impatience de terminer cet ouvrage, parce que s'il y a des moyens de remédier aux abus, il peut être instant de les employer. D'ailleurs, il n'y a point d'inconvénient à exposer ce que je pensais il y a huit jours, en racontant fidèlement ce qui s'est passé depuis.

SECOND MÉMOIRE SUR LA LIBRAIRIE

Sur les principes fondamentaux des règlements qu'on doit faire

On n'a pu établir, dans le précédent mémoire, la nécessité de faire un règlement sans faire connaître les principaux abus, et annoncer les moyens d'y remédier. Ainsi les principes que nous avons actuellement à exposer y sont presque tous indiqués; il ne reste qu'à en faire l'application.

    Le partage entre l'administration et la juridiction est aisé à établir. La loi de censure n'a ni pu ni dû soustraire les auteurs à la peine qu'ils ont encourue. Personne n'est présumé ignorer la loi, et celui qui commet un délit ne peut point être garanti par le fait d'un autre de la condamnation qu'il mérite. Quelques personnes, et surtout les gens de lettres, se récrient sur la sévérité de cette règle, et il leur paraît bien dur qu'un auteur ne puisse pas s'adresser au ministre ou au magistrat, et lui dire: *Voilà l'ouvrage que je veux faire paraître; ce sera à vous à me] juger. Jugez-moi d'avance, et apprenez-moi, vous interprète de la loi, si j'enfreins la loi en le donnant au public.*

    Ce raisonnement est spécieux; cependant il n'est fondé que sur l'usage actuel, usage duquel nous prouverons que découlent tous les abus. Effectivement, s'il ne paraissait dans le public que cinq ou six livres par an comme dans le temps qu'on appelle *le berceau de l'imprimerie,* il serait possible de donner cette facilité aux auteurs, parce qu'on aurait le temps de les examiner avec tant d'attention et d'en charger tant de différentes personnes, qu'on serait sûr que la permission ne serait pas surprise; cela était possible surtout dans le temps que la littérature avait une bien moindre étendue, et qu'on n'imprimait que sur très peu de matières. Mais aujourd'hui cette censure exacte, longue et répétée plusieurs fois, ne peut pas avoir lieu avec le courant immense des livres qui paraissent. Il n'est donc pas possible que les censeurs ne soient très souvent surpris, ni par conséquent que leur approbation mette les auteurs à l'abri des recherches.

Au fond, je soutiens que, dans le point de droit, la demande des auteurs n'est point fondée. Il est vrai qu'on est obligé de faire connaître] la loi à ceux qui y sont sujets; mais la loi est de n'im- p. 33 primer d'ouvrages scandaleux dans aucun genre: ce qu'on doit penser de tel ouvrage en particulier est l'application de la loi générale, et non une loi particulière. En effet, pour toutes les autres actions de la vie, on n'est pas autorisé à aller demander au magistrat si on sera puni en faisant telle ou telle chose. Pour prendre un exemple qui approche beaucoup de notre sujet, un prédicateur sera certainement puni s'il monte en chaire pour prêcher la révolte ou pour enseigner une doctrine erronée: cependant la loi ne lui a point donné de censeur à qui il puisse faire revoir ses sermons pour s'assurer qu'ils seront à l'abri de la vindicte publique.

Il en doit être de même des livres. Qu'on remonte au temps où l'art de l'imprimerie était inconnu: il ne faut pas croire que les écrits ni même les discours contraires à la religion, aux bonnes mœurs, au bien de l'État ou à l'honneur des particuliers restassent impunis. Les lois divines et humaines, la loi naturelle qui supplée toujours au silence des lois civiles, la loi suprême de l'intérêt de l'État, y avaient suffisamment pourvu.

L'impression ayant étendu l'usage de l'écriture comme l'écriture avait étendu l'usage de] la parole, les abus en ce genre sont deve- p. 34 nus d'une plus grande importance; mais en même temps on a cru trouver des moyens de les empêcher, parce que cet art ne s'exerce qu'avec du bruit et un certain appareil.

On a commencé par en défendre l'exercice à tous autres qu'à ceux qui seraient reçus imprimeurs; ensuite on a défendu à ceux-là mêmes de rien imprimer sans l'attache du gouvernement, et sans le suffrage d'un censeur; mais ces précautions prises contre les livres scandaleux auraient un effet diamétralement contraire à leur institution, si elles servaient à disculper un auteur dès qu'il a eu l'adresse de tromper un censeur. Qu'on rétablisse à cet égard la règle qui est de droit naturel, et les plaintes des auteurs ne doivent pas être écoutées; ils ne seront pas plus à plaindre que les autres citoyens, qui, à chaque instant de leur vie, sont exposés à subir la peine des mauvaises actions qu'ils peuvent commettre; ils ne seront pas plus malheureux que les auteurs grecs et latins, qui auraient été condamnés par les lois de leur pays si leurs ouvrages manuscrits avaient contenu des exhortations à la révolte ou des calomnies.

Tout ce qu'on pourrait dire de plus plausible en leur faveur, c'est que, quand il aurait] été juste de les traduire en justice réglée avant l'établissement des censeurs, au moins ne doit-on pas leur faire subir un double jugement, et que, si on veut les livrer aux tribunaux, il faut supprimer tout à fait la censure. p. 35

Cet argument est spécieux; cependant il ne serait solide qu'autant qu'un homme serait obligé de faire le métier d'auteur, sans cela la loi qui le soumet à un double jugement n'est plus si injuste: elle peut le gêner; mais s'il trouve cette gêne insupportable, il n'a qu'à s'y soustraire en n'écrivant plus.

Ainsi, pour donner à cette objection toute sa force, il faut la présenter sous un autre point de vue, et dire que cette gêne est propre à rebuter les auteurs, et peut nuire à la littérature.

C'est une considération qu'on ne doit pas négliger, et ce serait un motif puissant pour diminuer la rigueur de la censure quand on n'en aurait pas d'autres; mais on verra dans la suite de ce mémoire, que beaucoup d'autres raisons encore plus importantes obligeront de restreindre la censure à peu d'objets, et dès lors la gêne qu'on craint, ne tombera que sur quelques sciences qui ne sont pas même les plus directement utiles à la société.] C'est ce que nous verrons par la suite. p. 36

Voilà ce qui regarde les auteurs; mais il n'en est pas de même des imprimeurs et des libraires: ce sont des instruments aveugles, et on ne peut pas avec raison les rendre responsables de ce qui est contenu dans un ouvrage qui passe leur portée, et dont ils ne pourraient pas prévoir toutes les applications et les inductions quand ils seraient plus éclairés que leur état ne le comporte. C'est pour eux précisément que la loi de ne pas imprimer sans permission a dû être établie. Cette permission est la seule pièce qu'ils doivent connaître, et le témoignage du censeur est nécessaire, non pour donner une autorité à l'ouvrage par son approbation, car alors il y aurait autant de juges différents que de censeurs, ce qui est contre le bon ordre, mais pour constater que c'est sur tel ouvrage que porte la permission.

L'objet fondamental du règlement doit donc être de défendre, sous des peines qu'on spécifiera par la suite, d'imprimer, vendre ou distribuer des ouvrages non permis; et quant à ceux qui sont revêtus de permission, de conserver l'action du ministère public et celle des particuliers contre les auteurs, sans néanmoins] qu'on puisse inquiéter les libraires qui se sont mis en règle.

Il est inutile d'expliquer qu'ils pourront toujours être assignés comme témoins contre les auteurs: c'est le droit commun dans toute espèce de délits, et il n'y a aucun motif pour l'exprimer dans les règlements de librairie.

On pourrait ajouter qu'ils seront tenus de nommer les auteurs de chaque livre; mais il y a quantité d'auteurs qui ne veulent pas être connus, quoique leur ouvrage ne contienne rien de répréhensible. D'ailleurs, cette loi serait si facile à éluder par le moyen des prête-noms, qu'il vaut mieux ne la pas faire.

Il en sera de ce délit comme de tous les autres qu'on connaît par la voie de l'information, et dans la poursuite de celui-ci il y aura toujours une grande facilité: c'est que le libraire et l'imprimeur sont des témoins nécessaires, qui mettront toujours aisément le ministère public en état de diriger ses recherches avec plus d'efficacité que pour d'autres crimes. Le manuscrit même, si on peut reconnaître de quelle main il est, sera encore une puissante indication. Enfin, il est rare qu'un auteur puisse échapper aux recherches de la police lorsque son imprimeur est connu,] quoique, suivant les lois actuelles, il ne soit pas obligé de se nommer.

Si cependant on désirait que le libraire fût tenu d'avoir une déclaration signée de l'auteur ou de celui qui a présenté le livre, je crois que cette précaution serait plutôt inutile que dangereuse, pourvu que cette déclaration restât entre les mains du libraire, et qu'il fût tenu de la communiquer au ministère public quand il en serait requis; mais si on voulait que le nom de l'auteur fût à la tête du livre, ce serait une très grande gêne qu'on imposerait inutilement à la littérature.

Après avoir fait connaître que le règlement que je propose ne contient rien d'injuste contre les auteurs, il faut prévenir l'objection tirée de ce que cela diminuerait l'autorité du gouvernement en matière de librairie, et en donnerait une trop grande aux Parlements.

Pour y répondre, il suffira d'observer que le gouvernement sera toujours maître des peines réelles, parce que ce sera de lui qu'il dépendra d'obliger les auteurs à se nommer. Il sera toujours aisé aux administrateurs de n'être pas la dupe des prête-noms. Il n'en est pas de même des juges ordinaires, 1º parce que la loi les gêne, et que quand on leur] montrera la signature d'un homme existant, p. 39 il leur sera difficile de prouver que ce n'est qu'un prête-nom; 2º parce que l'affaire ne sera portée devant eux que quand le livre sera tout imprimé.

Par là il est aisé de conserver à l'administrateur le moyen de faire paraître un ouvrage sans l'autoriser spécialement, et cependant d'empêcher que l'auteur ne soit recherché, si tant est que le gouvernement veuille jamais user de ces voies indirectes; et dans ce cas-là on aurait encore un moyen plus simple, qui serait de favoriser l'entrée d'un livre qu'on aurait fait imprimer en pays étranger.

Quant aux ouvrages que le Roi juge à propos de faire paraître de son autorité expresse, l'action réservée au Parlement n'y met aucun obstacle: il y a aussi celle d'imprimer sans privilège, mais par ordre exprès de Sa Majesté; ce qui est usité dans la librairie. Je ne crois pas que, dans aucun temps, les tribunaux osent attaquer cette dernière forme de permission. Quant à l'imprimerie royale, il y a un arrêt du Conseil, que j'ai déjà cité, rendu à l'occasion des *Conciles* du Père Hardouin, qui défend] expressément au direc- p. 40 teur de l'imprimerie royale de reconnaître l'autorité du Parlement.

J'ai cru nécessaire de faire cette observation, de peur qu'on ne craigne qu'en donnant au Parlement, en termes exprès, le droit de condamner les livres sans permission, on n'entame par là le droit que le Roi a réservé à son Conseil, ou plutôt à la personne de M. le Chancelier.

Ce que j'ai dit dans le premier mémoire prouve que je pense plus que personne, qu'il serait très dangereux de soumettre la librairie à une administration parlementaire; mais je crois en même temps que la crainte de quelques abus qu'on peut éviter, et qui n'arriveront jamais que dans des temps de grands désordres, ne doit pas empêcher de livrer à la justice réglée des délits qui peuvent être capitaux, et qui sont sûrement d'une conséquence majeure comme ceux de librairie. D'ailleurs, je répète encore qu'après le parti que le Parlement vient de prendre sur des livres revêtus de privilège, on ne pourrait pas, sans entamer une affaire très difficile, lui disputer le droit de connaître de ces sortes de délits, et il vaut bien mieux le lui accorder par une loi que je crois fondée] sur la justice, que de lui laisser faire un règlement de sa seule autorité. p. 41

Enfin, il faut avouer que si on voulait approfondir la question, on trouverait que ce droit n'a jamais été expressément ôté au Parlement. De ce que les privilèges et les permissions d'imprimer sont émanés de l'autorité immédiate du Roi, il ne peut pas s'ensuivre que si, dans l'obtention de la permission, il y a eu une surprise telle que ce soit un délit punissable, les juges naturels des délits n'en puissent pas connaître. Les privilèges sont adressés au Parlement: les anciens règlements de librairie y sont tous enregistrés. Ainsi le Parlement est juge ordinaire en cette matière, et ne peut être dépouillé d'un droit qui tient intimement à la police et à l'ordre public que par une loi expresse. Or, cette loi expresse n'existe nulle part, ou au moins je ne la connais pas. Il est vrai qu'il a été fait en 1723 un règlement général sur la librairie, et que l'exécution en est confiée aux lieutenants de police, et par appel au Conseil. Mais la défense d'imprimer des livres scandaleux ou diffamatoires est bien antérieure à ce règlement; elle est consignée dans des édits et déclarations enregistrés: [14] et d'ailleurs, dans l'article du réglement où il est] parlé des mauvais livres, il est dit que les p. 42 coupables seront punis *suivant la rigueur des ordonnances.* Ce genre d'affaires est donc renvoyé aux juges ordinaires, à ceux qui sont chargés de l'exécution des ordonnances; et cela est d'autant plus certain, que le Conseil, à qui la connaissance en dernier ressort de l'exécution du règlement de 1723 a été réservée, ne peut pas poursuivre un coupable *suivant la rigueur des ordonnances,* ni faire une instruction criminelle.

On dit que, dans le cas où un livre est revêtu de privilège, le Parlement ne devrait en connaître que par ordre exprès du Roi, et que si la permission a été surprise à M. le Chancelier, il est convenable que ce soit M. le Chancelier qui charge le ministère public de poursuivre l'auteur. Je conviens que cela serait beaucoup plus décent, et je me suis suffisamment expliqué dans le premier mémoire sur la démarche qui a été faite dans cette occasion-ci;

mais la décence et le procédé ne font point partie de la loi. Or, il n'y en a aucune qui ordonne que de certains délits ne seront poursuivis que par ordre exprès. Le Parlement peut même dire que quand un délit d'imprimerie lui est dénoncé par le ministère public, il croit que tout a été rempli] de la part des chefs de la compagnie et du dénonciateur. p. 43

Enfin, dans la circonstance présente, le Parlement aurait pu, par la démarche la plus respectueuse et la plus régulière, mettre le Roi dans la nécessité de décider la question en sa faveur; il n'avait qu'à mander l'auteur et le censeur du livre *de l'Esprit*. L'auteur aurait dit qu'il a rempli ce qu'exige la loi, en se soumettant au jugement du censeur, et celui-ci aurait dit qu'il ne tient sa mission que de M. le Chancelier, qui souvent donne aux censeurs des instructions verbales dont ils ne peuvent répondre qu'à lui seul. Sur cela on aurait ordonné, avant de faire droit, que le Roi serait supplié d'expliquer ses intentions sur la question de savoir sur qui, du censeur ou de l'auteur, la punition doit tomber, dans le cas d'un délit constaté, comme la publication du livre *de l'Esprit*. Je soutiens que le Roi n'aurait pas pu, sans déni de justice, refuser de livrer l'un ou l'autre à la justice. Or, dans le choix, quel parti aurait-on dû prendre? Je viens de prouver qu'il n'y a aucune injustice à rendre l'auteur responsable de ses faits. Je prouverai ailleurs qu'il est contre la règle de laisser juger par les tribunaux le censeur dépositaire de la] confiance de M. le Chancelier, et que p. 44 ce serait donner l'administration de la librairie au Parlement; ce qui aurait de très grands inconvénients. On aurait donc été forcé de donner la décision que je propose, comme la plus juste.

Quant à l'espèce particulière, on n'aurait prononcé contre l'auteur du livre *de l'Esprit* que le même jugement qui a été rendu, parce qu'il aurait été fondé à dire que la loi n'avait pas été éclaircie jusqu'à présent, et qu'il croyait ne l'avoir pas enfreinte, ayant l'approbation du censeur.

Le droit du Parlement à cet égard étant reconnu, servira beaucoup à contenir les auteurs des ouvrages réellement mauvais; cependant ce moyen, s'il était employé seul, serait encore insuffisant. Nous avons déjà remarqué que le Parlement ne les empêchera pas d'imprimer leurs ouvrages, mais seulement d'y mettre leur nom, et qu'en les obligeant même de se nommer, ils en seront quittes pour faire imprimer en pays étranger ou dans des imprimeries privées et défendues.

Il est donc nécessaire de joindre d'autres précautions. Dans la suite de ces mémoires nous proposerons quelques changements à] faire dans les règlements prohibitifs sur l'impression, le débit et l'entrée des livres; mais cela ne sera pas encore suffisant. p. 45

Ce n'est point dans la rigueur qu'il faut chercher un remède; c'est dans la tolérance. Le commerce des livres est aujourd'hui trop étendu, et le public en est trop avide pour qu'on puisse le contraindre à un certain point sur un goût qui est devenu dominant.

Je ne connais donc qu'un moyen pour faire exécuter les défenses: c'est d'en faire fort peu. Elles ne seront respectées que quand elles seront rares, et il faut les réserver pour des objets importants.

Ce moyen déplaira à beaucoup de monde; mais si on ne l'admet pas, je soutiens qu'il est inutile de se promettre aucun succès de tous les règlements imaginables. Dans Paris, où la police est aussi exacte qu'elle puisse être, on a des exemples frappants de son impuissance à cet égard. J'en ai déjà cité plusieurs, et je ne les répéterai pas.

La raison de cela est qu'une fraude à laquelle il y a un grand attrait sera toujours commise; que l'industrie et l'audace du fraudeur croissent en proportion de sa cupidité, et que cette cupidité est augmentée par des] défenses qui font hausser le prix des marchandises défendues. p. 46

Une autre cause particulière pour la librairie est qu'il est impossible, dans l'exécution, d'empêcher un homme qui entre dans le royaume ou dans Paris, de porter avec lui un petit nombre de livres qu'il est censé lire dans sa route, et que ce petit nombre souvent répété devient une édition entière.

Mais il est inutile d'entrer dans le détail des expédients que le désir du gain peut suggérer pour tromper la police. L'expérience apprend qu'il y en a une infinité qu'aucune loi n'a pu prévoir, et qui réussissent aux fraudeurs.

Pour y obvier, il faut certainement les intimider par des peines; mais il faut aussi diminuer l'intérêt qu'ils ont à frauder, en réduisant à peu de chose les objets de la contrebande, et ôtant les entraves qu'on a mises jusqu'à présent au commerce légitime.

Un libraire à qui on refuse la permission pour les trois quarts des livres qu'il présente, et précisément pour ceux que le public goûte le plus, n'a que l'alternative d'être fraudeur ou ruiné. Dès lors le plus grand nombre tentera le premier parti. Quelques-uns seront pris et punis, et la punition qui leur sera infligée] ne sera point pour eux une note infamante: on ne les regardera que comme malheureux, parce qu'on saura qu'avant leur faute ils étaient à plaindre, et que c'est pour ainsi dire la nécessité qui les a forcés à la commettre.

D'autres réussiront, et la richesse qu'ils acquerront par ce moyen sera pour leurs confrères un aiguillon puissant pour les imiter. De plus, indépendamment du mauvais exemple, les moyens qu'ils auront employés, soit en établissant des imprimeries furtives, soit en ouvrant des routes secrètes pour le débit de leurs marchandises, serviront à d'autres. Et il faut observer, à cette occasion, qu'il serait difficile à un libraire de frauder pour la première fois, parce que les précautions prises par les règlements pour veiller à sa conduite, sont sages, et qu'il y a peu de chose à y ajouter; mais il est de fait que la fraude se perfectionne comme les autres arts. D'ailleurs, elle passe en habitude: on le voit non seulement dans la librairie, mais dans toute autre espèce de contrebande: ceux qui y sont accoutumés ne peuvent plus faire autre chose. Il faut détruire cette habitude funeste; il faut fermer une fois les canaux du commerce illicite: les moyens violents y ont été inutiles] jusqu'à présent. La sévérité de M. Hérault n'a pas empêché les imprimeries clandestines plus efficacement que celle des fermiers généraux n'a empêché l'introduction du faux sel et du faux tabac.

Il faut donc nécessairement recourir à des voies plus douces; et quand mes principes sur la facilité des permissions ne seraient pas adoptés pour toujours, il faudrait cependant les suivre pendant quelques années pour démonter les imprimeries clandestines, et déraciner l'esprit de fraude dont la librairie française est infectée.

J'ajouterai à l'appui des mêmes principes, que quand on pourrait suivre assez exactement les imprimeurs et les libraires de France pour les empêcher de frauder, la sévérité sur les permissions ferait toujours commettre une autre espèce de fraude encore plus pernicieuse, qui serait l'introduction des livres imprimés en pays étranger, qui se débiteraient par ces colporteurs inconnus qui courent les campagnes, ou se vendraient *sous le manteau* dans les villes, et à Versailles même sous les yeux du Roi, comme il arrive tous les jours. [15] On ne portera jamais l'inquisition jusqu'à aller rechercher les livres dans les bibliothèques des particuliers: dès lors on n'empêchera] point le débit de ceux qui sont une fois entrés dans le royaume, et au pis-aller ce commerce se ferait dans les maisons les plus respectables, par les domestiques et quelquefois par les maîtres mêmes; ce qui est déjà arrivé plus d'une fois. On a vu une année où des personnes considérables par leur état, et surtout des femmes, rendaient à des auteurs de leurs amis le service de vendre leurs ouvrages: on en avait même, par ce moyen, un plus grand débit, et on les vendait beaucoup plus cher qu'on n'aurait pu faire par la voie des libraires. [16]

Je dirai aussi de cette espèce de fraude, la même chose que j'ai dite de celle qui se pratique dans le royaume; elle éprouvera des difficultés dans les commencements; mais s'il n'y avait que cette voie-là pour avoir les livres défendus, et qu'on fût fort difficile sur les permissions, les canaux s'ouvriraient comme ceux de toute autre contrebande: on aurait bientôt les livres imprimés en pays étranger, aussi facilement que ceux qui s'impriment en France. Je crois même qu'on les aurait à aussi bon marché, et que les frais du transport et les risques de la contrebande équivaudraient à peu près à l'augmentation de prix que mettent aux livres permis les privilèges] exclusifs des libraires français. Par là on perdrait une branche de commerce considérable, ou plutôt on donnerait aux étrangers un commerce actif, désavantageux à la France; et bien loin de produire aucun bien pour la religion ou pour les mœurs, on aurait encore moins de retenue à attendre d'un libraire étranger, que d'un regnicole.

Ainsi, non seulement je crois qu'en défendant trop de choses, aucune défense ne sera exécutée; mais je vais jusqu'à penser qu'il serait dangereux de faire exécuter rigoureusement les défenses, parce que cette rigueur ouvrirait le commerce étranger, plus abusif encore que celui qui se fait en France, et auquel il sera toujours plus difficile d'apporter du remède.

Voilà donc les principes fondamentaux que j'ai annoncés:

1º Rendre les auteurs responsables de leurs ouvrages malgré le censure.

Je crois en avoir établi la nécessité: il faut, ou que ce soit
l'auteur, ou que ce soit le censeur qui en réponde. Il est plus juste
que ce soit l'auteur, parce que le censeur peut être surpris, qu'il est
même très aisé qu'il le soit, au lieu que l'auteur n'ignore jamais
qu'il est] en faute, quand sa faute est de nature à mériter une p. 51
punition. Enfin, ce que je propose est le droit naturel, dont les lois
civiles ne doivent s'écarter que le moins qu'on peut.

2º Ne rendre les censeurs responsables qu'envers celui dont
ils tiennent leur mission.

Je n'ai point encore traité cet objet, et je le réserve pour la fin
de ce mémoire; mais je le crois aussi essentiel que les autres: on
en verra les raisons.

3º Borner à très peu d'objets la voie qu'on a d'empêcher les
mauvais livres, en refusant les permissions.

Il est inutile de répéter tout ce que nous avons dit à ce sujet, et
je répondrai, dans la suite de ce mémoire, aux objections générales
qu'on peut me faire. Quant au développement du principe et à
l'application qui en doit être faite aux livres de différentes natures,
ce sera l'objet du troisième mémoire.

4º User de toute la rigueur possible contre ceux qui auront
imprimé sans permission.

Cela dépend premièrement de la fermeté de celui qui est préposé à l'administration.

Cela dépend aussi du parti qu'on prendra sur les permissions;
car on ne tiendra jamais la main à l'exécution des règlements avec
bien de l'exactitude lorsque ces règlements seront] si sévères, qu'on p. 52
plaindra ceux que la nécessité aura obligés de les enfreindre.

Enfin, il faudra faire quelque changement aux règlements actuels, et leur procurer plus d'exécution par des moyens qui seront
détaillés dans le quatrième mémoire.

5º Ne prescrire aux censeurs que des règles fixes et certaines.

Si on leur donne des règles vagues, on remet en leurs mains
une autorité arbitraire. Il est rare qu'ils en abusent par une indulgence aussi condamnable que celle du censeur du livre *de l'Esprit*;
cependant j'ai vu plusieurs exemples approchants de celui-là. Quoi
qu'il en soit, ils sont peu communs; mais, ce qui arrive très souvent,
c'est que le censeur, par la crainte de se compromettre, refuse son
approbation à tant d'ouvrages, et exige tant de changements dans

ceux qu'il approuve, que l'auteur, dégoûté, cherche et trouve les moyens d'imprimer en fraude.

Nous exposerons cela plus au long en parlant des censeurs: pour le présent il suffit d'observer que si on admet le principe, qu'il faut très peu défendre pour que les défenses soient exécutées, il s'ensuit qu'il faut donner au censeur des instructions qui aient des objets déterminés, sans quoi il est certain qu'on] retombera p. 53 dans la méthode de ne rien permettre et de beaucoup tolérer, d'exiger des libraires qu'ils apprennent à lire dans les yeux du magistrat, pour savoir si la défense qu'on leur fait est sérieuse; de les accoutumer par là à la fraude, et de leur donner sur cela des facilités dont ils n'usent que trop par la suite quand on veut réellement les en empêcher.

Je sais que l'administration de la librairie s'est ordinairement faite en rejetant tout sur le censeur, en lui recommandant vaguement de ne rien laisser passer de ce qu'il est dangereux de donner au public, ni de ce qui peut offenser les particuliers, et en se mettant encore à couvert par différentes degrés de permissions plus ou moins tacites, les unes expresses et portées sur un registre, les autres verbales, d'autres indirectes, et qui consistent à faire entendre au libraire qu'on ne le poursuivra point pour un tel livre.

Pour moi, j'avoue que cette méthode m'a toujours déplu; je la crois mauvaise par les raisons que j'ai dites. D'ailleurs, j'y trouve une sorte de lâcheté, et j'aime mieux convenir que je ne peux veiller par moi et par les censeurs qu'à un nombre déterminé d'objets, et que, s'il est nécessaire de tout prévoir, il faut dans cette place une vigilance et des] lumières supérieures aux miennes. p. 54 Ce n'est pas que je prétende proscrire les permissions tacites: ces permissions sont nécessaires; mais il y a une grande différence entre ce qu'on appelle *permissions tacites,* et les tolérances dont je viens de parler. Cela demande un éclaircissement sur la nature et l'usage des permissions tacites, que je donnerai dans un mémoire séparé.

Pour revenir à notre objet, le système que je viens d'exposer en cinq articles est certainement le meilleur de tous pour arrêter les livres contraires à la religion, aux mœurs et à l'autorité du Roi. D'ailleurs, il peut avoir des inconvénients; il faut les examiner.

Nous n'entrerons point ici dans le détail des différentes sortes de livres; nous l'avons renvoyé au troisième mémoire. Mais on peut dire en général que par là il y aura un grand nombre de livres qu'on laissera paraître, et qui cependant sont très condamnables quoiqu'ils n'attaquent point les premiers principes pour lesquels on veut réserver la rigueur de la censure.

Cette objection serait sans réplique si on pensait que le censeur disculpât l'auteur; mais en laissant l'auteur responsable de ses faits,] il en sera de ces délits comme des autres, et ils ne resteront pas impunis. Il faut admettre une grande différence entre la nécessité de punir les fautes, et celle de les prévenir. Un roi-législateur ne doit que justice à ses sujets; il empêche les crimes s'il le peut, mais le plus souvent sa puissance se réduit à prononcer des peines qui intimident les délinquants. p. 55

Je conviens que le tort qu'a fait un livre ne se répare pas par la punition de l'auteur; mais ce n'est pas le cas particulier qu'il faut considérer, et, dans le point de vue général, je crois certain que la condamnation subie par un auteur sera bien autrement efficace pour empêcher les grands abus, que les difficultés d'un censeur qu'on peut souvent tromper.

On m'objectera qu'il y a des délits en matière de librairie, qui ne doivent point être portés en justice réglée, soit parce que c'est le gouvernement qui a intérêt de les punir, soit parce qu'il y a des circonstances qui ne permettent pas de donner trop d'éclat à la punition.

Mais ce que je propose n'empêche point l'usage des ordres particuliers émanés de l'autorité immédiate du Roi. Rappelons tout au droit commun; considérons un imprimé comme un manuscrit répandu dans le public. S'il] paraît de ces écrits périodiques et scandaleux qu'on appelle *Nouvelles à la main*, le Procureur général [17] est fait pour les dénoncer au Parlement, ou plutôt le Procureur du Roi au Châtelet [18] doit les faire condamner dans son tribunal. Mais cela n'empêche pas que le plus souvent le gouvernement qui est intruit avant les Compagnies, ne punisse les auteurs par la prison. Il en sera de même des livres. p. 56

Il y a, dit-on, des traits répréhensibles, et qu'un censeur ne passerait pas, qui cependant ne sont pas assez graves pour donner lieu à une punition. Je serais de mauvaise foi si je disconvenais de la réalité de cet inconvénient. Tout mon système d'administration est fondé sur ce qu'il faut tolérer beaucoup de petits abus pour empêcher les grands. D'ailleurs, ces traits répréhensibles, et surtout les allusions, qui sont ordinairement ceux dont on se plaint le plus, paraissent toujours malgré la censure, parce que c'est précisément le genre dans lequel il est plus aisé de tromper le censeur. Enfin, vouloir les proscrire est tomber dans une administration arbitraire, dont l'effet sera, comme je crois l'avoir prouvé, l'inexécution des règlements; et si cela n'arrivait pas, cette même vexation tendrait à détruire la littérature, et à retarder les progrès] des sciences p. 57 qu'on ne saurait trop hâter. Les livres font du mal; mais l'esprit humain fait des progrès qui tendent au bien général. Il y a des écarts; mais à la longue le vrai prévaut, et le zèle avec lequel le public et le Parlement, qui est son interprète, poursuivent aujourd'hui ces mêmes esprits forts qu'on admirait il y a quatre ans, en est une preuve bien frappante. Malheur à qui respecterait assez peu les principes de la religion et ceux de la morale, pour croire que l'ignorance puisse leur être avantageuse! Ce sont les lettres, c'est la philosophie même, quoiqu'on abuse aujourd'hui de son nom, qui ont adouci nos mœurs, et qui nous ont tirés de la barbarie. Ce serait vouloir y retomber que d'assujettir les savants à des règles fantastiques, et de les gêner dans leurs travaux par de petites considérations.

On craint encore qu'il n'y ait dans les livres des choses déplacées, de ces traits qui ne sont pas punissables, mais qu'il n'est pas convenable qu'on laisse imprimer.

Je ferai encore à cet égard les mêmes réponses: c'est un petit mal qu'on tolère pour en empêcher efficacement un plus grand. D'ailleurs, les règles d'après lesquelles on estime ce qui est convenable et ce qui ne l'est pas,] sont trop arbitraires pour en faire p. 58 dépendre la permission qu'on donne à un auteur de retirer le fruit de son ouvrage en le publiant.

Enfin, si on y réfléchit bien, on verra peut-être que l'indécence qu'on trouve à laisser imprimer de certaines choses, ne vient que de ce qu'on regarde ce qui est imprimé en France comme ayant l'attache du gouvernement. Cette opinion étant détruite, on ne verra dans chaque livre que l'ouvrage d'un particulier, qui souvent n'a ni ne mérite aucune considération, et dès lors la prétendue indécence disparaîtra.

Enfin, me dira-t-on, portera-t-on les principes établis jusqu'à vouloir qu'un censeur mette son approbation à des ouvrages notoirement scandaleux, tels que des libelles diffamatoires, par la raison que ce qui rend ces ouvrages répréhensibles n'est pas un des objets auxquels les censeurs seront chargés de veiller? Non sans doute, et cette conséquence est absurde; mais ce que nous prévoyons ici est un cas métaphysique qui n'arrivera jamais.

Dès que la punition sera indiquée, celui qui aura le projet de commettre un crime grave (car la diffamation personnelle en est un) n'ira point se déceler lui-même en présentant son ouvrage à la censure.]

S'il se trouvait un homme assez extravagant pour faire une pareille démarche, il n'est pas douteux que le censeur ne dût, non seulement refuser son approbation, mais avertir le magistrat pour qu'il pût veiller à ce que le livre ne s'imprimât pas furtivement.

C'est par la même raison que, quiconque sera instruit qu'un homme se dispose à commettre un assassinat, en donnera avis à la justice, pour qu'on puisse l'en empêcher. Il n'y a cependant point de loi pour prévenir les assassinats; c'est la loi naturelle, antérieure et supérieure à toutes les lois de police, qui prescrit la conduite qu'on doit tenir à cet égard.

Avant de finir ce mémoire, il faut traiter ce qui regarde les censeurs. Nous avons avancé qu'ils ne devaient être responsables de leur conduite qu'à M. le Chancelier, de qui ils tiennent leur mission. Cela est conforme au droit commun. Dans tout gouvernement où l'autorité est respectée, ceux qui ont été dépositaires de la confiance d'un ministre, ne doivent rendre compte qu'à lui de l'usage qu'ils en ont fait. Or, le censeur n'est ni ne peut être que le dépositaire de la confiance du chancelier. Ce ne sont pas souvent des] gens assez considérables, et leur mission n'est pas assez authentique pour qu'on puisse les regarder comme des juges; et s'ils l'étaient, M. le Chancelier ne doit pas encore les regarder comme juges ressortissants au Parlement. J'ajouterai que, si on livre les auteurs à la justice réglée, il n'est ni juste ni nécessaire de lui abandonner aussi les censeurs.

D'ailleurs, l'état de censeur serait trop malheureux si, pour un aussi petit avantage que celui qu'on retire de cette place, on se trouvait exposé à des instructions criminelles, et à répondre à une accusation juridique dans une matière qui contient beaucoup d'arbitraire, dans laquelle il est très aisé d'être surpris, dans laquelle même il n'y a personne qui soit sûr de ne le pas être, vu le grand nombre d'aspects sous lesquels un livre peut être répréhensible. Si les censeurs sont responsables de leur avis au Parlement, il s'ensuivra que ceux qui sont le plus propres à cette fonction, et qui, par cette raison, en sont le moins flattés, refuseront d'en être chargés, et que d'autres ne l'accepteront que dans la disposition d'exercer vis-à-vis des auteurs une rigueur excessive.

Un auteur conduit par l'appât de la gloire, et quelquefois par celui du gain, cherche ce] qui peut plaire au public, et le donne sans s'embarrasser des petites considérations personnelles toutes les fois qu'il n'y a rien au fond de condamnable, ni qui puisse lui susciter une affaire. C'est à l'un ou à l'autre de ces motifs que nous devons les bons auteurs et les bons livres de tous les genres. p. 61

Mais un censeur qui n'a aucun intérêt à l'ouvrage, ne mettra son attache à rien qui puisse déplaire à personne, parce qu'il craindra de se faire des ennemis; il refusera même son suffrage à la vérité si elle est offensante pour des gens qu'il aime ou qu'il a intérêt de ménager. Ses scrupules, sa timidité, ses affections personnelles, la crainte vague d'être compromis pour des affaires qui au fond ne l'intéressent pas, lui feront faire à chaque pas des difficultés frivoles et arbitraires, qui découragent les auteurs et éteignent le génie. Voilà ce qui arrive dès à présent, et ce qui arrivera encore bien plus souvent quand les censeurs craindront un tribunal dont l'animadversion est toujours sévère, devant qui il est humiliant d'avoir été traduit même quand on a le bonheur de se justifier, et dont le censeur ne peut pas pressentir le sentiment dans les cas douteux, comme il fait vis-à-vis de l'administrateur commis par M. le Chancelier.]

Ce sera, si on veut, une terreur panique de la part du censeur; mais qu'elle soit réelle ou qu'elle soit imaginaire, elle l'engagera toujours à une trop grande rigueur, puisqu'en donnant son approbation il a quelque chose à craindre et rien à gagner. p. 62

Dès lors la critique littéraire, si nécessaire aux progrès des sciences, sera tout à fait bannie. Toute façon de penser, quelque fausse et quelque dangereuse qu'elle soit, n'éprouvera aucune contradiction si elle a des protecteurs accrédités, ou plutôt rien de tout cela n'arrivera: on aura beau faire de bons règlements, ils ne s'exécuteront point: toutes les digues qu'on voudra mettre à cette contrebande seront rompues; les imprimeries furtives se multiplieront; tout le monde favorisera la fraude, parce que tout le monde sentira l'inconvénient d'être privé des meilleurs livres; et c'est réellement ce qui est arrivé toutes les fois qu'on a porté trop loin la sévérité en cette matière.

On me répondra que le parti que je propose de réduire les fonctions des censeurs à peu d'objets, et de leur donner des règles fixes, pare à tous ces inconvénients.

Mais je me suis bien gardé de proposer de faire une loi à ce sujet: c'est un arrangement] d'administration qui m'a paru le meilleur, mais qui peut changer suivant les circonstances. La facilité pour les permissions que je crois nécessaires, se trouvera peut-être avoir plus d'inconvénients que je n'ai prévu. Peut-être après avoir usé d'indulgence, pendant un temps suffisant, pour laisser les imprimeries furtives se détruire, voudra-t-on revenir à des partis plus rigoureux. En un mot, le gouvernement ferait une grande faute de se lier les mains sur cette administration par une loi expresse, et les règles que je demande qu'on établisse pour la censure sont une raison de plus, et une raison importante, pour soustraire les censeurs aux recherches de la justice réglée. En effet, ces règles nouvelles seront leur décharge, et le Parlement qui les ignore, s'en prendrait toujours à eux de ce qui lui déplairait dans l'ouvrage censuré.

Enfin, soumettre les censeurs au Parlement, c'est donner au Parlement l'administration. Cela est assez prouvé par tout ce qui a été dit sur la censure dans ce mémoire. Or, je ne crois pas que le gouvernement fût longtemps à se repentir d'avoir cédé à ce corps redoutable une pareille autorité.

Cependant pour garantir les censeurs d'être traduits devant les tribunaux, je ne demanderai] pas qu'on défende au Parlement de connaître de ce qui les regarde. Cela a été fait pour l'imprimerie royale; mais nous sommes dans un temps où des défenses de cette nature ne réussissent que difficilement: je voudrais seulement qu'on marquât, dans une loi, que les examinateurs ne seront chargés à l'avenir que de constater que le livre qu'ils ont paraphé est celui pour lequel la permission est accordée. Cela est nécessaire, parce que des lettres patentes de 1701, enregistrées au Parlement, défendent d'imprimer aucun ouvrage sans le jugement de l'examinateur. On ne prévoyait pas sûrement en 1701, que le Parlement s'en ferait un titre pour demander compte aux censeurs de l'exécution des ordres que leur a donnés M. le Chancelier. Mais aujourd'hui que cela est à craindre, il faut rétablir les choses sur le pied d'une ancienne déclaration de 1571, par laquelle il paraît que l'examinateur ne devait que certifier qu'il avait vu et visité le livre. Alors le censeur donnera son jugement par écrit à M. le Chancelier, pour décider si la permission doit être accordée; mais il ne donnera au public que le certificat qu'il a lu l'ouvrage; ce qui ne peut jamais le compromettre.

Pour résumer ces différents objets, je crois] qu'il faudra ajouter un article à une déclaration dont nous parlerons au quatrième mémoire. Cette déclaration doit prononcer des peines contre les imprimeurs et libraires qui impriment ou vendent des livres sans permission. Je crois que l'article qu'on doit y ajouter pourra être conçu à peu près en ces termes:

Dans le cas où lesdits imprimeurs et libraires de notre royaume auront obtenu la permission ou privilège nécessaire, et se seront conformés aux règlements et usages de la librairie, *défendons à nos cours et juges de les rendre responsables de ce qui est contenu dans lesdits livres, sauf l'action du ministère public et celle des parties civiles contre les auteurs; et afin qu'il soit constaté que l'ouvrage imprimé est celui sur lequel la permission a été obtenue, ordonnons que lesdits libraires et imprimeurs seront tenus de garder pendant une année le manuscrit ou un exemplaire imprimé, paraphé par l'examinateur à ce commis, dont la fonction sera de certifier que ledit exemplaire imprimé ou manuscrit est celui qui a été par lui vu et visité avant que la permission fût accordée.*

Cet article aurait peut-être encore besoin d'être réformé: ce n'est qu'une première idée;] et d'ailleurs il faudrait le concerter avec MM. du Parlement, qui n'enregistrent que ce qu'ils veulent; mais je crois que voilà l'esprit dans lequel il doit être rédigé.

Pour ce qui est des principes de conduite qu'on doit prescrire aux censeurs, ils ne peuvent être consignés que dans une lettre circulaire que leur écrira M. le Chancelier, et cette lettre peut être changée, ou par le successeur de M. le Chancelier, ou par lui-même s'il croit devoir adopter d'autres principes d'administration. Ce n'est point une loi invariable comme une déclaration enregistrée.

TROISIÈME MÉMOIRE SUR LA LIBRAIRIE

Sur les livres qu'on doit permettre ou tolérer

Ce mémoire doit concerner uniquement l'administration, et avant tout je crois nécessaire que l'administrateur soit lui-même intimement persuadé des principes qu'on lui prescrira sur les livres qu'il doit permettre ou défendre, ou qu'on lui donne des règles tellement fixes, qu'il ne puisse jamais être incertain sur l'application, sans cela il ne soutiendrait que faiblement une décision qu'il n'aurait donnée qu'en hésitant.

Les principes qui vont être exposés sont ceux de l'administrateur actuel. Si ces principes sont agréés, ou si on lui donne d'autres règles qui soient certaines, il se portera à l'exécution avec toute l'activité dont il est capable.

Si au contraire ces principes sont rejetés, et si, sans entrer dans un plus grand détail, on désapprouve le système qu'il propose, il sera persuadé qu'il s'est trompé; mais il croit qu'il faudra remettre l'administration à quelqu'un] qui pense différemment de lui; il ne rougira point d'avouer qu'il n'a pas les qualités nécessaires pour cette place; il pense même que cet aveu est le meilleur moyen qu'il ait de signaler son attachement au service du Roi, et il ose se flatter qu'il n'en sera pas moins propre à le servir avec zèle dans les autres fonctions qui lui seront confiées.

Je commence par écarter un grand nombre de considérations, d'après lesquelles j'entends dire à différentes personnes que les livres devraient être examinés.

Les uns croient que les censeurs doivent être chargés, non seulement de veiller à ce qu'il ne s'imprime rien de contraire à la religion ou aux bonnes mœurs mais encore d'empêcher que le goût ne se déprave par trop de mauvais ouvrages; en sorte que j'ai entendu dire sérieusement qu'il est contre le bon ordre de laisser imprimer, que *la musique italienne est la seule bonne,* [19] et que je trouve des gens qui s'en prennent au gouvernement de ce que tel poème ou tel roman imprimé est détestable: on va jusqu'à prétendre] que c'est permettre la tromperie, que d'autoriser de pareils livres, comme si le public était forcé de les acheter, ou comme si les censeurs étaient des précepteurs du genre humain, à qui il appartînt de prescrire à la nation les lectures qui lui conviennent, et de fixer aux savants de chaque genre la route qu'ils doivent tenir. p. 69

D'autres se sont fait une idée moins pompeuse de la censure; ils conviennent qu'il faut la restreindre à empêcher ce qui est réellement mal; mais ils vont jusqu'à croire qu'un censeur ne doit permettre à un auteur que ce qu'il se permettrait à lui-même; qu'il répond de la dureté des expressions de l'ouvrage qu'il a approuvé, de l'injustice de la critique, du manque d'égards; en un mot, ils pensent que tout ce qu'on pourrait reprocher à un auteur, doit l'être à son censeur.

Ce principe est contraire à ceux de toute bonne administration. Il n'est pas possible que la loi punisse ni défende tout ce qui est mal; et ceux qui gouvernent, ne doivent ni ne peuvent empêcher tout ce qu'ils désapprouvent. Si on voulait entrer dans ce détail, les censeurs acquerraient sur les auteurs une autorité illimitée. Il est temps d'affranchir les gens de lettres de la tyrannie de ces espèces] d'inspecteurs qu'on a voulu mettre à leurs pensées; et puisqu'il est question de faire exécuter plus rigoureusement les lois pénales contre ceux qui se sont rendus coupables de quelque délit réel, au moins est-il juste de leur laisser une entière liberté sur des objets de peu d'importance. Il ne faut donc les gêner, ni sur la forme, ni sur le ton de leurs ouvrages, et on peut leur laisser commettre un genre de fautes qui sera toujours suffisamment puni par le mépris public. p. 70

Un autre motif de censure que je crois encore devoir écarter, est celui qui dérive du principe, qu'il ne faut pas laisser accréditer les erreurs.

Ce principe est très vrai s'il est question d'erreurs en matière de religion, parce que, dans cette matière, l'erreur est un crime, et que les grandes vérités de la foi n'ont pas besoin des disputes des hommes pour être éclaircies. [20]

Il en est de même des principes fondamentaux de chaque gouvernement quant aux limites de l'obéissance due à celui ou à ceux qui gouvernent, parce que ces limites étant presque toujours incertaines, il est impossible de les fixer sans causer des débats violents, qui] dégénèrent nécessairement en guerre ou en anarchie. p. 71

Mais sur tout autre sujet, ce qui importe au public, c'est que le vrai soit connu; il le sera toujours quand on permettra d'écrire, et il ne le sera jamais sans cela. Si on défend de publier les erreurs, on arrêtera les progrès de la vérité parce que les vérités nouvelles passent toujours pendant quelque temps pour des erreurs, et qu'elles seront rejetées comme telles par les magistrats.

Il y a un petit nombre de sciences démontrées: dans celles-là on peut savoir avec certitude de quel côté est l'erreur; mais dans ces sciences il n'y a aucun danger à laisser établir de faux principes, parce qu'on est sûr qu'ils seront bientôt réfutés s'ils ne tombent pas dans le mépris.

Dans toutes les autres, on n'est jamais sûr de ne pas se tromper. Et quel sera le censeur téméraire qui osera dire: Je suis assez certain de telle vérité pour empêcher qu'on ne soutienne, en présence du public, le sentiment contraire? Quel sera celui qui marquera le terme des connaissances humaines au point où il croit être arrivé, et qui défendra d'aller par-delà de peur de tomber dans l'erreur? Que deviendra la république des lettres si on] p. 72 la soumet à ces dictateurs impérieux, dont l'ignorance, l'orgueil, les passions personnelles, l'attachement outré à un sentiment, étoufferont le germe des plus précieuses vérités?

Ce qui s'observe dans l'ordre judiciaire est la règle invariable qu'on doit se prescrire à cet égard. Chaque philosophe, chaque dissertateur, chaque homme de lettres doit être considéré comme l'avocat qu'on doit toujours entendre, lors même qu'il avance des principes qu'on croit faux. Les causes se plaident quelquefois pendant des siècles: le public seul peut les juger, et à la longue il jugera toujours bien quand il aura été suffisamment instruit.

Le principe que j'avance est certain: presque tout le monde en convient; mais chacun y admet quelques exceptions.

Je connais des magistrats qui regardent comme un abus de laisser imprimer, sur la jurisprudence, des livres élémentaires, et qui prétendent que ces livres diminuent le nombre des véritables savants.

La plupart des médecins voudraient qu'on défendît d'écrire en langue vulgaire sur la médecine.

Presque tous ceux qui ont joué un rôle dans les affaires publiques, n'aiment point à voir] écrire sur la politique, le commerce, la législation. p. 73

Les gens de lettres pensent de même sur la critique littéraire; ils n'osent pas proposer de la proscrire entièrement; mais leur délicatesse, sur cet article, est si grande, que, si on y avait tout l'égard qu'ils désirent, on réduirait la critique à rien.

Enfin, je ne finirais pas si je rapportais les différents sentiments: je me contente de dire qu'après avoir beaucoup raisonné de cette matière avec des gens de tout état et de toute espèce, j'ai trouvé qu'il n'y avait presque personne qui n'avouât le principe général, mais que chacun y mettait une restriction pour ce qui l'intéresse. Et moi, qui en cette partie ne dois tenir à aucun préjugé d'état, j'en ai conclu qu'il fallait admettre le principe dans toute son étendue avec les seules exceptions que j'ai établies.

On peut donc ranger dans quatre classes les différents aspects sous lesquels les livres peuvent être réellement répréhensibles. Les uns intéressent les particuliers, d'autres le gouvernement, d'autres les mœurs, et d'autres la religion. Il faut examiner séparément les quatre objets, et voir à chacun de ces] égards, ce qu'il est de la p. 74 fonction du censeur d'arrêter, et ce qu'on doit laisser aux lois à punir.

1.º *Les satires personnelles*

Cet objet ne tient point à l'ordre public, et par conséquent, suivant mes principes, ne concerne point les censeurs.

J'ai déjà expliqué qu'il ne s'ensuivait pas que, si on avait la hardiesse de présenter un ouvrage évidemment calomnieux, le censeur ne dût en avertir. Mais, premièrement, cela n'arrivera pas, parce qu'un homme qui médite une action évidemment mauvaise, ne va jamais faire part de son projet aux magistrats. D'ailleurs, les simples lumières de la raison suffiront pour faire connaître au censeur ce qu'il a à faire, et il serait très dangereux de lui donner des instructions ultérieures qui l'obligeraient à pénétrer dans l'intention de l'auteur, et à deviner les allusions cachées.

Les lois qu'on pourrait lui prescrire ne seraient jamais fixes, et par conséquent jamais bien exécutées. D'ailleurs, il est impossible qu'un censeur, quelque éclairé qu'il soit, prévoie tous les traits de cette espèce. Tous les inconvénients d'une administration arbitraire se réuniraient si on étendait jusque-là les devoirs] du censeur. p. 75 Nous avons parlé assez au long de ces inconvénients dans le second mémoire, pour être dispensé de répéter ici ce que nous en avons dit. D'ailleurs, la punition due à la calomnie et aux libelles diffamatoires sera peut-être plus efficace que la censure pour les empêcher. Enfin, il ne faut pas oublier que les petits abus auxquels l'attention du censeur pourrait remédier, ne seront tolérés que dans la grande vue d'empêcher efficacement les ouvrages véritablement scandaleux, et que, si les traits équivoques d'une satire indirecte deviennent plus communs, les libelles réellement diffamatoires deviendront plus rares, parce que les imprimeries furtives, les seules dans lesquelles ces libelles osent paraître, seront insensiblement détruites par la plus grande facilité qu'on donnera pour les impressions légitimes.

On m'objectera qu'il y a des traits désagréables pour des particuliers, qu'un censeur peut arrêter sans qu'il y ait rien d'assez marqué pour prononcer une peine.

Je conviens de la réalité de cet inconvénient; mais il est du nombre de ceux que la loi ne peut ni ne doit empêcher. J'ajouterai que, malgré l'attention que les censeurs ont eue jusqu'à présent à ces traits, ils ont toujours] été trompés quand les auteurs ont p. 76 voulu s'en donner la peine; que les *Caractères* de La Bruyère, les comédies de Molière, beaucoup de romans modernes et une infinité d'autres ouvrages, dont quelques personnes croient avoir la clef, en sont une preuve sans réplique.

On me dira aussi qu'il y a des satires personnelles très graves, très claires, et dont cependant ceux qui en sont l'objet se garderont bien de se plaindre, de peur de leur donner trop d'éclat et d'augmenter le ridicule qui en résulte.

A cela je répondrai que, dans la forme de notre gouvernement, de pareils délits sont ordinairement punis par des coups d'autorité immédiate, sans recourir aux tribunaux. C'est ce qui s'est toujours pratiqué quand des personnes considérables ont été grièvement offensées par des chansons dont les auteurs ont été découverts. Il en serait de même si elles étaient insultées de paroles en public, et en librairie même: c'est le moyen qui a été employé plus d'une fois quand la religion des censeurs a été surprise.

2.º *Le gouvernement*

L'objet le plus important de l'administration] dans ce moment-ci doit être d'empêcher de paraître des ouvrages où on ose soumettre à l'examen l'autorité royale. La règle qu'on doit prescrire à cet égard au censeur ne sera point arbitraire ni incertaine. Il doit tout arrêter sur cette matière. En vain les philosophes et les savants prétendront-ils qu'ils sont les plus fermes défenseurs de la puissance souveraine, et que la contrainte qu'on leur impose privera le public d'une théorie sublime. Les droits du trône sont certains; ils ont des fondements plus solides que leurs vaines spéculations; et la découverte d'un axiome important en morale ou en jurisprudence ne compensera jamais les maux qui pourraient résulter de cette funeste controverse.

Mais le siège de l'autorité étant une fois fixe, la loi d'obéissance étant une fois établie, y a-t-il un danger bien réel à laisser écrire sur toutes les autres lois et sur toutes les autres parties de l'administration publique? La crainte de décourager les dépositaires de l'autorité du Roi, en éclairant le public sur leur administration et les exposant par là à la critique, ne pourrait-elle pas être compensée par d'autres avantages? Il est certain, par exemple, qu'il se formerait plus de sujets dans les différentes parties de la science du gouvernement,] science totalement ignorée de ceux qui ne sont pas admis dans le ministère, et que ceux qui y sont parvenus n'ont pas le temps d'apprendre. Le Roi lui-même n'aurait-il pas un intérêt sensible à trouver dans le public un dénonciateur inflexible, qui l'avertirait des fautes de ses ministres, de ses généraux et de ses magistrats?

D'ailleurs, les craintes qu'on allègue sont-elles si bien fondées? On craint de chagriner les ministres, comme s'ils n'étaient pas amplement dédommagés, par l'éminence de leurs places, des petits dégoûts auxquels la liberté de la presse pourrait les exposer: on craint de décrier le gouvernement, comme si, dans l'état actuel, il n'était pas toujours décrié, quelque opération qu'il fasse et quelque parti qu'il prenne, parce que ceux qui s'en plaignent parlent très haut, et que les indifférents ne sont pas assez instruits pour prendre le parti des ministres lorsqu'ils ont raison. M. Colbert [21] a été détesté pendant sa vie et insulté après sa mort, quoiqu'il ne fût point permis d'écrire contre lui. Que serait-il arrivé de pire si la presse avait été libre? N'est-on pas fondé à penser, au contraire, que si le public eût été plus instruit, une administration telle que celle de M. Colbert aurait trouvé] des partisans comme p. 79 des détracteurs, et que les sentiments auraient été au moins partagés?

On craint aussi que les cris publics, excités par une multitude d'écrits, ne portent les esprits à la révolte.

C'est pour prévenir cet inconvénient, que nous avons commencé par établir qu'on devait arrêter indifféremment tout ouvrage dans lequel la loi d'obéissance est discutée; mais ce principe étant établi, il me semble que les cris d'un public soumis ne sont redoutables qu'aux subalternes dont les fautes peuvent être éclaircies, et ne le sont jamais au maître absolu qui n'en fait que le cas qu'il veut. Je pense aussi que ces cris s'élèvent de même quand on laisse le public dans l'ignorance, avec la différence que les meilleures opérations ne peuvent pas être justifiées; et pour appliquer ceci au gouvernement de France, et même au moment présent, je pense, et j'ai appris par mon expérience, que quand il y a quelque effervescence dans l'esprit général de la nation, les compagnies s'opposent quelquefois indistinctement à tout ce qu'on leur présente, faute de savoir discerner ce qui est bon de ce qui est mauvais. Plus de connaissances répandues dans la nation auraient souvent fait trouver moins d'opposition à des opérations] utiles: p. 80 ces connaissances s'acquerraient surtout par les livres. Je sais que les magistrats consommés n'ont pas le temps de les lire, et qu'il en est de même de ceux qui sont appelés au ministère; mais c'est là que vont s'instruire ceux qui y parviendront un jour; en sorte qu'on peut soutenir qu'écrire aujourd'hui sur le gouvernement, c'est travailler utilement pour la génération future.

Au reste, la question que nous venons d'agiter est superflue, et l'auteur de ce mémoire convient qu'elle est très délicate, et qu'il n'est peut-être pas de sa compétence de l'examiner. Il n'est point question de savoir s'il est avantageux ou non qu'on imprime sur les principes de la législation, sur ceux de la politique, sur ceux de la finance, etc.; nous avons à examiner seulement si le censeur doit être chargé de discuter les livres écrits sur ces matières, de façon qu'il ne s'y trouve rien qui puisse déplaire aux différents ministres, chacun dans leur département.

Sur cela je soutiens qu'il n'est pas possible qu'un censeur réponde de tout ce qui, sous ces différents aspects, peut être réputé répréhensible; qu'on ne pourrait lui en imposer la nécessité sans lui prescrire des règles vagues et arbitraires.]

D'ailleurs, la méthode de renvoyer les livres pour être examinés dans les bureaux de chaque ministre est très abusive. Les premiers commis, qui ont bien autre chose à faire que d'examiner des livres, leur font éprouver des longueurs excessives. De plus, j'ai observé que tous les hommes d'État qui n'ont point été gens de lettres ou personnellement chargés de l'administration de la librairie, refusent tout ce qui leur est présenté; ils ne sont point frappés, comme moi, de la nécessité de réduire les défenses à peu d'objets, pour qu'elles soient exécutées; ils partent du principe toujours faux dans cette administration, que n'y ayant point de nécessité qu'un livre paraisse, il faut s'opposer à sa publication pour les raisons les plus légères; enfin, ils refusent, quand ils sont consultés, le même livre qui ne leur aurait fait aucune peine s'il avait paru sans permission, parce qu'ils comptent qu'on saura qu'ils y ont donné leur attache, et qu'ils craignent de se compromettre.

p. 81

Tout cela mène aux inconvénients dont nous avons parlé, c'est-à-dire, à prescrire des lois qui, par leur trop grande sévérité, tomberont dans l'inexécution; et il faut ajouter que si la police qu'on veut établir est enfreinte] sur une partie, elle le sera bientôt sur toutes les autres. Si, par exemple, la trop grande rigueur exercée sur les livres qui ont trait au gouvernement, comme ceux qui traitent du commerce, de l'économie politique, des négociations, de l'art militaire; si cette sévérité, dis-je, occasionne des établissements d'imprimeries clandestines, si elle ouvre une voie indirecte de débit pour ces sortes de livres, les mêmes moyens s'emploieront bientôt pour les autres, et on ne pourra plus arrêter ceux même qui concernent l'autorité du Roi, les mœurs ou la religion.

p. 82

Enfin, il ne faut pas croire non plus que tant de gens élèvent la voix avec scandale contre le ministère qui est toujours armé pour venger l'insulte qui lui aura été faite. Puisque nous avons posé pour principe, que la censure n'est pas établie en faveur des particuliers, et que la voie de la punition doit être réputée suffisante pour empêcher la diffamation, à plus forte raison cette voie suffira-t-elle pour les ministres, qui ont bien d'autres moyens de vengeance que les particuliers, et au ressentiment desquels peu de gens oseront s'exposer.

On pourra même établir en leur faveur une règle que les censeurs pourront aisément] faire observer; et qui ne contient rien d'arbitraire: c'est que, dans le cas où un ouvrage aura trait à des matières délicates, telles que celles qui intéressent le gouvernement, le censeur, sans s'ériger en juge des traits de satire ni des allusions, se contente d'exiger que l'auteur se nomme, et que la permission publique ou tacite ne lui soit donnée qu'à ses risque, péril et fortune. _{p. 83}

Il y a, me dira-t-on, encore d'autres cas à prévoir. Par exemple, il arrive souvent que des puissances étrangères et alliées de la France se plaignent d'ouvrages qui ont été imprimés à Paris. A cela, me réponse est que ces plaintes, quand elles ont été bien fondées, ont été suivies de punition contre les auteurs, et que rien n'empêchera qu'elles ne le soient encore. C'est tout ce que les puissances peuvent demander. C'en sera assez pour contenir les auteurs quant aux choses graves. Quant à celles qui sont arbitraires ou de peu de conséquence, si la politique ordonne quelquefois d'écouter de pareilles plaintes et d'y déférer, au moins les censeurs n'ont pas pu les prévoir, et ne doivent pas en être responsables.

Au reste, il est bon d'observer que les] puissances qui se plaignent des livres autorisés ou tolérés en France, sont quelquefois celles même chez lesquelles les auteurs et les imprimeurs n'ont aucun frein. Par exemple, quand nous nous plaignons aux Anglais des satires sanglantes et indécentes qui paraissent dans leurs papiers publics, ils nous répondent que chez eux la presse est libre; et on a vu ces mêmes Anglais porter des plaintes sérieuses des auteurs français. On a vu entre autres l'ambassadeur d'Angleterre se plaindre à M. le cardinal de Fleury de ce qu'on avait donné à Paris une seconde édition d'un ouvrage contraire au gouvernement _{p. 84}

d'Angleterre, dont la première édition avait été faite à Londres avec nom d'imprimeur, et s'y vendait publiquement.

Enfin, les plaintes des étrangers ne viennent que de l'authenticité qu'on a toujours voulu donner en France aux permissions. Il n'est pas possible que le gouvernement réponde de tous les mauvais propos des écrivains particuliers; et quand il sera établi que la rigueur des lois est réservée pour les véritables délits, ces plaintes deviendront beaucoup plus rares.

On prétend aussi qu'il est souvent de l'intérêt] de l'État d'ensevelir dans son sein des connaissances et des découvertes dont les États ennemis pourraient profiter, et qu'il y a des cas où il faut empêcher les auteurs français d'établir dans leurs écrits des maximes qui pourraient être rétorquées avec avantage contre leur patrie. p. 85

Je crois, premièrement, que ces cas sont beaucoup plus rares qu'on ne se le figure. Si ce qu'on appelle le secret de l'État est entre les mains de tout le monde, il n'est pas douteux que le gouvernement des pays étrangers n'en soit instruit; et s'il est de leur intérêt que ce secret soit public, ils le feront imprimer chez eux. Si au contraire ce secret n'est connu en France que de peu de personnes, les ministres peuvent en empêcher la publication, en s'adressant directement à ceux qui en sont dépositaires. Ce moyen sera beaucoup plus sûr que d'en charger des censeurs royaux, à qui on ne pourrait donner sur cela que des instructions vagues.

D'ailleurs, si le secret de l'État est parvenu entre les mains d'un dépositaire assez indiscret pour être prêt à le divulguer par la voie de l'impression, il faut convenir que ce secret a été bien mal gardé, et qu'il est bien hasardé. Convenons donc que le cas qu'on prévoit, est un] cas chimérique. p. 86

La crainte qu'on n'argumente contre la France des faits ou des maximes avancés par les Français est plus plausible, et elle est justifiée par ce qui est arrivé en dernier lieu au sujet des possessions françaises et anglaises en Amérique. Il est certain que les commissaires anglais se sont servis contre les nôtres, de quelques passages du Père Charlevoix, [22] et de l'autorité de nos géographes, qui avaient fait la faute de copier servilement les Anglais.

Mais il n'a pas été difficile de répondre à des arguments si frivoles, et la conduite des Anglais, bien expliquée depuis, nous a fait connaître qu'ils ne comptaient pas eux-mêmes sur la solidité de leurs raisonnements, et qu'ils ne s'en servaient que pour nous leurrer d'une vaine apparence de négociation pendant qu'ils travailleraient efficacement à nous chasser des pays contentieux.

En effet, on ne peut pas dire sérieusement qu'un fait ou un principe avancé par un particulier français acquière une telle force, que le ministère ne puisse pas le désavouer.

D'ailleurs, si les traits dont on peut abuser avaient été mis à mauvaise intention et par un esprit anti-patriotique, l'auteur se trouverait] coupable de trahison, et c'est le cas où le gouverne- p. 87 ment doit le punir avec un éclat qui deviendra un désaveu authentique.

Si au contraire le passage n'a été hasardé que par ignorance, comme il arrive le plus souvent, il y a grande apparence que le censeur n'est pas plus instruit que l'auteur. C'est ce qui est arrivé lors de la publication du livre du Père Charlevoix et de nos anciennes cartes d'Amérique septentrionale, et c'est ce qui arrivera toujours, à moins que les ouvrages ne soient censurés par les ministres mêmes ou par les premiers commis, qui ont bien autre chose à faire, et qui eux-mêmes sont au fait de la contestation actuelle, mais ne peuvent pas prévoir tout ce qui fera un procès dans dix ans.

Au reste, cet avantage que l'aveu d'un auteur français peut donner aux étrangers dans la dispute, quelque faible qu'il soit, n'est encore dû qu'à ce qu'on croit que rien ne s'imprime en France que de l'aveu du gouvernement. Quand nous voulons argumenter contre les Anglais de ce que leurs écrits peuvent contenir de favorable pour nos prétentions, ils nous répondent que c'est le sentiment d'un auteur particulier, qu'ils ne peuvent pas empêcher de dire ce qu'il voudra. Établissons] ici la liberté, et nous aurons p. 88 la même réponse à faire.

D'autres personnes disent qu'il y a des opérations de finance contre lesquelles il est dangereux de laisser écrire, de peur de les décrier; mais le ministre de la finance ne manquera jamais d'écrivains en sa faveur, qui réfuteront aisément les sophismes qu'on voudrait lui opposer. Et je suis porté à croire que des opérations auxquelles une brochure peut nuire sans qu'une autre brochure en puisse détruire l'effet, sont des opérations vicieuses; et comme le Roi n'a jamais eu et qu'il n'aura jamais l'intention de tromper ses sujets, je crois qu'il faut encore regarder cette supposition comme un cas métaphysique.

Au reste, dans cette matière comme dans toutes les autres, si le gouvernement a fort à cœur d'empêcher d'écrire sur tel objet nommément, il aura encore une voie, qui sera de faire donner aux censeurs des instructions particulières et secrètes, déterminées à ce seul objet. Ces ordres précis ne doivent rien remettre à la décision du censeur, qui sera seulement chargé d'avertir qu'on se dispose à imprimer un ouvrage sur la matière qui fixe] actuellement l'attention du ministère. Cette précaution sera même bien plus efficace que la censure, puisque le censeur ne peut que refuser son approbation, au lieu que le ministre, instruit du dessein d'un auteur, pourrait s'assurer, vis-à-vis de lui, qu'il ne fera ni ne laissera paraître son ouvrage dans quelque forme ni dans quelque pays que ce soit; mais il ne faut user de ce moyen que très rarement, sans quoi il cesserait d'être utile, et il faut le réserver pour des objets intéressants.

3.º *Les Mœurs*

Je ne parlerai point ici des principes de la morale, qu'on a osé attaquer dans quelques ouvrages: cet objet sera traité avec celui de la religion, auquel il est intimement uni.

Ce qu'on appelle communément ouvrages contraires aux bonnes mœurs, sont les ouvrages obscènes ou seulement licencieux.

L'obscénité doit être défendue: toutes les lois y concourent: tout le monde pense de même à cet égard, et les règles qu'on prescrira aux censeurs peuvent être facilement observées.

Pour les livres seulement licencieux, comme les contes de La Fontaine, les épigrammes] de Rousseau, [23] etc. il vaudrait certainement mieux les supprimer si on le pouvait; mais quelle sera à cet égard la règle certaine ou la borne fixe? C'est là que consiste la difficulté.

Quelques gens de bien que je crois trop rigoristes, iraient jusqu'à défendre tout ce qu'ils croient trop propre à inspirer de la tendresse. Je ne crois pas qu'aucun homme d'État adopte cette sévérité.

Pour moi, je m'arrête à une règle: c'est que pour faire respecter les défenses, il ne faut faire que celles qui pourront être exécutées, et qu'il vaut mieux tolérer ce qu'on ne peut pas empêcher.

J'ai dit qu'il en est de la contrebande des livres comme de toutes les autres. La prohibition est inutile s'il y a un grand attrait à la fraude. L'obscénité peut être, sinon totalement arrêtée, au moins beaucoup gênée, parce qu'il est possible de décerner des peines très graves; mais la douceur de nos mœurs ne permet pas d'en prononcer de pareilles contre les ouvrages libres ou licencieux, et dès lors toutes les barrières seront franchies, d'autant plus que ces ouvrages sont ceux dont le débit est le plus prompt et le plus assuré dans tous les temps, parce qu'ils sont à la portée] de tout   p. 91
le monde, et qu'à la différence des autres livres, ils ne dépendent pas même du caprice à la mode.

Ainsi il eût été à souhaiter qu'on eût pu persuader à Rabelais, à La Fontaine et aux autres de ne point donner ces ouvrages qui ont scandalisé les gens de bien; mais du moment qu'il y en a eu une édition ou qu'il y a des copies égarées du manuscrit, il est inutile de les défendre, et ce serait compromettre l'autorité, que de vouloir les empêcher. Il faut se restreindre à ce qu'exige la décence, c'est-à-dire, à ne les pas autoriser expressément, et à empêcher le débit public. Cette espèce de tolérance est ce qu'on appelle *permission tacite*; elle diffère des tolérances indirectes, dont j'ai parlé ailleurs, qui dégénèrent toujours en abus. C'est ce qui se verra dans un mémoire particulier, qui contiendra un éclaircissement sur les permissions tacites.

4.º *La Religion*

J'ai gardé cet objet pour le dernier comme le plus important.

Les livres expressément contraires à la religion ne peuvent être tolérés dans aucun pays. Sur cela tout le monde est d'accord; ceux même qui les favorisent par une inclination] secrète, n'oseraient   p. 92
nier le principe que nous avançons.

Il en est de même de la morale, qu'il était réservé à notre siècle de vouloir renverser. Ses principes sont ceux même du christianisme. La loi qui vengera la religion vengera la morale, et elle sera d'autant mieux observée, que le cri public s'est élevé, et que l'indignation générale a éclaté contre ces destructeurs des maximes que tout le monde se pique de respecter.

Mais il arrive rarement que de pareils ouvrages soient présentés à la censure; c'est par les voies clandestines qu'ils s'impriment et se débitent. Si on veut les empêcher, je ne connais que deux sortes de moyens: les uns sont ceux que j'ai déjà proposés, c'est-à-dire, une tolérance sur les autres objets, qui rende la fraude plus rare et par là plus difficile, et qui diminue l'intérêt que les libraires ont à la commettre; les autres sont des précautions de police que j'indiquerai dans le quatrième mémoire.

Notre objet dans ce mémoire-ci doit donc être de parler, non pas des ouvrages qui heurtent de front la morale et la religion, mais de ceux qui, sous prétexte de traiter d'autres matières, établissent des principes pernicieux] ou donnent lieu à des ironies p. 93 scandaleuses. Ce sont là les ouvrages sur lesquels la censure doit veiller avec d'autant plus d'attention, qu'il est souvent difficile de prononcer une peine proportionnée au mal qu'ils ont causé, parce qu'un auteur artificieux saura toujours se préparer des excuses propres à justifier au moins son intention.

C'est donc ici qu'il est nécessaire de prendre un parti décisif. Si on veut négliger tous les petits objets pour se renfermer dans celui-ci ou dans ceux qui sont d'une égale importance, on pourra remplir les vues qu'on se propose. Les censeurs, dégagés de mille soins qu'on leur a donnés jusqu'à présent, pourront porter toute leur attention à ce qu'on leur prescrira à cet égard. Tous ne sont pas théologiens; mais tous doivent être assez éclairés pour connaître ce qui appartient à la théologie, et leur mission sera seulement d'avertir l'administrateur, que tel ouvrage a trait à la religion, pour qu'il soit renvoyé aux juges compétents en cette matière.

Pour les censeurs théologiens, rien ne doit les arrêter, parce qu'ils sont assez heureux pour professer une science dans laquelle rien n'est douteux. [24] D'ailleurs, les principes de la censure sont absolument différents pour eux] de ce qu'ils sont pour les autres p. 94 censeurs.

Un médecin, un jurisconsulte, ne doit point, suivant moi, empêcher un auteur de dire son sentiment parce qu'il est faux. J'en ai expliqué ailleurs les raisons, et la principale est que ce peut être le censeur qui se trompe, et qu'il n'y a que le public qui doive être juge entre lui et l'auteur.

Mais il n'en est pas de même de la théologie. L'erreur, comme j'ai déjà dit, est un crime. D'ailleurs, ce n'est point une science susceptible de progrès. L'unité, la simplicité, la constance, sont ses principaux attributs. Toute opinion nouvelle est au moins dangereuse et toujours inutile. Qu'on ne craigne donc point que la rigueur des censeurs empêche les études des théologiens de se perfectionner. La science de la religion a acquis toute sa perfection du moment qu'elle nous a été donnée, et le goût des découvertes ne lui a jamais été que préjudiciable.

On peut craindre à la vérité que cette même rigueur, si elle était excessive, ne nuisît à d'autres sciences, et que les scrupules mal fondés d'un théologien ne gênassent les philosophes et quelques autres savants.

Cet inconvénient est réel; mais il est peu considérable si on le met en comparaison avec] la nécessité d'opposer une digue à p. 95 l'incrédulité. Il faut même observer que les sciences auxquelles la censure d'un théologien peut nuire, ne sont que la métaphysique ou l'histoire des temps reculés, dont la chronologie doit s'accorder avec celle du texte sacre. [25] Or, ces deux sciences méritent certainement d'être protégées; mais cependant elles ne sont pas d'une utilité immédiate.

Il faut seulement faire à ce sujet une observation: c'est que la rigidité des censeurs sur ce qui intéresse la religion peut nuire à deux sciences, et on en peut conclure que, si on voulait porter cette même rigidité sur d'autres matières, elle engloberait bientôt toute espèce de doctrine, et c'est alors qu'elle deviendrait nuisible à notre nation, à notre siècle, et en général à l'humanité.

Pour revenir aux censeurs théologiens, nous n'avons que deux règles ou plutôt deux conseils à leur donner, dont l'un porte à la sévérité, et l'autre à l'indulgence.

La première règle est qu'il n'y a pas tant d'inconvénient à arrêter un bon ouvrage de philosophie, qu'à accréditer des erreurs, à exciter du trouble, et à causer du scandale.

La seconde est que si avec des changements on peut sauver la doctrine, il vaut mieux] traiter avec les auteurs en exigeant d'eux p. 96 des retranchements et des adoucissements, et permettant le fond de l'ouvrage, que de les rebuter par une défense absolue qui les portera à recourir aux imprimeries furtives s'il y en a encore, ou à celles des pays étrangers.

Nous n'avons parlé que des ouvrages qui heurtent les fondements de toute religion; il reste à traiter de ceux qu'on appelle *polémiques, hétérodoxes, livres de controverse, etc.*

A cet égard il faut distinguer les erreurs nouvelles des anciennes.

Sur les erreurs nouvelles on ne peut rien prescrire aux censeurs. Les principes qu'ils doivent suivre sont ceux de la théologie même. Ils doivent les connaître puisque c'est leur état. [26]

Quant aux erreurs anciennes, il y a peu de chose à craindre. Je suis persuadé que des livres ariens, par exemple, pourraient paraître sans danger; mais je ne crois pas que personne désire de les imprimer. Quant à la permission de laisser entrer dans le royaume les livres favorables à d'anciennes hérésies, on peut l'accorder quand elle est demandée, parce que ces ouvrages ne sont à l'usage de] personne, excepté des docteurs qui sont chargés de les réfuter, et qu'on n'en introduit jamais qu'un petit nombre. p. 97

Pour les sectes qui ont à présent des partisans, je ne vois que le calvinisme, et l'affaire du jansénisme et du molinisme. Quant aux calvinistes, je n'ai rien à dire sur ce qui les regarde. Le parti qu'on doit prendre sur les livres infectés de cette erreur, dépend de la rigueur générale qu'on veut exercer envers ces sectaires. Cela n'est point de ma compétence. D'ailleurs, je n'ai jamais entendu parler de permission demandée pour l'impression des livres calvinistes. Ceux de cette religion aiment mieux les faire venir des pays où on les imprime librement, et on y pourvoira, autant qu'il est possible, par les règlements qu'on proposera, dans le quatrième mémoire, sur l'introduction des livres étrangers. [27]

Pour ce qui est du jansénisme et du molinisme, en un mot, de ce qu'on appelle *les matières du temps,* je crois que ces livres sont très dangereux. Je sais d'ailleurs que la loi nouvelle de silence défend surtout de les imprimer.

Après cela on trouvera sans doute que c'est un paradoxe de ma part, que de soutenir qu'il] faut établir, sur cette matière, une tolérance entière. Mais voici mes raisons: p. 98

1.º Il n'est pas juste que les livres jansénistes paraissent, et que les molinistes soient anéantis. Or, c'est ce qui arrive actuellement qu'on ne donne pour rien de permissions expresses.

Les jansénistes ont leurs imprimeries, où la police n'a jamais pu pénétrer, [28] et on défère impitoyablement au Parlement, on condamne même à des peines graves les libraires, colporteurs ou autres qui ont prêté leur ministère aux auteurs molinistes.

Si on était autorisé à permettre tacitement, mais expressément, les livres jansénistes, les chefs de ce parti en seraient très aises, parce qu'on aime toujours mieux ne pas courir de risques, et que, par ce moyen, leurs auteurs tireraient plus de profit de leurs ouvrages, et alors je crois qu'il ne serait pas impossible de s'assurer que les écrits molinistes ne seraient pas non plus déférés à la justice.

2.º Les questions qui touchent l'autorité du Roi sont encore bien autrement importantes que les affaires de pur jansénisme, et même que les invectives débitées contre quelques évêques. Or, ces questions sont traitées et] présentées au public du côté le plus p. 99 désavantageux à l'autorité dans les ouvrages imprimés clandestinement, au lieu que, par des permissions expresses, on pourra au moins s'assurer que cet article sera respecté. J'ai lieu de croire que les jansénistes y consentiront si on peut leur promettre de la condescendance sur le reste.

3.º Tout l'avantage qu'on peut se promettre des règlements et des principes d'administration que nous proposons, est de détruire les imprimeries furtives. Nous verrons dans le quatrième mémoire, qu'on peut connaître tous les compagnons imprimeurs des grandes villes, les suivre, savoir ce qu'ils deviennent; et comme leur métier ne s'apprend pas dans un moment et ne peut se faire que par ceux qui l'ont déjà exercé, il pourra devenir beaucoup plus difficile d'établir une imprimerie sans être découvert.

Or, toutes ces précautions seront inutiles quand les libraires et les imprimeurs de Paris verront tous les jours enfreindre impunément les règlements auxquels on veut les astreindre. Les imprimeries clandestines subsisteront et se renouvelleront sans cesse lorsqu'il y en aura dans Paris même, dans lesquelles on formera] de p. 100 nouveaux sujets pour réparer ceux qu'on perdra, et pour perpétuer l'établissement.

4.º Quand on voudrait en revenir à défendre les livres du parti janséniste, je crois qu'il faudrait toujours les tolérer pendant quelque temps pour faire tomber les presses, et pour démonter ce qu'on appelle *les bureaux* par lesquels se fait ce commerce ou ce débit illicite.

Par toutes ces considérations je soutiens qu'il faut tolérer les livres de ce genre, et même, j'ose le dire, la *Gazette ecclésiastique* si les auteurs étaient assez imprudents pour profiter des facilités qu'on leur donnerait. Mais il ne faut pas se flatter qu'ils fassent cette faute; ils en sentiront bien les conséquences. D'ailleurs, ce libelle est tellement diffamatoire, que, s'il était fait dans une imprimerie permise, et qu'on pût en acquérir la preuve, on pourrait intenter une action criminelle contre les auteurs, dont ni la permission tacite ni l'inclination des juges ne pourraient les garantir.

Ainsi, malgré ce que nous proposons, l'imprimerie de la *Gazette ecclésiastique* subsistera. Mais au moins celle-là est isolée; le public y est accoutumé; elle n'a de communication] avec personne; p. 101 les sujets inconnus qui y travaillent, ne viennent pas se répandre dans les autres imprimeries pour débaucher leurs camarades, et ne sont pas sortis des imprimeries ordinaires pour aller dans celle-là. Par conséquent, de ce qu'on ne viendra pas à bout de la détruire, il ne s'ensuit pas qu'il faille négliger les moyens de faire tomber les autres imprimeries jansénistes.

Je sens que le parti que je propose, est fait pour déplaire au premier abord; mais je demande qu'on daigne y méditer.

Je conviens aussi que de pareils moyens doivent répugner, parce qu'ils paraissent partir d'une vue de faiblesse peu convenable pour l'autorité royale: aussi ne doivent-ils pas être employés publiquement, pas même au nom de M. le Chancelier; ce n'est que le dépositaire de son autorité qui peut faire, avec les jansénistes, les espèces de transactions dont nous venons de parler, et au fond c'est ce que fait tous les jours la police sur mille objets différents, nommément sur les jeux publics et sur les maisons de prostitution, abus qu'on tolère parce qu'on ne peut pas absolument les empêcher, et que, par la tolérance, on les contient et on les éclaire. Je] ne crois p. 102 pas que les jansénistes fussent flattés de la comparaison.

Ce qui me détermine à proposer sur les livres jansénistes le parti de la tolérance, est donc l'impossibilité d'en prendre un autre. On se plaint de la police, qui laisse paraître toutes sortes de livres, et on ne songe pas que, dans tous les temps, le même abus a régné; que ce sont les troubles qui ont amené la licence des écrits, et non les écrits qui ont causé les troubles, puisqu'avant l'art de l'imprimerie, et dans le temps que personne ne savait lire en France, il y avait au moins autant de troubles, de mécontentements, et plus de révoltes et de guerres civiles.

Dès qu'il y a eu quelque fermentation dans les esprits, on a écrit contre le gouvernement, et souvent on a débité des satires sanglantes, et soutenu des maximes dont les auteurs méritaient le dernier supplice. Les recueils des pièces imprimées dans le temps de la Ligue et lors des guerres de religion en sont des monuments authentiques.

Le cardinal de Richelieu, qui faisait tout trembler, s'est vu attaquer personnellement dans des libelles. Il en a été furieux. Il a fait punir sévèrement les auteurs quand il a pu] les connaître, et n'a pas empêché qu'il n'en parût de nouveaux. Peu après son ministère, on a vu paraître cette nuée de pièces satiriques, auxquelles on a donné le nom générique de *Mazarinades.* [29]

Depuis la majorité de Louis XIV, on a imprimé à Paris les *Lettres provinciales,* [30] que certainement personne n'aurait osé tolérer sous le prince le plus ennemi de ces sortes d'ouvrages et le mieux obéi, et dans le temps où la police était le plus exactement observée.

Dans ce règne-ci, nous avons été inondés de brochures sous la Régence et lors des affaires du Parlement et du clergé en 1731, 1732 et 1733. [31] On se souvient de l'inutilité des efforts de M. Hérault, qui était certainement de bonne foi, pour empêcher les *Nouvelles ecclésiastiques,* [32] et dans le même temps le *Judicium Francorum* [33] a paru sans que les auteurs aient été découverts ni punis.

La mode de ces libelles est revenue depuis quelques années, et il ne faut pas s'en étonner. Si on n'a que de la rigueur à y opposer, elle sera inutile. Il n'y a encore eu aucun ministère qui ait pu contenir les auteurs ni se rendre maître de la presse, et cela devient tous les jours plus difficile dans un siècle où] tout le monde jusqu'aux paysans, sait lire, et où chacun se pique de savoir penser.

Il faut donc recourir à des voies plus douces, et n'user de l'autorité qu'avec précaution. Il faut opter entre les différents inconvénients, et n'opposer de résistance qu'à ceux auxquels il est nécessaire et possible de remédier.

Je conviens de tout le mal que peuvent faire les livres de parti; je passe qu'il soit nécessaire de les arrêter; mais cela n'est pas possible au moins quant à présent.

Au reste, tout dépend de cette impossibilité, et sur cela il faut encore consulter le lieutenant de police. S'il a des moyens que n'aient pas eus ses prédécesseurs pour découvrir l'imprimerie de la *Gazette ecclésiastique* et les autres imprimeries clandestines, qu'il les emploie; mais si ses recherches sont inutiles, si l'autorité qu'il a dans Paris n'est pas suffisante, il faut en revenir à ce que j'ai proposé.

Récapitulation de ce mémoire
Trois principes d'administration

1.º Restreindre l'objet de la censure à ce qui intéresse la religion, les mœurs et l'autorité souveraine. p. 105

Par-là il ne peut rester rien d'arbitraire entre les mains du censeur. Si le livre a trait à la religion, il doit en avertir pour qu'on le fasse passer sous les yeux d'un théologien, et les principes de celui-ci ne doivent être ni arbitraires ni incertains. S'il intéresse les mœurs, il faut l'arrêter; mais tout homme doué de la raison peut connaître avec certitude si un livre est obscène ou non.

S'il concerne l'autorité royale, le censeur doit le remettre au magistrat chargé de ce détail, qui prendra les ordres de M. le Chancelier.

2.º Pour toutes les autres matières, et surtout pour les livres qui ont pour objet quelque partie du gouvernement, comme la législation, la politique, l'art militaire, la finance, etc. se contenter de s'assurer du nom de l'auteur, et laisser paraître l'ouvrage à ses risque, péril et fortune; avoir la même attention] pour ceux qui paraissent contenir des allusions, et d'ailleurs ne s'en prendre aux censeurs de rien de ce qui se trouvera répréhensible à ces différents égards. p. 106

3.º Réserver au gouvernement la voie de faire donner aux censeurs des instructions particulières sur certaines matières, relativement aux circonstances, mais n'user de ce moyen que très rarement et très sobrement.

QUATRIÈME MÉMOIRE SUR LA LIBRAIRIE

Sur les règlements à faire pour empêcher l'impression, le commerce et l'introduction des livres défendus

Le titre de ce mémoire annonce qu'il a trois objets qui peuvent être discutés séparément. Il faut outre cela un règlement général, qui fixe les peines prononcées contre les délinquants. Les précautions de police qu'on prendra sur les trois objets, ne seront consignées que dans des arrêts du Conseil et des ordonnances d'intendants ou du lieutenant général de police de Paris; mais les lois pénales ne peuvent être portées que dans une loi enregistrée, et dont l'exécution soit confiée au Parlement: c'est aussi ce qui a été observé même depuis l'évocation de 1723. Nous allons parler tout à l'heure des déclarations de mai 1723 et d'avril 1757, rendues sur cette matière. Ces lois ont certainement besoin d'explication si on veut qu'elles soient exécutées, et ces explications ne peuvent être données que dans une autre déclaration revêtue de la] même forme, et ayant la même authenticité. Ainsi nous allons commencer par donner ce projet de règlement, et nous passerons ensuite aux trois autres objets.

Section Première

Sur les lois pénales

Il y a eu dans tous les temps des lois sévères contre les auteurs, imprimeurs, distributeurs de libelles scandaleux, séditieux, diffamatoires, et elles n'ont jamais été exécutées.

En 1728, on a recueilli les dispositions éparses dans les anciens règlements, on en a augmenté la rigueur, on a distingué différentes espèces de délits, on a assujetti les imprimeurs à des formalités qui devaient rendre la fraude plus difficile, et on n'y a pas réussi. [34]

Enfin, en 1757, les magistrats qui restèrent au Parlement après la démission donnée par leurs confrères, sentirent la nécessité de remédier à la licence des livres: de funestes exemples leur avaient trop appris ce qu'on en devait craindre; leur intérêt personnel s'y trouvait; ils étaient continuellement déchirés dans des brochures faites en faveur de ceux qui s'étaient démis, et des exilés. Tous ces motifs] réunis les engagèrent à demander au Roi un règlement p. 109 propre à intimider les délinquants; ils en donnèrent eux-mêmes le projet, qui fut agréé par le Roi, et c'est la déclaration du 16 avril 1757, [35] qui fut enregistrée au Parlement en l'absence de la plus grande partie des membres de cette compagnie.

Il aurait été à desirer que les rédacteurs de ce projet eussent bien voulu en conférer avec ceux qui étaient au fait de cette matière; on leur offrit des éclaircissements qui auraient pu être utiles; mais l'esprit de méfiance qui régnait dans cette malheureuse année, ne permit de rien écouter. La déclaration parut, et l'on se souvient de l'effet qu'elle produisit dans le public. La peine de mort pour un délit exprimé aussi vaguement que celui d'avoir composé des ouvrages tendants à *émouvoir les esprits* déplut à tout le monde et n'intimida personne, parce qu'on sentit qu'une loi si dure ne serait jamais exécutée. [36]

On fut également surpris de la disposition rigoureuse de l'article 5, qui condamne à une forte amende les propriétaires et principaux locataires des maisons où il y a des imprimeries furtives, pour le seul fait de n'avoir pas dénoncé un délit qui pouvait s'être commis à leur insu. [37] Ainsi cette déclaration] ne servit que de p. 110 prétexte pour faire condamner quelques libraires coupables d'avoir imprimé ou distribué des ouvrages que le Parlement jugea apparemment plus répréhensibles que les autres, et depuis elle a même été oubliée. Il est même très douteux que le corps entier du Parlement la regardât actuellement comme suffisamment enregistrée à cause des circonstances dans lesquelles elle l'a été.

Quoi qu'il en soit, ni cette déclaration ni celle de 1728 ne me paraissent avoir rempli suffisamment l'objet qu'on s'était proposé.

On a prédit, en voyant paraître celle de 1757, quel en serait l'effet, et on aurait pu faire la même prédiction sur celle de 1728.

La peine du carcan, du bannissement et des galères, portée dans la première de ces déclarations, et la peine de mort, portée dans la seconde, n'ont jamais pu être réputées que comminatoires.

L'énonciation vague d'*écrits tendants à attaquer la religion, à émouvoir les esprits, à donner atteinte à l'autorité du Roi et à troubler l'ordre et la tranquillité de ses États* comprend une infinité de cas différents, auxquels il faut appliquer des peines différentes.

La défense de composer ou d'imprimer de tels ouvrages est une émanation du droit naturel,] et la peine qui paraît devoir s'ensuivre, ne peut être proportionnée qu'à la nature du délit. Cela posé, il y a tel cas où la peine de mort doit être infligée, et le serait quand il n'y aurait pas de loi expresse: il y en a aussi où le délit ne mérite que le blâme, et peut-être des peines encore moindres, et alors la peine de mort ne sera pas infligée malgré la loi. p. 111

Il a été remarqué, de tous les temps, que les lois d'une sévérité excessive tombent nécessairement dans l'inexécution et la désuétude.

Dans l'espèce présente, si on se croyait obligé à se conformer aux deux premiers articles de la déclaration de 1757, cette rigueur, bien loin de servir à empêcher la fraude, ne servirait le plus souvent qu'à la rendre impunie.

1.º Les officiers de police, les dénonciateurs, etc. ne prêteraient qu'à regret leur ministère, qui, dans beaucoup de cas, serait réputé odieux.

2.º Les juges ayant à prononcer sur un délit qui emporterait peine de mort, se rendraient beaucoup plus difficiles sur la qualité de la preuve qui leur serait administrée.

3.º Le fait de l'impression une fois prouvé, il resterait encore à constater que le livre est,] ou séditieux, ou scandaleux, et pour peu que l'auteur eût l'art de se voiler, ce qui n'est jamais difficile, on serait dans l'impossibilité de le trouver coupable. p. 112

Quand il est question de peines légères, on condamne un auteur ou un imprimeur, parce que sa mauvaise intention est manifeste; mais quand il est question de la mort, les juges n'osent prononcer que sur des preuves plus claires que le jour. Or, y a-t-il une allégorie, quelque palpable qu'en soit l'application, sur laquelle on puisse asseoir une pareille condamnation? Nous tomberions dans le cas des Anglais, qui ont des lois très sévères contre les libelles diffamatoires, et cependant chez qui tout est permis, pouvu qu'on ne nomme pas ceux dont on parle.

Il y a un principe sur les lois pénales, auquel les législateurs n'ont pas toujours fait attention, et que je crois fondamental; c'est qu'il y a deux sortes de délits: les uns, qui sont délits par eux-mêmes, délits contre la loi naturelle, tel qu'est dans cette matière-ci le délit d'avoir composé ou débité des ouvrages scandaleux.

Les autres ne sont délits que parce que ce sont des contraventions à la loi: ce sont des actions innocentes en elles-mêmes, mais défendues:] telle est la contrebande, telle est l'infraction des règlements de police, tel est le délit de tenir une imprimerie clandestine ou d'imprimer sans permission. Les peines pour les délits du premier genre ne peuvent être fixées par aucune loi précise, parce que la faute peut être plus ou moins grave, et qu'il y a des degrés à l'infini. Ainsi on a très mal fait de prononcer la peine de mort dans la déclaration de 1757, parce que dans la plupart des cas elle serait manifestement injuste: on aurait aussi mal fait de l'exclure, parce qu'il peut y avoir des cas assez graves pour y donner lieu.

p. 113

Mais les simples contraventions à la loi ne sont délits que parce que la loi les a constitués tels, et la même loi peut et doit en déterminer la peine. C'est aussi ce qui s'est ordinairement pratiqué dans les règlements prohibitifs, comme dans les édits et déclarations donnés contre les contrebandiers, et dans beaucoup d'autres matières; mais il y a des occasions où les législateurs ont perdu de vue ce principe, et nommément dans les règlements de librairie on a presque toujours cumulé le délit de ne s'être pas conformé aux règlements, et celui qui résulte de la nature des livres; quelquefois même on a décerné des peines] arbitraires pour le délit constant, et des peines certaines pour celui qui varie suivant les circonstances: c'est ce qui se trouve nommément dans les articles 2, 3, 4 et 5 de la déclaration de 1728, qui, à d'autres égards, contient des dispositions très sages. [38]

p. 114

Pour ce qui est de la déclaration de 1757, outre la trop grande sévérité des trois premiers articles, [39] il paraît que les rédacteurs, faute d'être assez instruits en cette matière, n'ont pas songé à plusieurs distinctions qui seront nécessaires quand on voudra faire une loi qui soit exécutée.

On doit admettre une grande différence entre celui qui tient une imprimerie frauduleuse, et celui qui imprime en fraude dans une imprimerie ordinaire: on en doit admettre aussi entre le maître et les garçons. Celui qui imprime ou fait imprimer un livre n'est pas non plus dans le même cas que le libraire qui ne fait que le vendre; enfin, on a eu tort de joindre les colporteurs aux libraires, parce que leur état est tout différent.

Celui qui tient une imprimerie clandestine est certainement le plus coupable de tous, parce que son délit suppose une longue préméditation. Ses garçons et tous ceux qui] l'aident dans son travail sont aussi très punissables, et sont nécessairement ses complices, puisqu'ils ne peuvent ignorer qu'il est en fraude. p. 115

L'imprimeur qui a qualité et une imprimerie ouverte est dans une espèce toute différente.

Il n'y a rien à imputer à ses ouvriers: ce sont des manœuvres qui obéissent aveuglément à leur maître; ils le savent imprimeur; ils exécutent ce qu'il leur ordonne: il est impossible d'exiger davantage.

Pour le maître imprimeur, quoique très coupable, il l'est moins que s'il avait une imprimerie cachée, 1.º parce qu'il y a moins de préméditation; 2.º parce que son imprimerie est connue des magistrats, qu'elle est sujette à la visite et ouverte à toutes les heures, et qu'en matière de police, comme en matière de contrebande, la peine du fraudeur doit être plus grave, à proportion de ce que la fraude est plus difficile à découvrir.

Le libraire est moins punissable que l'imprimeur: il est même bien difficile de dire qu'il le soit pour le seul fait d'avoir vendu un mauvais livre. Il faudrait lui prouver qu'il a su que ce livre était condamnable, et il est très possible qu'il l'ait ignoré. Par exemple, il] peut avoir été induit en erreur par un imprimeur qui l'ait assuré qu'il a obtenu une permission. Cela peut surtout arriver fréquemment aux libraires de province, à moins qu'on ne les oblige à ne vendre d'autres livres que ceux dont la permission est imprimée; ce qui détruirait les *permissions tacites,* * dont l'usage est p. 116

---

* On parlera des permissions tacites dans un mémoire particulier.

devenu nécessaire, et le commerce des livres étrangers, dont les gens de lettres ne peuvent se passer.

Les colporteurs sont encore dans une espèce toute différente. Quand les rédacteurs de la déclaration ont parlé des colporteurs, ils n'ont certainement pas eu en vue ces crieurs d'arrêts ou de relations merveilleuses, qui courent dans les rues avec une plaque de cuivre. Il est cependant bon de savoir qu'il n'y a que ceux-là qui soient autorisés.

Les autres marchands de livres qui ont accès dans les maisons, et qu'on connaît dans Paris sous le nom de colporteurs, sont tolérés pour la commodité du public, parce que les libraires doivent être cantonnés dans le quartier de l'Université, aux termes des règlements. C'est par le même motif qu'on tolère] ces échoppes où p. 117 des gens sans qualité et sans aucune connaissance revendent tous les livres qu'on leur apporte. Ou tolère aussi dans les provinces d'autres colporteurs qui courent dans les campagnes, * arrivent dans les châteaux, étalent dans les marchés.

Tout cela est contraire aux règlements. Si on voulait les remettre en vigueur, il faudrait en bien examiner les inconvénients, il faudrait consulter les administrateurs de chaque province sur les usages établis dans les différents lieux; et jusqu'à ce que cela soit fait, il n'est pas juste de prononcer une peine afflictive ou infamante, ni même une amende contre les libraires qui auront obenu *permission tacite,* ni contre ceux qui vendront des livres non permis, étant dans la bonne foi; ni contre les particuliers, colporteurs ou autres qui feront le commerce de livres sans qualité de libraires, en se conformant à l'usage des lieux où ils sont établis.

Il aurait donc fallu prévoir tous ces cas, et peser les termes de la déclaration, de façon qu'il y fût pourvu au moins indirectement,] en attendant qu'on fît un règlement précis sur chaque p. 118 objet. Faute de prendre ces précautions, on a fait une loi dont l'application aurait été injuste, et qui par là est tombée dans l'inexécution.

C'est d'après ces réfléxions qu'il a été fait pendant l'année 1758 un autre projet de déclaration, et l'auteur de ce mémoire le con-

---

* Nous discuterons dans la suite de ce mémoire, le parti qu'il y a à prendre sur les colporteurs, tant de Paris que des provinces.

certa avec les principaux chefs du Parlement. Ils demandèrent qu'il y fût fait quelques changements; ce qui fut exécuté. Il est inutile de répéter les motifs de chaque article: ce qui vient d'être dit, l'explique suffisamment. D'ailleurs, il y en a une partie d'exposé dans le préambule. Ainsi nous n'avons rien de mieux à faire, que de donner ce projet tel qu'il avait été convenu.

Projet de déclaration sur la librairie, fait et concerté en 1758

LOUIS, etc.

L'imprimerie, cet art si propre à étendre et à perpétuer les connaissances, est souvent devenue une occasion d'abus et une cause de scandale pour la licence qu'on s'est donnée de répandre par cette voie des ouvrages] contraires à la religion, aux bonnes mœurs et à la tranquillité des États.

Nous avons senti, ainsi que nos prédécesseurs, la nécessité d'y remédier, et nous en avons cherché, à leur exemple, les moyens les plus efficaces.

Par l'examen que nous avons fait faire des édits, déclarations et arrêts intervenus en cette matière, il nous a paru que les peines les plus graves ont été prononcées contre les délinquants; et bien loin que cette sévérité nous ait semblé excessive, nous avons reconnu que ces dispositions ne sont que le renouvellement de lois plus anciennes, observées dans tous les pays et dans tous les temps, même avant l'invention de l'art de l'imprimerie, en vertu desquelles tous auteurs et distributeurs de libelles, vers et autres ouvrages scandaleux ou diffamatoires doivent subir une punition proportionnée à la nature du délit, et peuvent même mériter la peine de mort si leurs ouvrages contiennent des maximes impies, séditieuses ou tendantes à émouvoir les esprits jusqu'à porter leurs lecteurs à des actions criminelles.

Aussi ne s'est-on point renfermé dans ce seul objet. Ce n'était point assez de punir] *les abus: on a songé à les prévenir, soit en faisant défenses d'imprimer sans une permission expresse, qui n'est accordée qu'après un examen; soit en défendant l'art de l'imprimerie et le commerce de la librairie à tous autres qu'à des imprimeurs ou libraires, qui ne doivent être reçus qu'après qu'on s'est assuré, autant qu'on le peut, de leurs mœurs et de leur capacité;*

*soit enfin en les soumettant à des visites, en les obligeant à déclarer
le lieu où ils tiennent leur imprimerie et leurs magasins, et en les
assujettissant encore à d'autres formalités propres à obvier aux
différents genres de fraude qu'on a pu prévoir.*

*La sagesse de ces précautions ne nous ayant rien laissé à
désirer, nous avons cru devoir leur assurer une pleine et entière
exécution; mais il était nécessaire de recueillir préalablement les
différentes dispositions, et de les réunir dans une seule loi qui
rappelât, à quelques changements près, ce qui est porté dans les
anciens règlements.*

A ces causes, etc. voulons et nous plaît ce qui suit:

ART. Ier. *Défendons à toutes personnes, de quelque qualité et
condition qu'elles soient, de tenir aucune imprimerie privée et*]
clandestine, et à tous autres que les maîtres imprimeurs de tenir p. 121
*aucune imprimerie, à peine de trois mille francs d'amende et du
carcan, et, en cas de récidive, des galères; lesquelles peines seront
prononcées, tant contre ceux qui tiendront lesdites imprimeries, que
contre les protes, compagnons et autres ouvriers qui y auront travaillé, et en général contre tous ceux qui seront convaincus d'avoir
contribué aux impressions qui y seront faites ou de les avoir favorisées; le tout sans préjudice de plus grandes peines, et même de la
peine de mort, auxquelles les auteurs, imprimeurs et autres pourront
être condamnés, suivant l'exigence des cas, et suivant la nature des
ouvrages qu'ils auront imprimés ou fait imprimer.*

II. *Enjoignons à tous les maîtres imprimeurs de notre royaume de se conformer aux dispositions des édits, déclarations et arrêts
ci-devant rendus, et en conséquence leur défendons d'imprimer ou
faire imprimer aucuns ouvrages sans avoir obtenu permission, conformément aux règlements et usages de la librairie, à peine, contre
lesdits imprimeurs, de déchéance de leurs maîtrises pour le seul fait
d'avoir imprimé sans permission, sans préjudice des peines plus
considérables*] *qui pourront être prononcées, suivant la nature des* p. 122
ouvrages, comme il a été statué au premier article.

III. *Défendons de faire le commerce de livres à tous autres
que les libraires, imprimeurs ou autres qui y sont ou seront autorisés,* [40] *à peine de confiscation, de cinq cents livres d'amende pour
la première fois; en cas de récidive, de mille livres d'amende, et*

pour la troisième fois du carcan. Pourront en outre lesdits particuliers être condamnés à de plus grandes peines, qui seront arbitrées suivant les circonstances et suivant la nature des livres qui font l'objet de leur commerce illicite, ainsi qu'il a été statué pour les imprimeurs dans les deux premiers articles.

IV. Défendons aux libraires, colporteurs et autres personnes autorisées à faire le commerce de librairie, de débiter ou mettre en vente aucuns livres ou imprimés non revêtus de la permission nécessaire, sous peine de la déchéance de la maîtrise contre les libraires, et d'amende de cinq cents livres contre les autres, sans préjudice de plus grandes peines, suivant l'exigence des cas et la nature des ouvrages, conformément aux articles précédents; et dans le cas même où lesdits libraires, colporteurs et autres] auraient acheté p. 123 *les livres ou imprimés sur eux saisis de quelqu'un des maîtres imprimeurs de notre royaume, voulons que les peines ci-dessus mentionnées soient prononcées contre eux s'il paraît que l'achat n'ait pas été fait de bonne foi; en sorte qu'en tous cas de fraude, toutes personnes qui y auront eu part soient punies suivant les circonstances, la nature des imprimés et la qualité desdites personnes.*

V. Enjoignons à nos cours et autres nos juges de veiller exactement à l'exécution des dispositions ci-dessus, et à celle des autres édits et règlements intervenus sur la même matière, lesquels nous voulons être exécutés suivant leur forme et teneur, dérogeant seulement auxdites lois et règlements en ce qui ne serait pas conforme à la présente déclaration.

Les quatre premiers articles de cette déclaration portent sur les mêmes objets que celles de 1728 et de 1757.

Le cinquième article a été proposé par un de Messieurs du Parlement. Son objet est de rendre la librairie un cas royal, c'est-à-dire, d'en interdire la connaissance aux juges seigneuriaux: cela me paraît assez indifférent.]

Il y a d'ailleurs, dans les deux anciennes déclarations, quelques p. 124 articles qui ne se trouvent point répétés dans celle-ci, et qui méritent qu'on en fasse mention.

L'article 10 de la déclaration de 1728 porte que les peines des impressions frauduleuses seront prononcées également contre les protes, correcteurs et compositeurs, c'est-à-dire, contre les garçons de l'imprimerie. [41]

J'ai établi sur cela une distinction: les garçons qui travaillent dans une imprimerie clandestine méritent punition, parce qu'ils ne peuvent pas ignorer qu'ils sont en fraude; mais ceux qui travaillent dans une imprimerie ouverte ne peuvent pas répondre de ce que leur maître leur donne à imprimer.

On a bien senti que cela n'était pas juste quand on a rédigé la déclaration de 1728: aussi a-t-on ajouté un article onzième, par lequel les imprimeurs sont tenus de transcrire leur privilège sur la copie d'après laquelle on imprime. [42] Mais comment veut-on charger un ouvrier inférieur, tel qu'un garçon imprimeur, d'examiner si son maître est en règle, et d'en répondre? On donne au compositeur, et ensuite au correcteur, les feuilles du livre les unes après les autres. Qu'est-ce qui pourrait leur constater que] cette feuille fait p. 125 partie du manuscrit sur lequel porte la permission?

En un mot, il est superflu d'entrer dans un plus grand détail sur la mécanique de l'impression et la distribution économique des différentes fonctions entre les différents garçons. Il suffira d'assurer que quiconque aura passé une heure dans une imprimerie, verra clairement que les précautions prises par l'article 11 ne peuvent jamais être remplies: aussi cet article n'a-t-il jamais eu d'exécution, et c'est pour cela que nous n'en avons pas rappelé les dispositions.

Un objet plus important est l'article 12 de la même déclaration, auquel correspondent les articles 5 et 6 de celle du 16 avril 1757. Ce sont ceux dans lesquels il est statué sur les propriétaires et principaux locataires des maisons dans lesquelles se trouveront les imprimeries clandestines. [43]

La déclaration de 1728 porte que ces propriétaires et principaux locataires seront responsables de l'amende, et cette disposition n'excita aucun murmure.

La déclaration de 1757 porte que les mêmes particuliers seraient condamnés à une amende très considérable pour n'avoir pas dénoncé à la justice les imprimeries qui se] tenaient chez eux, et p. 126 on s'est récrié contre cette peine, qui a paru souverainement dure et injuste.

Il faut cependant convenir que ces deux dispositions produiront à peu près le même effet, attendu que le plus souvent un propriétaire qui aurait été obligé de payer l'amende, comme en étant responsable, aurait difficilement son recours contre le fraudeur, qui serait en fuite ou en prison.

Cependant celle de 1728 n'a point paru injuste, parce qu'il n'est point contre l'ordre de la justice ni contre le droit commun, qu'un propriétaire de maison soit responsable civilement des faits de ses locataires, comme les fermiers généraux le sont des faits de leurs commis; au lieu qu'il paraît contre toute justice de faire supporter une condamnation d'amende à un homme à qui on n'a d'autre reproche à faire, que de n'avoir pas dénoncé un fait qu'il peut avoir ignoré.

Aussi la dureté de l'énonciation de l'article 5 de la déclaration de 1757 est principalement ce qui a fait paraître cet article odieux, et on aurait pu mettre une disposition équivalente, ou plutôt la renouveler sans exciter les mêmes cris.

Au fond, il peut être très important de] rendre les propriétaires des maisons responsables de l'amende: c'est le seul moyen de les obliger à veiller à la fraude, et même de les empêcher de la favoriser indirectement.

Pour cela il faudrait renouveler la disposition de l'article 12 de la déclaration de 1728, sans parler de celle de 1757. Nous n'en avons fait aucune mention dans le projet ci-dessus, parce que ce projet était concerté avec Messieurs du Parlement, qui désiraient vivement qu'il ne fût aucunement question des propriétaires et principaux locataires.

Mais si, dans cette occasion-ci, le Roi voulait réellement qu'on prît les moyens les plus efficaces pour empêcher les imprimeries clandestines, il faudrait rappeler cet article 12, et je ne crois pas que Messieurs du Parlement pussent s'opposer à une disposition qui ne serait que le renouvellement d'une loi déjà reconnue d'eux et enregistrée chez eux, et qui contiendrait même un adoucissement à la rigueur de la déclaration de 1757, qui leur déplaît, et qu'ils ne veulent pas reconnaître.

Section II

Sur les imprimeries

Il est établi que le nombre des imprimeurs] est fixé dans cha- p. 128
que, ville du royaume, et quand ces places sont vacantes elles ne
sont données que par arrêt du Conseil. [44]

Cette règle est excellente: il faudrait seulement, dans l'exécution, avoir grande attention surtout aux facultés ou à l'aisance des sujets qu'on choisit. Cet objet ne paraît pas d'abord si important que les qualités personnelles; mais les informations qu'on prend sur les qualités personnelles sont toujours équivoques, au lieu que celles qu'on prend sur la fortune peuvent être plus certaines. Or, il est très rare que la fraude se commette par un homme qui a une fortune à hasarder, et la déchéance de la maîtrise, qui est la peine ordinaire, est une très grande punition pour ceux qui sont à portée de faire un commerce considérable.

En réduisant à un moindre nombre les places d'imprimeurs, on a cru faire un grand bien, et quelques personnes pensent qu'il faudrait encore les réduire; par exemple, au lieu de trente-six imprimeurs pour Paris, n'en avoir que trente.

Pour moi, je pense différemment; je crois toujours dangereux, pour toute espèce de commerce, de fixer le nombre de ceux à qui il est permis de l'exercer, parce que le législateur] ne sait jamais p. 129
au juste l'étendue du commerce, et que les places qu'il donne, ne tombent pas toujours sur les sujets qui y sont les plus propres. Ainsi, ce qu'il y aurait de plus avantageux pour l'imprimerie, en ne la regardant que du côté du commerce, serait de la laisser libre.

En la regardant du côté de la police, on trouve qu'il vaut mieux avoir un moindre nombre d'imprimeurs, et on donne deux raisons: l'une est qu'étant suffisamment occupés au travail permis, ils n'ont aucun attrait à la fraude; l'autre est qu'il est plus facile de veiller à leur conduite.

Je n'adopte pas la première raison, parce qu'il faudrait pour cela que le gouvernement prévît au juste combien le courant actuel de l'imprimerie peut employer de monde. On n'a jamais sur cela d'évaluation juste; et quand on en aurait pour le moment présent, ce ne serait plus la même chose dans dix ans. D'ailleurs, chaque imprimeur pouvant avoir autant de presses et autant de garçons qu'il voudra, la précaution est absolument inutile.

La seconde raison me touche davantage; mais je ne sais si on en a fait une application bien juste. On a restreint le nombre des imprimeurs dans des villes considérables: je crois] qu'il aurait mieux valu les ôter tout à fait des petites villes.

Il y a trente-six imprimeurs à Paris, et un à Senlis. J'aimerais mieux qu'il y en eût quarante à Paris et aucun à Senlis, parce que la police exacte qu'on peut faire dans Paris servira à veiller à la conduite de quarante imprimeurs aussi aisément qu'à celle de trente-six, au lieu qu'il n'y a personne à Senlis de qui on puisse espérer beaucoup d'attention sur cet objet.

Il faut observer à cette occasion, que, dans l'ordre judiciaire du royaume, tel qu'il est établi, la justice peut se rendre bien partout, mais la police ne peut jamais être faite avec soin que dans les villes où il y a des intendants, parce que la police demande une vigilance et une sévérité qu'on ne peut pas attendre d'un juge qui n'a rien à craindre ni à espérer du gouvernement, et pour qui au contraire il est très important de ne pas se faire de querelles avec ses compatriotes, de qui il attend tout l'agrément de sa vie et toute sa considération. De plus, la police demande aussi des vues supérieures et générales qu'on n'a jamais sans être en relation directe avec le ministère, et une autorité pour la promptitude de l'exécution, qui n'est confiée qu'aux intendants.]

Pour revenir à notre objet, je crois donc que le principe devrait être de retrancher, autant qu'on pourra, les imprimeurs des petites villes, et de se faire moins de peine d'en augmenter le nombre dans les chefs-lieux des généralités. [45] Par exemple, il y a un imprimeur à Auxerre, de la boutique de qui on sait qu'il est sorti un grand nombre de livres jansénistes. A la mort du dernier évêque d'Auxerre, qui le protégeait, cet imprimeur eut peur, et vint faire sa confession. Si on n'était pas lié par la loi qu'on s'est prescrite, j'aurais été d'avis qu'on supprimât l'imprimerie d'Auxerre, et qu'on lui permît de s'établir comme trente-septième imprimeur à Paris. Il aurait regardé cet arrangement comme une fortune pour lui, et il aurait été bien plus aisé de le contenir.

Au reste, je ne propose pas de faire une pareille suppression par une loi générale: le commerce ne peut pas être mené par des secousses si violentes. Je ne propose pas même de faire jamais la suppression entière. Il y a des villes assez considérables pour qu'on y ait besoin d'un imprimeur, quoiqu'elles ne soient point la résidence d'un intendant; je dis seulement qu'il faut profiter des circonstances pour ôter aux petites villes leurs imprimeurs quand l'occasion s'en présentera. Par exemple,] il arrive souvent qu'une de ces imprimeries de province tombe faute d'être employée; je crois qu'alors il faudrait faciliter à l'imprimeur un établissement plus utile ailleurs, et supprimer l'imprimerie. Quand la ville, et surtout l'evêque, qui est ordinairement le protecteur de l'imprimeur, viendraient à se plaindre, on serait fondé à leur répondre qu'on ne leur a réellement rien ôté, puisque l'imprimeur existant ne travaillait point, et que, quand ils avaient quelque chose à imprimer, ils recouraient à celui d'une autre ville. *p. 132*

Au reste, la distinction que nous avons établie entre les chefs lieux des généralités et les autres villes, va nous mener à d'autres réflexions; mais avant de les présenter, il est bon d'observer qu'il y a des villes qui n'ont point d'intendant, et qui cependant sont tellement considérables, qu'il faut les régir par les mêmes principes que celles où il y a un intendant: telles sont Toulouse et Douai, villes de Parlement. Toulouse entre autres est peut-être, après Paris, la ville où on imprime le plus. Il y en a peut-être d'autres qui sont dans le même cas, et on ne peut le savoir qu'après avoir consulté les intendants de chaque généralité. Or, je pense que, dans chacune] de ces villes, il faut que M. le Chancelier charge quelque magistrat de l'administration ou inspection de la librairie pour y remplir les fonctions que nous dirons dans la suite, qui doivent être confiées aux intendants dans les villes où il y en a. Ces inspecteurs de librairie ne sont point un établissement nouveau: il y en avait dans toutes les villes, et cela ne subsiste plus que pour Rouen, où cette fonction a été donnée au premier président du Parlement, et continuée à ses successeurs. *p. 133*

Je crois que deux raisons ont fait tomber ces inspecteurs.

Premièrement, leur fonction et leur autorité n'ont jamais été déterminées; au moins je n'en ai rien vu dans aucun règlement, et je n'ai même rien trouvé nulle part de vestiges de lettres circulaires écrites à leur sujet.

Secondement, ils étaient inutiles dans les villes où il y a un intendant, parce que leurs fonctions ne pouvaient être que celles que l'intendant doit avoir. Je suis même persuadé que les intendants, à qui ces inspecteurs déplaisaient, les traversaient en toutes les occasions; et comme c'est en eux que réside tout le reste de l'autorité, cela leur était fort aisé.

Ainsi en proposant le rétablissement des] inspecteurs, je ne le propose que pour les grandes villes où il n'y a point d'intendant. Si on veut choisir un magistrat principal de ces villes, je ne m'y oppose point, pourvu que ce soit à sa personne et non à sa charge que l'administration soit attachée. * D'ailleurs, je crois qu'il faut en déterminer les fonctions, et c'est ce que je vais faire dans la suite de ce mémoire. p. 134

J'ai fait connaître la difficulté d'empêcher les abus des imprimeries des petites villes où il n'y a personne chargé de veiller, à un certain point, à la police. On me dira que ce n'est point là que se commet le plus de fraude, et que c'est de Paris, de Lyon et surtout de Rouen qu'est sortie la plus grande quantité] de mauvais livres. J'en conviens; mais j'ai déjà dit bien des fois qu'on n' avait jamais tenu la main à la police de la librairie. J'en ai exposé les raisons; j'en ai proposé les remèdes. ** Or, si on les emploie, les fraudeurs se réfugieront dans les petites villes, où jusqu'à présent il a été difficile de les suivre. Ainsi il faut nécessairement pourvoir à cet abus futur si on veut obvier efficacement à l'abus présent. p. 135

Sur cela je propose d'obliger les imprimeurs des petites villes à avoir un registre de leur commerce, aussi exact et dans la même forme que celui des marchands; de le faire parapher par le subdélégué de l'intendant; d'y inscrire exactement le nombre de presses battantes qu'ils ont, et le nombre et le nom des ouvriers qu'ils emploient; d'y marquer aussi, jour par jour, l'ouvrage qu'ils font

---

    * D'après mes principes, l'établissement fait à Rouen est vicieux parce qu'il y a un intendant dans la ville, et parce que l'inspection est réunie à la première présidence. Il n'y a aucun inconvénient dans le moment présent, par des raisons particulières et personnelles, qui sont que M. de Miromesnil,[46] premier président actuel, s'y porte avec tout le zèle et toute la bonne foi possibles, et que M. de Brou,[47] intendant, marche de concert avec lui, et n'est aucunement jaloux de cette portion d'autorité; mais dans d'autres temps et avec d'autres personnes, cela peut avoir des inconvénients, et cela en a déjà eu dans la ville de Rouen même.

    ** Rien n'empêche un intendant qui ne peut point veiller lui-même à cette administration, et qui a dans sa ville quelqu'un de propre à en être chargé, de la lui confier; mais il faut que ce soit de l'intendant que cet inspecteur tienne sa mission, sans quoi on aurait une autorité partagée, qui ne produit jamais que du désordre.

faire, et d'envoyer tous les ans ce registre à l'intendant de la province.]

Il y a quelques années que je proposai à des libraires de Paris d'établir cette règle générale. Ils me firent des objections auxquelles je n'eus point de réponse. Ils m'observèrent que le courant de l'imprimerie de Paris est si considérable et si variable, qu'un imprimeur n'a quelquefois que quatre ouvriers le matin, et en aura vingt l'après-dînée. D'ailleurs, on imprime continuellement des avis, des affiches, des invitations, et mille autres misères dont il ne serait pas possible de charger un registre. Y obliger les imprimeurs serait leur imposer un travail considérable et inutile, puisque ce registre deviendrait si étendu et si confus, qu'on n'en pourrait tirer aucune utilité pour la poursuite de la fraude.

Tout cela est vrai pour Paris, et peut l'être aussi pour les villes principales, qui sont précisément celles dans lesquelles il y a un intendant, ou dans lesquelles je propose d'établir un inspecteur.

Mais dans les petites villes il n'y a qu'un ou deux imprimeurs tout au plus, et ils ne peuvent avoir des ouvriers qu'à l'année, et non à la journée, parce qu'on ne peut pas prendre un manœuvre pour garçon imprimeur; il faut que ce soit un homme du métier, et par conséquent qu'il ne fasse que cela.] A Paris, ces garçons imprimeurs vont d'une boutique à l'autre; mais dans une petite ville il faut bien qu'ils restent dans la même boutique à demeure. D'ailleurs, il n'y a pas non plus dans ces villes une si grande quantité de travail, qu'ils ne puissent en faire mention sur leurs registres.

Or, cette formalité étant établie, il me paraît qu'elle mettra au moins des obstacles à la fraude, et donnera des facilités pour la découvrir. Si le fraudeur expose fidèlement le nombre de ses ouvriers et de ses presses, et qu'il dissimule une partie de l'ouvrage qu'il a fait, l'intendant, en consultant quelque libraire de confiance, pourra aisément connaître qu'on l'a trompé, puisque le nombre d'ouvriers et de presses devait produire plus de travail. Si au contraire c'est sur le nombre des presses et des garçons que porte l'erreur, il est aisé de le convaincre de fausseté, parce qu'il ne peut pas employer des ouvriers sans qu'on le sache.

Je sais bien qu'il y aura encore des moyens de frauder, surtout pour des brochures d'une petite étendue, et je ne donne pas le moyen que je propose comme meilleur qu'il n'est. Je me contente de croire qu'il servira toujours à gêner la fraude et à obliger le fraudeur de] multiplier les finesses et les faussetés; ce qui multipliera les moyens de le découvrir. p. 138

Pour les villes dans lesquelles le commerce de l'imprimerie est trop actif, et le nombre des imprimeurs trop grand pour exiger de pareils registres, on peut recourir à d'autres précautions. Il me paraît, par exemple, que dans Paris on pourrait avoir une liste de tous les garçons imprimeurs, soit protes, correcteurs, compositeurs et autres, qui sont employés dans les différentes imprimeries. On mettrait sur cette liste, sans frais, le nom et le signalement de tous ceux qui seraient présentés par un maître imprimeur pour être reçus garçons. Ceux qui ont déjà été reçus seraient obligés de se faire inscrire de nouveau tous les ans au mois de janvier, et il serait défendu aux maîtres imprimeurs, à peine d'amende, de se servir d'autres ouvriers que de ceux qui seraient employés sur cette liste. Pour s'assurer que cette défense serait exécutée, on donnerait à chacun de ces ouvriers une permission contenant son nom, son signalement et le numéro sous lequel il est inscrit dans le registre. Cette permission serait signée du syndic de la librairie ou d'une autre personne commise à cet effet.

Par ce moyen, les officiers de la chambre] syndicale ou ceux de la police pourraient aisément, lorsqu'ils font leurs visites dans les imprimeries, exiger de tous les ouvriers de montrer leur permission. J'ai dit que le signalement devait y être, parce que sans cela un ouvrier reçu qui quitte Paris ou qui va travailler dans les imprimeries clandestines, donnerait sa permission à un autre, qui travaillerait sous son nom; au lieu qu'en exigeant le signalement, cette fraude est impossible, et par le même moyen le lieutenant de police pourra voir chaque année quels sont les ouvriers imprimeurs de l'année précédente qui manquent; il pourra s'informer de ceux qui sont morts et de ceux qui ont pris un autre métier, ou qui ont passé dans les provinces pour y exercer leur profession, et il lui sera aisé de faire suivre les autres. Il pourra aussi savoir si ceux qui sont sur sa liste, sont réellement employés par les maîtres imprimeurs, et ces recherches le mèneront infailliblement à la découverte des imprimeries clandestines qu'on voudrait établir. En effet, j'ai déjà observé qu'on ne peut faire un pareil établissement sans y employer des gens du métier. Ainsi celles qui existent ac- p. 139

tuellement pourront subsister, parce que les ouvriers qui y sont, n'iront pas se faire inscrire sur la] liste, et qu'ils formeront des élèves; mais en éteignant ou diminuant beaucoup celles qui existent, et en se procurant par la suite un état exact des ouvriers, on empêchera qu'il ne s'en forme de nouvelles à l'avenir, ou au moins on y mettra de grands obstacles. Or, cette formalité à laquelle je propose d'assujettir les garçons imprimeurs n'est pas fort gênante, puisqu'elle consiste à se présenter une fois par an à un bureau qui leur sera indiqué, et à garder par-devers eux le morceau de papier ou de parchemin qui leur sera donné. De la part des maîtres imprimeurs, il n'y aura d'autre peine que d'exiger des garçons qui viendront demander de l'ouvrage, de montrer leurs permissions, et de la part du syndic ou des officiers de police tout se réduira à faire, dans le mois de janvier, un registre contenant au plus six cents noms avec les signalements, et à transcrire chaque nom et chaque signalement sur un papier tout imprimé, qui contiendra l'énoncé de la permission, et qu'ils signeront. Au reste, sur ce règlement, comme sur celui des registres pour les imprimeurs des petites villes, il faudrait consulter le lieutenant de police de Paris et les principaux imprimeurs pour savoir s'ils ne rencontrent pas trop de difficultés dans l'exécution.] Ce n'est ici qu'un projet que je donne, et qui mérite d'être discuté; il peut seulement servir à faire connaître qu'il y a encore des précautions de police à prendre contre les imprimeries clandestines.

Il est inutile d'observer que si ce règlement-ci peut avoir lieu pour Paris, il sera, à plus forte raison, très aisé de l'exécuter dans les villes où il y aura un intendant ou un inspecteur de librairie, qui feront à cet égard les fonctions du lieutenant de police de Paris.

Comme l'objet de ce mémoire n'est pas seulement de proposer de nouveaux règlements, mais aussi de faire connaître ceux qui existent, et en général d'exposer ce qu'il peut être utile de savoir sur cette matière, il n'est pas hors de propos de remarquer ici qu'il y a d'autres précautions très sages établies par les règlements, dont plusieurs sont exécutées: telle est la règle de ne tenir une imprimerie que dans un seul endroit qui est connu des officiers de la chambre syndicale et de ceux de la police, et qui doit être annoncé au public par un écriteau mis sur la porte. (Voyez le règlement de

1723, art. 14, et la déclaration de 1728, art. 7.) Cette imprimerie est sujète à la visite des syndic et adjoints ou des] officiers de police, et on ne peut, dans aucun cas, leur en refuser l'entrée (voyez le règlement de 1723, articles 85 et 86); et pour faciliter la découverte de la fraude, il est ordonné que, pendant le temps du travail, l'imprimerie ne sera fermée qu'à un simple loquet. (Voyez la déclaration de 1728, art. 7.) Il est aussi défendu d'avoir dans les lieux où se tiennent les imprimeries, aucune porte de derrière, par laquelle on puisse faire sortir clandestinement aucun imprimé. (Voyez la déclaration de 1728, art. 7.) De plus, les presses et autres ustensiles d'imprimerie ne peuvent être vendus qu'à un imprimeur, et qu'en présence des syndic et adjoints, qui en font mention sur un registre; et en cas de mort d'un imprimeur, les syndic et adjoints s'emparent des presses, ou s'en assurent en faisant porter les vis à la chambre syndicale. (Voyez l'édit de 1686, art. 9, et le règlement de 1723, art. 122 et 123.) Il est pareillement défendu aux maîtres imprimeurs de donner, prêter ou se dessaisir en aucune façon de ces presses et instruments, et à cet effet il leur est ordonné de mettre leur nom sur les presses et casses. (Voyez le règlement de 1723, art. 102.) Il faut observer que ces articles de règlements concernant les presses et] outils d'imprimerie ne s'exécutent que dans Paris, parce que l'exécution en est remise aux chambres syndicales, et qu'il n'y en a que dans peu de villes; mais on pourra les faire exécuter dans les grandes villes, en en chargeant les intendants et inspecteurs de librairie, et dans les petites villes la nécessité du registre, où le nombre des presses sera mentionné, donnera à l'intendant une grande facilité pour y veiller, soit par son subdélégué, soit par telle autre personne qu'il choisira.

Enfin, il est défendu par l'article 8 de la déclaration de 1728, d'employer dans l'imprimerie des rouleaux au lieu de presses. La raison de cette prohibition est que l'imprimerie avec des rouleaux se fait sans bruit, et par là facilite la fraude. D'ailleurs, cette précaution ne gêne point le commerce légitime, attendu qu'il est plus facile, plus court et moins dispendieux d'imprimer à la presse; ainsi le rouleau ne peut servir qu'à ceux qui ont intention de frauder.

A ces précautions il faut joindre celle que nous avons d'abord annoncée, qui est de ne faire remplir les places d'imprimeur que par ceux qui sont nommés par arrêt du conseil. On n'admet à cette règle qu'une seule exception, et c'est en faveur des veuves qui] succèdent de droit à leurs maris. Pour les fils, sans succéder p. 144 de droit, on leur donne presque toujours la place de leurs pères, et il serait injuste que cela fût autrement. Mais la nécessité pour le fils d'obtenir un arrêt du Conseil sert toujours à le contenir; et si c'était un mauvais sujet, on ne le nommerait pas.

On n'aurait peut-être pas dû donner ce privilège à la veuve comme un droit, et je pense qu'il aurait suffi de déclarer les veuves propres, malgré leur sexe, à occuper une place d'imprimeur. D'après cela le Conseil aurait donné à une veuve la place de son mari quand réellement elle a conduit sa boutique ou qu'elle est capable de la conduire; mais le droit qui est donné aux veuves de succéder sans aucune formalité, est le plus souvent très abusif. L'intention des règlements est de n'avoir pour imprimeurs que des gens connus, solvables, et retenus continuellement par la crainte de perdre leur état. Or, le droit des veuves y est absolument contraire, parce qu'une femme, entièrement incapable de diriger par elle-même une imprimerie, loue son droit à un aventurier ou à un mauvais sujet, qui exerce sous son nom sans qu'on puisse l'en empêcher.

Ce privilège des veuves a été établi en considération] de celles p. 145 qui réellement tiennent la boutique, et qu'il serait fâcheux de priver de leur état. D'ailleurs, comme on ne donne point ordinairement de place d'imprimeur aux femmes, on n'a pas imaginé de les admettre à concourir, comme le fils, pour obtenir la place vacante. Cependant cela aurait été plus simple; et de ce que quelques veuves sont propres à remplir la place de leurs maris, et y ont plus de droit que des étrangers, on n'aurait pas dû conclure que toutes les veuves indistinctement seront pourvues d'une place que le gouvernement ne veut donner qu'à ceux qu'il croit dignes de confiance. Après tout, le droit de la veuve ne me paraît pas plus sacré que celui du fils. Si un fils est depuis vingt ans dans la boutique de son père, et que, pendant tout ce temps, il ait dirigé son commerce avec intelligence et sans reproche, il ne peut cependant être admis à succéder à son père que par un arrêt du conseil. Il est vrai que, dans le cas que je viens de dire, cet arrêt ne lui est jamais refusé; mais il est toujours obligé de l'obtenir. Il en serait de même de la veuve, et je n'y vois pas d'inconvénient.

Il y a encore un règlement sur les imprimeurs, qui servirait beaucoup à empêcher la] fraude s'il était bien exécuté, et s'il pouvait l'être; c'est qu'ils sont obligés d'avoir un certain nombre de presses et d'autres ustensiles d'imprimerie, et que s'ils sont deux années sans avoir ce train d'imprimerie complet, ils sont tenus de renoncer à leur place. (Voyez le règlement de 1723, art. 51, 53, 54 et 87.) L'intention a sûrement été, en rédigeant ces articles, de n'avoir pour imprimeurs que des gens qui eussent un certain commerce et quelque chose à perdre. Mais pour remplir cet objet, il aurait fallu aller plus loin, et exiger non seulement qu'ils eussent un certain nombre de presses et de caractères, mais encore qu'ils les employassent. p. 146

Au reste, ce règlement ne sera jamais exécuté que dans le cas où un imprimeur aurait réellement et de fait renoncé à son état, auquel cas il serait bon d'exiger de lui une renonciation en forme pour qu'il ne puisse pas prêter son nom à un autre. Mais quand les presses d'un misérable imprimeur auront été usées, cassées ou détruites par laps de temps, et qu'il ne sera pas assez riche pour en avoir d'autres, on n'aura jamais la dureté de lui ôter son état, qui est sa seule ressource pour subsister.

S'il est question de donner une place d'imprimeur,] il faut avoir grande attention de choisir des gens assez aisés pour qu'ils craignent de s'exposer à la peine de la contravention. Mais quand un homme a un état, on ne l'en dépouillera jamais par la seule raison de sa pauvreté. D'ailleurs, si on entrait dans ce détail, il se trouverait peut-être que les quatre presses qui sont exigées, forment un établissement beaucoup plus considérable que celui que peut avoir l'imprimeur d'une petite ville. p. 147

Section III

Sur le débit

1.º Il est défendu par tous les règlements anciens et modernes, de faire le commerce de mauvais livres. (Règlem. de 1723, art. 119, et règlements anterieurs. Voyez *etiam* déclarations de 1728 et de 1757).

2.º Il est même défendu de vendre ni débiter ceux dont la permission n'a pas été accordée. (Voyez quelques articles épars dans le règlement de 1723, qu'on pourrait rapprocher, et d'ailleurs les dispositions expresses des déclarations de 1728 et de 1757.)

3.º Pour qu'on sache si elle est accordée ou] non, il est p. 148 ordonné que cette permission sera imprimée au commencement ou à la fin des livres, et que le nom de l'imprimeur et celui du libraire y seront pareillement; et il y a des peines contre ceux qui mettraient un nom supposé. (Voyez règlement de 1723, articles 103, 104 et 105; voyez même règlement, articles 9, 10 et 11.)

4.º Pour s'assurer de l'exécution des règlements, il est défendu de faire le commerce de livres à tous autres qu'aux libraires. (Voyez le règlem. de 1723, art. 4.) Quant à celui de livrets ou feuilles imprimées, il n'est permis qu'avec des restrictions aux merciers, porte-balles et colporteurs. (Voyez sur les porte-balles, art. 5; sur les colporteurs, art. 72.)[48] Les libraires forains sont aussi assujettis à des formalités, et ne doivent vendre leurs livres dans Paris qu'aux libraires de Paris. (Voyez, sur les libraires forains, règlem. de 1723, art. 75, 76, 77.)

5.º Les libraires et colporteurs sont reçus suivant de certaines formalités, et après un examen. (Voyez, sur les libraires, le règl. de 1723, art. 43, 44, 45, 46, 47, 48, et les règlements antérieurs; sur les colporteurs, voyez le même règlement, art. 69, 70, 71, 72, 73, 74.) Les libraires doivent avoir été] apprentis pendant p. 149 un certain temps. (Voyez art. 43.) Il y a aussi des formalités sur l'apprentissage. (Voyez le règlem. de 1723, art. 20, 21, 22, 23, 24, 25, 26, 27.) Enfin, pour diminuer le nombre des libraires, il a été rendu des arrêts du Conseil, qui défendent d'admettre personne à l'apprentissage dans la ville de Paris. Ces arrêts ne sont que pour un certain temps; mais ils ont été renouvelés jusqu'à présent.

6.º Les libraires ne doivent avoir qu'une boutique où ils vendent; ils doivent mettre un écriteau sur leurs portes, et il leur est défendu d'avoir aucun étalage ou boutique portative sur les quais et ailleurs. (Voyez le règlem. de 1723, art. 15.) Il leur est seulement permis d'avoir des magasins, dans lesquels ils gardent des amas trop considérables de livres pour les tenir dans leurs boutiques; mais le magasin ne peut pas être le lieu où se fait le commerce. (Voyez le règlement de 1723, art. 13.) Ces magasins, ainsi que les boutiques, doivent être déclarés aux syndic et adjoints de la librairie et de la police, qui y peuvent faire des visites à toutes les heures, même quand les magasins sont dans des collèges ou maisons religieuses, en remplissant quelques formalités. (Voyez le règlement de] 1723, art. 13, 85, et 86.) Et pour faciliter les visites, les libraires de Paris doivent demeurer tous dans une certaine enceinte, qu'on appelle le *Quartier de l'Université*. (Voyez le règlement de 1723, art. 12 et 13.)

Voilà à peu près quelle est la teneur des règlements sur le commerce des livres. Il y en a d'exécutés; il y en a qui ne le sont pas, et il y en a qui ne peuvent pas l'être. Il faut les examiner séparément.

Mais avant de procéder à cet examen, il y a une observation générale à faire: c'est que le règlement de 1723, qu'on appelle le *Code de la librairie*, et dans lequel réellement tous les anciens règlements ont été réunis, ce règlement, dis-je, n'a été fait que pour la seule ville de Paris. On a senti depuis la nécessité d'en avoir un général pour le royaume; on y a travaillé, et ce travail n'a pas été achevé; mais en attendant on a ordonné, par un arrêt du Conseil du 24 mars 1744, que, par provision, le règlement de 1723 serait exécuté par tout le royaume: on a enjoint aux lieutenants de police des différents ressorts de s'y conformer, et aux intendants d'y tenir la main.

Or, ce règlement étant fait, dans son origine, pour Paris, ne peut à beaucoup d'égards] être exécuté que dans Paris; c'est à quoi on n'a pas fait assez d'attention.

Par exemple, presque toutes les précautions prises dans ce règlement dépendent des syndic et adjoints de la librairie, à qui la manutention en est confiée. Or, il n'y a que très peu de villes dans lesquelles il y ait une chambre syndicale, et dans lesquelles il puisse y en avoir. Nous parlerons ailleurs de l'abus de l'autorité confiée aux officiers de ces chambres: pour le présent, il nous suffit de faire connaître, par cet exemple, que le règlement de 1723 n'est le plus souvent aucunement applicable aux provinces, et que par-là presque tout le royaume manque de lois nécessaires pour une police si importante. Entrons à présent dans le détail des articles de règlement que nous avons annoncés.

La défense de débiter de mauvais livres ne peut jamais être portée qu'en termes vagues, parce qu'un libraire peut raisonnablement s'excuser sur son ignorance, et qu'il n'est pas possible qu'il connaisse par lui-même les livres qui sont l'objet de son commerce. Il ne peut donc être condamné pour ce délit, qu'autant qu'il paraîtra, par les circonstances, qu'il l'a commis à son escient. C'est d'après ce principe que nous avons rédigé l'article 4 du projet de] déclaration que nous avons donné au commencement de ce p. 152 mémoire.

La défense de débiter les livres non revêtus de permission est sujette au même inconvénient, à moins qu'on n'exige des libraires, de s'assurer que les livres qu'ils vendent ont été permis, et qu'ils n'exigent sur cela une déclaration de ceux de qui ils les ont achetés, ou à moins qu'on ne défende de vendre d'autres livres que ceux dont la permission est imprimée.

De ces deux partis, le premier est impossible dans l'exécution; le second est fondé sur les dispositions des édits, déclarations et arrêts; mais ces dispositions sont tombées en désuétude, et il ne serait pas possible de les faire exécuter sans supprimer les permissions tacites, et sans interdire absolument le commerce des livres imprimés en pays étranger. Nous avons renvoyé à un mémoire particulier ce qui regarde les permissions tacites. Quant aux livres étrangers, ce serait retarder le progrès de toutes les sciences, que d'interrompre la communication entre les gens de lettres des différents pays.

D'ailleurs, il ne suffirait pas d'établir cette règle pour l'avenir. Comme depuis trente ans l'usage des permissions tacites est devenu presque] aussi commun que celui des permissions publiques, [40] p. 153 et que depuis le même temps il a été introduit un grand nombre de livres étrangers dans le royaume, il faudrait proscrire les trois quarts de la librairie actuellement existante si on voulait la restreindre aux seuls livres revêtus de permission imprimée.

La défense de faire le commerce de livres aux personnes sans qualité est la meilleure de toutes les précautions, en y ajoutant une explication sur ce qu'on entend par *gens sans qualité pour vendre des livres,* et en prescrivant quelques règles sur l'admission à l'état de libraire.

Le droit exclusif réservé aux libraires de vendre des livres souffre quelques restrictions introduites par les règlements mêmes: l'une est en faveur des merciers et porte-balles, à qui il est permis de vendre des almanachs et des livres d'heures seulement; l'autre pour les colporteurs. Mais à cet égard il faut expliquer que les colporteurs ne sont établis par les règlements que pour la seule ville de Paris, et qu'ils ne peuvent vendre que des brochures de huit feuilles seulement, et imprimées à Paris. Ces colporteurs sont ces crieurs d'arrêt, qui courent les rues avec une plaque. Quant aux marchands de livres qui vont dans] les maisons, et auxquels on donne, dans l'usage ordinaire, le nom de colporteurs, ils n'existent que par tolérance de la police, et ne sont autorisés par aucune loi. p. 154

La tolérance de ces colporteurs a été établie par nécessité. Le commerce de livres étant devenu, depuis quelques années, beaucoup plus considérable dans Paris, et les libraires étant cantonnés dans un seul quartier, il n'a pas été possible d'empêcher que beaucoup de particuliers sans qualité ne se mêlassent de revendre les livres. Les magistrats préposés à la police ont pris le parti d'exiger seulement que ces revendants ou colporteurs fussent connus d'eux, et les ont autorisés tacitement.

Je crois qu'il y a toujours de l'inconvénient à laisser subsister une infraction publique et continuelle de la loi; et puisque ces colporteurs ont été jugés nécessaires, il aurait fallu décider, par une loi expresse, que le lieutenant de police de Paris pourra leur donner des permissions de faire ce commerce. Au reste, cette police se fait avec soin dans Paris; mais dans les provinces tout est rempli de marchands vagabonds, qui étalent des livres dans les foires, les marchés, les rues des petites villes. Ils vendent sur les grands chemins; ils arrivent dans les châteaux, et y] étalent leurs marchandises; en un mot, leur commerce est si public, qu'on a peine à croire qu'il ne soit pas autorisé. p. 155

Si on voulait remédier à cet abus en exécutant strictement la loi, il faudrait interdire tout à fait la vente des livres à ces colporteurs ou marchands forains. Or, par là on gênerait beaucoup le commerce; on nuirait à la littérature et aux progrès des connaissances, en ôtant le moyen d'avoir des livres à tous ceux qui habitent hors des villes; enfin, on tomberait dans d'autres inconvénients non prévus, et relatifs aux usages particuliers des lieux.

Par exemple, j'ai appris par hasard qu'il se fait un très grand commerce de livres imprimés en France, avec l'Espagne, le Portugal et l'Italie. C'est peut-être même le seul commerce actif que fassent les libraires français; car en Allemagne, en Hollande, en Suisse et ailleurs, on aime mieux contrefaire nos livres que de nous les acheter, parce que nos libraires les vendent trop cher. Ce commerce d'Italie et d'Espagne a pour objet des livres à l'usage de ces deux nations, qui s'impriment à Lyon et dans d'autres villes méridionales, et ce sont des marchands ambulants ou colporteurs qu'on appelle *bisoards,* et qui habitent aux environs] de Briançon, qui tous les ans descendent de leurs montagnes pour faire des pacotilles de livres à Lyon et ailleurs, et vont eux-mêmes les porter jusqu'à Cadix et jusqu'en Sicile. Je ne connais aucun règlement par lequel il paraisse que ces marchands soient connus ni autorisés, et je n'ai su leur existence que parce qu'un libraire de Paris étant allé, il y a deux ou trois ans, à la foire de Beaucaire pour saisir des livres contrefaits sur lui ou sur ses confrères, imagina de demander aux intendants de Languedoc, de Provence et de Dauphiné, des ordres pour empêcher ce commerce qu'il prétendait illicite. Ce libraire était excité par un attachement sordide à son intérêt; mais cependant il était fondé sur la loi, puisqu'il est défendu de faire le commerce de livres sans qualité, et que ces *bisoards* n'ont réellement aucune qualité.

p. 156

Cet usage du Dauphiné était inconnu à Paris: il y en a peut-être de pareils dans les autres provinces, et il en faut conclure qu'il serait très dangereux et peut-être impossible de faire exécuter littéralement la défense de vendre des livres à d'autres qu'aux libraires. D'un autre côté, il y a aussi un grand inconvénient à remettre ce commerce dans les mains de gens inconnus; et ce que je proposerai sur] cela, est de faire une loi plus douce et qui puisse être observée. Cette loi pourrait être de permettre le commerce des livres hors des villes où il y a des libraires, à des colporteurs autorisés par l'intendant dans chaque généralité. Ce colporteur serait obligé de porter avec lui la permission de l'intendant pour en justifier aux brigades de maréchaussée par lesquelles il serait rencontré, et

p. 157

on pourrait prendre des arrangements pour que cette permission lui servît dans le cas où il passerait d'une généralité à une autre. Il faudrait aussi que ces marchands eussent des lieux de magasin connus et sujets aux visites; que quand ils auraient un certain nombre d'exemplaires du même livre, ils fussent tenus d'avoir un certificat du libraire qui les leur a vendus; en un mot, il y aurait différentes précautions à prendre, dans le détail desquelles il est inutile d'entrer ici, parce qu'on ne pourrait rien arrêter sur cela qu'en consultant chaque intendant sur les inconvénients particuliers à leurs provinces, qui peuvent se rencontrer. Il faut seulement s'en tenir à deux principes, l'un, qu'il faut établir et autoriser régulièrement des colporteurs ou marchands forains pour les villes où il n'y a point de libraires, et pour les campagnes; l'autre, qu'il ne faut] permettre ce commerce qu'à ceux qui seront connus et p. 158
autorisés expressément, et qu'il faudra prendre, pour éclairer leur conduite, des précautions à peu près semblables à celles qu'on prend pour les libraires.

Au reste, il est bon d'observer que ces libraires forains paraissent avoir été connus lors du règlement de 1723, qui, comme nous avons dit, n'a été fait que pour Paris; car, par les articles 75 et 76 de ce règlement, il leur est défendu de séjourner plus d'un certain temps à Paris, et d'y vendre leurs livres à d'autres qu'à des libraires de Paris. On a donc reconnu en 1723 l'existence de ces libraires forains, comme gens autorisés à faire le commerce hors de Paris. Mais en 1744, le règlement de 1723 ayant été rendu commun pour tout le royaume, la défense prononcée par l'article 4, de faire le commerce sans qualité est devenue une défense générale, et les colporteurs, marchands forains et autres qui n'ont aucune qualité proprement dite, puisqu'ils n'ont ni permission expresse ni réception, se seraient trouvés englobés dans cette défense si elle avait été exécutée.

Après avoir parlé des colporteurs, parlons des libraires eux-mêmes.

On ne peut être reçu libraire qu'après un] examen subi devant p. 159
les syndic et adjoints de la librairie, et avec un certificat du recteur de l'Université, portant que le candidat est *congru en langue latine et sait lire le grec*. Cette réception faite par les syndic et adjoints doit être suivie d'un serment prêté au lieutenant de police,

dont par là le consentement devient nécessaire. Enfin, pour être
reçu, il faut avoir été apprenti pendant quatre années au moins, et
compagnon pendant trois. Il n'y a d'exempts de ce temps d'apprentissage que les fils et gendres de maîtres, et ceux qui ont épousé des veuves Il faut excepter encore les professeurs émérites de
l'Université, c'est-à-dire, ceux qui, après sept années consécutives
de régence dans l'Université, veulent prendre la profession de
libraire. Autrefois ils étaient tous libraires de droit; mais par les
derniers règlements le nombre de ceux qui peuvent jouir de ce
privilège est fixé à trois.

Enfin, l'apprentissage étant devenu un grade nécessaire pour
parvenir à l'état de libraire, il y a aussi des articles de règlement
sur les apprentis, dont nous parlerons tout à l'heure.

Il est encore visible que tous ces règlements n'ont été faits que
pour Paris. La réception] d'un libraire faite par les syndic et ⁣ p. 160
adjoints ne peut avoir lieu que pour les villes où il y a une chambre syndicale, c'est-à-dire, dans cinq ou six villes du royaume.
Pour les autres, je ne vois rien qui fixe à qui il appartient d'y faire
recevoir les libraires, et c'est sur cela qu'il faudrait nécessairement
faire un règlement, puisque l'arrêt qui a déclaré celui de 1723
commun pour tout le royaume, n'y a aucune application. Ce règlement doit être, suivant moi, que les libraires ne seront reçus
dans les villes que par ordre du lieutenant de police, et avec l'approbation de l'intendant. Je crois l'approbation de l'intendant nécessaire, parce que j'ai déjà dit plusieurs fois que c'est à lui que
doit être remis, dans chaque province, tout ce qui a rapport à
l'administration. Quant aux lieutenants de police, outre qu'ils ont
pour eux la possession, je crois que leur concours est encore nécessaire pour une autre raison. Elle est tirée de la déclaration
dont nous avons donné le projet au commencement de ce mémoire, et dont l'exécution doit être confiée au Parlement. Par cette
déclaration il est défendu de faire le commerce de librairie à d'autres qu'aux libraires. Il faut donc que le Parlement connaisse juridiquement quels sont] ceux qui sont libraires. Or, il ne peut le ⁣ p. 161
connaître que par l'ordonnance du lieutenant de police, qui est
un officier de son ressort, et par celle de l'intendant, dont il ne
reconnaît pas l'autorité.

Ayant établi par qui la réception doit être faite, passons à l'examen. Je crois qu'il doit être subi devant les chambres syndicales dans les villes où il y en a, en présence d'une personne commise par l'intendant à cet effet; et dans les villes où il n'y a point de chambre syndicale, devant celui qui sera nommé par l'intendant.

L'examen doit porter, disent les règlements, sur la conduite et la capacité du récipiendaire.

Pour ce qui regarde sa conduite, il est très utile de s'en informer, et je crois aussi qu'il faudrait s'informer de l'état de sa fortune, et ne recevoir jamais libraire un homme tout à fait pauvre, parce que celui qui n'a rien à perdre est toujours enclin à la fraude.

Pour ce qui est de la capacité qu'on exige du libraire, si c'est la connaissance des règlements auxquels il doit se conformer, la précaution est très sage. Je voudrais seulement qu'on ne l'interrogeât pas sur un code entier qu'il est inutile et impossible qu'il connaisse,] et qu'on réduisît à un petit nombre d'articles ceux dont il est nécessaire qu'un libraire soit instruit; que ce fût sur cela seulement qu'on fît rouler l'examen, et que cet examen fût sérieux. p. 162

Quant aux autres connaissances dont on veut que les libraires soient pourvus, je crois que c'est là un de ces soins que les législateurs se donnent très inutilement: c'est à chaque marchand à savoir quelles sont les connaissances qui lui sont nécessaires, et son intérêt les lui apprendra. S'il entreprend un commerce sans les connaissances suffisantes, il y échouera: c'est un malheur personnel dont la loi ne doit point le garantir. Le législateur n'est point le tuteur de tous les citoyens; et toutes les fois qu'il voudra descendre dans de pareils détails, il imposera beaucoup de gênes très déplacées, parce qu'il ne peut pas connaître les ressources de l'industrie de chaque particulier. Dans cette espèce-ci, par exemple, on a jugé que les libraires, pour être reçus maîtres et même apprentis, devaient prouver *qu'ils sont congrus en langue latine, et qu'ils savent lire le grec*. Ce règlement a été fait dans le temps qu'on n'imprimait presque que des livres grecs ou latins, dans le temps que les libraires étaient eux-] mêmes des savants du premier ordre; dans le temps que la librairie était intimement unie p. 163

à l'Université, union dont il reste encore des vestiges dans le droit des professeurs émérites, qui s'est conservé jusqu'à nos jours, et dont nous avons parlé plus haut.

C'est par toutes ces raisons que le règlement n'avait, dans son institution, aucun inconvénient sensible. Cependant dès ce temps-là il était vicieux, parce qu'on aurait dû prévoir qu'il viendrait un temps où on écrirait beaucoup plus en français, que dans les langues savantes.

Quoi qu'il en soit, ce règlement n'est plus exécuté aujourd'hui. Je ne sais comment les libraires se tirent d'affaire avec le recteur de l'Université, dont ils doivent avoir le certificat; mais je sais qu'il y en a un grand nombre qui à peine savent lire le français.

Quelques savants pensent que c'est un abus, et voudraient que le règlement s'éxécutât à la rigueur. Mais s'ils avaient quelque idée des vrais principes du commerce, ils sauraient que ce sont toujours les consommateurs qui font la loi aux marchands; que tant que le public n'achètera pas les livres grecs ou latins, on n'en imprimera pas, quand même les libraires] seraient tous des Robert p. 164 Étienne, [50] et que, si le goût du grec et du latin revient à la mode, il se trouvera bientôt des libraires assez instruits par eux ou par leurs amis pour imprimer dans ces deux langues.

Au reste, je ne propose pas de faire sur cela aucun changement pour Paris: il n'en résulte aucun inconvénient réel, surtout à cause des facilités qu'on a pour éluder l'exécution; mais je voudrais qu'on ne répétât pas cette clause dans le règlement qu'on fera pour les provinces. J'y insiste d'autant plus, que j'ose assurer qu'inutilement l'ordonnera-t-on, et que cette loi sera encore moins exécuté dans les provinces qu'à Paris.

C'est sans doute aussi dans la vue de n'avoir pour libraires que des gens instruits, qu'on a défendu d'admettre personne à la maîtrise avant d'avoir été quatre ans apprenti, et trois ans compagnon. Je pourrais encore soutenir, d'après les mêmes principes, que cette précaution est inutile; que c'est à chaque aspirant à la librairie de savoir s'il est capable du métier qu'il veut faire; que d'ailleurs la formalité de l'examen est suffisante; que par cet examen on peut s'assurer si un homme a les connaissances nécessaires, et que dès lors il est inutile de s'informer si c'est par] quatre années p. 165 d'apprentissage qu'il les a acquises, ou par d'autres voies.

Cela est si vrai, qu'on dispense de l'apprentissage les fils et gendres de maître, et ceux qui ont épousé les veuves. On dit qu'un fils élevé chez son père est réellement un apprenti. Cela peut arriver, mais cela peut aussi ne pas arriver. Si un fils de libraire est élévé ailleurs que sous les yeux de son père, si c'est un libertin qui se soit évadé de la maison paternelle pour courir le monde, être soldat ou fainéant, et qu'après dix ans il revienne, il est reçu libraire de droit, pourvu qu'il soit en état de subir l'examen. Cependant s'il y a des connaissances qu'on ne puisse acquérir que par l'apprentissage, il ne les a sûrement pas. De cela je ne conclurai pas qu'il faille exclure les fils de maître de la profession de leur père, mais seulement que la formalité de l'apprentissage est inutile, et qu'elle n'a été proposée par les libraires que pour leur intérêt personnel, c'est-à-dire, pour faciliter à leur famille l'entrée dans leur profession, et en rendre l'accès difficile aux autres. C'est ce qu'on verra encore plus clairement dans ce qui nous reste à dire sur les apprentis.

En effet, je crois bien qu'il y a des métiers qui exigent un apprentissage; je crois que] celui d'imprimeur est du nombre, et en général presque tous les arts mécaniques demandent une habitude corporelle de la part de ceux qui les exercent; mais les professions qui n'ont pour objet qu'un commerce, n'ont besoin que de la connaissance des marchandises, et cette connaissance peut s'acquérir par le consommateur comme par le marchand. En librairie nommément, il y a quantité d'amateurs de la littérature; il y a des brocanteurs de livres, il y a des moines qui connaissent bien mieux les livres que tous ceux qui sont du métier. Si on permettait de recevoir libraires des gens de tout état, il suffirait qu'ils apprissent les règlements; ce qui est très aisé. D'ailleurs, on pourrait s'en assurer par l'examen, et je crois qu'on aurait par là des libraires plus instruits que tous les fils de maître, et tous ceux qui ont été apprentis.

p. 166

D'un autre côté, il faut convenir que ces nouveaux libraires, plus propres que tous les autres à vendre les anciens livres parce qu'ils les connaîtraient mieux, auraient du désavantage dans le commerce des nouveaux livres vis-à-vis des fils de maître, qui ont des correspondances toutes montées par leurs pères. Ainsi il y aurait deux sortes de libraires;] des gens instruits et livrés à la

p. 167

connaissance des livres, et des marchands ignorants qui ne s'occuperaient que de vendre le courant, et d'en trafiquer en gros et en détail.

Il est bon d'observer à ce sujet, qu'en rapprochant les articles qu'on vient de citer, on trouve que le désir injuste de s'attribuer des facultés exclusives a toujours été bien naturel aux hommes.

Autrefois les libraires étaient plus savants que marchands; c'étaient de véritables *supports de l'Université,* qualité de laquelle ils n'ont conservé que le titre, dont ils se parent encore aujourd'hui.

Dans ce temps-là ils ont voulu exclure de leur commerce quiconque ne serait que marchand; ce qui ne valait rien, parce que la plus grande partie du commerce se fait mieux par des marchands que par des savants. C'est cependant dans cette vue qu'on a introduit la nécessité d'être *congru en langue latine, et de savoir lire le grec*; ce qui a été répété dans les nouveaux règlements sans trop savoir pourquoi, et ce qui ne s'exécute pas.

Aujourd'hui les libraires sont devenus de purs marchands, et par la formalité d'un long apprentissage, qui est une espèce de servitude, sous un maître libraire, ils ont absolument] fermé la p. 168 porte de leur Communauté aux gens de lettres.

Au reste, tout ce que je viens de dire ne tend point à changer la forme de la Communauté des libraires de Paris. Il ne faut faire de grands changements que quand ils sont indispensables, et il est surtout dangereux, et souvent injuste, de toucher aux abus des Communautés, parce qu'elles subsistent, dans l'état où elles sont, à l'abri des grosses finances qu'elles ont payées au Roi en différents temps, et qu'on n'a pas envie de les rembourser.

D'ailleurs, il est établi que, dans des cas très favorables, M. le Chancelier dispense quelques sujets du temps d'apprentissage. Cette faveur pourrait être employée dans le cas où un homme connu, solvable, de bonnes mœurs et très versé dans la connaissance des livres, voudrait être reçu libraire, quoiqu'il fût d'un âge et d'un état qui ne lui permissent pas de passer par un apprentissage de sept ans.

Mes observations n'ont donc pour objet que le règlement qu'il faut faire pour la réception des libraires de province. J'ai déjà dit que celui de 1723 ne peut pas s'y appliquer, puisque, suivant ce règlement, la réception et l'examen se font par les officiers de la chambre] syndicale, et que le certificat de capacité se donne par le recteur de l'Université. p. 169

Or, en prescrivant de nouvelles règles sur cet objet, je crois qu'il faut bien se garder d'exiger un apprentissage, et qu'il faut se contenter des informations que prendront l'intendant et le lieutenant de police des qualités personnelles du sujet, et de l'examen qu'on lui fera subir sur les règlements de librairie.

Pour ce qui est des libraires de Paris, je ne prétends point qu'on les dispense du temps d'apprentissage, puisque le contraire est établi; je ne propose point non plus de changer l'article 23 du règlement de 1723, par lequel il est défendu à chaque maître d'avoir plus d'un apprenti; mais il y a un article 24, que je trouve contraire à la justice, au bien public et, j'ose le dire, à la raison.

C'est celui par lequel il est défendu d'avoir aucun apprenti marié. Je ne peux pas concevoir quel motif plausible a pu donner lieu à cet article. Je comprends qu'un maître libraire, pour l'ordre et l'économie de sa maison, ne veuille point avoir d'apprenti marié, comme bien des gens ne veulent pas de domestiques mariés; mais il me semble que c'est l'affaire de chaque particulier, et qu'il est] absurde que le législateur prononce impérativement sur un pareil objet. * p. 170

On voit clairement que cet article de règlement n'a été fait que dans la vue d'exclure de la maîtrise un grand nombre de prétendants, pour la réserver aux familles qui en sont en possession. Cependant je crois que les libraires de Paris, sur les mémoires

---

* Il y a eu depuis peu un exemple frappant de l'inconvénient d'exclure les gens mariés de l'apprentissage.

Un fondeur de caractères, homme de cinquante ans ou environ, fit des découvertes dans l'art de l'imprimerie, et donna quelques dissertations dans les journaux pour perfectionner cet art.

Il demanda d'être reçu imprimeur, et, selon moi, rien n'était plus juste, puisqu'il savait mieux ce métier que tous ceux qui le faisaient. D'ailleurs, il avait trouvé un moyen inconnu aux autres imprimeurs pour imprimer la musique de façon à pouvoir se passer de la gravure; enfin, rien n'était plus propre à exciter l'émulation, que de lui accorder cette grâce.

Les imprimeurs lui ont fait toutes sortes de difficultés, et entre autres ils lui ont objecté que, pour être reçu imprimeur, il fallait avoir passé par l'apprentissage, et qu'il ne pouvait pas être reçu apprenti parce qu'il était marié.

de qui le règlement a été rédigé, ont trouvé le moyen de déguiser leur intention au Conseil, et je suis persuadé qu'on leur a passé cet article 24] comme un arrangement économique desiré par leur Communauté, et indifférent au public, et qu'on n'a pas songé à le rapprocher de l'article 43, par lequel il est défendu de recevoir maîtres qu'après un long apprentissage.

Ce n'est pas encore tout. L'avidité des libraires de Paris ne s'est pas bornée à prolonger le temps nécessaire pour parvenir à la maîtrise, et à y mettre toutes les difficultés possibles. En 1730 ils se sont mis à découvert. Ils ont obtenu un arrêt du Conseil, qui défend aux maîtres de recevoir aucun apprenti pendant six ans, et cet arrêt a été successivement renouvelé jusqu'à ce jour.

Ainsi il est bien décidé aujourd'hui qu'on ne peut aspirer à être reçu libraire à Paris, à moins d'être d'une des familles qui sont en possession de cet état, ou d'avoir contracté une alliance avec elles, et par là toute émulation est éteinte. Les fils de libraires, sûrs de leur fortune par ce monopole odieux, propriétaires d'ailleurs du privilège exclusif de la plupart des livres qui s'impriment, jouissent de leur maîtrise sans soin et sans travail, comme on jouit d'une terre qui rapporte un gros revenu; et il n'y a plus de ces sujets actifs et intelligents qui, ayant à travailler] pour fonder leur fortune, cherchent tous les moyens de se rendre utiles au public.

Aussi les libraires, honteux de cette manœuvre, conviennent-ils que l'arrêt serait injuste s'il était entièrement exécuté. Ils prétendent qu'il n'a été rendu que pour y admettre de fréquentes exceptions. Cet arrêt, disent-ils, était nécessaire pour empêcher la multitude de nouveaux libraires qu'on était tous les jours obligé de recevoir; mais M. le Chancelier s'est réservé la faculté d'accorder des dispenses, et eux-mêmes en sollicitent tous les jours en faveur des sujets les plus distingués.

A cela je réponds qu'il est bien vrai qu'ils sont les premiers à demander quelquefois des dispenses; mais j'ai observé que ce n'était ordinairement que pour leurs plus proches parents. Le règlement général dispense de l'apprentissage les fils et gendres de maîtres, et ceux qui épousent les veuves. On n'a pas pu absolument aller jusqu'aux neveux, et ils trouvent le moyen de les y admettre encore, à l'exclusion des étrangers, par les dispenses particulières qu'ils obtiennent.

Au fond, ce n'est point de diminuer le nombre des libraires qu'on doit s'occuper; c'est de les bien choisir et d'éclairer leur conduite.]

Ces fixations de nombre sont le plus souvent très injustes, parce que le nombre des marchands doit dépendre de l'étendue de leur commerce; qu'en librairie on n'en a point d'évaluation fixe, et qu'il y a toujours en dix ans un changement notable. p. 173

D'ailleurs, si on avait voulu diminuer le nombre des libraires, je pense qu'il aurait fallu plutôt attaquer le privilège des fils de maîtres qui y parviennent sans aucun talent et sans aucun travail, par le seul droit de leur naissance, et qui me paraissent bien moins favorables que des gens qui ont travaillé sept ans en qualité d'apprentis et de compagnons: au moins si on n'avait pas voulu détruire ni restreindre leur privilège, on aurait pu se rendre plus difficile sur l'examen; ce qui en aurait écarté un grand nombre. Enfin, il me paraît très douteux que cette exclusion ait porté une diminution bien réelle dans le tableau des libraires de Paris. Il est vrai que beaucoup de sujets en ont été éloignés; mais, d'un autre côté, quelque nombre d'enfants qu'ait aujourd'hui un libraire, ils prennent tous l'état de leur père, parce que le droit exclusif qu'ils y ont, est regardé par eux comme un héritage auquel ils ne veulent pas renoncer. Si au contraire on pouvait parvenir] à la maîtrise par l'apprentissage, les fils de libraire qui n'ont point de goût ou de talent pour cette profession, craindraient la concurrence, et choisiraient quelque autre métier. p. 174

Par toutes ces considérations, je crois qu'il faudra bien se garder de renouveler l'arrêt qui défend de recevoir des apprentis, et je vais même plus loin, car je pense qu'il faudrait le révoquer dès à présent.

Avant de terminer l'article de l'apprentissage, il est bon de parler de l'article 48 du règlement de 1723, par lequel il est dit que les maîtres de Paris pourront exercer, dans tout le royaume, sans nouvel apprentissage et sans nouveau serment. Je ne prétends pas que la réciprocité dût être tout à fait établie en faveur de ceux des provinces qui viendraient s'établir à Paris; mais au moins aurait-on pu faire quelque arrangement en leur faveur. Par exemple, on aurait pu statuer que le temps qu'ils auraient exercé la maîtrise en province, valût au moins le même nombre d'années d'apprentissage à Paris.

C'est à quoi on n'a pas pourvu par le règlement, et cela n'est pas surprenant, parce qu'il a été rédigé sur les mémoires des libraires de Paris, qui se sont décelés en mille endroits.]

On peut faire à cette occasion une remarque qui a bien des applications dans ce mémoire: c'est que les libraires en général, et ceux de Paris en particulier, ont eu un avantage énorme dans la rédaction des règlements, parce qu'ils étaient fort instruits de leurs intérêts, et fort attentifs à les ménager; qu'ils parlaient à des magistrats distraits par un grand nombre d'autres affaires, et qu'ils n'avaient aucun contradicteur, puisque c'est le public seul dont l'intérêt est contraire au leur. p. 175

Cette observation sur la conduite des libraires nous mène à parler d'une autre sorte de personnes qui, suivant moi, devraient bien être exceptées de la prohibition générale de vendre les livres. Ce sont les auteurs, qui, suivant le droit naturel, devraient tirer tout le profit de leurs ouvrages, en ayant la faculté de les vendre eux-mêmes. Le droit civil ne s'y oppose point; et malgré le droit exclusif de vendre de certaines marchandises, qui est réservé aux Communautés de Paris et des autres villes, chacun a la liberté de vendre les fruits de sa terre. Ne doit-on pas regarder les ouvrages d'un auteur, qui sont les fruits de son génie, comme lui appartenant encore à plus juste titre, et comme le bien dont il] serait le plus convenable qu'il eût la libre disposition? p. 176

Cependant les libraires les en ont fait exclure, et ils se vantent d'un arrêt du Conseil du 11 juin 1708, qui fait défenses au célèbre Lulli [51] de vendre ou faire vendre ses opéras par autre que par un imprimeur ou libraire.

Le prétexte de cette rigueur a été sans doute que les auteurs abuseraient de cette permission pour vendre d'autres ouvrages que les leurs, et que, leurs maisons n'étant pas connues des syndic et adjoints, ni sujettes à la visite comme les boutiques des libraires, on ne pourrait pas empêcher la fraude qui se pratiquerait par ce moyen. Si c'était de bonne foi qu'on eût voulu parer à ce prétendu inconvénient, on se serait contenté d'exiger que les auteurs qui veulent vendre leurs livres eux-mêmes, en fissent déclaration et se soumissent à la visite, et qu'ils ne pussent vendre que ceux de leurs ouvrages auxquels ils auraient mis leur nom, et pour lesquels ils auraient obtenu permission.

Mais on n'a pas recouru à ces précautions, parce qu'on n'a cherché qu'un moyen de mettre les auteurs dans la dépendance des libraires, et qu'au fond les libraires savaient] bien que la crainte de cette prétendue fraude était frivole. Effectivement, il y a des cas où un commerce légitime peut servir de prétexte à une fraude; mais ce ne peut être que quand l'établissement du commerce légitime ôte les moyens de découvrir qu'un homme vend des livres sans qualité: l'un est de le surprendre dans l'instant de la vente; l'autre, de trouver son magasin. Or, dans l'un et l'autre cas il est aussi aisé de prouver qu'un homme vend ou emmagasine en général des livres; et tout ce qu'on pourrait exiger, serait qu'il fît sa déclaration à la chambre syndicale, qu'il est auteur d'un tel livre, dans le cas où il n'y a pas mis son nom. *]

Tout étant décidé sur les personnes qui seront réputées avoir qualité pour faire le commerce de livres, il reste à examiner les formalités auxquelles les libraires sont assujettis pour prévenir la fraude. Ces précautions sont de les obliger à n'avoir qu'une boutique, à mettre écriteau, à ne point étaler, à n'avoir des magasins séparés de la boutique qu'en les déclarant, à souffrir les visites, à habiter dans un seul quartier, qu'on appelle *le Quartier de l'Université*, etc. Je les ai désignées plus haut, et il est inutile de les discuter, parce qu'elles sont très sages, et que je n'ai rien à y ajouter.

Il y a seulement deux observations à faire.

L'une est sur la défense d'étaler les livres sur les quais et ailleurs. Je ne sais pas trop à quoi cette défense peut servir, et il me semble que cet étalage, étant encore plus public que la vente dans une boutique, est moins favorable à la fraude; mais cet article de règlement n'est jamais exécuté, quoiqu'on le renouvelle à chaque

---

* Peut-être trouvera-t-on que je me suis écarté de mon sujet, tant à l'occasion des auteurs qu'à l'occasion des apprentis, en proposant de faire aux règlements des changements qui n'ont point pour objet d'empêcher le débit des mauvais livres; mais j'ai cru devoir traiter toute la matière dans ces mémoires. D'ailleurs, comme j'ai proposé des règlements rigoureux qui peuvent apporter quelque gêne au commerce et à la littérature, je me suis cru obligé d'y joindre des observations sur les moyens de rédimer le public du monopole, et les gens de lettres de la vexation des libraires.

changement de lieutenant de police: ainsi il est inutile d'en peser les avantages et les inconvénients.]

L'autre observation tombe sur la nécessité d'habiter dans le quartier de l'Université. On sent très bien que cela a été établi dans les temps anciens dont j'ai parlé, où les libraires étaient réellement membres de l'Université, et où l'Université avait la police de la librairie. Depuis que cette police a passé dans d'autres mains, la règle a subsisté, parce qu'on a cru qu'il était plus convenable d'avoir tous les libraires réunis dans le même quartier, pour pouvoir plus facilement y faire les visites.

Cependant le commerce de librairie étant devenu plus considérable, cette règle a été enfreinte, et c'est ce qui a donné lieu, non seulement aux colporteurs sans qualité qui vont dans les maisons, mais encore à tous ces marchands de livres dont les lieux privilégiés, comme le Louvre, les Tuileries, le Palais-Royal, etc., sont remplis. Je crois qu'il aurait mieux valu autoriser expressément plusieurs libraires à demeurer dans les quartiers éloignés de l'Université, et empêcher surtout qu'ils n'établissent leur habitation dans des lieux d'asile où il leur est plus aisé de commettre la fraude avec impunité.

Mais je ne crois pas qu'il faille entreprendre, dans le moment présent, de réformer cet abus, parce que, d'une part, l'Université] s'en plaindrait, quoiqu'elle n'y ait plus aucun intérêt réel, et que, d'autre part, il faudrait traiter cette affaire avec les princes et les gouverneurs des maisons privilégiées. Tout cela ferait naître des difficultés, et quant à présent l'abus n'est pas bien grand, parce que ces marchands sont connus de la police, et qu'ils en reçoivent les ordres comme les colporteurs non autorisés dont nous avons parlé.

Récapitulation des règlements à faire sur le débit des livres

1.º Sur la défense de faire le commerce de livres sans qualité, ne rien changer à l'article 4 du règlement de 1723, et à l'article 3 du projet de déclaration qui est au commencement de ce mémoire.

2.º Sur la réception des libraires de Paris, laisser subsister le règlement de 1723, à l'exception de l'article 24, qui défend de recevoir des apprentis mariés; révoquer l'arrêt du Conseil, qui défend en général de recevoir aucun apprenti, et concerter un règlement avec les libraires de Paris pour faciliter l'entrée dans leur Communauté aux libraires de province, en sorte que le temps de la maîtrise] de ces libraires leur serve au moins de temps d'apprentissage pour Paris.

3.º Sur la réception des libraires de province, s'informer de ce qui se passe dans les villes où il y a chambre syndicale; et pour toutes les autres, ordonner qu'on n'y sera reçu libraire que par ordonnance du lieutenant de police, et avec approbation de l'intendant; ce qui n'aura lieu qu'après s'être informé des mœurs, de l'état et de la fortune du sujet qui se présente, et après lui avoir fait subir examen sur les articles des règlements de librairie qu'il faut qu'il sache, et qu'il ne pourrait enfreindre sans être en fraude.

4.º Autoriser dans Paris des colporteurs qui pourront vendre indifféremment tous les livres dans les maisons, sans en tenir boutique chez eux, pourvu qu'ils aient une permission expresse du lieutenant de police, qui se renouvellera tous les ans, et que le lieu de leur magasin soit connu de la police et sujet aux visites.

5.º Autoriser aussi des colporteurs ou marchands forains dans les provinces, en les obligeant à avoir une permission de l'intendant, et peut-être les assujettissant à quelques autres formalités; et pour pouvoir se décider en connaissance de cause, écrire préalablement] une lettre circulaire aux intendants, pour leur demander par qui et comment se fait le commerce de librairie dans leur généralité.

6.º Permettre aux auteurs de vendre leurs ouvrages quand ils y auront mis leur nom; et, dans le cas où leur nom n'y sera pas, leur permettre encore de les vendre, en déclarant à la chambre syndicale qu'ils en sont auteurs.

Il faut observer qu'en rédigeant l'article 3 du projet de déclaration rapporté ci-dessus, nous avons prévu les arrangements que nous proposons ici sur les colporteurs et en faveur des auteurs, et c'est pour cela que l'article est énoncé en ces termes: "Il est défendu de 'faire le commerce de livres à tous autres' qu'aux libraires, imprimeurs, et à ceux 'qui y sont *ou seront* autorisés'."

Section IV

L'introduction des livres en France, et le transport dans l'intérieur du royaume

Cette section contient deux objets que nous allons traiter séparément.

PREMIER OBJET

Introduction des livres étrangers

Pour obvier aux abus qui peuvent se commettre] à cet égard, p. 183 on a pris deux précautions: l'une, de fixer le nombre des villes par lesquelles seules il est permis de laisser entrer des livres dans le royaume; l'autre, de prescrire les formalités avec lesquelles la visite doit être faite dans ces villes privilégiées.

La première précaution est consignée dans l'article 92 du règlement de 1723, et est énoncée en ces termes:

Veut que tous les livres et livrets qui viendront des pays étrangers ne puissent entrer dans le royaume que par les villes de Paris, Rouen, Nantes, Bordeaux, Marseille, Lyon, Strasbourg, Metz, Amiens et Lille. Fait défenses à toutes sortes de personnes de les traduire par aucune autre ville ni par aucun autre bureau ou passage, à peine de confiscation.

Il est aisé de voir que les villes dont on fait l'énumération dans cet article, ne sont point celles par lesquelles les livres entreront réellement dans le royaume, puisque la plupart de ces villes ne sont point frontières. Ainsi, permettre de faire entrer des livres dans le royaume par Paris, c'est permettre de faire entrer, par les frontières et les ports de France, les livres destinés à Paris, bien entendu qu'à l'entrée réelle on s'assurera qu'ils parviendront] à p. 184 leur destination. On aurait peut-être mieux fait, en rédigeant l'article, de prescrire les précautions qu'on doit prendre à cet égard; mais il est clair qu'elles consistent à faire plomber les ballots, et à donner acquit à caution: [52] c'est la seule forme usitée en France pour s'assurer de la destination des marchandises. D'ailleurs, le même article 92 prescrit cette formalité pour les livres, estampes, etc. destinés pour Paris. De plus, les arrêts du 11 juin 1710 et du

19 juin 1717, d'après lesquels la disposition que nous venons de rapporter de l'article 92 a été rédigée, doivent avoir leur exécution, et on voit que, par l'arrêt de 1710, les villes d'entrée pour les livres sont fixées, et qu'il est ordonné que les ballots de livres qui y arriveront, seront déposés dans une chambre destinée à cet usage, où ils seront visités par les officiers de la Chambre syndicale s'il y en a une établie dans la ville, sinon par deux libraires nommés à cet effet. On voit aussi que, par l'arrêt du 19 juin 1717, il est expressément porté que *ceux qui seront chargés de la conduite des livres pour les faire entrer par les villes permises, seront tenus de prendre un acquit à caution au premier bureau d'entrée du royaume, et de faire leurs soumissions, par*] *lesquelles ils* p. 185 *s'obligent de représenter lesdits livres au receveur du bureau établi dans le lieu de la destination, et d'en rapporter dans deux mois certificat.*

Un autre arrêt du 28 décembre 1717, qui a pour objet de mettre Lille au nombre des villes d'entrée, renouvelle les mêmes dispositions, et impose la même nécessité de faire plomber, et prendre acquit à caution pour Lille dans les bureaux de Flandres, où il arrivera des ballots de livres des pays étrangers.

Les arrêts du 8 mars 1721 et du 20 janvier 1723, rendus l'un et l'autre pour la ville de Rouen, contiennent d'autres dispositions dont nous parlerons ailleurs, mais supposent également que les mêmes formalités doivent être remplies, suivant les termes des arrêts du 11 juin 1710 et du 19 juin 1717. C'est donc dans ce sens-là que doit être prise la disposition de l'article 92.

Ainsi le règlement devait paraître bien clair, et n'avoir besoin d'aucune interprétation; et s'il y avait à en changer les dispositions, ce ne pouvait être qu'en augmentant ou diminuant le nombre des villes d'entrée.

Cependant on est étonné de trouver deux arrêts du Conseil, l'un du 10 juin 1735, par lequel le Roi *permet de faire entrer, par la*] *ville et port de Calais, les livres et livrets venant des pays* p. 186 *étrangers, qui seront destinés pour la ville de Paris seulement, faisant défenses d'en laisser entrer pour d'autres destinations.*

Et l'autre, du 31 octobre 1738, par lequel la même permission est accordée pour les livres *destinés pour Paris seulement,* qui entreront en France par le bureau des Rouges [53] en Franche-

Comté; le tout sous condition de faire plomber les ballots et prendre acquit à caution, tant au bureau de Calais qu'à celui des Rouges.

Il est évident que, quand on a rédigé le premier de ces deux arrêts, on avait perdu de vue la lettre et l'esprit des précédents règlements, et il y a apparence que le second n'a été rendu que sur ce que les directeurs ou commis du bureau des Rouges faisaient difficulté de laisser passer les livres destinés à Paris, même avec plomb et acquit à caution, et ces difficultés ne pouvaient être fondées que sur ce qu'ils avaient connaissance de l'arrêt de Calais, arrêt qui paraissait leur interdire ce qui était permis au seul bureau de Calais.

En 1738, on était occupé d'une réforme totale des règlements en ce qui regarde les] provinces, et l'arrêt rendu pour le bureau des Rouges n'a été qu'un arrêt provisoire, devenu nécessaire par l'impossibilité où se trouvaient les libraires de Paris de faire venir les livres d'Italie, de Suisse et de Genève. p. 187

Or, cet arrêt de 1735, que j'appelle l'arrêt de Calais, a été visiblement surpris par les libraires de Paris, qui en tirent seuls un profit illégitime, en interdisant aux villes de Picardie, de Flandres et de quelques autres provinces, le commerce direct avec l'Angleterre.

Cet arrêt leur était inutile s'ils n'avaient eu, comme ils l'exposèrent alors, d'autre projet que de faciliter leur commerce. Pour remplir cette vue, il leur aurait suffi de demander l'exécution de l'article 92, qui leur aurait été même beaucoup plus avantageux que le nouvel arrêt, puisque sa disposition s'étend, non seulement à Calais, mais à toutes les autres villes par lesquelles leurs livres pouvaient passer; et comme il n'y a aucune apparence que les employés des fermes à Calais leur fissent gratuitement, et sans aucun intérêt, une difficulté dans laquelle ils n'étaient point fondés, il s'ensuit que c'est à mauvaise intention que quelques libraires de Paris ont sollicité une permission inutile pour les livres qui entreraient par Calais pour Paris, afin] d'y faire insérer furtivement une exclusion pour ceux qui seraient destinés pour toute autre ville que Paris. C'est cette exclusion qui est notoirement injuste et préjudiciable aux villes d'Amiens et de Lille, qui sont villes d'entrée comme Paris, et elle serait destructive du privilège de toutes les p. 188

autres villes d'entrée, et en général du commerce de librairie, si on en tirait l'induction que, dans tous les bureaux des frontières qui ne sont point compris dans un arrêt particulier, tel que celui de Calais et celui des Rouges, on doit arrêter les livres destinés même aux villes d'entrée.

J'ajouterai que les rédacteurs de l'arrêt de Calais n'ont point eu pour objet cette innovation, puisque l'arrêt n'est fondé que sur la prétendue nécessité d'ajouter Calais à la liste des villes d'entrée, et que l'exécution des arrêts des 11 juin 1710, 19 juin et 28 décembre 1717, qui ont fixé les villes d'entrée, y est ordonnée.

C'est dans le même esprit qu'il a été rendu un autre arrêt, le 21 juin 1746, pour la ville de Lyon. Cet arrêt est sans contredit beaucoup plus réfléchi, et mieux rédigé que ceux de Calais et du bureau des Rouges. Cependant il n'a aucunement obvié à l'abus qu'on] se proposait de réprimer, qui est l'entrée des livres de p. 189 Genève et d'Avignon, et je crois qu'on y aurait pourvu bien plus efficacement en se contentant de rappeler la disposition générale de l'article 92 du règlement de 1723. En effet, examinons cet arrêt de 1746.

L'article premier porte que les livres qui viendront de Genève à Lyon, ne passeront que par le bureau de Seissel,[54] et ceux qui viennent d'Avignon, que par celui de Villeneuve.

Cette formalité peut établir une gêne dans le commerce, et est totalement inutile pour la police.

Il est important de fixer les villes dans lesquelles la visite et l'examen des livres doivent être faits, parce que cette visite ne doit être confiée qu'à des gens sûrs et capables; mais pour plomber les ballots et faire prendre des acquits à caution, tous les bureaux des fermes sont également bons.

On peut croire que les fermiers généraux ont une attention suffisante à empêcher de frauder les droits dont la perception leur appartient; et en prenant à cet égard les mêmes précautions qu'eux, on a sûrement pris toutes les précautions possibles.

D'ailleurs, défendre de faire entrer les livres] d'Avignon pour p. 190 Lyon par d'autres bureaux que celui de Villeneuve, c'est défendre aux commis des autres bureaux de les laisser passer. Or, dès qu'on a assez de confiance en eux pour compter qu'ils se conformeront à cette défense, on peut également leur confier le soin de faire apposer les plombs et prendre des acquits à caution, soit pour Lyon, soit pour quelque autre ville d'entrée que ce soit.

L'article 2 impose la nécessité de l'acquit à caution et du transport des livres de la douane à la chambre syndicale de Lyon.

C'est la répétition des anciens règlements, et ils sont si nettement libellés, que je crois qu'on ne pourra rien faire de mieux que de répéter littéralement cette disposition pour en faire un règlement général si on juge à propos d'en faire un.

Il en est de même de l'article 3, en ce qu'il prescrit le transport des livres de la douane à la chambre syndicale; mais il y a une observation à faire sur cet article: c'est que l'examen de tous les ballots de livres qui passent par Lyon y est ordonné, à l'exception de ceux qui sont destinés pour Paris, et il n'y est fait aucune mention de ceux qui seraient destinés pour quelque autre ville d'entrée,] comme si cet examen ne pouvait se faire qu'à Lyon ou à Paris; en sorte que si un libraire ou un particulier de Rouen veut faire venir des livres de Genève ou d'Avignon, et qu'on les fasse passer par Lyon, ils y subissent une première visite, indépendamment de celle qui doit être faite à Rouen. p. 191

Il est visible que cette disposition est en contradiction avec celle des règlements généraux sur les villes d'entrée, en vertu desquels les livres plombés à Seissel, Villeneuve ou tout autre bureau, et munis d'acquit à caution pour Rouen, devraient passer debout à Lyon et dans toutes les autres villes.

Elle est d'ailleurs inutile, puisque la visite de Rouen étant regardée comme suffisante pour les livres qui arrivent à Rouen de Hollande, d'Angleterre ou de Hambourg, elle doit l'être également pour ceux qui y arrivent de Genève et d'Avignon.

Enfin, le vice radical de ce règlement, comme de tous ceux qui sont faits pour une ville en particulier, est qu'il gêne le commerce légitime en introduisant une espèce de monopole, et qu'en même temps il laisse la porte ouverte à la fraude. C'est ce que je vais expliquer.

On assujettit à des visites des livres qui passent] à Lyon, fussent-ils destinés pour une autre ville d'entrée. Il s'ensuit une grande incommodité pour les libraires des villes auxquelles on arrive par Lyon, parce qu'ils n'ont que l'alternative de faire venir leurs livres par une route indirecte, ce qui augmente les frais et p. 192

leur donne de l'embarras, ou de consentir à ce que leurs ballots soient ouverts, en leur absence, par les libraires de Lyon, c'est-à-dire, par des rivaux, à qui il est fâcheux d'être obligé de faire connaître son commerce.

Par là les libraires de Lyon ont un très grand avantage sur les autres dans le commerce de Genève et d'Avignon, et se l'approprient exclusivement à tous autres que ceux de Paris, et c'est un véritable monopole.

Quant aux fraudeurs, ils ont un trop grand intérêt d'éviter la visite pour passer à Lyon. On peut aisément deviner que l'arrêt du 21 juin 1746 n'a pu avoir tout au plus d'autre effet vis-à-vis d'eux, que de les empêcher d'y passer, et le bénéfice de cette contrebande est assez grand pour pouvoir supporter cette augmentation de frais.

Ce que je viens de dire ne concerne que les provinces septentrionales. Quant au Dauphiné,] à la Provence et au Languedoc, le règlement de 1746 n'obvie aucunement à la contrebande qui s'y fait d'Avignon, et les libraires de ces provinces ont de plus la facilité de servir d'entrepôt pour le commerce frauduleux entre Avignon et Paris. C'est le moyen sûr d'éviter la visite de Lyon.

Si l'on me demande pourquoi tout cela n'a pas été prévu lors de la rédaction de l'arrêt que nous examinons, je répondrai que l'arrêt a été très bien dressé par ceux qui ont pris la plume pour en rédiger les dispositions, mais que, selon les apparences, les précautions qui y sont prises, n'ont été proposées que par les libraires de Paris et ceux de Lyon, qui agissaient pour leur intérêt en paraissant agir pour l'intérêt public.

L'article 4 prescrit les formalités pour les livres qui passent par Lyon pour arriver à Paris. Ces formalités consistent à reconnaître les plombs sains et entiers, en apposer de nouveaux, et viser l'acquit à caution.

C'est apparemment ce qui s'observe par les commis des fermes quand des marchandises, de quelque nature que ce soit, munies d'acquit à caution au lieu de leur départ pour celui de leur arrivée, passent dans les bureaux où la visite se fait ordinairement.]

Il y a apparence que cette reconnaissance, cette apposition de nouveaux plombs, etc. se font sans frais. Ainsi, en faisant le règlement général, ou plutôt en rétablissant l'ancien règlement dans toute son intégrité, je ne vois point d'inconvénient à ce qu'il soit ordonné que, toutes les fois que les livres munis d'acquit à caution passeront par quelque autre ville d'entrée et d'examen que celle à laquelle ils sont destinés, ou même quand ils passeront par quelqu'un des bureaux où les fermiers généraux font visiter les marchandises, les formalités de cet article y seront remplies, comme pour toutes les autres marchandises plombées.

L'article 5 ordonne la saisie des livres qui viendront à Lyon de Genève ou d'Avignon sans être plombés.

Après ce que nous avons dit sur l'article 3, il est aisé de juger quel a dû être l'effet de cet article 5. Des libraires de bonne foi peuvent être dans le cas de la saisie ordonnée s'ils ignorent les règlements; mais les fraudeurs n'y seront jamais, parce qu'ils en seront quittes pour ne pas passer par Lyon. *]

D'ailleurs, il semble qu'en rédigeant cet arrêt, ainsi que les p. 195 autres règlements particuliers dont nous avons eu occasion de parler, on ait perdu de vue le règlement général, qui ordonne que tous les ballots entrant dans le royaume des pays étrangers seront plombés au premier bureau pour être visités à la ville d'entrée, qui est le lieu de leur destination. Effectivement, Genève et Avignon sont des pays étrangers, et Lyon est une ville d'entrée. Il était donc inutile d'ordonner pour ces villes en particulier ce qui l'est en général pour toutes les autres, et même il était à craindre que cette règle particulière ne fît croire aux employés de Seissel, de Villeneuve et des autres bureaux, que le règlement général ne subsiste plus. Ainsi il aurait] mieux valu rétablir l'ancien rè- p. 196 glement et le faire exécuter. **

---

* Pour prouver qu'il faut en revenir à l'ancien règlement, j'observerai que la contrebande n'a été ni arrêtée ni diminuée par l'arrêt de 1746. Sur cela différentes personnes ont senti l'insuffisance des dispositions de cet arrêt, et ont donné des mémoires à M. le Chancelier. Or, toutes les précautions proposées par ces mémoires, quand on voudra les discuter, se réduisent au rétablissement du règlement général. C'est ce que je peux faire connaître en examinant ces différents projets; mais cet examen serait trop long pour le placer ici, et j'ai cru devoir le renvoyer à un mémoire particulier ou à une addition à ce quatrième mémoire.

** L'article 6 ordonne qu'il sera fait à Lyon une visite des livres qui y passeront, lors même qu'ils viendront des provinces du royaume, en exceptant toujours ceux qui sont destinés pour Paris. Cet article est relatif au commerce intérieur du royaume, et nous en parlerons ailleurs.

L'effet de toutes ces innovations est que le règlement général est tombé en désuétude dans beaucoup d'endroits, et qu'on suit une loi différente dans les différentes provinces.

Par exemple, au Havre, qui est le plus grand abord des livres étrangers, les règlements sont exécutés suivant l'ancienne intention des législateurs, et suivant leur signification la plus naturelle, c'est-à-dire, qu'on y arrête tous les ballots de livres, et que quand ils sont destinés pour Rouen ou pour Paris, on les plombe, on fait prendre des acquits à caution, et on les laisse passer.

A Calais on exécute strictement l'arrêt du 10 juillet 1735, et en conséquence il y a environ vingt disputes par semaine entre les commis des fermes et des passagers, qui consentent que les livres qu'ils apportent avec eux soient examinés, mais qui trouvent souverainement] injuste qu'on les oblige de les envoyer à Paris pour subir cet examen pendant qu'eux-mêmes restent en Picardie ou vont en Flandre, en Champagne ou ailleurs, sans passer par Paris: de là beaucoup d'embarras dans le bureau des fermes, beaucoup de petites injustices continuellement répétées, et beaucoup de mauvais propos tenus par des étrangers contre cette partie d'administration, qui est la permière qui les frappe en arrivant en France. Il n'y a aucun habitant de Calais qui ne soit frappé de cet abus, et je crois que l'intendant de la province attestera volontiers qu'il est nécessaire d'y remédier.

A Besançon, au contraire, on ne connaissait aucun règlement il y a quelques années. Cette ville n'est point comprise dans les villes d'entrée, comme nous dirons ci-après; cependant les livres y entraient librement, et n'y étaient sujets à aucun examen. Feu M. l'archevêque de Besançon [55] en porta des plaintes à M. le Chancelier. M. de Beaumont, [56] qui était alors intendant, et M. de Boines, [57] qui lui a succédé, ont depuis ce temps-là donné des ordres sévères, et l'ancien abus n'existe plus. Mais ce qui se passait à Besançon a sûrement lieu dans beaucoup d'autres villes;] et comme il y a des provinces entières dont depuis huit ans je n'ai vu venir aucune affaire de librairie, si ce n'est quand il est question de nommer à une place d'imprimeur, j'ai lieu de croire que les règlements y sont inconnus, ou au moins non exécutés quant à l'entrée et à l'examen des livres.

Ce ne sera point par des règlements particuliers et locaux qu'on remédiera à de pareils abus; c'est la loi ancienne et générale qu'il faut rétablir et remettre en vigueur, et il faut détruire en même temps toutes les petites lois particulières qui y ont dérogé; mais avant de prendre ce parti, il faut faire quelques observations sur le nombre et le choix des villes d'entrée, et je suivrai ici la maxime que j'ai déjà établie tant de fois dans le cours de ces mémoires, qui est de diminuer la rigueur des lois pour en faciliter l'exécution.

Par le règlement de 1723, les villes d'entrée sont Paris, Rouen, Nantes, Bordeaux, Marseille, Lyon, Strasbourg, Metz, Amiens et Lille.

Par l'arrêt du 11 juin 1710, Reims en était, et Lille n'en était pas. Lille y a été ajoutée par un arrêt du 28 décembre 1717. Je ne sais si Reims a été exceptée par une disposition expresse, mais elle n'est pas mentionnée dans] le règlement; cependant dans un p. 199 arrêt postérieur, du 21 juin 1746, qui est celui de Lyon, dont nous avons eu occasion de parler, et dans quelques autres, il est fait une énumération des villes d'entrée, et Reims s'y trouve; ce qui donne lieu de croire qu'il y a eu une omission de la part des rédacteurs du règlement de 1723, ou une faute d'impression dans l'édition que nous avons de ce règlement. C'est un fait à vérifier.

Besançon n'est nommé ici dans le règlement de 1723, ni dans les arrêts postérieurs, excepté dans le préambule de l'arrêt rendu pour le bureau des Rouges en 1738, où on déclare qu'on va prendre des précautions pour que les livres qui arrivent à ce bureau avec destination pour Paris ne soient pas obligés de passer par les villes de Besançon et de Lyon. On a donc regardé Besançon pour lors comme une ville d'entrée; cependant dans ce même préambule d'arrêts, il y a une énumeration des villes d'entrée, dont Besançon ne fait pas partie. Ce qu'il y a de certain, c'est que les livres y entraient librement, et même sans examen, lors des plaintes dont nous avons parlé ci-dessus, et que la règle qui y est rétablie donne lieu à des plaintes d'un autre genre. En effet, il est] trop dur p. 200 d'exiger que, dans une ville aussi grande que Besançon, et aussi voisine d'Allemagne et de la Suisse, on ne puisse faire venir de livres de ces deux pays qu'en prenant une voie détournée, et en passant par Lyon ou par Strasbourg. D'ailleurs, le bureau des Rouges ou des Rousses, qui est la route naturelle, est aujourd'hui fermé pour les livres qui viennent à toute autre destination qu'à celle de Paris. Une pareille gêne ne peut pas se soutenir, et le seul moyen de la supprimer est de faire de Besançon une ville d'entrée, et d'y établir une visite conforme aux règlements.

J'ai déjà dit que des plaintes particulières pour la Franche-Comté m'ont mis à portée de m'instruire de ce qui se passait dans cette province, et je ne doute pas que si on s'informait pareillement de ce qui se passe à Grenoble, à Aix, à Perpignan, à Montpellier, à Bayonne, etc. on ne trouvât que, dans plusieurs de ces villes, les règlements sont aussi peu connus qu'à Besançon.

Pour faire à cet égard un règlement général, il paraît d'abord qu'il faudrait que M. le Chancelier se donnât la peine d'écrire une lettre circulaire dans chaque généralité, à l'effet de s'assurer, par le témoignage des] intendants, du plus ou moins d'exécution qu'y ont les règlements, et des motifs qui pourraient engager à augmenter le nombre des villes d'entrée; mais je crois que le parti que je vais proposer pourra applanir les difficultés. p. 201

C'est de déclarer villes d'entrée généralement toutes celles qui sont la résidence d'un intendant.

Si on admet les principes que nous avons établis en plusieurs endroits sur l'administration de la librairie et sur l'autorité qui doit y présider, on conviendra qu'il n'y a pas plus d'inconvénient à permettre l'entrée des livres à Rennes, où l'intendant les fera examiner, qu'à Lyon ou à Bordeaux, qui sont villes d'entrée; et, d'un autre côté, il me paraît injuste d'obliger les libraires et les particuliers d'une ville telle que Rennes, de faire venir leurs livres par Nantes, au lieu de les faire venir par Saint-Malo si cela leur convient davantage; encore plus injuste d'obliger les habitants de Caen, ville où il arrive d'assez gros navires, de faire venir des livres par Rouen ou par Paris, etc. pendant qu'il y a dans cette ville un magistrat supérieur, à qui des administrations bien plus importantes sont confiées.

On me dira que cette règle, que je trouve] trop sévère, existe, p. 202 et que personne ne s'en plaint. Je répondrai que la règle existe, mais que, selon les apparences, elle n'est pas exécutée dans une grande partie du royaume: ce que nous avons dit de Besançon le fait connaître. Effectivement, cette police ne peut être observée que par le ministère des commis de la ferme générale dans chaque port et dans chaque frontière, puisque c'est à eux à faire l'ouverture de tous les ballots de marchandises qui entrent en France, et à en séparer les livres pour les envoyer au lieu où ils doivent être examinés. Or, ce sont les mêmes fermiers généraux qui perçoivent les droits d'entrée dans tout le royaume; et puisque leurs commis n'avaient pas d'ordre précis de faire exécuter les règlements de librairie en Franche-Comté, il y a apparence qu'ils n'en ont pas davantage dans les autres provinces.

Si on veut remettre la loi en vigueur, il faut préalablement en rendre l'exécution praticable et même facile.

On peut encore m'objecter qu'au moins il suffirait d'inscrire au nombre des villes d'entrée les capitales des généralités qui bordent le royaume, et non celles des provinces du dedans.]

Mais je pense qu'en même temps qu'il faut prendre tous les moyens possibles pour prévenir la fraude, il ne faut aussi rien négliger de ce qui peut favoriser le commerce. p. 203

Or, il n'y a rien de plus destructif de tout commerce, que d'assujettir les marchands à ne recevoir leurs ballots qu'après qu'ils ont été ouverts dans une autre ville, et soumis à l'examen d'autres marchands leurs rivaux, qui peuvent leur faire mille difficultés par jalousie, et qui tout au moins s'intruisent à fond, par ce moyen, de la nature et de l'étendue de leur commerce.

D'ailleurs, il faut rendre, autant qu'on le peut, les lois uniformes; et si on prend le parti de charger les intendants de cette inspection dans quelques généralités, il me paraît convenable de la leur donner pareillement dans les autres: c'est même le moyen de leur faire sentir que c'est une de leurs principales fonctions.

Ce que nous disons des villes d'intendance doit aussi s'entendre de celles où on établira des inspecteurs ou administrateurs de librairie, si l'arrangement que nous avons proposé à ce sujet est adopté.

Je vois, par exemple, que Toulouse n'est point nommé parmi les villes d'entrée, quoique] ce soit une des principales villes du royaume, la résidence du second Parlement de France, et une ville célèbre depuis longtemps par ses Académies, son Université, et en général par le grand nombre d'hommes illustres qu'elle a produits dans la littérature. C'est par toutes ces raisons que Toulouse est une des villes du royaume où il y a le plus d'imprimeries, et que j'ai proposé d'y établir un inspecteur pour veiller à leur conduite. p. 204

Je crois que par la même raison on aurait dû en faire une ville d'entrée; et si on ne l'a pas fait, c'est qu'on a considéré que les livres qui arrivent de l'étranger à Toulouse doivent passer par quelqu'une des autres villes d'entrée, où ils seront examinés. Mais j'ai exposé les inconvénients qu'il y a à soumettre inutilement les libraires de Toulouse à une visite faite dans une autre ville. Ainsi du moment qu'il y aura dans la ville de Toulouse un magistrat dépositaire de la confiance de M. le Chancelier, sur la librairie, il sera convenable de le charger aussi de l'examen des livres qui arriveront dans cette ville, et d'ordonner que ces livres seront plombés au premier bureau d'entrée du royaume, et munis d'un acquit à caution qui sera déchargé à Toulouse.]

Ce que j'ai dit de Toulouse pourra peut-être s'appliquer à Douai, qui est aussi une ville de Parlement; et par les mémoires qui seront renvoyés par les intendants, à ce sujet, on reconnaîtra peut-être qu'il y a encore des villes dans lesquelles il faut établir un inspecteur de librairie, et dont on peut faire des villes d'entreé. C'est sur quoi on ne peut pas se décider quant à présent. De ce nombre seront sans doute Nantes, Marseille et Reims, que les règlements actuels ont déjà constituées villes d'entrée. Il faudra savoir si le commerce de librairie de ces villes est assez étendu pour qu'on ne puisse pas se dispenser de les regarder comme villes d'entrée, et comment, et sous les yeux de qui la visite s'y fait. Ce n'est qu'après avoir pris sur cela des informations suffisantes, qu'on pourra prendre un parti sur ce qui regarde ces trois villes.

Les villes d'entrée étant nommées, il reste encore deux difficultés auxquelles les rédacteurs des règlements ne paraissent pas avoir fait attention.

L'une concerne les acquits à caution. Quand il est question d'une marchandise qui doit des droits, on doit donner caution pour le quadruple des droits dûs, et ce quadruple est payé par la caution si, dans un certain temps,] il n'est pas justifié par la décharge de l'acquit, que les marchandises sont parvenues à leur destination.

Mais, en matière de librairie, de quelle somme doit-on donner caution? Voilà ce qui me paraît n'avoir été décidé nulle part. Je pense qu'il faudrait avant tout s'informer de ce qui se passe, car ces acquits à caution se donnent dans l'usage journalier, et il faudrait savoir sur quel pied la caution est exigée.

Au fond, il faudra établir sur cela une règle quelconque: je sais bien qu'il en résultera toujours un inconvénient, en ce qu'un homme qui voudra distribuer un mauvais livre dans le royaume par pure méchanceté, ou par un intérêt personnel, sera sûr d'en venir à bout en sacrifiant la somme à laquelle montera la caution; mais si un homme est disposé à sacrifier de l'argent pour faire entrer des livres, il aura bien d'autres moyens d'y réussir sans recourir à celui-là; et après tout, cette contrebande ne sera pas plus difficile à faire que celle du tabac, du sel et des étoffes prohibées.

Ainsi ne nous flattons point: les règlements que nous proposons sur l'entrée des livres, n'empêcheront jamais totalement la fraude; ils ne feront que la gêner, présenter des difficultés] aux fraudeurs, et les faire quelquefois découvrir et punir: c'est aussi pour cela que j'ai dit tant de fois, dans les premiers mémoires, qu'aux moyens de police, il en fallait joindre un autre, qui serait de faire très peu de défenses pour ne pas exciter la cupidité des fraudeurs. Et pour revenir à notre objet, lorsqu'un homme sera assez passionné pour vouloir dépenser beaucoup pour l'entrée d'un livre, il le pourra en sacrifiant le prix auquel la caution aura été estimée, et il le pourra également par mille autres moyens; mais, comme le plus grand nombre des fraudeurs ne sont excités que par l'appât du gain, ils n'abuseront pas d'une voie qui leur deviendrait fort dispendieuse.

L'autre difficulté vient des livres qui entrent en petite quantité, soit dans Paris, soit dans les bureaux des frontières. Un voyageur porte cinq ou six volumes avec lui pour s'amuser et s'occuper dans sa route: il n'est pas possible de les saisir ni d'avoir dans chaque bureau un homme capable de les examiner. Cependant il est certain que quand un livre est désiré du public, comme était l'année passée le poème scandaleux de *la Pucelle,*[58] l'édition entière entrera bientôt dans le royaume,] en petites parties, sans qu'on puisse l'empêcher.

Je ne sais pas trop quel remède on peut apporter à cet abus. J'ai reçu une fois de grandes plaintes de ce qui se passait, à ce sujet, au bureau de Calais. Je pensai qu'il faudrait trouver un homme assez actif, assez fidèle et assez versé dans la connaissance des livres, pour qu'on pût le charger de se trouver à l'arrivée de chaque bâtiment qui entrerait dans le port, d'examiner ce qui se trouve dans le ballot de chaque passager, et de donner sur-le-champ des ordres pour ce qu'il faudrait arrêter, et ce qu'il faudrait laisser passer. Il me parut que si on pouvait avoir un homme sûr qui fût chargé de cette commission dans chaque ville où il y a un grand abord d'étrangers, on préviendrait une grande partie des abus, car l'objet de la fraude n'est pas assez considérable pour engager un grand nombre de particuliers à se détourner de leur route. Ainsi la contrebande ne pourrait se faire que dans les bureaux les plus fréquentés.

J'en parlai à l'intendant de Picardie, qui effectivement trouva dans la ville de Calais des sujets propres à cette fonction; mais comme elle demanderait beaucoup de peines] et d'assiduité, et qu'elle exposerait à un grand nombre de tracasseries, personne ne voulut s'en charger qu'autant qu'on leur ferait un sort qui les dédommagerait de la peine et des désagréments. Ce refus ne m'a pas surpris: j'en ai conclu au contraire qu'il fallait que M. l'intendant de Picardie se fût adressé à de très honnêtes gens; car ceux qui ont la conscience moins délicate ne refusent jamais de se charger, même gratuitement, d'une administration où il y a beaucoup de petits plaisirs à faire, et dont on ne rend compte à personne.

Il faut donc compter qu'on ne pourrait établir de pareils commis dans les bureaux des grandes routes, qu'en les payant fort cher, et, comme j'ai déjà dit qu'il y a bien d'autres moyens plus courts de faire la contrebande, ce qu'on y gagnerait ne vaudrait pas ce qu'il en coûterait.

Après s'être assuré, autant qu'on a pu, qu'il n'arrivera d'autres livres dans le royaume, que ceux qui sont destinés aux villes d'entrée, il a fallu prescrire la forme de l'examen qui s'en ferait dans ces villes. Cette forme est prescrite pour Paris par les articles 89, 90 et 91 du règlement de 1723.]

Les commis aux barrières sont obligés d'envoyer tous les livres à la douane; ceux de la douane doivent les faire passer à la chambre syndicale, et c'est là que la visite se fait par les syndic et adjoints à des heures marquées par le règlement. On a pris des précautions semblables pour Lyon dans l'arrêt de 1746, dont nous avons parlé, et dont nous parlerons encore.

Par des dispositions si sages, tout paraît avoir été prévu, et tout le serait réellement si on pouvait se remettre entièrement d'une administration aussi délicate sur les syndic et adjoints de la librairie.

Tous les corps de métiers élisent entre eux des officiers, soit sous le nom de syndics ou procureurs, soit sous celui de maîtres et gardes pour la poursuite des affaires communes du corps, pour veiller à l'exécution des règlements faits entre eux, etc. S'ensuit-il que de pareils officiers doivent être nécessairement ceux sur qui repose le soin d'examiner les livres qui entrent dans Paris, et celui même de s'assurer par des visites fréquentes dans les imprimeries et les boutiques des libraires, qu'il ne s'y imprime ni ne s'y débite rien de contraire à la religion et aux bonnes mœurs? Est-il vraisemblable qu'il se trouvera] dans un corps de marchands des sujets p. 211 capables de remplir de si importantes fonctions? Quand il s'en trouverait, ils ne pourraient être admis au syndicat que pendant un temps limité, à moins de violer à cet égard les règlements des Communautés; ce qui serait sujet à un autre inconvénient, parce qu'il importe à chaque Communauté, que chacun puisse passer à son tour par les charges, de peur que les officiers ainsi perpétués ne finissent par usurper une autorité injuste, et ne s'en servent pour attirer à eux le commerce des autres. Enfin, quand on négligerait cette considération, et que, par des renouvellements successifs, on établirait un libraire-syndic à perpétuité, il n'est pas possible qu'un marchand ait l'autorité ni l'activité nécessaires pour toutes les opérations qu'exige l'inspection de la librairie dans une grande ville. Son commerce, quelque peu étendu qu'il soit, ne lui laisse pas le temps d'y vaquer. En un mot, rien n'est plus opposé à la vie sédentaire d'un marchand, que le mouvement indispensablement attaché à l'état de syndic, si c'était dans la chambre syndicale que résidât réellement toute l'autorité qui lui est donnée par les règlements.]

Ces mouvements, qui n'ont pas été prévus dans la spéculation, p. 212 se sont fait sentir dans la pratique. Aussi les visites faites dans Paris par les commissaires du Châtelet et par les exempts de police suppléent-elles à l'insuffisance de celles des syndic et adjoints, et, pour revenir à l'objet actuel, il a été nommé par le Roi deux inspecteurs de la chambre syndicale, en présence desquels il doit être procédé à la visite et à l'examen des livres; en sorte qu'au grand regret des libraires, leurs officiers n'ont plus que la représentation de l'autorité, et leurs fonctions se réduisent à celle d'experts qui peuvent être consultés par les inspecteurs sur la nature des livres, et à celle de stipuler les intérêts de leur Communauté et ceux de leurs confrères dans le cas où il se présente des contrefactions ou d'autres ouvrages qui préjudicient au droit de quelques libraires.

Voilà ce qui se passe à Paris. Quant aux autres villes d'entrée, il y en a où il n'y a point de chambre syndicale. Ce cas a été prévu à la vérité, et par les arrêts des 11 juin 1710 et 19 juin 1717 il est porté *que les livres seront remis au syndic de la Communauté des libraires dans les villes où il y en a*] *d'établis, ou aux deux libraires nommés à cet effet dans celles où il n'y a point de syndic.* p. 213

Mais s'il est dangereux de remettre cette police entre les mains des libraires de Paris qui peuvent être choisis parmi un nombre considérable de membres de cette Communauté, et qui sont sous les yeux des premiers magistrats, il y a encore plus d'inconvénient à la confier aux chambres syndicales des provinces, qui doivent être beaucoup plus mal composées, et à la conduite desquelles on ne veille pas de si près.

La nomination de deux libraires dans les villes où il n'y a point de syndic entraîne une partie des mêmes abus, et d'ailleurs elle rend ces deux libraires maîtres absolus du commerce de leurs confrères, et par là introduit le monopole.

Pour établir une règle fixe à cet égard, je ne proposerai autre chose que ce qui s'observe déjà pour Paris, c'est-à-dire, d'ordonner que dans chaque ville d'entrée la visite sera faite en présence d'un officier commis à cet effet, qui consultera les syndic et adjoints s'il y a une chambre syndicale dans la ville, sinon des libraires qu'il jugera à propos de choisir ou autres gens à ce connaissant.]

Dans les villes où il n'y a point d'intendant, ce sera l'inspecteur commis par M. le Chancelier, qui fera cette fonction. p. 214

Pour les lieux de résidence des intendants, il faut que la visite s'y fasse par leurs ordres et en présence d'un homme par eux préposé. C'est encore la suite de ce que j'ai dit ailleurs de l'autorité qu'on doit donner aux intendants en cette matière.

En ordonnant que la visite sera faite en présence d'un officier par eux commis, on les charge spécialement de cette administration qui pourrait leur être contestée par les lieutenants de police, comme faisant partie de l'attribution générale qui leur est donnée pour la librairie par l'arrêt du 24 mars 1744.

Mais, au fond, il est juste et nécessaire de conserver aux intendants l'autorité sur la visite des livres. En effet, par le même arrêt de 1744, qui commet les lieutenants de police à l'exécution du règlement de 1723, les intendants sont chargés d'y tenir la main. D'ailleurs, par un arrêt du 28 décembre 1717, qui ajoute la ville de Lille à la liste des villes d'entrée, il est porté qu'après la visite des livres faite par les syndics, ils en dresseront un catalogue exact, qui sera par eux représenté à] l'intendant avant d'en faire la délivrance. Ainsi l'intention du législateur a toujours été que ce fussent les intendants qui présidassent à cette visite, et je ne crois pas que les lieutenants de police aient jamais voulu s'en mêler. Je croirais plutôt qu'il y a quelques villes dans le royaume, où personne ne s'en mêle, et où les syndic et adjoints font ce qui leur plaît sans en rendre compte à personne; et c'est à cela qu'il faut obvier.

Mais sans entrer dans toutes ces considérations, il faut s'arrêter à un principe de décision; c'est qu'il ne serait pas raisonnable de confier aux lieutenants de police de chaque ville, et encore moins aux maires et échevins qui, dans bien des villes, ont réuni ces charges et en font les fonctions, il n'est pas raisonnable, dis-je, de les charger d'une administration difficile, qui doit être quelquefois dirigée par des vues supérieures et par la connaissance des circonstances, et qui exige une relation continuelle avec M. le Chancelier.

Cette même administration est d'ailleurs du nombre des matières dont les intendants ou toute autre personne peuvent être chargés, sans que les juges ordinaires puissent s'en plaindre, attendu qu'il n'y a aucune juridiction contentieuse, que rien ne s'y décide par] sentence ni avec aucune forme judiciaire, et que les principes d'après lesquels on doit s'y conduire, ne sont ni ne peuvent être puisés dans aucune loi écrite.

Avant de quitter cet objet, je crois nécessaire d'observer que, suivant l'arrêt du 11 juin 1710, ceux qui sont chargés de la visite dans chaque ville devraient envoyer toutes les semaines à M. le Chancelier une copie certifiée de l'état des livres visités, pour y être par lui statué ce qu'il appartiendra. Par l'arrêt du 28 décembre

1717, qui est celui de Lille, les livres ne doivent être délivrés que sur les ordres de l'intendant; et en cas que les livres soient suspects, l'intendant doit prendre ceux de M. le Chancelier.

La disposition de l'arrêt de 1710 était impraticable, et n'a jamais été exécutée; celle de l'arrêt de 1717 est très bonne, et c'est précisément ce que nous proposons ici de faire pour tout le royaume; mais il était superflu d'insérer dans l'arrêt, qu'en cas de doute, les intendants recourront à l'autorité de M. le Chancelier. C'est un arrangement d'administration, qui est une suite nécessaire de leur subordination à celui de qui ils tiennent leur autorité en cette matière.]

SECOND OBJET p. 217

Transport des livres dans l'intérieur du royaume

Je ne connais aucun règlement général qui statue rien sur cet objet.

Par l'article 2 du règlement de 1723, confirmatif, à cet égard, de plusieurs anciens règlements, il est dit que les livres et les ustensiles d'imprimerie sont exempts de droits; mais il ne s'ensuit pas qu'ils soient exempts de visite, puisque la visite a lieu non seulement pour faire payer les droits des marchandises qui en doivent, mais aussi pour saisir celles qui sont prohibées, et je ne vois point dans quel cas cette visite doit avoir lieu.

L'article 3 porte: *Afin que les marchandises de qualité ci-dessus exprimée jouissent desdites exemptions, veut, Sa Majesté, que sur chaque balle, ballot, tonne, tonneau, caisse, coffre, malle, banne ou paquet, il y ait une déclaration portant que ce sont des livres, fontes, caractères, lettres ou encre servant à l'imprimerie, en ces termes: livres, caractères d'imprimerie, encre d'imprimerie.* J'avoue que je ne comprends pas le sens de cet article. L'inscription] mise p. 218
sur un ballot ne peut pas empêcher les employés des fermes de l'ouvrir, parce que cette déclaration peut être fausse, et que, sous le titre de livres, on pourrait faire entrer toutes sortes de marchandises. Or, quand le ballot est ouvert on voit assez si ce sont des livres, estampes, fontes ou caractères d'imprimerie, ou si ce sont d'autres marchandises. Ainsi cette inscription ne peut être utile que dans le moment où les ballots arrivent dans une ville destinée

à la visite. Alors les commis des douanes doivent, d'après la seule inscription, les envoyer aux chambres syndicales, et les officiers de ces chambres doivent renvoyer les ballots aux douanes s'il s'y trouvait d'autres marchandises que de la librairie; mais si c'est là le sens de l'article 3, il faut convenir qu'il en présente un autre, et au moins qu'il n'est pas énoncé clairement.

L'article 92, dont nous avons discuté la dernière disposition, en a une première qui paraît applicable à la question que nous agitons à présent; mais elle ne concerne que la ville de Paris.

Il est défendu aux syndics et adjoints de la librairie de toutes les villes du royaume, et à tous les directeurs et employés des fermes, d'ouvrir ni visiter les ballots de librairie] arrivant du pays étranger ou des provinces du royaume, et destinés pour Paris, et il leur est ordonné de les laisser passer après avoir été plombés, et avec acquit à caution que les conducteurs de livres seront tenus de prendre, soit au premier bureau du royaume pour les marchandises qui viennent des pays étrangers, soit au premier bureau de la route pour celles qui viennent des provinces. *p. 219*

Cet article suppose, 1.º qu'il y a des villes dans lesquelles les syndic et adjoints visitent tous les livres qui y entrent, même ceux qui ne font qu'y passer et qui sont destinés pour d'autres villes;

2.º Que les employés des fermes sont chargés d'arrêter et visiter les marchandises de librairie, autres que celles qui sont destinées pour Paris.

On a jugé à propos d'exempter de ces deux sortes de visites la librairie destinée à Paris en prenant acquit à caution. Je crois qu'il était très juste d'accorder cette faveur à la ville de Paris; mais je crois qu'il était également juste de l'accorder aux autres villes dans lesquelles la visite peut être faite, c'est-à-dire, suivant la police générale dont nous avons proposé le plan, toutes les villes dans lesquelles il y a un intendant, en y ajoutant] celles dans lesquelles on jugera à propos d'établir un inspecteur de librairie. *p. 220*

D'ailleurs, il me semble que ces visites dont la librairie de Paris est exemptée, ne sont pas suffisamment établies.

Celle des villes dans lesquelles il y a une chambre syndicale, est très utile quand elle est praticable. Nous avons observé que les précautions prises pour l'examen des livres à l'entrée du royaume n'étaient point suffisantes, et qu'elles ne feraient que rendre la fraude plus difficile, mais jamais impossible. Cela posé, il est important de prendre encore d'autres mesures pour l'intérieur du royaume, et la meilleure sans contredit est d'ordonner une autre visite et un autre examen dans des villes considérables comme Paris et Lyon, parce que ce n'est que dans ces grandes villes que le débit peut se faire avec une certaine rapidité.

Par ce moyen il y a deux sortes de visites:

L'une, qui se fait dans toutes les villes d'entrée des livres arrivés du pays étranger. On s'assure que cette visite sera faite par l'acquit à caution qu'on fait prendre à la frontière du royaume.

L'autre visite est celle qui se fait dans quelques villes particulières, et qui a pour objet,] non seulement les ballots plombés et chargés d'acquit à caution, mais généralement toute la librairie qui arrive, même celle qui vient de l'intérieur du royaume. *p. 221*

Cette police est certainement très bonne, et il ne reste plus qu'à examiner dans quels endroits elle doit être établie.

La première idée qui se présente est d'y assujettir toutes les villes d'intendants et d'inspecteurs, et cela paraît être conséquent au plan de police générale.

Mais le plus souvent cela serait impossible dans l'exécution. Il y a plus d'un an que M. le premier président de Rouen, qui, comme j'ai dit plus haut, est chargé de la police de la librairie dans la ville de sa résidence, écrivit à M. le Chancelier pour se plaindre de ce que la plus grande partie de la librairie qui entre dans Rouen n'est point visitée ni examinée, et il demanda qu'on donnât des ordres à ce sujet. Cette demande fut communiquée aux fermiers généraux qui ont le département de la Normandie, et ils répondirent que cela ne se pouvait pas. Cependant cela se pratique à Paris et à Lyon; mais la raison de la différence est qu'à Paris et à Lyon il y a des droits dûs pour presque toutes les marchandises, dont le paiement se fait à un bureau qu'on] appelle la douane, et pour cela toutes les voitures publiques sont conduites à ce bureau, où il y a un emplacement propre à les recevoir et des gardes préposés pour la sûreté des effets qui y sont déposés. C'est dans ce bureau qu'on sépare les livres des autres marchandises, et qu'on les envoie à la Chambre syndicale, qui est le lieu de l'examen. Mais il n'en est pas de même à Rouen. Cette ville n'est ville d'entrée dans le royaume que pour les marchandises qui arrivent par mer et qui ont *p. 222* remonté la rivière. Ce n'est que pour celles-là qu'il est dû des droits, et c'est d'après cela que toute la régie est montée.

Ainsi il n'y a point à Rouen de douane comme à Paris et à Lyon. Le bureau de visite des marchandises est sur le bord de la rivière: on les laisse en dépôt dans les vaisseaux ou bateaux, et elles y sont gardées jusqu'à ce que la visite en soit faite. Il n'y a point de cour fermée dans laquelle on puisse faire entrer des voitures, et tous les coches et autres voitures publiques qui viennent à Rouen par terre, arrivent au lieu de leur destination en droiture, sans visite et sans examen.

Si on voulait établir une police pour les livres, il faudrait changer entièrement cette régie, commencer par construire à grands] frais une douane telle que celles de Paris et de Lyon, et ensuite obliger les voitures chargées de toute espèce de marchandises d'y passer; car inutilement ferait-on la règle pour la librairie seule, attendu que ce n'est que par la visite de tout ce qui est dans une voiture qu'on peut s'assurer s'il y a de la librairie. p. 223

Ce qui est impossible à Rouen n'est pas, selon les apparences, plus aisé dans beaucoup d'autres villes. Ainsi avant de faire un règlement sur cette matière, il faudrait s'informer de ce qui se passe dans les autres villes d'intendants et d'inspecteurs. Dans celles où toutes les marchandises arrivantes sont visitées, comme à Paris et à Lyon, on pourra ordonner que les livres seront assujettis à la visite particulière des officiers préposés pour cela; mais pour toutes les autres il y faut renoncer.

L'article 92 paraît supposer encore d'autres visites de livres, qui peuvent être faites par les employés des fermes. On pourrait croire d'abord qu'il n'est question que de la visite à l'entrée du royaume, et de celle qui se fait sans doute, pour toute espèce de marchandises, dans les quatre lieues de la frontière.

Mais il paraît que ce n'est pas de celles-là seules qu'on a voulu parler, puisqu'on ordonne] de faire prendre acquit à caution, pour les livres qui viendront des provinces, dans le premier bureau de la route. p. 224

Aurait-on voulu ordonner que, dans tous les lieux où les fermiers généraux ont établi des bureaux, les livres fussent arrêtés? Mais ce serait une grande gêne à ce commerce, imposée gratuitement. Ces bureaux ne sont établis que pour faire payer, sur les marchandises, des droits de traite, de péage ou des droits locaux. Il n'y en a aucun sur la librairie; ainsi la visite à cet égard serait sans objet.

D'un autre côté, l'examen des livres ne peut être fait que par gens qui s'y connaissent, et on ne peut pas se reposer de ce soin sur les commis des fermes.

Il faudrait donc supposer que lorsque les livres arrivent à quelqu'une de ces lisières établies entre certaines provinces, et auxquelles les droits se paient, les commis de cette barrière seraient chargés, comme ceux de la frontière du royaume, de faire prendre acquit à caution pour quelqu'une des villes destinées à l'examen des livres.

Mais un pareil arrangement interrompt la circulation des marchandises. Le commerce qui y est assujetti en souffre un très grand] préjudice, et cette gêne ne subsiste qu'à cause des droits qui en reviennent au roi, et qui sont très considérables. p. 225

Pour la librairie, qui ne rapporte aucun droit, et qui est déjà sujette à d'autres gênes, il ne faut point lui imposer celle-là de plus. Elle serait même très inutile, parce que la plus grande partie du royaume, qui est ce qu'on appelle, en termes de finance, *le pays des cinq grosses fermes,* [59] est assez peuplée pour consommer une édition de livres défendus, et que, dans toute cette étendue, il n'y a point de bureau.

D'ailleurs, je ne connais aucun article de règlement ancien ni nouveau à ce sujet, et l'induction qu'on peut tirer de l'article 92 n'est pas suffisante. Enfin, avant de rien statuer sur cet objet, il faudrait encore savoir des fermiers généraux ce qui se pratique, et si leurs commis ont d'autres ordres sur la librairie, que celui de faire passer les livres qui entrent dans le royaume par les villes d'entrée, en y joignant les règlements particuliers pour Calais, pour le bureau des Rousses et pour Lyon.

Avant de finir cet objet, il nous faut examiner deux dispositions particulières, l'une pour Lyon, et l'autre pour Rouen, contenues] dans des arrêts du Conseil, postérieurs au règlement de 1723. p. 226

Par l'article 6 de l'arrêt du 21 juin 1746, dont nous avons déjà parlé fort au long, et qui est celui dans lequel on a pris des précautions particulières pour l'entrée des livres de Genève et d'Avignon, par l'article 6 de cet arrêt, disons-nous, il est porté que toute marchandise de librairie qui passera à Lyon, *sous quelque destination que ce soit,* sera visitée à la chambre syndicale de cette ville, excepté ce qui sera destiné pour Paris; c'est-à-dire que voilà un article de règlement demandé par les libraires de Lyon pour leur intérêt, et modifié par les libraires de Paris pour le leur. En effet, pourquoi des livres qui viendront de Dauphiné en Bourgogne, ne seront-ils pas aussi bien visités à Dijon qu'à Lyon? Ceux qui sollicitaient le règlement représentèrent sans doute qu'il était plus commode pour l'administration de n'avoir à fixer son attention que sur une seule ville, et qu'on trouverait plus aisément à Lyon de bons syndics de la librairie, que dans des villes moins considérables.

Ce raisonnement était aisé à détruire: il aurait suffi d'observer que les fraudeurs en seront quittes pour ne pas passer par Lyon.] C'est effectivement ce qui arrive surtout pour les livres d'Avignon, p. 227 que, depuis 1746, on fait passer par l'Auvergne. Ainsi le règlement gêne les libraires de bonne foi, et ne nuit point aux contrebandiers; et il n'a été sûrement rendu que parce que les libraires de Lyon et ceux de Paris ont été les seuls consultés; les uns, parce qu'il était question d'abus qui se commettaient par Lyon, et auxquels on voulait remédier; et les autres, parce qu'ils sont le plus à portée de ceux qui font les règlements, et que, par cette raison, ils ont toujours été consultés, et en ont toujours abusé.

Dans cette circonstance-ci, le règlement qu'ils ont obtenu détruit, en grande partie, le commerce de toute autre ville que Lyon et Paris; et cela est si vrai, que les libraires de Paris ont senti eux-mêmes le tort qui en résultait pour eux. Effectivement, ils ne firent pas attention, lors de la rédaction de l'article, que l'exception admise en leur faveur n'était pas entière. On a excepté les livres destinés à Paris, et non ceux qui viennent de Paris pour d'autres destinations. Quelques libraires de Paris ont donné des mémoires à ce sujet, dans lesquels ils articulent le tort que la visite de Lyon fait à leur commerce, comme si elle] n'en faisait pas un p. 228 bien plus grand aux autres villes, et comme s'ils n'avaient pas mille avantages qui les en dédommagent. Ils ont eu même la hardiesse de proposer qu'on ordonnât que les livres seraient exempts de la visite de Lyon avec le certificat d'un maître libraire de Paris. Cette plainte et cette demande ne méritent aucune attention en ce qui les regarde; mais elle prouve combien cette visite de Lyon nuit aux autres villes du royaume, qu'il serait aisé d'en libérer en ordonnant pour celles-là, comme pour Paris, que les livres qui y sont destinés, seraient plombés et munis d'acquit à caution à Lyon. Cette précaution suffirait au moins pour les villes que nous avons appelées villes d'intendants et d'inspecteurs.

Ce que nous avons dit de Lyon peut aussi se dire en partie de Rouen. Il y a longtemps qu'on s'est plaint des fraudes qui se pratiquent en cette ville, et les libraires de Paris surtout prétendent, non sans fondement, que les privilèges exclusifs dont ils sont propriétaires, n'y sont point respectés.

Ces plaintes ont donné lieu à beaucoup de règlements particuliers à la ville de Rouen, et qui, par cette raison, ne peuvent pas, suivant moi, être des règlements utiles, attendu que, s'ils étaient bons, il faudrait les rendre généraux] pour les autres villes du royaume. Ces règlements sont contenus dans des arrêts du Conseil du 8 mars 1721, du 20 janvier 1723, du 25 mai 1723, et du 14 septembre 1741.

Plusieurs articles de ces règlements ne s'exécutent pas comme l'article premier de l'arrêt du 20 janvier 1723, par lequel il est ordonné que toute la librairie qui arrivera à Rouen, *soit de l'étranger, soit d'autres villes et lieux du royaume, par mer ou par terre,* sera portée au bureau de la Romaine [60] pour être visitée. J'ai dit ailleurs les raisons par lesquelles cette disposition n'a jamais eu ni pu avoir d'exécution.

D'autres articles sont exécutés, mais ne remédient à rien, comme l'article 12 de l'arrêt du 14 septembre 1741, par lequel il est ordonné que toute la librairie ne viendra de Rouen à Paris que par eau, et il est défendu aux voituriers par terre de s'en charger. Cette disposition est si dure, que, dans de certains temps, il faut absolument en donner des dispenses, comme dans les temps où la rivière n'est pas marchande. Au fond, elle ne sert de rien, parce que les fraudeurs ne seront jamais embarrassés de l'éluder.

Il est vrai que les voitures publiques qui viennent par terre de Rouen à Paris ne se] chargent plus de librairie; mais ce n'est pas par cette voie que la librairie de contrebande s'introduit, puisque les voitures publiques sont toujours menées à la douane à leur arrivée à Paris, et de la douane à la chambre syndicale. Enfin, il faut employer les meilleurs moyens possibles pour empêcher qu'on n'imprime en fraude à Rouen. Nous les avons proposés. Il faut aussi prendre des mesures pour faire examiner ceux qui viendront de Paris. Ces mesures ne peuvent être autres que celles qui sont déjà prises. Pour ce qui est d'empêcher qu'on ne fasse sortir de Rouen les livres qui y ont été imprimés, et qu'on ne les conduise dans les endroits où on pourra attendre les occasions favorables de les introduire dans Paris, on n'y réussira jamais. Les soins qu'on se donnera sur cela seront inutiles, et toutes les formalités auxquelles on assujettira les libraires seront éludées par les fraudeurs, et ne seront à charge qu'à ceux qui n'ont pas l'intention de frauder.

Récapitulation du quatrième article

1.º Ordonner que, conformément aux anciens règlements, les livres n'entreront dans le royaume que par certaines villes; enjoindre] aux fermiers généraux de faire plomber tous les ballots de librairie qu'on voudra introduire dans le royaume, et exiger qu'on prenne des acquits à caution pour quelqu'une des villes d'entrée.

2.º Fixer la somme pour laquelle il faudra donner caution.

3.º Ordonner que, dans les quatre lieues de la frontière du royaume, on arrêtera tous les ballots de livres non plombés et non munis d'acquits à caution. Sur cela il faudra se concerter avec les fermiers généraux, et savoir à quelle distance ils arrêtent les autres marchandises prohibées ou celles qui leur doivent des droits. C'est certainement dans les quatre lieues pour les provinces qu'ils appellent *pays de la ferme*; mais je ne sais pas s'ils n'ont pas une autre mesure pour celles qui sont réputées *provinces étrangères*. [61]

4.º Déterminer les villes d'entrée, et en augmenter beaucoup le nombre; y comprendre toutes les villes qui sont la résidence d'un intendant, et, sur les autres, se décider d'après les informations qu'on aura prises, et établir des inspecteurs de librairie dans les villes d'entrée où il n'y a point d'intendant.

5.º Conserver l'usage et la forme de la visite qui se fait à Paris, et de celle qui se fait à] Lyon, mais en exempter tous les ballots qui passent debout par ces deux villes d'entrée, en exigeant seulement que la destination soit assurée par l'apposition des plombs et l'acquit à caution.

6.º Révoquer tous les règlements particuliers, ou au moins les laisser tomber en désuétude.

Addition au quatrième mémoire

J'ai annoncé dans une note la discussion de quelques mémoires envoyés à M. le Chancelier au sujet de la librairie de Lyon, et de la contrebande d'Avignon. Je trouve que les plaintes contenues dans ces mémoires se réduisent aux inconvénients que la déclaration de 1746 devait entraîner, et que les remèdes se trouvent dans les anciens règlements.

En 1752, M. de Laporte, [62] intendant de Dauphiné, écrivit à M. le Chancelier pour l'avertir de la contrebande énorme de livres qui se faisait d'Avignon, et lui envoya un mémoire de son subdélégué de Vienne, qui proposait les moyens d'y remédier.

Ces moyens étaient, 1.º d'engager le vice-légat à faire examiner lui-même les livres à] Avignon par la chambre apostolique, et à ordonner que les ballots y seraient plombés pour les villes de France où ils seraient destinés. M. de Laporte, en envoyant le mémoire, prévit aisément que cet expédient ne serait point goûté, et le manda à M. le Chancelier. p. 233

Le second moyen proposé était d'ordonner aux commis de Villeneuve d'y arrêter les ballots de livres, et de s'assurer, par l'acquit à caution, de leur destination pour Aix, Valence, Nîmes et Montpellier, dans lesquelles villes la visite sera faite par un ecclésiastique nommé par l'évêque du lieu, et par un juge royal ou un subdélégué choisi par l'intendant.

Ce moyen est, dans son principe, celui qui doit être employé pour tout le royaume. Dans l'application, il y a quatre observations à faire, que voici:

1.º La piété de l'auteur de ce mémoire lui a suggéré indiscrètement de mêler dans cette visite les ecclésiastiques, qui n'y ont rien à faire.

2.º On restreint inutilement au seul bureau de Villeneuve le passage des livres. Il me paraît au contraire qu'il est très sage de fixer le nombre des villes dans lesquelles la visite] doit être faite, mais que c'est une gêne superflue que de fixer les bureaux par où les livres ne doivent que passer. Nous en avons détaillé les raisons. p. 234

Aussi le subdélégué de Vienne ne propose-t-il d'imposer cette obligation que parce qu'il la croit nécessaire pour se conformer à l'esprit de l'arrêt du 21 juin 1746.

Il observe même dans le reste de son mémoire, que les abus viennent de ce que l'arrêt de 1746 obligeant ceux qui font le commerce de livres venant d'Avignon, de les faire passer par Villeneuve et Lyon, cette formalité devient impraticable pour ceux qui sont destinés pour la Provence, le Dauphiné et le Languedoc. C'est pour cela qu'il propose de faciliter l'exécution du règlement, en permettant la visite dans d'autres villes que Lyon.

Les mêmes principes auraient dû le conduire à permettre le passage par d'autres bureaux que celui de Villeneuve.

3.º On propose d'ordonner une visite à Aix, Valence, Nîmes et Montpellier, c'est-à-dire, de déclarer ces quatre villes, villes d'entrée.

Pour Aix et Montpellier, elles entrent dans le plan que nous avons proposé.

Quant à Nîmes, je ne vois aucun motif pour en faire une ville d'entrée. Nîmes est trop] près de Montpellier pour qu'il y ait aucun inconvénient à faire de Montpellier le centre du commerce de livres qui se fait tant à Nîmes qu'aux environs. Si on prétendait que Nîmes est le lieu du passage des marchandises d'Avignon pour quelqu'autre province par une route dans laquelle Montpellier ne se trouve pas, il n'y a encore en cela aucune gêne trop forte, puisque cette route, quelle qu'elle soit, aboutira à une généralité, dont le lieu principal sera ville d'entrée.

Reste Valence. Je ferai d'abord la même réponse, et je dirai que les livres qui se débitent dans le Dauphiné peuvent bien passer à Grenoble.

Il se pourrait cependant absolument que l'éloignement où cette ville est d'Avignon, la difficulté de la navigation de l'Isère ou d'autres circonstances obligeassent à mettre Valence au nombre des villes d'entrée, et cela n'est pas contraire à notre plan, puisque nous avons établi, en parlant du choix de ces villes, qu'il y a des cas où il est nécessaire d'en établir dans d'autres lieux que ceux de la résidence des intendants.

4.º Le subdélégué de Vienne met aussi au nombre des causes de la contrebande ce qui se passe au sujet des marchandises qui sont] *transportées d'Avignon en* transit, *et pour le Haut Comtat.* [63] *Ces marchandises,* dit-il, *ne sont pas visitées, et il est facile de faire sortir des livres sous la dénomination d'autres marchandises, et de les faire passer ensuite en Dauphiné, en Provence et en Languedoc.*

Il est aussi facile de remédier à cette contrebande pour les livres, que pour les autres marchandises. Les fermiers généraux n'accordent sûrement pas le transit sans s'assurer, soit par acquit à caution ou autrement, qu'on n'abuse pas de cette facilité pour introduire de la contrebande.

Il sera aisé de s'informer des précautions qu'ils prennent pour ce qui les regarde, et de faire prendre les mêmes pour les livres.

La lettre de M. de Laporte, dont je viens de parler, est de 1752. Peu de temps après j'en reçus une des syndic et adjoints de la librairie de Lyon, en réponse à un mémoire des libraires de Paris, qui se plaignent des fréquentes contrefactions des livres dont ils ont le privilège, et qui prétendaient que ces contrefactions se faisaient à Lyon; car il est bon d'observer que toutes les plaintes ne roulent que sur l'objet des contrefactions; que l'arrêt de 1746, celui du bureau de Calais et] celui des Rousses, dont il a été ci-devant parlé, et en général la plupart des règlements de librairie, n'ont été faits que sur la demande des libraires de Paris, et n'ont pour objet que de remédier à ce seul abus: c'est ce qu'il est aisé de voir quand on lit ces règlements, et encore plus quand on retrouve les mémoires sur lesquels ils ont été dressés.

Pour revenir à notre objet, les libraires de Lyon prétendirent que ce n'était point chez eux, mais à Avignon, que s'étaient faites les contrefactions dont on se plaignait. Ils nommèrent même les imprimeurs d'Avignon. Ainsi on en vint à l'entrée des livres d'Avignon en France, et sur cela ils observèrent que l'arrêt du 21 juin 1746 devenait insuffisant, parce que les directeurs des fermes se donnaient la liberté de remettre indistinctement des ballots aux personnes qu'ils favorisaient, sans les envoyer à la chambre syndicale.

A cet égard, il suffirait de leur demander la preuve de ce fait, et d'en avertir les fermiers généraux, ou tout simplement cet abus n'arrivera plus lorsque la visite qu'on évite par cette voie devra être faite sous les yeux de l'intendant. Ce sera à lui à obliger les directeurs des fermes à se conformer aux règlements.]

Un Français retiré à Avignon offrit, l'année passée, d'indiquer les moyens propres à empêcher cette fraude, et il me donna des avis assez importants sur la manière dont elle se commettait. Quand il fut question de voir par quelles précautions il croyait pouvoir l'empêcher, il proposa de créer un inspecteur ambulant, qui fît continuellement le tour du Comtat, et qui saisît les ballots de livres qu'on introduirait en France. On se doutera aisément que l'auteur du projet comptait être chargé de l'exécution. *p. 238*

La réponse à ce projet est que cet inspecteur ambulant, quand il aurait toute la vigilance possible, ne pourrait jamais remplir sa fonction aussi bien que les brigades des fermiers généraux ou celles des maréchaussées. [64] Ainsi tout ce qu'on peut conclure de son mémoire, est qu'il faut établir pour Avignon la police générale qui doit l'être pour toutes les autres frontières, c'est-à-dire, défendre de laisser entrer dans le royaume les livres qu'avec acquit à caution pour une ville d'entreé.

Enfin, M. de Saint-Priest, [65] intendant de Languedoc, a envoyé, au mois de décembre dernier, un mémoire par lequel il indique à M. le Chancelier les moyens les plus propres à faire cesser la contrebande d'Avignon, et il] lui marque qu'une partie de ces moyens sont les mêmes qui ont été employés, et qui ont réussi pour prévenir l'introduction d'autres marchandises prohibées en Languedoc. Voici quels ils sont: *p. 239*

1.º Défendre aux sujets du Roi de faire imprimer hors du royaume.

Cette défense est déjà portée dans l'article 107 du règlement de 1723.

2.º Défendre à toutes personnes de faire venir des livres d'Avignon sans une permission par écrit de l'intendant.

La défense de laisser entrer les livres dans le royaume pour tout autre lieu que les villes d'entrée, et l'ordre de les faire examiner dans ces villes par celui qui sera préposé à cet effet par l'intendant, contient la défense que M. de Saint-Priest veut qui soit faite; mais de ce qu'il juge cette défense particulière nécessaire, on doit conclure que la défense générale n'est point exécutée, et même est oubliée en Languedoc et dans les environs du Comtat.

3.º Enjoindre aux employés des fermes établis aux passages du Rhône et aux brigades ambulantes, d'arrêter les balles de livres *qui ne seraient pas accompagnées d'un passe-port de l'intendant pour ceux qui viennent d'Avignon, et des certificats des chambres] syndicales pour ceux qui viennent des provinces.* p. 240

Cette injonction me paraît encore comprise dans l'arrêt du 11 juin 1710, dans celui du 19 juin 1717, dans l'article 14 du règlement du 28 février 1723, et dans tous les arrêts et règlements qui fixent les villes d'entrée. La nécessité d'un passe-port de l'intendant pour les livres venant d'Avignon ne serait point une rigueur nouvelle; ce serait au contraire une facilité qu'on accorderait au commerce d'Avignon, ou plutôt ce serait une dérogation au règlement général ou une exception; mais je ne crois pas qu'elle soit nécessaire, et il me paraît qu'il est plus simple d'ordonner que ces livres seront examinés au lieu de la destination, et que les commis des fermes obligeront seulement de prendre acquit à caution. La raison en est que le passe-port de l'intendant peut donner lieu à la fraude, en faisant passer, à l'abri de ce passe-port, d'autres marchandises que celles qui en sont l'objet; au lieu que, par l'acquit à caution et l'apposition des plombs, on s'assurera que toute la marchandise qui passera sera visitée.

La formalité du certificat des chambres syndicales pour la librairie venant des provinces du royaume a un objet différent, puisque,] suivant le droit commun, celle-là devrait être exempte de visite. Aussi M. l'intendant de Languedoc ne propose-t-il cette formalité que par la crainte qu'on n'introduise la librairie d'Avignon sous prétexte qu'elle vient des provinces du royaume; mais ce qu'il propose à cet égard serait sujet à bien des inconvénients, à cause du petit nombre de villes dans lesquelles il y a une chambre syndicale, et il me semble qu'il vaudrait encore mieux s'assurer du lieu de l'arrivée des livres par l'acquit à caution, que du lieu de leur départ par le certificat d'une chambre syndicale; ce qui rentre dans l'ancienne disposition des règlements. p. 241

M. l'intendant de Languedoc a encore un autre objet que d'empêcher la fraude; c'est celui de favoriser le commerce des Français, et de diminuer celui des Avignonnais. Mais cet objet sera également rempli si on le veut; il suffira pour cela d'arrêter à l'examen les livres d'Avignon; ce qui sera conforme aux règlements, parce que la plupart des livres qui s'impriment dans le Comtat sont, ou des livres qui ne seraient pas permis en France, ou des livres contrefaits sur ceux dont il y a en France un privilège exclusif. Ainsi la précaution proposée par M. de Saint-Priest reviendra] encore au droit commun, en supposant que l'ordre d'arrêter les ballots de livres qu'il veut qui soit donné aux commis, ne s'étendra plus au-delà d'une certaine distance de la frontière du Comtat. En effet, l'ordre de ne laisser entrer les livres que par de certaines villes, et de faire prendre acquit à caution, comprend implicitement celui d'arrêter toute la librairie qui se trouvera sans acquit à caution à une certaine distance des frontières du royaume: c'est aussi ce qui se pratique pour toutes les autres marchandises sujettes aux droits et à la visite. p. 242

4.º Obliger les messagers et voituriers de conduire aux chambres syndicales des villes de leur arrivée, ou chez le subdélégué de l'intendant, les ballots de librairie pour lesquels ils auront obtenu un passeport. Cette précaution devient inutile en exigeant l'acquit à caution.

Tout ce qu'il faut observer à cet égard, c'est que la position du Comtat au milieu du royaume obligera peut-être d'établir la visite juridique dans plusieurs autres villes que celles qui sont mentionnées dans les arrêts et règlements. C'est sur cela qu'il faudra se concerter avec les intendants des provinces voisines. D'ailleurs, on sera obligé de prendre] acquit à caution pour la librairie qui traversera le Comtat; c'est une formalité qui n'est point prescrite, et il est inutile qu'elle le soit; elle dérive de l'obligation de faire visiter la librairie qui arrive d'Avignon, comme celle qui arrive des autres pays étrangers. p. 243

Ainsi au lieu de l'arrêt du Conseil que propose M. de Saint-Priest, je crois qu'il suffira de rappeler les règlements généraux, de les faire exécuter, et seulement, pour les rendre exécutables, de multiplier les villes d'entrée.

D'ailleurs, les précautions particulières à chaque province, et relatives à des circonstances locales, pourront être prises, mais toujours conformément à l'esprit du règlement général, et chaque intendant pourra rendre à ce sujet une ordonnance pour sa généralité.

S'il y avait d'autres mesures à prendre pour les livres d'Avignon, ce ne pourrait être qu'en se concertant avec la cour de Rome par voie de négociation; mais je doute qu'on y trouvât de la facilité, parce que je crois que cette cour tire beaucoup d'argent de la contrebande des livres. J'en citerai pour preuve une lettre que j'ai reçue depuis peu d'un habitant d'Avignon, qui me mande qu'il a sollicité la permission d'imprimer une nouvelle feuille] périodique, différente de celle qui est connue sous le nom du *Courier d'Avignon,* [66] qu'il a offert à la chambre apostolique vingt mille francs par an, mais que le Pape est arrêté par le privilège qu'il a accordé au nommé Giroud, pour *le Courier d'Avignon,* pour un tribut annuel de quatre mille livres. Il est très possible que les autres livres qui s'impriment à Avignon paient une pareille redevance.

CINQUIÈME MÉMOIRE SUR LA LIBRAIRIE

Contenant un éclaircissement sur ce qu'on appelle permissions tacites

Nous avons parlé plusieurs fois, dans ces mémoires, des *permissions tacites,* et nous avons renvoyé à un éclaircissement particulier ce qui devait en être dit.

J'ai vu plusieurs personnes qui étaient persuadées que les abus de la librairie venaient de l'usage de ces permissions tacites, et cependant aucun administrateur de la librairie n'a renoncé à en donner. La raison en est que, dans la pratique, il est absolument impossible de s'en passer, et tous ceux qui y sont le plus opposés, finiraient par y recourir s'ils avaient été chargés quelques mois du détail de la librairie. D'ailleurs, ces permissions tacites qui sont contraires à la lettre des règlements, ne sont cependant pas destituées de toute forme, et c'est sur cela que tombe l'erreur de ceux qui s'en plaignent. On croit que les permissions tacites sont de pures permissions] verbales ou de simples actes de tolérance, dont il ne reste aucun vestige. Si cela était, elles seraient abusives par des raisons que nous avons dites plusieurs fois, et surtout parce que ces voies détournées accoutument les libraires à la fraude.

Les premières permissions tacites qui ont été données, ont sans doute été de ce genre, et il arrive encore quelquefois qu'on en donne de pareilles à cause du défaut de principes fixes en vertu desquels le censeur puisse se réputer à l'abri de tout reproche. Mais les véritables permissions tacites sont bien différentes de ces actes de tolérance ou peut-être de *connivence.*

Les permissions tacites étant devenues aussi communes qu'elles le sont aujourd'hui, on a senti la nécessité d'y mettre une forme, et cette forme est qu'on les inscrit sur un registre déposé à la chambre syndicale, et entre les mains du lieutenant de police. Cette forme est moins authentique que celle des permissions publiques, mais n'est pas moins constante. Voilà l'éclaircissement qu'il est nécessaire de donner, et qui doit détruire les impressions défavorables attachées au nom de *permissions tacites*.

Si on veut examiner à présent les motifs] qui les ont fait établir, et les raisons qui doivent les faire subsister, on les trouvera dans tout ce qui a été dit dans le second et le troisième mémoires. p. 247

La loi qui défend d'imprimer sans une permission et une approbation écrite est une loi très sage, pourvu qu'on n'en use que pour un petit nombre d'objets. Je ne répéterai pas ce qui a été dit ailleurs à ce sujet; mais la loi qui ordonne d'imprimer la permission et l'approbation, est impraticable et inutile.

Il importe au magistrat chargé de l'administration, de savoir pour quels ouvrages la permission a été accordée, et par qui ils ont été approuvés. Son registre et le paraphe du censeur mis au manuscrit ou à un exemplaire imprimé suffisent pour cela.

Il est aussi nécessaire que les juges du délit puissent savoir si un livre est permis, afin de connaître si le libraire est punissable; mais pour cela il suffit que le libraire ait sa permission scellée et enregistrée, et qu'il puisse la représenter pour sa décharge si on veut le traduire en justice. Il n'y a que les privilèges exclusifs qu'il faille absolument imprimer, parce qu'il est nécessaire que celui qui a acquis un droit exclusif sur un ouvrage, en avertisse, par la voie de l'impression, ceux qui voudraient] l'entreprendre concurremment avec lui. p. 248

Il n'y avait donc aucune nécessité à ordonner qu'une simple permission et l'approbation du censeur seraient imprimées, et il y avait beaucoup d'inconvénients résultants de tout ce que nous avons dit dans le cours de ces mémoires.

Celui qui a accordé une permission n'en doit point compte au public, et les censeurs, qui sont des subalternes que M. le Chancelier consulte, seraient très fâchés de voir publier leur avis par la voie de l'impression: il n'est pas juste qu'ils soient exposés au ressentiment de ceux à qui cet avis n'est pas favorable.

Si ces inconvénients avaient été considérés dans un point de vue général, ils auraient peut-être porté le législateur à changer la loi, et alors 'l n'y aurait plus qu'une sorte de permission; ce qui serait le plus simple et le plus naturel. Mais l'inconvénient de la loi existante ne s'est jamais présenté que relativement à de circonstances particulières.

Dans l'origine il y avait peu de cas où les permissions ne pussent se donner publiquement, parce qu'on imprimait sur moins de matières, et qu'il n'y avait guère que deux sortes d'ouvrages, les uns qui n'intéressaient] que les gens de lettres, les autres directement contraires au Gouvernement et à l'autorité, et qui par-là n'étaient pas plus susceptibles de permission tacite, que de permission publique. *p. 249*

Depuis que le goût d'imprimer sur toutes sortes de sujets est devenu plus général, et que les particuliers, surtout les hommes puissants, sont aussi devenus plus délicats sur les allusions, il s'est trouvé des circonstances où on n'a pas osé autoriser publiquement un livre, et où cependant on a senti qu'il ne serait pas possible de le défendre. [67] C'est ce qui a donné lieu aux premières permissions tacites; et comme on croyait qu'il y aurait très peu de cas où elles seraient nécessaires, on n'a pas imaginé de remonter à la source, et de réformer un règlement devenu respectable par son ancienneté. Cependant elles se sont multipliées au point d'être devenues aujourd'hui aussi communes que les permissions publiques.

Il serait plus difficile à présent que jamais, de renverser ce règlement principal consigné dans les anciennes ordonnances, et renouvelé dans toutes les lois postérieures: ainsi il faut nécessairement laisser subsister les permissions tacites. Cependant, d'après ce que j'ai dit, on peut y faire deux objections.]

L'une est que les principes établis, dans les mémoires précédents, sur le peu d'objets auxquels la fonction du censeur doit s'étendre, doivent le mettre à l'abri des reproches du public, et lui donner plus de hardiesse pour publier son approbation. *p. 250*

Cela serait vrai si le public était juste, ou plutôt si les particuliers l'étaient dans ce qui intéresse leur amour-propre; mais comme il s'en faut beaucoup qu'ils ne le soient, un censeur craindra toujours, avec raison, de se faire des ennemis, et dès lors, quelque assuré qu'il soit de l'indulgence de celui dont il tient sa fonction, il refusera toujours de donner publiquement son approbation pour les mêmes livres pour lesquels il la donnerait tacitement; et si on l'oblige de mettre son nom au livre, il fera mille difficultés, dont l'effet sera de dégoûter les auteurs, ou plutôt de les porter à recourir aux voies furtives, et à se passer de permission expresse.

L'autre objection est que, les permissions tacites étant consacrées à la teneur de la loi, les juges doivent toujours les méconnaître, et condamner un libraire qui n'a qu'une permission tacite avec la même rigueur que s'il n'en avait aucune.]

Je conviens de la réalité et de la solidité de cet argument, et si on pouvait aujourd'hui s'assurer de tous les suffrages nécessaires pour faire une loi, je proposerais d'établir les permissions tacites par une déclaration enregistrée, ou plutôt, comme j'ai dit plus haut, de permettre d'imprimer un livre sans imprimer la permission. Mais, comme il n'est pas possible de prendre un pareil parti dans les circonstances présentes, il faut au moins se tirer d'affaire par une voie oblique.

Cette difficulté à été agitée dans les conférences que j'ai eues l'année passée avec quelques-uns de MM. du Parlement, au sujet de la déclaration dont nous avons donné le projet au commencement du quatrième mémoire. Ils sentirent, comme moi, la nécessité des permissions tacites, et c'est pour les autoriser indirectement, qu'à l'article 2, où il est fait défenses d'imprimer sans permission, on a ajouté ces termes: *conformément aux règlements et usages de la librairie;* ce terme, *usage,* a paru renfermer l'usage des permissions tacites.

Il n'est donc plus question que de rendre cet usage assez constant pour que le libraire qui a obtenu une pareille permission, puisse la produire pour sa décharge, et que celui] qui n'en a pas obtenu, ne puisse pas alléguer qu'il en a une.

Pour cela il faut établir une forme de permissions tacites. J'ai dit qu'il y en avait déjà une, mais je dois dire ici qu'elle ne vaut rien, et cela parce qu'on a senti que ces permissions n'étaient point régulières, et que l'on a voulu éviter que la justice réglée en pût prendre connaissance.

Les permissions tacites, comme nous avons déjà dit, sont consignées dans un registre qui reste chez M. le Chancelier, et dont il y a deux copies, l'une entre les mains des syndic et adjoints de la librairie, l'autre remise au lieutenant de police de Paris.

De là il s'ensuit qu'il n'y a aucune forme pour les permissions tacites qu'on accorde dans les provinces; il s'ensuit aussi qu'un libraire qui n'a pas en main cette pièce qui est son titre, est bien à plaindre si on le condamne faute d'une permission qu'il ne peut pas représenter, ou plutôt que le libraire, accusé d'avoir imprimé sans permission, soutiendra toujours qu'il en a eu une tacite, et que ce n'est pas sa faute si elle n'a pas été mise sur le registre par négligence, ou si elle en a été ôtée par infidélité.

D'ailleurs le registre, comme j'ai déjà dit,] ne doit pas passer entre les mains de la justice. Puisqu'elle connaît du délit d'imprimer sans permission, il faut bien que l'accusé puisse lui représenter sa permission; mais les administrateurs ne consentent point que le tableau général des permissions tacites soit exposé à la critique, et c'est pour cela que le registre envoyé à la chambre syndicale n'est signé de personne ayant caractère, et est retiré à la volonté de M. le Chancelier ou de celui qui est par lui préposé à cet effet. p. 253

Les abus que j'annonce ici n'ont jamais existé, parce que jusqu'à présent tout s'est fait par administration, et que l'administrateur savait bien s'il avait accordé ou non la permission; mais aujourd'hui que l'arrêt du Parlement oblige de se mettre en règle, il faut prévoir des abus qui doivent nécessairement arriver.

Pour y remédier, je proposerai donc une nouvelle forme, c'est qu'il soit addressé à la chambre syndicale un ordre par lequel, *vu la nécessité où on est quelquefois de commencer l'impression des ouvrages avant l'expédition du privilège ou de la permission scellée, on déclare que les permissions particulières données à ce sujet n'auront lieu qu'autant que les imprimeurs auront un*] exemplaire *manuscrit du livre ou des feuilles d'épreuve paraphées par celui qui sera préposé à cet effet par M. le Chancelier, et qu'ils seront tenus de représenter lesdites feuilles aux syndic et adjoints lors de la visite par eux faite dans les imprimeries, et de les garder encore un an après que l'impression sera achevée et que le livre aura été publié.* p. 254

Cet ordre ne peut être ni un arrêt du Conseil, ni même un ordre signé de M. le Chancelier, puisqu'il tend à établir les permissions tacites qui sont contraires à la disposition de la loi; mais il servira seulement à instruire les libraires du nouveau règlement, et à leur donner un titre avec lequel ils puissent être à l'abri de toutes recherches, et dont ils ne puissent pas abuser en alléguant, comme ils font tous les jours, une fausse permission verbale.

Je sais que cet ordre ne pourra pas être réputé une loi authentique; mais nous avons dit que, par la déclaration, les usages de la librairie doivent être conservés. Or, l'usage ne peut être mieux constaté que par un pareil ordre. Il faudra seulement s'assurer que, dans le moment que l'ordre sera publié, le procureur général du Parlement n'ira pas le] dénoncer comme contraire aux lois du royaume. Je crois qu'on pourra s'arranger sur cela, parce que MM. du Parlement ne sont pas opposés aux permissions tacites. Or, si l'ordre est une fois connu dans la *Librairie,* et qu'il soit exécuté seulement pendant trois ou quatre ans, il devient au moins un de ces usages authentiques que l'article 2 de la déclaration aura égalés aux règlements. p. 255

Il reste deux doutes à éclaircir sur cette nouvelle forme: 1.º on me demandera pourquoi j'annonce les ouvrages permis tacitement comme des ouvrages pour lesquels on doit donner une permission du sceau, qui n'est pas encore expédiée. Je réponds que c'est pour ne pas attaquer de front la loi qui défend d'imprimer sans permission scellée. C'est par la même raison que, dans l'usage actuel, la liste des permissions tacites, qui est déposée à la chambre syndicale, est intitulée: *Liste des ouvrages imprimés en pays étrangers, dont le débit est permis en France;* mais cette forme n'est pas suffisante pour garantir l'imprimeur dans le cas où on prouverait que c'est lui qui a imprimé l'ouvrage.

2.º Peut-être aussi sera-t-on étonné de ce que je n'oblige les libraires à garder les feuilles paraphées par le censeur que pendant un an.]

Mais les raisons qui nous font désirer de substituer quelquefois des permissions tacites aux permissions publiques, doivent aussi faire retirer au bout d'un certain temps l'original de la permission, ou les feuilles paraphées qui la constatent. Au fond, si un p. 256

livre est punissable, il ne sera pas un an sans faire son effet, et sans que les juges en soient avertis. Et d'ailleurs, après l'année révolue, l'action du ministère public contre les auteurs subsistera toujours, et c'est tout ce qui doit intéresser le Parlement.

Au reste, cette nouvelle forme de permissions tacites peut avoir encore d'autres inconvénients que je n'ai pas prévus, et je ne la donne que comme plusieurs autres idées contenues dans le quatrième mémoire, qui ont encore besoin d'être communiquées, examinées et approfondies.

MÉMOIRE

sur

LA LIBERTÉ DE LA PRESSE

AVERTISSEMENT DE L'ÉDITEUR

Par ces expressions de *Liberté de la Presse*, M. de Malesherbes p. 259
est bien loin d'entendre que les délits qui se commettent par l'imprimerie sont indifférents, et que le bien y compense le mal. Un tel relâchement de principes ne pouvait entrer dans une âme aussi pure. M. de Malesherbes soutient au contraire qu'on ne peut jamais tolérer les écrits contre la religion, la morale, les bonnes mœurs et les principes du gouvernement. Il s'élève avec force contre les subterfuges dont se sert la jurisprudence anglaise pour assurer l'impunité des diffamations personnelles.

Venant ensuite à l'application de ces principes éternels de tout ordre public, il dit positivement qu'il ne faut pas supprimer la censure *(page 324)*. Il le répète] plus affirmativement encore p. 260
(page 393); il veut que les écrivains aient le choix de s'y soumettre avant l'impression, à moins qu'ils ne veuillent se mettre à la discrétion des tribunaux. Mais comme il prouve fort bien que la censure par les corps judiciaires est la plus dure, la plus capricieuse, la plus sujette à préjugés, son opinion en faveur de la censure préalable n'est pas équivoque. C'est aussi la mesure à laquelle tous les esprits sages sont revenus, et que les écrivains demandent à grands cris pour leur propre tranquillité.

Ce dernier mémoire de M. de Malesherbes offre beaucoup de faits curieux, intéressants pour l'histoire littéraire du dernier siècle. On y trouve un peu de cette exaltation particulière à l'époque où il a été écrit, et qui a pu influer, non sur les conclusions de son ouvrage éminemment sages, mais sur quelques détails de la discussion. Frappé des vices des réglements, et de la licence avec laquelle] ils étaient violés, il a critiqué des abus dont les causes ont disparu. Le lecteur distinguera facilement ce qui est dû aux circonstances, et ce qui n'appartient qu'à la conscience et aux lumières de ce grand magistrat.]

AVERTISSEMENT DE L'AUTEUR

Ce Mémoire sur *la Liberté de la Presse* en général, et particulièrement sur le parti qu'il convient de prendre dans l'instant de la convocation prochaine des États Généraux, m'a été demandé à la fin de l'année 1788. Je le diviserai en six chapitres, qui seront la discussion de six questions.]

TABLE

Chapitre Premier. *Quels sont en général, pour une nation, les avantages et les inconvénients de la liberté d'imprimer, et quels seront-ils dans le moment où les représentants de la nation vont s'assembler?* p. 263

Chap. II. *Qu'est-ce qui doit résulter d'une tolérance contraire à la loi, c'est-à-dire, d'une administration où il y a des règlements faits pour empêcher le débit des livres qui n'ont pas été permis, des lois pénales contre les délinquants, mais où la liberté et la licence sont établies malgré les règlements et les lois?*

Chap. III. *Comment et pourquoi la tolérance contraire à la loi s'est-elle établie au point où elle l'est en France depuis quelques années?*

Chap. IV. *Quel est le meilleur moyen d'obvier à la licence des libelles, ou de soumettre tous les livres à la censure, ce qui est la loi de France et de quelques royaumes, ou de ne rien prescrire aux auteurs, et de laisser à la justice le soin de punir les délits, ce qui est la loi d'Angleterre et de quelques autres pays?*

Chap. V. *La loi anglaise introduite en France y produira-t-elle les mêmes effets qu'en Angleterre, c'est-à-dire, l'heureux effet de] donner aux citoyens honnêtes et raisonnables la liberté de produire leurs sentiments, et le mauvais effet d'augmenter la licence des libelles et d'autoriser les satires personnelles qui paraîtraient impunément, avec la seule précaution de ne pas nommer ceux qu'on insulte ou qu'on calomnie?* p. 264

Chap. VI. *Peut-on concilier la loi anglaise, qui n'exige pas la censure, avec les lois et l'ordre judiciaire établi en France, et comment peut-on éviter les inconvénients exposés dans l'examen des précédentes questions?*

Dans la discussion de toutes ces questions, il y aura deux objets à considérer, celui de donner à la nation la liberté d'écrire, qu'une grande partie du public croit essentielle depuis qu'on s'occupe des assemblées nationales qui vont se tenir, et celui d'empêcher la licence des libelles, qu'une autre partie du public regarde comme l'abus auquel il est le plus nécessaire de mettre un frein.

J'ignore entre les mains de qui tombera ce mémoire. Je prendrai le parti, en discutant chaque question, d'adresser la parole successivement aux lecteurs qui sont dans l'un et l'autre de ces principes, à ceux qui sont zélés pour la liberté, et à ceux qui insistent pour arrêter la licence.]

MÉMOIRE
SUR
LA LIBERTÉ DE LA PRESSE
(FIN DE 1788.)

Chapitre Premier

QUESTION PREMIÈRE

Quels sont en général, pour une nation, les avantages et les inconvénients de la liberté d'imprimer, et quels seront-ils dans le moment où les représentants de la nation vont s'assembler?

La discussion publique des opinions est un moyen sûr de faire éclore la vérité, et c'est peut-être le seul.

Ainsi toutes les fois que le gouvernement a sincèrement le noble projet de faire connaître la vérité, il n'a d'autre parti à prendre que de permettre à tout le monde la discussion] sans aucune réserve, par conséquent d'établir ce qu'on appelle *la liberté de la presse;* car depuis que l'art de l'imprimerie est inventé, ce n'est plus par des disputes verbales, même par des thèses, par des sermons, que la nation sera instruite.

La parole se perd et s'oublie; c'est l'écriture qui la fixe, et qui, comme ont dit les poètes, attache au papier la parole fugitive, et c'est l'impression qui donne à l'écriture une durée éternelle. C'est cet art qui répand sur toute une nation les lumières qui autrefois n'éclairaient qu'un petit nombre de sages.

Quand un roi, quand une nation voudront faire luire la vérité, ce n'est plus ces conférences qui ont eu lieu dans les siècles passés, comme celles que fit tenir Philippe de Valois [68] sur la juridiction ecclésiastique; comme le Colloque de Poissy [69] et les autres du même siècle, sur la religion; comme celles qui furent tenues pendant le dernier règne, entre les prélats et les magistrats, sur les disputes qui agitaient alors le clergé et la magistrature, [70] ni même comme les conférences ordonnées par Louis XIV, en 1667 et 1670, sur la réformation des ordonnances. [71]

Il n'y a, dans de semblables conférences, qu'un petit nombre d'auteurs, un petit nombre] de juges, et un temps limité, après lequel il faut présumer que tout a été dit.

p. 267

Mais l'impression offre un champ plus vaste; c'est une arène où chaque citoyen a droit d'entrer; c'est la nation entière qui est le juge, et quand ce juge suprême a été entraîné dans l'erreur, ce qui est souvent arrivé, il est toujours temps de le rappeler à la vérité. La lice n'est jamais fermée.

L'erreur triomphe quelquefois, pendant un temps, par la supériorité des talents du défenseur de la mauvaise cause; mais dans la suite la vérité perce, et ses adversaires sont confondus.

Il y a près de quarante ans que j'ai soutenu, pour la première fois, cette maxime. J'étais obligé alors de discuter la question, parce qu'on m'avait chargé de l'inspection de la librairie. [72]

Dans ce temps-là bien des personnes, et surtout la plupart des gens en place, étaient d'un avis différent.

Ils paraissaient effrayés de toutes les erreurs que pourrait répandre dans le public un auteur téméraire, qui aurait le talent de se faire lire. C'était alors M. de Voltaire qui les faisait trembler.

Je persistais dans mon sentiment, et je leur] soutenais toujours que les erreurs n'auraient qu'un temps, et que, pourvu qu'on laissât la liberté de la discussion, ce serait à la longue la vérité qui prévaudrait.

p. 268

Mais aujourd'hui il n'y a plus si longtemps à attendre pour ce triomphe de la vérité, parce qu'il n'y a point, et qu'il n'y aura plus jamais d'auteur qui ait assez d'ascendant sur la nation entière pour lui faire illusion sur les objets qui l'intéressent.

La Nature ne produit pas souvent des Montesquieu et des J.-J. Rousseau, et il est rare que des familles opprimées aient, comme celle des Calas, le bonheur de trouver un Voltaire pour défenseur. [73]

Mais on peut se passer de ces talents supérieurs.

L'éducation et le goût de la littérature, dont les progrès sont depuis quelque temps si rapides, font naître tous les jours des talents suffisants pour défendre une bonne cause.

Un style pur, noble et clair suffit pour exposer une question, et mettre le public en état d'en juger. L'auteur doué de ce talent intéressera même le public si la cause est par elle-même intéressante.

Si, sur une question qu'il faut agiter, celui qui a les connaissances n'a pas le talent d'écrire,] il trouve aisément un ami qui lui prête sa plume. Il n'est pas nécessaire de recourir à ceux qui se sont fait un nom dans la littérature, et les gens de lettres ne sont plus, comme autrefois, un petit nombre d'hommes privilégiés qui avaient seuls le droit de parler au public.

Nous avons vu, depuis quelques années, des gens du monde, des militaires, qui n'avaient jamais couru la carrière des lettres, et jamais étudié la science des lois, se charger eux-mêmes de la défense d'une cause qui les intéressait. Quelques-uns ont composé des mémoires si bien faits, que les plus célèbres avocats ont avoué qu'ils n'en auraient pas fait un meilleur. D'autres ont osé paraître dans l'arène contre des orateurs exercés dans les disputes du barreau, et qui y avaient acquis beaucoup de réputation, et au jugement du public, ce juge souverain des juges de la terre, l'homme du monde n'a pas été terrassé par le jurisconsulte. Dans le peuple même, dans la classe des artisans dont presqu'aucun ne savait lire dans le siècle passé, il s'est trouvé des talents littéraires dont on a été surpris.

Lorsque l'Académie des sciences entreprit la description des arts et métiers, [74] les Académiciens] allèrent dans différents ateliers pour voir travailler les ouvriers, et faire connaître au public leurs procédés.

On fut très étonné de voir plusieurs de ces artisans quitter le rabot et la lime pour prendre la plume, et composer eux-mêmes des traités raisonnés de leur art, qu'on croirait l'ouvrage de mathématiciens ou de physiciens consommés.

J'ai vu jusqu'à un livre écrit dans la prison par un braconnier, de qui on avait exigé de révéler ses ruses et celles de ses camarades. Ce livre se lit avec plaisir, et il y a des traits qui ne dépareraient pas l'ouvrage d'un bel esprit.

Ne regardons plus le peuple, dans notre siècle, du même œil qu'on le considérait dans les siècles passés.

Je ne prétends pas dire que tous les individus de la nation soient des gens instruits; mais je dis qu'il n'y a pas une classe d'hommes ni un coin de province où il ne se trouve des gens qui ont une façon de penser à eux, et qui sont capables de l'exposer et de la soutenir contre qui que ce soit.

C'est l'heureux effet de l'art de l'imprimerie. Il n'y a que trois siècles et demi que cet art existe; ce n'est pas trop de temps pour] avoir fait acquérir, aux nations entières, cette instruction dont il est temps de recueillir les fruits. p. 271

Je regarde donc comme un principe qui ne peut plus être contesté, que la liberté de la discussion est le moyen sûr de faire connaître à une nation la vérité, et je pose cette maxime comme un des principes fondamentaux de ce mémoire.

Mais il reste à savoir si d'autre part cette liberté d'écrire n'a pas de si grands inconvénients, que, malgré les avantages qu'elle présente, il faille la limiter.

Les partisans zélés de la liberté diront sans doute que ceux qui sont si frappés de ces inconvénients, sont ceux mêmes qui ont grand intérêt à ce que bien des vérités ne soient pas connues; par exemple, les administrateurs de l'État, qui ont toujours eu une grande aversion pour les discussions qui pourraient soumettre leur conduite à la censure du public.

Mais n'allons pas trop loin.

Je conviens, moi qui suis un des plus anciens défenseurs de la liberté d'écrire, qu'on y fait des objections qui méritent d'être discutées, et il y a certainement des genres d'ouvrages qui ne devraient jamais voir le jour.]

Comme, pendant plusieurs années, j'ai traité cette question contradictoirement avec les plus zélés partisans des gênes imposées à la littérature, je crois être en état d'exposer leurs objections, et je vais l'entreprendre. p. 272

On craint que cette liberté ne fasse paraître des ouvrages, 1º contraires aux bonnes mœurs, 2º contraires à la religion, 3º contraires aux principes du gouvernement, 4º contraires à l'honneur des citoyens: ces derniers sont ce qu'on appelle les libelles diffamatoires.

Quant aux ouvrages contraires aux mœurs, ils sont défendus par la loi naturelle, qui est la loi commune de toutes les nations, et on n'a pas besoin pour cela de règlement sur l'imprimerie.

Celui qui cause un scandale public, celui qui, dans un lieu d'assemblée publique, comme dans les cafés, dans le parterre des spectacles, même dans la rue, tiendrait hautement des propos indécents, serait puni, dans tous les pays policés, par la justice.

Celui qui, au lieu de parler, écrit et distribue des copies de ses écrits, est également punissable, et il l'était avant que l'art de l'imprimerie fût découvert.

Depuis que l'art existe, l'auteur qui imprime, donne à ses écrits la plus grande de] toutes les publicités, et, lorsque son ouvrage est contraire aux mœurs, il encourt plus que personne l'animadversion des lois. p. 273

Ainsi en rendant la presse libre, on n'assurera pas l'impunité aux auteurs qui imprimeraient ce qu'il n'est pas même permis de dire en public. On a imprimé des livres obscènes en Angleterre, où la presse est libre; on en a imprimé au moins autant en France et en Italie, où elle ne l'est pas.

On pourrait dire la même chose des trois autres classes de livres répréhensibles.

La liberté de la presse n'assurera pas non plus l'impunité à ceux qui exhortent le peuple à la révolte, qui entreprennent de détruire la religion ou qui insultent leurs concitoyens. De tels auteurs seraient punis comme rebelles, comme calomniateurs, s'ils n'étaient pas poursuivis pour le délit d'avoir imprimé sans permission.

Cependant il y a sur les livres de ces trois classes, d'autres observations à faire que sur ceux qui sont contraires aux mœurs. La justice ne doit punir pour un délit que celui qui l'a commis à son escient: tels sont les auteurs de tous les ouvrages contraires aux mœurs: ils ne peuvent pas ignorer qu'ils causent un scandale punissable suivant toutes les lois.]

Mais il n'en est pas de même des auteurs dont les livres sont répréhensibles à d'autres titres, comme les libelles diffamatoires. p. 274

Ne parlons pas encore de ceux-là: je réserve cet article pour le dernier. Parlons auparavant des ouvrages qu'on croit contraires à la religion ou aux principes du gouvernement.

Il y en a peu dans lesquels on attaque de front les grands principes. Le plus grand nombre contient des maximes qui paraissent dangereuses à ceux qui gouvernent l'État et l'Église; mais l'auteur pourrait soutenir qu'il n'a pas vu ce danger, et, quand on lui prouverait que ses propositions sont erronées, il soutiendrait également qu'il était de bonne foi, sans qu'on pût en justice lui prouver le contraire.

C'est pour empêcher les ouvrages de ce genre et la publication des opinions dangereuses, que les administrateurs de l'État et les ministres de la religion se sont réunis pour faire établir la règle de ne rien imprimer sans l'approbation expresse d'un censeur.

Si on leur avait opposé notre grand principe, que les opinions erronées seront un jour détruites par la liberté même de la discussion; si on avait dit aux théologiens, que les portes de l'enfer ne prévaudront jamais contre la] doctrine de l'Église, et aux ministres ou aux magistrats que l'examen des maximes du gouvernement fera connaître quelles sont les meilleures, ce que tout souverain doit desirer, ils auraient répondu qu'en attendant que les vérités soient éclaircies, la discussion peut causer de grands troubles dans l'État et dans l'Église. p. 275

Je crois que les craintes des uns et des autres doivent être moindres aujourd'hui, que dans le temps que j'avais cette dispute à soutenir. La chaleur des discussions théologiques est bien appaisée depuis que le gouvernement ne donne plus de lettres de cachet aux jansénistes, et que le Parlement ne décrète plus les molinistes. La tolérance civile des non-catholiques, qui sûrement, dans peu d'années, sera généralement adoptée et mieux expliquée qu'elle ne l'est jusqu'à présent, contribuera encore à calmer les esprits, et diminuera le danger des livres sur la religion.

Quant à l'administration, nous sommes parvenus au moment heureux où le Roi lui-même demande les lumières de tous ses sujets: ainsi l'inquiétude que les auteurs causaient autrefois au gouvernement, est à présent dissipée.

Je pense donc que les craintes qu'on avait de la liberté de la presse pour la religion et] le gouvernement, ont été souvent exa- p. 276

gérées, et je ferai voir dans la suite qu'elles ont servi de prétexte à ceux qui voulaient exercer la singulière tyrannie de dominer sur les opinions de la nation.

Je pense aussi que ces craintes doivent être moins fortes aujourd'hui qu'autrefois.

Cependant il faut convenir que, même à présent, elles ne sont pas sans réalité; qu'il peut y avoir des livres dangereux sans que leurs auteurs soient punissables par la loi, et que, pour l'intérêt de la religion ainsi que pour la tranquillité de l'État, il faudrait empêcher de tels livres de paraître si cela se pouvait, sans tomber dans de plus grands inconvénients.

Venons à présent à la quatrième classe de livres répréhensibles, qui sont les libelles diffamatoires et toutes les satires personnelles.

Mon grand principe, que la liberté fait éclore la vérité, n'a aucune application à ces libelles, parce que, sur cet objet, il n'y a point de vérité dont il faille instruire le public.

Le citoyen insulté n'a presque jamais de moyens d'administrer la preuve de la calomnie, parce que les faits négatifs ne se prouvent point, et la satire est une blessure cruelle dont la cicatrice ne s'efface jamais.]

D'ailleurs, quand les injures seraient des vérités, c'est toujours un crime de les publier. Il est cruel de révéler au public les fautes et les faiblesses particulières, et il n'y a aucun motif de bien public pour autoriser cette cruauté.

Il serait donc bien désirable de pouvoir opposer des obstacles insurmontables à la licence des satires; mais par la nature des choses, cela est impossible.

Il n'y a nulle puissance sur la terre qui puisse empêcher les chansons, les épigrammes ni même les pamphlets assez courts pour qu'il soit aisé d'en tirer des copies.

Louis XIV a été le plus respecté de tous les monarques, et le cardinal de Richelieu plus redouté que la plupart des monarques. La satire s'est exercée contre eux malgré la rigueur des lois, et a été impunie malgré la vigilance de la police.

Ce genre de satires courtes est le plus redoutable, parce que, non seulement elles sont connues dans les temps, mais qu'on les retient.

Les libelles plus longs, qui ont besoin de l'impression pour être commodément distribués, ne s'impriment pas chez la puissance contre qui ils sont dirigés; mais lorsqu'ils sont assez intéressants pour mériter l'attention du] public, on ne les évite pas. Ils s'impriment en pays étranger, et entrent dans le royaume comme toute espèce de contrebande.

Voyons donc quel serait, sur la licence des satires personnelles, l'effet de ce qu'on appelle la liberté de la presse, c'est-à-dire, de la suppression de la loi qui soumet les livres à l'examen d'un censeur.

Il semble que, pour en juger, il suffit de s'informer de ce qui se passe dans les pays où il n'y a pas de censure.

La calomnie, et même la diffamation qui n'est pas calomnieuse, n'est pas plus permise en Angleterre qu'en France; mais les livres n'y sont pas censurés.

Ceux qui prétendent bien connaître l'Angleterre, nous disent qu'un auteur satirique peut s'y permettre des diffamations sanglantes; que, pourvu qu'il ne nomme pas celui qui en est l'objet, il peut le désigner si clairement que personne ne s'y méprenne, et qu'il ne craint pas l'animadversion de la justice, parce qu'on ne peut pas lui prouver légalement qu'il a eu quelqu'un en vue.

Il serait certainement fâcheux que la liberté de la presse introduisît le même abus en France; cependant ce malheur serait peut-être moins grand qu'on ne croit.]

Ceci demande à être expliqué.

Si nos règlements sur la presse empêchaient réellement la satire, je conviens qu'il serait cruel pour les particuliers de s'y voir exposés par la suppression de ces règlements.

Mais, dans la vérité, si les traits de la satire sont lancés en France, c'est dans un libelle vendu sous le manteau, au lieu qu'en Angleterre le citoyen insulté voit le trait qui le concerne dans un livre débité publiquement, où on a seulement supprimé les syllabes de son nom.

Pourquoi cette licence anglaise paraît-elle si affreuse à presque tous les Français, pendant qu'ils ne trouvent pas surprenant, et même qu'ils aiment assez que chez eux les personnages les plus respectables soient tympanisés dans une chanson? C'est que nous sommes accoutumés à l'un, et que nous ne le sommes pas à l'autre.

On regarde comme un affront pour un homme qui mérite de la considération, de se voir désigné dans une brochure, parce que cela fait croire qu'il n'a pas eu le crédit de l'empêcher. *]

Mais si c'était le sort de tout le monde, ce ne serait plus un affront pour personne, comme ce n'en est pas un en Angleterre.

J'entends dire qu'il n'y a pas un seul Anglais fait pour attirer l'attention qui n'ait été plusieurs fois attaqué dans les pamphlets, et ces libelles sont si communs, et si décriés, qu'on n'y fait plus d'attention; c'est ce qui arriverait aussi en France.

Je réitère ma profession de foi sur la satire personnelle; je l'ai en horreur, excepté dans le seul cas où l'intérêt de l'État exige que l'homme criminel soit démasqué.

Dans ce cas, qui est fort rare, ce n'est plus une satire; c'est en quelque sorte une accusation publique, qui, dans quelques anciennes républiques, était déférée à tous les citoyens.

Mais la véritable satire me paraît un crime,] et j'en ai vu des effets qui auraient dû causer de cruels remords à leurs auteurs, s'ils en étaient susceptibles. Je m'en suis expliqué souvent avec toute l'énergie dont je suis capable, et j'en ai fait des reproches amers à des hommes irréprochables sur tout le reste, peut-être aux plus grands génies de notre siècle, qui se la croyaient permise. [76]

Je ne prétends donc pas dire qu'on dût la tolérer si on pouvait l'empêcher. Je dis seulement qu'on n'y a jamais complètement réussi en France malgré la rigueur des règlements; que la satire s'y est toujours exercée ainsi que dans les pays où la presse est libre, avec une légère différence; et il était nécessaire d'établir cette vérité pour que l'espérance illusoire de faire cesser les satires ne soit pas un obstacle à la liberté générale d'écrire, qui est demandée aujourd'hui par une grande partie de la nation.

---

* J'ai cependant vu M. de Maurepas,[75] jouissant de toute la puissance de premier ministre, non seulement ne se pas venger d'un auteur qui l'avait insulté, mais ne pas même faire retrancher de l'ouvrage, qui se débitait publiquement, une injure violente et grossière contre sa personne et contre toute sa famille. Je rapporte cette anecdote, parce qu'elle fait également honneur au caractère et au bon sens de M. de Maurepas. Il jugea très bien que le public y ferait moins d'attention quand lui-même paraîtrait n'y en faire aucune.

Après avoir exposé les avantages et les inconvénients de cette liberté, il faut faire l'application de ces principes au moment présent, à ce moment où la nation va être assemblée pour délibérer sur ses plus grands intérêts.

Je crois que tout le monde conviendra aujourd'hui] qu'il est nécessaire que la discussion de tous les objets qui seront traités dans cette grande assemblée, soit faite avec une liberté entière, puisqu'il n'y a que cette liberté qui, sur chaque question, fasse connaître la vérité.

Dira-t-on qu'il faut limiter la liberté aux objets qui doivent être traités dans les assemblées d'États? Mais quel est l'homme qui peut décider de ce qui est susceptible d'être traité dans ces assemblées? Et a-t-on trouvé un moyen pour déterminer sur quels objets la liberté doit être accordée sans préposer des censeurs qui, à l'occasion de chaque livre, traceront une ligne de démarcation? Si de tels censeurs étaient établis, pourrait-on dire qu'il y eût liberté?

Je ne crois pas nécessaire d'insister plus longtemps sur la nécessité de cette liberté pour l'assemblée qui va se tenir; je pense que ceux qui la composeront, et la nation entière pour qui j'espère que l'assemblée sera inspirée, le sentiront assez sans qu'on les en avertisse; mais je vais aller plus loin.

Ne croyons pas que les membres de l'assemblée des États soient les seuls à qui il faille procurer des lumières.]

Ils ne sont que les représentants de la nation. C'est de la nation entière qu'ils doivent recevoir des instructions. C'est à elle qu'ils doivent compte de leur mission; c'est donc la nation entière qu'il faut instruire.

Une assemblée nationale, sans la liberté de la presse, ne sera jamais qu'une représentation infidèle, telles qu'ont été celles de nos anciens États Généraux, spécialement de ceux qui furent tenus sous le roi Jean, sous Henri III, sous Louis XIII, assemblées dont plusieurs résolutions furent désavouées, dans le temps même, par la plus grande partie de la nation, et aujourd'hui le sont unanimement par leur postérité.

Dans le temps de ces États, la liberté d'écrire n'aurait servi à rien. Du temps du roi Jean l'imprimerie n'était pas encore inventée, et sous Henri III et Louis XIII la plus grande partie de la nation ne lisait point.

Si la nation avait été instruite alors comme elle peut l'être aujourd'hui elle n'aurait pas laissé, en 1355, un petit nombre de bourgeois de Paris s'emparer, sous le nom des États, d'une autorité qui, étant en pareilles mains, devait nécessairement dégénérer en tyrannie; ce qui arriva réellement, et ce qui força cette] nation à oublier tout ce qui avait été stipulé pour elle, pour ne songer qu'à se délivrer de ses faux représentants, devenus les ennemis communs du Roi et du peuple. [77]

p. 284

Si elle avait été instruite dans le temps de Henri III, elle n'aurait pas laissé les Ligueurs se rendre les maîtres de la représentation nationale, forcer le Roi, en 1576, à déclarer la guerre à une partie de ses sujets qu'on avait eu grand soin d'écarter de l'assemblée contre laquelle ils avaient toujours protesté, et, en 1588, demander au Roi d'exclure de la succession à la couronne l'héritier légitime. [78]

Si elle avait été instruite sous Louis XIII, elle n'aurait pas permis aux représentants des deux ordres de s'opposer au vœu de déclarer la couronne indépendante de la tiare. [79]

On attend tout de l'assemblée qui va se tenir. Pour que les espérances de la nation ne soient point déçues, il faut que ce soient ses véritables vœux qui soient portés, par ses représentants, aux pieds du trône. Il faut donc que cette nation dispersée reçoive des lumières qui lui parviennent jusque dans ses foyers, et c'est là ce qu'elle ne peut espérer que lorsque l'impression sera libre.]

Je suis convenu des inconvénients de cette liberté: c'est au législateur, et dans ce moment-ci c'est à la nation, puisque le Roi l'appelle dans son conseil, à peser, dans une juste balance, les avantages et les inconvénients.

p. 285

S'il y avait quelqu'expédient pour remédier aux inconvénients sans nuire à la liberté nécessaire, il faudrait les adopter; mais je doute qu'il y en ait, et on va le voir par l'exemple de ce qui se pratique au barreau.

La nécessité évidente fait souvent admettre par les hommes ce qui leur répugne le plus.

Dans le temps que j'avais des combats à soutenir pour la liberté de la presse, personne n'y était plus opposé que magistrats: quelques-uns même firent rendre dans ce temps-là des lois si déraisonnables, qu'elles ne peuvent avoir été dictées que par la passion.

Telle fut celle de 1757, accordée sur la demande des premiers magistrats du parlement de Paris pendant la dispersion des autres. [80] J'ose aujourd'hui donner à cette loi la qualification qu'elle m'a toujours paru mériter, parce qu'il n'y a plus personne qui la soutienne, ni aucun juge qui croie devoir la faire exécuter.

Depuis ce temps-là jusqu'au nôtre exclusivement,] c'est-à-dire, p. 286 jusqu'à ce moment où le parlement de Paris vient de demander la liberté de la presse, les magistrats n'ont cessé de foudroyer contre le scandale des livres et l'inexécution des règlements; et parmi les gens de lettres qui jouissent de la plus grande considération, et dont les ouvrages sont recherchés avec avidité, il y en a qui ont été frappés de ces sortes d'anathèmes qu'on prononce au Palais comme en Sorbonne. [81]

Cependant les magistrats eux-mêmes ont établi pour les mémoires des avocats une liberté qui n'existe pour aucun des autres ouvrages qu'on imprime. Pourquoi? Parce qu'il y a des principes dont on est intérieurement convaincu, lors même qu'on les combat théoriquement, et d'après lesquels on se conduit dans la pratique.

Tel est notre principe, que la liberté de la discussion est nécessaire pour connaître la vérité des opinions. Or, dans la plaidoirie, c'est la vérité qu'on cherche. On a senti qu'il fallait absolument y admettre la liberté.

Les avocats ne sont donc soumis à aucune censure; ils sont répréhensibles quand ils abusent de la liberté que leur donne leur ministère; mais on ne peut les condamner que quand il est prouvé qu'ils ont eu une autre] intention que celle de défendre leur cause; p. 287 ce qui ne se prouve presque jamais.

Ainsi les avocats jouissent en France à peu près de la même liberté que les auteurs en Angleterre (excepté dans les seules affaires où le corps même de la magistrature a pris parti, exception dont nous reparlerons ailleurs).

Mais dans les affaires ordinaires, ils sont libres: aussi se plaint-on souvent que cette liberté dégénère en licence, et ce reproche fait à quelques avocats français est peut-être aussi fondé que celui qu'on fait en Angleterre à quelques auteurs.

Il est très vrai que, plus d'une fois, des avocats ont pris le prétexte de défendre leurs clients pour se livrer à des satires personnelles: les juges et le public en ont été indignés; mais on a senti qu'il serait trop dangereux de porter la moindre atteinte à la liberté de la plaidoirie, et on a grande raison; car jusqu'à ces derniers temps, cette liberté d'être défendu dans les tribunaux est la seule qui soit restée en France. Cette considération majeure a fait passer par-dessus les inconvénients, et fermer les yeux sur l'abus.

Or, qu'est-ce que sera une assemblée d'États? Une grande et solennelle plaidoirie, où les intérêts de la nation seront discutés.]

Refusera-t-on à la nation cette liberté que les juges conviennent qu'il faut accorder à tous les particuliers? ou sera-t-on arrêté par la crainte des mêmes inconvénients, qui jusqu'à présent n'ont pas semblé suffisants pour restreindre la liberté du barreau? p. 288

Mais après avoir prouvé la nécessité de la liberté de la presse, il faut expliquer en quoi elle consiste, et quels règlements il faut faire pour que l'impression soit réellement libre.

C'est ce qu'on verra dans la discussion des autres questions.

Bien des gens qui demandent la liberté n'ont peut-être pas encore porté leurs réflexions sur cet objet.

Nous verrons en même temps s'il y a des moyens pour arrêter la licence sans gêner la liberté; moyens qui n'ont été trouvés ni en Angleterre ni dans le barreau de France.]

Chapitre II

QUESTION SECONDE

Qu'est-ce qui doit résulter d'une tolérance contraire à la loi, c'est-à-dire, d'une administration où il y a des règlements faits pour empêcher le débit des livres qui n'ont pas été permis, des lois pénales contre les délinquants, mais où la liberté et la licence sont établies, malgré les règlements et les lois?

Il est absolument nécessaire de discuter cette question, car bien des gens croient qu'il est inutile de s'occuper de la liberté de la presse, puisque, dans le fait, tout s'imprime librement et se vend publiquement.

Il y a des partisans de la liberté qui trouvent qu'on a toute celle qu'on peut désirer, et des partisans de la contrainte, qui trouvent qu'il n'y a que trop de liberté.

Je crois pouvoir prouver aux uns et aux] autres, que rien n'est plus mauvais qu'une tolérance contraire à la loi.

Il n'est pas vrai qu'on y ait la liberté nécessaire pour faire connaître à la nation les vérités qui l'intéressent, parce qu'il n'y a qu'un petit nombre d'écrivains qui usent de cette tolérance; et pour que les questions soient éclaircies, il faut que tout le monde soit admis à la discussion.

En France, dans l'état actuel, il y a beaucoup de matières sur lesquelles aucun censeur ne donnerait publiquement son approbation à quelque ouvrage que ce soit. La loi entraîne donc la défense de rien écrire sur ces matières.

Dans tous les temps et malgré toutes les lois, il y a eu des auteurs qui ont eu la hardiesse d'écrire sur ces matières délicates:

ce sont ceux qui se croient hommes de génie, et à qui un amour ardent de la gloire fait courir tous les risques.

Dans un temps de tolérance contraire à la loi, le nombre de ces auteurs devient fort grand. Tous les étourdis, tous ceux qu'on nomme *têtes chaudes, têtes exaltées,* écrivent et se permettent tout, en comptant sur l'inaction du gouvernement et de la justice.

Mais il est un grand nombre d'autres gens] très capables p. 291 d'écrire, qui n'impriment jamais quand il y a une loi qui le défend: ceux-là sont des auteurs modestes et raisonnables, qui n'ont pas un amour de célébrité assez violent pour y sacrifier leur tranquillité.

La tolérance contraire à la loi nous prive des ouvrages des auteurs de ce caractère, et ce sont quelquefois ceux qui seraient le plus utiles au public.

Ils sont nécessaires au moins pour révéler les erreurs dans lesquelles tombent quelquefois les génies ardents, soit parce que l'homme le plus savant ne sait pas tout, soit parce que souvent le génie est joint à une imagination vive, et que celui qui croit avoir enfanté une grande idée ne discute pas avec patience les objections qui pourraient détruire son chef-d'œuvre.

Je vais rendre cela sensible par l'exemple de ce qui s'est passé récemment au sujet des lois criminelles. Presque tout le monde pense, non seulement en France, mais dans toute l'Europe, qu'il y aurait des changements à faire dans cette partie de notre législation.

Il me semble qu'il n'y a aucune matière sur laquelle il dût être plus permis d'écrire, que sur les lois qui régissent les particuliers.

Celui qui critique la loi ne dit pas qu'il faille] y désobeir p. 292 pendant qu'elle existe, et ses observations ne portent aucune atteinte à l'autorité du législateur ni des magistrats.

C'est au souverain qu'on demande une loi nouvelle, et on demande aux magistrats d'y concourir par leur enregistrement quand la loi sera envoyée par le Roi.

L'amour-propre de personne ne doit même être offensé dans cette discussion. Les lois dont on demande la réformation sont faites depuis plus de cent ans: ceux qui y ont eu part n'existent plus. Si quelqu'un s'intéressait à leur mémoire, il pourrait dire (et je crois qu'il dirait avec grande raison) que la loi qui a été bonne dans un siècle, peut avoir besoin d'être corrigée dans un autre.

Je pense que ce n'est que dans les livres exposés à l'examen de toute la nation, que cette discussion peut être bien faite.

Le suffrage des magistrats consommés dans l'exercice de leur profession doit être du plus grand poids; cependant si on n'entendait qu'eux, je craindrais qu'on ne réformât jamais rien, 1º parce que le plus souvent ces magistrats sont trop occupés pour méditer sur ces importants objets avec toute l'attention qu'ils méritent; 2º parce qu'il n'est presque pas possible qu'on n'ait pas quelque préjugé] en faveur d'une loi lorsqu'on a passé toute sa vie à p. 293 l'étudier, à la commenter et à la faire exécuter.

Quand le frère Cosme, ce grand bienfaiteur de l'humanité, a proposé son *Litothome,* tous les chirurgiens se sont récriés contre cette innovation. [82]

La Faculté de médecine a autrefois proscrit l'*antimoine,* parce que les anciens docteurs n'étaient pas accoutumés à en faire usage.

Cette obstination pour ce qu'on a toujours fait, s'est manifestée même dans les sciences démontrées.

Lorsque le *calcul infinitésimal* a été inventé, il y a eu des mathématiciens célèbres qui se sont refusés aux démonstrations pendant toute leur vie.

S'il y a eu des réformations à faire sur les lois qui intéressent la fortune, l'honneur et la vie de tous les citoyens, il est juste que tous les citoyens soient admis à proposer leurs vues; mais bien entendu qu'ensuite les ministres de la loi seront consultés, et qu'ils pourront opposer de solides réflexions à des systèmes enfantés trop légèrement, et leur expérience aux spéculations de ceux qui entreprennent de réformer l'exercice de la justice] sans l'avoir jamais p. 294 pratiqué, et l'ordre des tribunaux sans les connaître.

Il est difficile que de bonnes lois soient l'ouvrage d'un seul homme, parce que celui qui les propose, est presque toujours trop prévenu de ses premières idées, et ne considère les objets que sous une seule face.

Je crois qu'il est très utile que les questions soient agitées par des gens de différents états, qui n'aient pas tous les mêmes préventions.

Il est souvent bien à désirer que ceux qui s'occupent d'objets si intéressants, cherchent à éclairer le public plutôt qu'à l'échauffer, et qu'ils ne se livrent pas à des invectives dont l'effet immanquable est d'irriter ceux qui ne pensent pas comme eux, et de faire dégénérer la discussion la plus intéressante pour l'humanité, dans une querelle de parti.

Il y a quelques années que je me flattais qu'il allait s'élever une discussion de ce genre sur la procédure criminelle.

Quelques auteurs du nombre de ceux qui ne cherchent pas à enflammer le public par la chaleur de leur style, proposèrent modestement leurs doutes sur nos ordonnances, et leurs vues sur les changements qu'on pourrait y faire.

Ces écrits ne firent pas beaucoup de bruit:] c'étaient de premiers essais, où un petit nombre de questions seulement étaient traitées. Je ne pensais pas qu'on dût adopter toutes les idées de ces auteurs; mais il y en avait quelques-unes de très sages. p. 295

J'espérais que ces premières dissertations en feraient paraître d'autres, et que, dans quelques temps, toutes les questions se trouveraient éclaircies, ayant été discutées sans passion et sans enthousiasme.

Je ne sais quelle inquiétude ou quel esprit prohibitif s'empara tout d'un coup du gouvernement et de quelques magistrats.

Ils craignaient peut-être que l'usage de critiquer les lois ne diminuât le respect dû à leurs interprètes. On craignit aussi que les gens de lettres, à qui leurs amis et leurs ennemis donnent également le nom de *philosophes,* ne se mêlassent dans cette dispute, et n'y portassent une véhémence qu'ils ont montrée dans quelques-uns de leurs ouvrages.

Ce qui est certain, c'est qu'on demanda et on obtint une défense de ne rien imprimer sur les changements dont nos ordonnances seraient susceptibles, et cette défense a produit précisément l'effet qu'on voulait éviter.

Ceux qui se piquent de philosophie n'ont] pas moins écrit. On a condamné leurs ouvrages; ce qui n'a fait que rendre leur cause plus favorable aux yeux du public, et les principes qu'ils ont établis n'ont point été discutés par d'autres, parce que ceux qui étaient en état de les contredire sont des gens paisibles, qui n'écrivent point malgré les règlements. p. 296

On entendait d'un côté des diatribes et des sarcasmes; de l'autre, des réquisitoires et des arrêts. Les gens raisonnables, qui sont habitués à disserter de sang-froid et à chercher, entre les différentes opinions, le milieu, où se trouve ordinairement la vérité, n'ont pas voulu se mêler dans cette querelle.

Il en résulte que la nation n'est instruite, jusqu'à présent, que par des auteurs qui ont beaucoup d'esprit et d'éloquence, mais qui sont trop peu versés dans la matière qu'ils ont traitée.

Si la réformation de notre procédure civile et criminelle n'est pas proposée dans la première assemblée des États généraux, elle le sera vraisemblablement dans les suivantes, et il est bien à désirer que d'ici là toutes les questions aient été traitées froidement, et pour ainsi dire le compas à la main; en sorte que les représentants de la nation ne soient pas] entraînés par les partisans d'une opinion qui n'aura point été assez débattue.

La réformation de l'abus de la justice et la correction des ordonnances ne seront pas les seuls objets dont on s'occupera dans les assemblées nationales. Il faut que la nation soit instruite d'avance sur tout ce qui l'intéresse, qu'elle le soit par des gens de différents états et de différents caractères. Il faut donc abolir les lois prohibitives, qui empêchent beaucoup de gens éclairés d'écrire ce qu'ils pensent, quoiqu'il y en ait d'autres qui ne sont point arrêtés par cet obstacle.

Je me suis engagé à prouver aussi à ceux qui regardent la licence des livres comme le plus grand danger, que rien n'est plus contraire à leurs intentions qu'une tolérance contraire à la loi.

Cela résulte évidemment de ce que nous venons de dire.

Les adversaires de la liberté de la presse craignent que des auteurs téméraires n'en profitent pour présenter au public des nouveautés dangereuses.

Il est vrai que, dans un temps comme celui-ci, il y a des auteurs qui profitent de la tolérance établie pour écrire très hardiment, et qui attaquent sans ménagement les maximes] que leur ancienneté faisait respecter; mais ce qui est encore plus fâcheux, c'est que la défense de la loi imposant silence à ceux qui pourraient les contredire, le champ de bataille leur reste, et que le public s'accoutume à regarder les nouvelles opinions comme des vérités qui ne sont pas contestées.]

p. 297

p. 298

Chapitre III

QUESTION TROISIÈME

Comment et pourquoi la tolérance contraire à la loi s'est-elle établie au point où elle l'est en France depuis quelques années?

La raison en est toute simple: c'est qu'il n'y a point de loi qui soit exécutée lorsqu'une nation entière cherche à favoriser la fraude, et que le gouvernement lui-même reconnaît qu'il faut souvent fermer les yeux; et c'est ce qui est arrivé en France dans le commerce de la librairie.

La loi est qu'on ne doit imprimer ni vendre aucun livre sans une permission expresse du gouvernement, et le gouvernement a refusé la permission expresse à un très grand nombre de livres, qui sont ceux que le public désire avec le plus d'ardeur.

Il l'a refusée non seulement à ceux qu'on désire pour l'amusement ou par une sorte de libertinage d'esprit qui est à présent très commun] en France, mais encore à ceux qui sont reconnus nécessaires pour l'instruction; en sorte qu'un homme qui n'aurait jamais lu que les livres qui, dans leur origine, ont paru avec l'attache expresse du gouvernement, comme la loi le prescrit, serait en arrière de ses contemporains presque d'un siècle.

Il s'ensuit que ceux qui se récrient le plus contre la licence des livres, font eux-mêmes leur lecture principale de ceux que la loi a défendus.

La plupart de ces livres, devenus nécessaires, sont permis aujourd'hui. La permission a été accordée par le laps de temps, lorsqu'on a vu qu'ils étaient dans les mains de tout le monde, malgré les défenses.

Mais il est toujours vrai que, dans l'origine, le gouvernement n'a osé leur donner le consentement exprès, qui, suivant les lois, est nécessaire pour la publication.

Il y en a quelques-uns pour lesquels il n'y a pas même aujourd'hui de permission expresse, que cependant on laisse vendre dans les boutiques, étaler dans les rues, annoncer dans les catalogues imprimés de vente de livres, parce qu'on sait qu'il serait inutile et même ridicule de vouloir s'y opposer.

Veut-on que j'en donne des exemples? Beaucoup d'ouvrages attribués à M. de Voltaire scandalisent les gens de bien. Ce ne sont pas certainement ceux-là dont je dis que la lecture est nécessaire; mais personne ne peut nier qu'une grande partie des ouvrages de cet auteur célèbre ne soient pour les Français des livres classiques, qu'il n'est pas permis à un homme qui a eu de l'éducation de ne pas connaître. *p. 301*

La Henriade est de ce nombre.[83] Tous les jours une mère pieuse la fait lire à sa fille, lui en fait même apprendre par cœur quelques morceaux.

Eh bien! *la Henriade,* dans l'origine, n'a été revêtue en France d'aucune permission. Toutes les premières éditions ont été faites, ou en pays étranger, ou frauduleusement en France. Ce n'est que lorsque ce poème a été entre les mains de tout le monde, qu'on a osé donner une permission expresse.

L'Histoire du siècle de Louis XIV, du même auteur, est encore un livre qu'il est nécessaire de lire.[84] Il n'y a aucun censeur qui eût osé y donner son approbation dans l'origine.

Celui qui aurait eu cette imprudence se serait fait des querelles avec toutes les puissances.]

Ce n'est que depuis que ce livre a paru, qu'il a fait son effet et que tout le monde l'a lu, qu'on l'a permis expressément. *p. 302*

Télémaque est aujourd'hui celui de tous les ouvrages profanes dont les gens de bien recommandent le plus la lecture; ils le regardent comme un des livres les plus propres à inspirer à la jeunesse les principes de la plus saine morale.[85]

Tant que Louis XIV a vécu, ceux qui avaient ce manuscrit n'auraient osé se permettre de le communiquer.

On dira que ce pouvait être alors l'effet de la disgrâce personnelle de l'auteur; mais les premières éditions faites sous le règne suivant ne l'ont été qu'en pays étranger: il n'y avait pas encore de censeur qui osât l'approuver en France.

L'Esprit des Lois est d'un genre différent. [86] Je ne dirai pas de ce livre, qu'il soit fait pour être mis entre les mains des enfants; mais on peut bien dire, depuis deux ans, qu'il n'y a point de magistrat ni de citoyen aspirant à être admis dans les assemblées nationales, qui ne doive le lire et en faire l'objet de ses méditations, sans cependant se croire obligé d'en adopter les principes.

Je sais que les magistrats, c'est-à-dire, seulement] ceux de France, ont été longtemps sans permettre qu'on citât cet auteur au nombre des jurisconsultes, quoique dans le même temps son autorité fût d'un grand poids chez les jurisconsultes étrangers.

Mais à présent il a été souvent cité dans l'assemblée des notables, et quelquefois son nom seul a semblé donner de l'autorité à ses opinions.

Il sera sûrement aussi très souvent nommé, et sa doctrine sur bien des points approuvée ou contredite, mais certainement discutée dans les assemblées nationales. *L'Esprit des Lois* est donc un livre nécessaire.

Quand ce livre parut, on n'imagina seulement pas d'en demander la permission, et ce qui s'est passé à ce sujet mérite d'être rapporté pour faire voir comment on évite la rigueur des règlements de la librairie.

Le président de Montesquieu n'avait pas, comme quelques autres grands génies, la manie d'ajouter à sa célébrité celle que donne la persécution.

Il prit le parti de travailler en secret pendant vingt années, [87] et n'eut pas la puérile vanité d'aller recueillir des applaudissements dans des lectures de société.

Quand l'ouvrage fut fait, il donna son manuscrit] à quelqu'un qui demeurait à Genève, et ne se mêla point de l'édition.

L'ouvrage parut dans ce pays de liberté, sans que M. de Montesquieu contrevînt aux lois de son pays. C'est ainsi qu'il assura sa tranquillité sans perdre rien pour sa gloire.

Son nom ne fut pas mis au frontispice; mais son caractère était imprimé à chaque page. Personne ne put méconnaître l'auteur des *Considérations sur la grandeur et la décadence des Romains*. [88]

Cet ouvrage fut désire avec ardeur en France, et il y pénétra. Tout homme capable de penser le lut avec avidité. Les lecteurs les plus frivoles voulurent l'avoir pour faire croire qu'ils l'avaient lu.

Quand toutes les bibliothèques en furent fournies, on prit le parti de permettre des éditions de tous les ouvrages de l'auteur, dont celui-là et les *Lettres persanes,* [89] aussi défendues dans l'origine, font partie.

On se souvient que quand le Président de Montesquieu fut de l'Académie, [90] il n'avait pas encore fait les *Considérations sur les Romains.* Son seul titre était les *Lettres persanes,* qu'il n'avouait pas, et qui étaient pour les gens pieux un sujet de scandale; cependant les évêques et les magistrats académiciens,] qui avaient fait proscrire le livre, donnèrent leur suffrage à l'auteur.

Au reste, ce n'est pas une chose nouvelle en France, de voir un ouvrage condamné, être cependant un ouvrage nécessaire aux magistrats, puisque ceux de Dumoulin, [91] le plus grand de nos jurisconsultes, ont été longtemps le livre le plus sévèrement défendu par l'Église, aux décisions de qui la cour de France a été souvent très docile.

La nécessité a cependant fait permettre en France des éditions de toutes les œuvres de Dumoulin, malgré l'*Index* de Rome et les censures du clergé. Dumoulin personnellement a été souvent persécuté, même en France, pour les mêmes ouvrages que nous regardons à présent comme le fondement de notre doctrine.

Revenons au temps présent.

L'*Encyclopédie,* si sévèrement proscrite quand elle a paru, et dont plusieurs articles sont encore fort désapprouvés par des personnes d'un grand poids, est cependant un livre nécessaire. [92] On discute tous les jours des questions intéressantes de beaucoup de genres, pour lesquelles il faut recourir au témoignage de l'*Encyclopédie.*

Quelques ouvrages de J.-J. Rousseau ont] été condamnés, et l'auteur décrété de prise-de-corps. [93] Il a reparu depuis à Paris sans s'assurer du consentement de personne, et une sorte de pudeur a empêché de mettre le décret à exécution. Je crois qu'il n'aurait pas été fâché de subir un procès criminel, où son interrogatoire aurait été une thèse.

Je l'ai connu personnellement, et tout le monde le connaît depuis qu'il s'est peint lui-même. ⁹⁴ Il se sentait le courage du martyre; il voulait en avoir la gloire. Je suis persuadé que la plupart des juges qui l'ont condamné, seraient bien fâchés d'être privés de la lecture de ses ouvrages.

M. Humes ⁹⁵ est regardé assez généralement en France comme le modèle des historiens sages et impartiaux, et depuis que toute la nation française parle de la constitution, et a été même invitée par le Roi à s'en occuper, il faut s'instruire dans cet auteur de celle de son pays, soit pour en prendre ce qui peut nous être utile, soit pour rejeter ce qui ne s'accorde pas avec nos mœurs et nos lois.

M. Humes avait des préjugés contre la religion catholique et en faveur des lois de son pays; mais sa religion et sa patrie étant connues, on est en garde contre son témoignage sur ces deux objets, et cela suffit.]

On nous fait bien lire, dès notre enfance, des auteurs anciens grecs et latins, tous païens, et dont plusieurs sont passionnés pour les maximes les plus contraires aux gouvernements monarchiques.

Cependant la traduction des ouvrages de Humes n'a pu paraître en France qu'avec des permissions tacites, ainsi contre la disposition des lois du royaume.

Une partie des ouvrages du vertueux abbé de Mably ⁹⁶ et de son frère l'abbé de Condillac, ⁹⁷ un des plus grands philosophes de notre siècle, et philosophe choisi, comme Aristote et Fénélon, pour présider à l'éducation d'un prince, ⁹⁸ n'ont aussi paru qu'avec des permissions tacites.

Je ne parlerai pas des auteurs vivants ni de beaucoup d'autres: on ne finirait pas si on voulait donner l'énumération des livres que personne ne se fait scrupule de lire, que personne ne peut se dispenser de lire, et qui cependant n'ont jamais été permis légalement.

Il n'était pas possible que cela ne produisît pas ce que nous voyons aujourd'hui.

La loi défendant les livres dont le public ne peut pas se passer, il a bien fallu que le commerce de la librairie se fît en fraude de la loi.

La plupart des imprimeurs et libraires sont] fraudeurs, parce que sans cela ils ne vendraient rien. La plupart des particuliers qui aiment les livres, favorisent la fraude, parce que sans cela ils ne pourraient pas lire les livres qu'ils recherchent, ou qu'ils ne les liraient que dix ans trop tard. p. 308

C'est à la faveur de cette fraude établie pour des livres qui, suivant la loi de la raison, ne devraient pas être défendus, qu'on débite avec impunité ceux qui, suivant les lois de la morale, ne devraient pas être permis.

Voilà en peu de mots ce qui a dû arriver, et ce qui est réellement arrivé.

Si ce peu de mots ne suffisent pas, si on n'est pas assez convaincu que c'est là l'unique cause de l'inexécution des règlements, il faut mettre sous les yeux de ceux qui liront ce mémoire, le tableau de ce qui s'est passé depuis longtemps dans la librairie, et s'y passait encore de mon temps. Je ne sais pas ce qui s'est fait depuis.

Ce tableau sera peut-être fastidieux pour ceux qui n'en ont pas besoin, parce qu'ils sont d'accord de la vérité de ma proposition; mais il faut le donner pour ceux qui en doutent.

Il y a un petit nombre d'imprimeurs et de libraires dont le commerce est restreint à de certaines matières: tels sont ceux qui fournissent] le Palais, n'impriment et ne vendent que des arrêts, des *factum,* quelques traités de jurisprudence pratique; tels sont aussi ceux qui n'impriment que des almanachs, des livres d'heures, etc.; ceux qui impriment pour les collèges, les ouvrages classiques à l'usage des maîtres et des écoliers. p. 309

Il y en a encore quelques autres qui sont adonnés uniquement à quelque branche du commerce de la librairie.

Enfin, il y a des libraires, riches propriétaires des privilèges des anciens livres, qui n'emploient leurs presses qu'à en faire de nouvelles éditions. Je conviens que tous ceux-là ne font pas de fraude; ils n'ont pas besoin d'en faire.

Mais il n'en est pas de même des autres libraires, qui sont le plus grand nombre. Leurs spéculations sont d'acquérir le manuscrit d'un auteur, en tâchant de prévoir le débit qu'il aura, et leur fortune est d'en trouver qui aient une grande vogue. Quand ils ont vu que, depuis longtemps, ceux qui ont bien fait leurs affaires le doivent à des ouvrages pour lesquels il n'a pas été donné de permission, il n'est pas étonnant que tous aient voulu prendre le même parti.

Ceux qui craignaient de se compromettre,] n'ont rien voulu faire à l'insu du chef de la justice ou de celui qui est préposé par lui, que les libraires nomment *le magistrat de la librairie.*

On ne voulait par leur donner la permission prescrite par la loi, qui doit être scellée et imprimée avec le livre, ainsi que l'approbation du censeur.

Cependant il y avait beaucoup de ces ouvrages qu'il fallait absolument qui parussent en France. Il n'était pas juste que le libraire de bonne foi, qui venait de faire sa confession au magistrat, fût privé du gain qu'un fraudeur ferait sur le même livre, et l'intérêt du commerce ne permettait pas non plus qu'on laissât tous les jours les libraires étrangers s'enrichir, par le débit de ces livres, au préjudice des libraires français.

C'est ce qui a fait imaginer les *permissions tacites.* Comme tout le monde ne sait pas bien ce que ce sont que ces permissions tacites, il faut l'expliquer.

Je ne sais pas avec certitude dans quel temps l'usage s'en est établi; il l'était depuis longtemps quand je fus chargé de la librairie. J'en parlai à M. d'Argenson, [99] qui avait eu la même fonction dont on venait de me charger, et qui avait été presque depuis sa naissance dans] tous les secrets de l'administration, puisqu'il avait été lieutenant de police dès le temps de la Régence.

Il me dit qu'il en avait toujours vu donner. Ainsi je crois qu'elles ont commencé à peu près dans le temps de la mort de Louis XIV.

Les permissions tacites, ainsi que les permissions publiques, ne sont données que sur le rapport d'un censeur, qui signe son approbation et paraphe le manuscrit ou un exemplaire imprimé, et la liste en est déposée à la chambre syndicale des libraires de Paris.

Il n'y a donc de différence entre ces permissions illégales et les autres, qu'en ce qu'elles ne passent pas au sceau, et que le public ne voit pas le nom du censeur.

Je crois que cette forme a été introduite pour que, d'une part, le libraire et l'auteur eussent leur décharge, et que, d'autre part, les censeurs fussent à l'abri des plaintes importunes et souvent très déraisonnables de tous les particuliers qui croient avoir à se plaindre d'un livre.

Par ces permissions, dont il y a un registre, le censeur qui a eu tort n'est pas soustrait à la répréhension du gouvernement qui lui a donné sa mission; mais quand les plaintes sont ridicules, ce qui arrive souvent parce] que personne n'est raisonnable sur l'intérêt de son amour-propre, le censeur n'a pas de querelle personnelle.

Si ces permissions n'ont pas été en usage du temps de Louis XIV, comme je le crois, c'est peut-être parce qu'alors les particuliers n'auraient pas pris à partie ceux qui avaient la confiance du gouvernement.

Ce sont là des conjectures; car je n'ai aucun mémoire précis sur ce qui a donné lieu aux premières permissions tacites.

Si ce sont là les motifs, j'aurais cru qu'il valait mieux rendre ces permissions légales en retranchant des règlements de la librairie la clause qui ordonne que la permission et l'approbation soient imprimées.

Mon premier mouvement fut de le demander quand je fus chargé de cette administration.

Mais souvent en France on a pour les lois un respect d'un genre fort singulier. Quand on y voit des inconvénients, on ne veut pas les changer, et on aime mieux permettre qu'elles ne soient pas exécutées.

On me répondit que la nécessité des permisisons tacités était reconnue par le gouvernement; qu'elle l'était même par les Parlements, contradicteurs habituels de l'administration;] qu'ils savaient qu'elles existaient; que cependant ils ne poursuivaient jamais comme imprimés en fraude les livres permis dans cette forme, mais qu'ils ne consentiraient point à enregistrer la loi que je leur proposais.

Quoi qu'il en soit, on voit que ce fut le gouvernement qui apprit lui-même aux libraires et imprimeurs qu'ils pouvaient contrevenir à une loi précise.

Mais on ne s'en tint pas à ces permissions inscrites sur un registre.

Nous avons observé, dans le commencement de ce chapitre, que le changement dans les opinions du public est tel, que le même livre qui dans un temps a paru, à presque tout le public, un ouvrage condamnable, est regardé, dix ans après, comme un livre excellent et nécessaire.

J'ai osé dire aujourd'hui cette vérité, parce qu'elle est démontrée par cinquante ans d'expérience; mais autrefois tout le public en aurait été effarouché.

Elle n'avait cependant pas échappé à plusieurs magistrats éclairés qui avaient été chargés de la librairie, comme M. d'Argenson du temps de M. le chancelier d'Aguesseau, [100] et M. de Chauvelin, [101] que nous avons vu depuis] intendant des finances du temps du garde-des-sceaux son parent. [102]

Souvent on sentait la nécessité de tolérer un livre, et cependant on ne voulait pas avouer qu'on le tolérait; ainsi on ne voulait donner aucune permission expresse: par exemple, c'est ce qui arrivait lorsqu'il avait été fait, en pays étranger, une édition de quelques livres qui déplaisaient au clergé, et par conséquent à un cardinal ministre, [103] et que cette édition s'était répandue en France malgré les obstacles qu'on y avait opposés.

Dans ce cas, et dans beaucoup d'autres, on prenait le parti de dire à un libraire, qu'il pouvait entreprendre son édition, mais secrètement; que la police ferait semblant de l'ignorer, et ne le ferait pas saisir; et comme on ne pouvait pas prévoir jusqu'à quel point le clergé et la justice s'en fâcheraient, on lui recommandait de se tenir toujours prêt à faire disparaître son édition dans le moment qu'on l'en avertirait, et on lui promettait de lui faire parvenir cet avis avant qu'il ne fût fait des recherches chez lui.

Je ne sais pas bien quel nom donner à ce genre de permission, dont l'usage est devenu commun. Ce ne sont proprement que des assurances d'impunité.]

Ce n'est pas le magistrat de la librairie qui donne cette assurance au libraire, c'est le lieutenant de police. [104]

C'est entre les mains de ce magistrat que sont à Paris tous les moyens d'exécution, et Paris est le centre du commerce de la librairie française; ainsi il n'y a que lui qui puisse promettre à un libraire de le mettre à l'abri des recherches.

Il y a encore une autre raison pour que ce soit lui. On demande quelquefois des permissions sur lesquelles on ne peut se déterminer sans savoir les intentions personnelles du Roi ou de ceux en qui il a mis sa principale confiance, et c'est ordinairement le lieutenant de police qui est dans toutes les confidences.

J'aime toujours à rendre ce que je dis sensible par des exemples.

On a voulu que les *Lettres de Madame de Maintenon* fussent imprimées.[105] J'assure qu'on le voulait quoique je n'aie pas été dans le secret; car si on ne l'eût pas voulu, les personnes les plus attachées à la cour n'auraient pas fourni des matériaux à l'éditeur. J'en ai encore eu d'autres preuves qui ne m'ont pas permis d'en douter.

Ce fut en pays étranger qu'on fit l'édition; mais pour la faire vendre en France, on promit] impunité aux libraires et à l'auteur. On laissa réellement vendre le livre, mais on ne tint pas parole à l'auteur. Je n'ai pas su pourquoi; je sais seulement que cet auteur avait des affaires de plus d'un genre à démêler avec la police, et que les punitions de la police ont quelquefois une cause réelle, différente de la cause ostensible. p. 316

Or, il fallait être admis dans les secrets pour s'assurer que le Roi ne trouverait pas mauvais qu'on laissât paraître cet ouvrage, où le mariage secret de Louis XIV, dont on avait douté jusqu'alors, est articulé avec toutes ses circonstances.

C'est donc au magistrat seul de la police qu'on s'adresse en pareil cas, et dans beaucoup d'autres.

Lorsque ce magistrat n'a pas confiance dans la discrétion du libraire, il ne lui parle pas lui-même; c'est par des subalternes qu'il lui fait assurer l'impunité.

Il y a eu quelquefois des libraires à qui il est arrivé malheur pour avoir trop compté sur ces tolérances présumées.

Il est aisé de voir ce qui a dû arriver de cette administration clandestine.

Nous avons déjà remarqué que les magistrats de la librairie avaient autorisé les libraires] à contrevenir aux règlements: on voit à présent que le magistrat de la police les encourageait à prendre des mesures pour échapper aux recherches de la justice. p. 317

En effet, les assurances d'impunité ne sont inscrites sur aucun registre des officiers de la chambre syndicale, comme les permissions tacites. Il faut donc que le libraire trouve le moyen de se mettre à l'abri de l'inspection de ces officiers.

Suivant les règlements, les libraires ne doivent avoir le dépôt de leurs livres que dans leurs boutiques ou dans des magasins connus des syndic et adjoints qui ont droit d'y faire des visites.

Les livres imprimés hors de Paris ne doivent y entrer qu'avec des acquits-à-caution, par lesquels on s'oblige à les faire porter à la chambre syndicale, où ils sont examinés.

Il faut donc, lorsqu'on n'a point de permission expresse, avoir des magasins secrets qui ne soient connus de personne. Il faut aussi avoir pour complices des gens qui sachent faire entrer des livres en fraude, comme toute autre espèce de contrebande.

De plus, ceux par qui se fait ce débit en détail dans Paris, sont les colporteurs qui vont dans les maisons, et les petits marchands qui vendent dans les rues, dans les passages] fréquentés, p. 318 dans les maisons royales; tous ces gens-là sont obligés d'user des mêmes moyens que le libraire qui a fait l'entreprise.

Or, ces distributeurs subalternes ne sont pas dans le secret de la police: ce n'est que par la confiance qu'ils ont dans le libraire qui leur a donné des livres à vendre, qu'ils se croient sûrs de la tolérance.

Il y en a quelquefois qui sont pris pour avoir débité les livres que le gouvernement voulait sérieusement défendre. On les met en prison, on les ruine eux et leur famille, et ces malheureux sont bien dignes de pitié; car ils ne peuvent pas juger par eux-mêmes si une brochure mérite l'animadversion de la police. Ils sont punis pour avoir fait une fois ce qu'ils faisaient tous les jours, et ce que leurs camarades font comme eux, sans que la police l'ignore.

Observons que ce ne peut pas être pour un seul livre qu'on loue à l'année des magasins secrets, qu'on établit des correspondances avec les marchands de province, avec des voituriers, avec les distributeurs subalternes de Paris.

Ce n'est que pour un commerce illicite habituel qu'on a un établissement de fraude tout monté, et la police n'ignore pas que ceux à qui elle donne des assurances d'impunité, ont] cet établisse- p. 319 ment de fraude puisqu'ils ne peuvent pas s'en passer.

La police le tolère en faveur du grand nombre de livres qu'elle n'ose pas permettre, et que cependant un administrateur éclairé sait bien qu'on ne peut empêcher.

Mais lorsqu'un libraire ou un colporteur a de tels moyens entre les mains, et est dans l'habitude de s'en servir, croit-on qu'il n'en fera pas usage lorsqu'il croira faire une bonne affaire par le débit de quelqu'un des livres qu'on ne voudrait pas tolérer, de ceux même qui, dans tous les pays du monde, sont regardés comme des livres infâmes, et punissables?

Je ne connais pas l'Angleterre, mais je ne crains pas d'assurer que, malgré la liberté de la presse qui y est établie, un libelle véritablement scandaleux n'y serait ni permis ni impuni. *

Il en a cependant paru quelques-uns, car la fraude se fait partout.

Je ne sais pas comment les fraudeurs s'y prennent en Angleterre, mais je suis persuadé qu'ils y trouvent plus de difficultés qu'on n'en trouve en France depuis dix ans, parce que] les libraires anglais, accoutumés à un commerce pour lequel ils ne craignent pas d'être inquiétés par la justice, ne se sont pas, à ce que j'imagine, préparé des moyens de fraude comme en France.

J'ai dit aussi qu'en France le commerce illicite de livres est favorisé par le public entier; je peux ajouter qu'il est quelquefois protégé par les personnes les plus considérables.

Cela n'est pas étonnant. La lecture est l'aliment de l'esprit, et la lecture d'un grand nombre de livres qu'on ne permet pas, est devenue, pour la plupart des lecteurs français, un aliment nécessaire.

Les libraires et colporteurs qui ont souvent des affaires fâcheuses à craindre, cherchent à se faire des protecteurs pour l'occasion. Cela leur est aisé en procurant aux amateurs les livres qui sont encore rares. Ils mettent quelquefois dans leurs intérêts ceux mêmes dont ils craignent la rigueur.

Les ministres d'État, les évêques qui donnent des mandements contre les livres, les magistrats qui les dénoncent, ont souvent eux-mêmes la fantaisie d'avoir les premiers un livre qui n'est pas per-

---

* Cette assertion, à l'époque à laquelle M. de Malesherbes écrivait, et surtout aujourd'hui, nous paraît complètement démentie par les faits. *(Note de l'éditeur.)*

mis. Ils ont leurs libraires ou colporteurs affidés, qui sûrement les servent avec beaucoup de zèle. Quelquefois] même un libraire, p. 321 qui fait une entreprise secrète, en fait confidence à ses protecteurs, et prend la liberté de leur faire présent d'un exemplaire plusieurs jours avant que le public ait entendu parler du livre.

Il n'y a guère d'amateurs de livres qui ne soient sensibles à cette attention.

C'est un petit hommage que presque personne ne refuse, et qui donne de la bienveillance pour celui de qui on l'a reçu.

Il y a eu un temps où quelques auteurs imaginèrent de ne pas faire vendre leurs livres par des marchands ou colporteurs; ils en remettaient un certain nombre aux personnes de leur société, qui les distribuaient au public. C'étaient surtout des dames, protectrices de la littérature, qui rendaient ce service aux auteurs de leurs amis.

Mais à présent on n'a plus recours à ces petits moyens. Depuis quelques années, et surtout depuis un temps de trouble pendant lequel une grande partie de la nation désirait ardemment la lecture des livres le plus sévèrement défendus, il s'est établi des magasins dans des asiles où la justice même n'ose pénétrer.

Il y en a aujourd'hui dans tous les environs de Paris, à Versailles plus qu'ailleurs;] et ce n'est plus par des voitures habitués p. 322 à faire la contrebande, qu'on les introduit. Ils arrivent dans des carrosses respectés, sur lesquels les commis des barrières n'oseraient porter leur curiosité.

Enfin, il s'est découvert un art nouveau, car les arts qui servent à la fraude sont ceux dont les progrès sont le plus rapides: celui dont je parle est l'art des petites presses portatives qu'on peut enfermer dans une armoire, avec lesquelles chaque particulier peut imprimer lui-même et sans bruit. On m'a assuré qu'il y en a à présent plus de cent dans Paris. Il y en aurait bientôt davantage si elles étaient nécessaires pour le débit des livres qu'on ne permet pas.

Ceux qui se plaignent de la licence, diront sans doute que si l'infraction des règlements et les abus qui en résultent, ne viennent que de ce qu'on se rend trop difficile pour les livres que le public désire, et dont il a besoin, il est bien aisé d'y remédier.

Il paraît en effet que l'administration n'aurait qu'à renoncer au projet déraisonnable de gêner les auteurs dans ce qu'ils écrivent sur toutes sortes de matières, et s'en tenir à défendre les livres contraires à la religion ou à la morale, ceux qui troubleraient la tranquillité] de l'État, ceux que la pudeur ne permet pas de lire, et les libelles diffamatoires.

Il semble qu'en se restreignant à ce petit nombre de défenses, on pourra y tenir la main; que lorsque la librairie sera administrée dans ce principe, les libraires auront un champ assez vaste pour leur commerce légitime, sans s'adonner à la fraude, et que la plus grande partie du public, composée de gens raisonnables, et qui pensent qu'il faut respecter la religion et les mœurs, ne favoriseront plus le commerce illicite.

Ce plan est très plausible dans la spéculation, mais j'ose assurer qu'il offrira toujours de grandes difficultés dans l'exécution.

Je soutiens que tant qu'il y aura une loi qui défendra d'imprimer sans une permission expresse, tant qu'on exigera dans tous les cas une censure préalable avant de laisser paraître un livre, l'administration, par quelques mains qu'elle soit dirigée, renoncera difficilement à l'espérance d'assujettir à sa façon de penser celle de chaque auteur; qu'elle imposera presque toujours des gênes dont la plupart des gens de lettres seront mécontents, et chercheront à s'affranchir; que les gens de lettres seront secondés par le public, qui] souffre toujours avec impatience qu'on veuille soumettre la république des lettres à une dictature; enfin qu'on finira par retomber dans tous les inconvénients exposés dans ce chapitre et dans le précédent.

J'établis donc, comme une proposition certaine, que la loi qui exige la permission expresse, et par conséquent la censure préalable, nous conduira toujours à cet état de lois existantes et non exécutées, dans lequel la licence règne sans que la nation ait la liberté qu'elle est en droit de demander, et j'en conclus qu'il est nécessaire d'abroger cette loi. *

---

* Je ne dis pas qu'il faille supprimer la censure, mais seulement la loi qui l'exige pour tous les ouvrages qui seront imprimés, ou, ce qui est la même chose, qui exige pour chaque ouvrage une permission expresse.

Il faut faire attention à cette distinction, dont on verra l'explication dans le chapitre VI.

Je prévois que cette proposition ne sera pas approuvée par quelques-uns de ceux qui liront ce mémoire, mais c'est pour moi une vérité démontrée; elle est évidente à mes yeux; elle ne le sera peut-être pas pour ceux qui n'ont pas vu aussi souvent que moi les] tracasseries interminables auxquelles la censure donne lieu. p. 325

Je regarde cette proposition comme un principe fondamental, d'après lequel il faudra se décider sur la question que nous traitons. Ainsi, puisqu'on veut savoir mon avis, je demande qu'on suive avec attention les preuves que je vais tâcher d'en donner.

Il ne suffit pas d'établir la règle qu'il ne faut défendre que les livres contraires à la religion, à la morale et à la tranquillité de l'État, il faut faire l'application de cette règle à chaque livre. C'est là ce qui est absolument arbitraire; et dès que ce sera par des règles arbitraires qu'on permettra ou défendra les livres, tout ce qui est arrivé, arrivera encore.

On me dira qu'il y a bien d'autres pays que la France, où l'on exige la censure préalable; qu'en France même cette loi est ancienne, et n'a produit que depuis peu d'années les effets que je lui attribue.

Je n'ai que des notions très imparfaites de ce qui se passe en Espagne, en Portugal et dans les autres pays où on dit que la licence des livres n'a pas encore pénétré.

Cependant je crois pouvoir dire, d'après l'aveu de ceux qui connaissent ces différents] pays, que la contrainte qu'on y exerce, p. 326 a privé ces nations de beaucoup de bons livres, et de bien des lumières qui leur seraient fort utiles. Ainsi ce n'est pas un exemple que l'on puisse citer en France dans ce moment-ci.

D'ailleurs, s'il est vrai que l'excès de la contrainte n'y a pas produit, comme en France, l'excès de la licence, c'est que ces nations ne sont pas *affamées* de livres nouveaux, comme la nation française, et il en était de même en France dans les siècles passés.

Presque tous les législateurs font une bien grande faute, qui est de ne pas songer que la loi, bonne dans un siècle, ne l'est pas dans un autre.

Le siècle où l'imprimerie a été inventée, est précisément celui de la renaissance des lettres, ce siècle où ce qui restait de littérature chez les Grecs, fut porté par eux en Italie après la prise de Constantinople, et fut bientôt répandu dans tout l'occident, où ce germe précieux a bien fructifié; mais il a fallu un temps considérable pour qu'il se développât.

Dans les premiers temps, les presses ne furent employées qu'à donner des éditions des saintes Écritures, des Pères de l'Église et] des plus célèbres auteurs profanes de l'antiquité, et les savants ne s'occupèrent que de vérifier les textes sur les meilleurs manuscrits, et les éclaircir par leurs commentaires.

La littérature profane n'était pas alors une matière sur laquelle la censure eût à s'exercer. Les savants de ce temps se disaient quelquefois des injures fort grossières qu'on ne permettrait pas à présent, parce que la délicatesse du corps entier de nos gens de lettres en serait blessée; mais alors ces injures, dites en grec et en latin, n'étaient pas un objet dont le gouvernement crût devoir s'occuper.

Ce fut pour les livres de controverse et de théologie qu'on imagina la loi de la censure préalable, comme un moyen d'empêcher d'introduire les opinions erronées.

On n'aurait pas osé dire des livres de ce genre ce que nous venons de dire des autres, que les règles de la censure sont arbitraires. On pensait alors, en France et dans toute l'Europe, que toute erreur en théologie est un crime punissable par les lois civiles; et dans un pays catholique une décision de l'Église est une vérité qui ne peut pas être contestée. Ainsi un théologien instruit, orthodoxe et bien sûr de ses principes, se croyait] en état de prononcer avec certitude sur toutes les propositions du livre déféré à son jugement.

Ce fut l'Université qui, dans l'origine, fut chargée en France de la censure des livres.

Les professeurs de ce corps célèbre sont aujourd'hui les instituteurs de la jeunesse; ils furent regardés alors comme les précepteurs de la nation entière. C'est une prétention qu'on ne leur passerait pas aujourd'hui; mais ils l'étaient réellement avant l'invention de l'imprimerie.

La difficulté de se procurer des manuscrits, dont le prix excédait les facultés de beaucoup de particuliers, obligeait ceux qui voulaient acquérir de l'instruction, à assister régulièrement aux leçons publiques.

Mais tout a bien changé de face: chacun peut aujourd'hui faire ses études en particulier, et les bibliothèques publiques, établies dans la plupart des grandes villes, [106] sont la ressource de ceux qui n'ont pas tous les livres qui leur sont nécessaires.

D'ailleurs, l'empire de la littérature, si j'ose me servir de ce terme, a fait, depuis l'art de l'imprimerie, des conquêtes immenses, et plus, depuis cinquante ans, que dans] tous les âges qui nous ont précédés. Aujourd'hui il n'y a presqu'aucun objet de la pensée qui ne soit la matière d'un livre.

Des docteurs en théologie, en droit, en médecine, et des gradués dans la Faculté des arts, qui enseignent le latin, un peu de grec et les premiers éléments de la philosophie, n'ont point acquis, par leurs études, le droit de dicter des lois à toute la nation sur l'instruction qu'elle veut acquérir en toutes sortes de matières.

Le gouvernement a donc pris un parti sage en retirant des mains de la Sorbonne et de l'Université la fonction de censurer les livres.

Si le système d'exiger une censure préalable était praticable, je crois qu'il vaudrait mieux qu'elle fût entre les mains de quelques gens de lettres de différents états, à chacun desquels on distribuerait les livres de sa compétence, qu'entre celles d'un seul corps; et si le gouvernement persistait dans le projet de conserver une inspection sur les opinions de tous genres qu'on répand dans le public, on devrait charger le chef de la justice, ou un autre ministre, de nommer le censeur pour chaque livre, et lui donner les instructions.

Or, le gouvernement a été attaché pendant] tres longtemps à conserver cette inspection, à laquelle je crois qu'il doit renoncer aujourd'hui. Ainsi, l'établissement des censeurs royaux sous l'autorité du chef de la justice ou du magistrat préposé par lui, a dû paraître autrefois très raisonnable; mais je soutiens qu'il pèche par le principe, parce qu'un homme ne peut pas être préposé aux pensées d'un autre homme, ni être garant de ses ouvrages, et que le gouvernement, fait pour prescrire aux citoyens des lois sur leurs actions, n'a point d'empire sur leurs pensées. * Si cette domination

---

* Dans cette discussion, le lecteur ne doit point perdre de vue, et la profession de foi de l'auteur sur les livres dangereux, et ses conclusions sur la nécessité d'un moyen quelconque de répression à l'égard des livres répréhensibles. (*Voyez* pages 324, 393, 429, 430.)

avait pu s'établir, nous serions encore dans la barbarie, puisque la plupart des génies lumineux qui nous en ont tirés, ont été persécutés par les puissances de l'Église ou de l'État; mais elle est impossible, et je crois qu'on en sera convaincu si on veut réfléchir sur la fonction de ceux qui sont chargés de l'examen des livres.

C'est l'administration qui donne les permissions;] mais les p. 331 administrateurs de l'État, et même les magistrats préposés par eux, ne peuvent pas faire cet examen par eux mêmes.

Il est évident qu'ils n'y pourraient pas suffire. D'ailleurs, il serait très fâcheux qu'ils voulussent s'en charger, parce que le même livre qui ne contient qu'une opinion hasardée, peut-être fausse, mais point dangereuse, aurait un danger réel si on croyait que l'homme en place lui eût donné son attache en connaissance de cause.

Prenons le moment présent pour exemple. Tout le monde propose ses idées sur les États généraux. Il est indifférent qu'un auteur qui n'a aucun caractère public, débite ses rêveries; mais s'il avait fallu que quelqu'un qui a autorité dans l'État eût donné un consentement exprès à cette brochure, personne ne douterait que le système de l'auteur ne fût adopté par le gouvernement; ce qui pourrait avoir de grands inconvénients.

J'ai trouvé ce principe bien établi quand je fus chargé de la librairie. M. d'Argenson me conseilla de ne me charger jamais moi-même de l'examen d'aucun ouvrage, et j'ai suivi de conseil. [107]

C'est pour cela qu'on a établi les censeurs,] et on a cru qu'il p. 332 suffirait de les bien choisir.

Mais quelque bon choix qu'on fasse, je soutiens, premièrement, que le censeur pourrait avoir des façons de penser personnelles, et des affections particulières, auxquelles il voudrait que les auteurs se prêtassent; secondement, que la crainte que ce censeur aurait de se faire des ennemis, ne lui permettrait point de consentir à la publication de beaucoup d'ouvrages qu'aucune raison d'ordre public ne doit faire défendre; troisièmement, que le censeur, quelque éclaire, quelque attentif, quelque impartial qu'il fût, serait très souvent trompé dans l'examen des livres.

Il me serait difficile de rendre ces trois propositions aussi évidentes pour les autres, qu'elles le sont pour moi; car c'est par l'expérience de treize années que je m'en suis convaincu, et je ne

peux pas rapporter tout ce qui se passait sous mes yeux chaque jour pendant ces treize années. Je vais tâcher d'y suppléer par quelques observations générales. 1.º La règle communément établie est de nommer à chaque auteur, pour censeur, un homme de lettres de son genre; un théologien pour un livre de théologie, un juris- p. 333
consulte pour un] livre de jurisprudence, un littérateur vivant dans le monde pour la poésie, les romans, etc.

Cette règle est très raisonnable; car pour les livres de science, il n'y a que l'homme de la science même qui puisse reconnaître des erreurs dangereuses; et pour ce qu'on appelle *la pure littérature,* il faut que le censeur soit un homme répandu dans la société, sans quoi il ne pourrait apercevoir les satires personnelles.

Cependant cette règle si sage a le plus grand de tous les inconvénients, qui est que le censeur est presque toujours, ou l'ami, ou le rival de l'auteur.

Or, c'est un principe incontestable, que le juge doit être absolument étranger à la partie; et si cela est vrai pour la justice des tribunaux, où on a la loi pour guide, cela l'est bien davantage pour la censure, dont tous les principes sont arbitraires.

Quand il est question, ou de permettre un livre, ou de la défendre, ou de ne donner qu'une permission conditionnelle en exigeant des corrections, peut-on espérer que le censeur ne se laisse pas aller à l'indulgence pour l'auteur qu'il aime, ou qui est du même parti que lui, et, à la rigueur, contre celui qui est] du parti p. 334
contraire (car à présent tout est parti en France, et particulièrement dans la littérature)?

N'oublions pas que la passion favorite de presque tous les auteurs est l'amour de la gloire; ce qui leur donne un attachement excessif pour leurs productions.

Ceci n'est point un trait de satire que je me permets contre les gens de lettres. Je dis ce qui est et ce qui doit être. Sans cette passion pour la gloire, nous n'aurions ni les héros qui défendent la patrie, ni les hommes de génie qui l'éclairent par leurs écrits.

J'ai presque toujours vu qu'un auteur à qui on demande le sacrifice d'un trait de son ouvrage, est un homme qu'on blesse dans sa partie la plus sensible.

Le censeur qui l'aime, finit par céder à ses instances.

Mais si le censeur a contre lui quelque animosité, quelque esprit de parti, croit-on qu'il n'entrera jamais aucune mauvaise humeur dans les difficultés qu'il lui fera sur son ouvrage?

Le sort de l'auteur dépend donc du hasard qui le fait tomber entre les mains d'un censeur ou d'un autre. Or, c'est là ce qui ne peut se] concilier avec la juste liberté qu'il faut donner aux lettres. p. 335

L'attachement aux opinions est pour bien des gens, et surtout pour beaucoup de gens de lettres, une passion aussi forte que les affections personnelles.

Qu'on ne dise point que ce sentiment n'influera pas sur la censure quand on donne pour règle aux censeurs de permettre les opinions qui ne sont que fausses, et de ne s'opposer qu'à celles qui sont dangereuses.

Un auteur prévenu avec force de son opinion, croit qu'on ne peut pas la contredire sans renverser la religion et la morale.

J'en ai connu plusieurs qui étaient des gens très éclairés, d'un jugement fort sain sur tous les autres objets, mais qui, du moment qu'on touchait à leur opinion favorite, portaient la déraison à un point incroyable.

Je ne peux pas rapporter ici tous les exemples que j'en ai vus; cependant il n'y a que par les exemples qu'on puisse rendre cette vérité sensible. En voici quelques-uns.

Le premier ouvrage du fameux philosophe de Genève, qui ait fait du bruit dans le monde, est son discours sur cette question: *Si le rétablissement des sciences et des arts a contribué à épurer les mœurs.* [108] Rien ne devait être] plus indifférent au gouverne- p. 336 ment, que la discussion de cette opinion spéculative. Il n'était pas à craindre que cet auteur engageât les hommes à renoncer à la société pour embrasser la vie sauvage.

Le censeur à qui cette brochure fut envoyée était un savant, et passait pour un homme raisonnable.

Non seulement il ne voulut pas donner son approbation à cet ouvrage d'iniquité, mais il vint me trouver avec un de ses amis et de ses confrères, qui était aussi un homme estimé pour la science et pour les mœurs, et tous deux me dirent "qu'ils seraient au désespoir de faire le métier odieux de dénonciateurs, mais que l'affaire dont ils avaient à me parler était si importante, qu'ils ne pouvaient s'empêcher de m'en avertir; que j'avais envoyé à l'un d'eux une brochure qui certainement n'était susceptible d'aucune approbation, mais qu'il ne fallait pas s'en tenir là; que le gouvernement devait prendre des mesures pour étouffer dans son principe cette affreuse doctrine; que l'auteur voulait nous réduire à l'état des hommes bruts, qui ne connaissent ni religion ni morale, et que malheureusement cet auteur était doué d'un éloquence] funeste, qui lui donnerait des sectateurs."

J.-J. Rousseau, si célèbre depuis, n'a commencé à l'être qu'à l'époque de ce discours. Les deux savants n'avaient jamais entendu parler de lui. Ainsi il n'y avait, dans leur jugement, aucune passion personnelle.

Voici un autre fait. Quand le Parlement rend un arrêt, il faut lui obéir; mais quand il disserte, il est permis de n'être pas de son avis. Il n'y a que l'Église, à l'autorité de qui on doive soumettre sa raison, et ce n'est même que pour les dogmes.

Les remontrances [109] des Parlements sont de très beaux traités de droit, des monuments respectables du zèle et des lumières des magistrats: toutefois on ne peut pas prétendre que toutes les propositions avancées dans chacune de ces remontrances soient des vérités qu'il n'est plus permis de discuter.

Cependant j'ai vu des censeurs exiger impitoyablement d'un auteur de retrancher une proposition de son ouvrage, par l'unique motif qu'elle se trouvait contraire à une phrase de quelque remonstrance.

Ce censeur, zélé parlementaire, mais homme de très bonne foi, disait que l'on ne devait pas permettre ce qui est contraire à la loi; et] il lui semblait qu'un ouvrage auquel le Parlement a donné sa sanction, avait acquis le caractère de loi.

L'opinion d'une grande partie du public sur M. de Voltaire a subi une grande révolution pendant les treize années que j'ai eu un département littéraire; elle n'a pas varié sur l'hommage dû à son génie, mais beaucoup sur les égards dûs à sa personne.

Quand je fus appelé à ce département, la plupart des censeurs n'auraient pas permis un éloge donné à ce grand homme en termes généraux, sans y joindre la restriction expresse que c'était sans approuver la doctrine pernicieuse de beaucoup de ses ouvrages.

Il y en eut qui me dirent pour raison, qu'on ne permettrait pas, dans un pays catholique, de faire un éloge pompeux de Luther, sans marquer qu'on déteste ses erreurs, et que l'auteur qui attaque la religion dans tous ses principes, est bien plus condamnable que celui qui n'a attaqué que quelques dogmes.

Dans la suite j'en ai vu d'autres qui n'auraient pas voulu approuver une critique littéraire de M. de Voltaire, disant qu'on ne devait la regarder que comme un libelle diffamatoire, parce qu'elle ne pouvait être que l'ouvrage de la passion, et que l'honneur de] la nation était intéressé à ne pas laisser insulter en France l'homme par qui la France est illustrée. p. 339

J'ai vu ce grand motif de l'honneur de la nation employé quelquefois, d'une façon bien plaisante, par ceux qui le faisaient servir à leur passion.

Dans le temps qu'on écrivait beaucoup de brochures pour et contre la musique française et italienne, [110] il y eut, non pas seulement des gens dont la musique fait le plaisir et l'occupation principale, mais des hommes d'État par leur place, qui me firent dire, par amitié, qu'on ne concevait pas que je tolérasse des libelles où on diffamait la musique française qu'ils appelaient la *musique nationale,* et ces personnages graves trouvaient aussi que l'honneur de la nation y était intéressé.

Ces historiettes, auxquelles je pourrais en joindre beaucoup d'autres, m'ont démontré invinciblement la vérité que j'ai établie, et que je ne me lasserai pas de répéter, que les principes de la censure, d'après lesquels on permet ou défend les livres, sont et seront toujours arbitraires.

2.º Outre les cas où le censeur est conduit, dans ses jugements, par ses affections ou son attachement à son opinion, il y en a beaucoup] où il n'est pas possible qu'il ne soit retenu par la crainte fort raisonnable de se faire des ennemis. p. 340

Il est vrai que j'ai vu plus d'une fois des censeurs qui, par leur caractère, n'auraient jamais dû avoir de querelles avec personne, se trouver exposés au ressentiment implacable de gens avec qui ils n'avaient rien de personnel à démêler, uniquement pour avoir donné leur approbation à un livre qui leur déplaisait.

Ne disons pas que ce ressentiment ne sera point à craindre lorsqu'on saura que la fonction du censeur se borne à empêcher ce qui est contraire à la religion, aux lois, etc. L'homme irrité contre un livre ne se paie pas de cette raison parce qu'il est offensé dans son amour propre, et que, sur ce chapitre, on ne connaît ni raison ni justice. *

Il n'y a aucune idée nouvelle, aucun trait piquant dans un livre, qui ne déplaise beaucoup à quelqu'un.

La littérature ne fleurit, la raison ne fait des progrès que par des ouvrages dont les auteurs se font des ennemis. L'auteur s'y] expose pour la gloire qui est sa récompense; mais le censeur, qui n'a point de part à la gloire, ne veut pas partager les haines; et la crainte de s'y exposer l'engage à faire à l'auteur mille difficultés qui sont absolument contraires à la liberté d'écrire. p. 341

Cette crainte des censeurs est souvent d'autant mieux fondée, que ce n'est pas seulement d'un homme de lettres qu'ils encourent la haine; c'est quelquefois celle de gens très puissants, et qui ont le pouvoir de les perdre.

Ceci, comme ce que j'ai dit dans les autres articles, ne pourrait être bien prouvé qu'en rapportant le grand nombre d'exemples que j'en ai vus; mais pour en épargner le détail, qui serait fort ennuyeux, je vais employer quelques-uns de ceux que j'ai rapportés dans l'article précédent.

Si le censeur qui, de bonne foi, regardait comme une hérésie une proposition contraire à un passage de remontrance du Parlement, avait, au lieu de cela, dit tout naturellement au magistrat de la librairie, qu'il ne voulait pas s'exposer à être mandé par le Parlement pour une approbation; si celui qui refusait d'approuver un éloge de M. de Voltaire, sans une restriction odieuse, eût dit qu'il ne voulait] pas irriter l'ancien évêque de Mirepoix,[112] qui, outre les grâces dont il était le dispensateur, avait souvent le crédit de faire prononcer des proscriptions, on n'aurait pas pu dire que ces deux censeurs eussent tort. p. 342

M'objectera-t-on la grande maxime que le censeur est un juge, et qu'un juge ne doit point être arrêté par des craintes personnelles?

S'il faut remonter jusqu'à ces grands principes, je dirai qu'il est très vrai qu'un juge ne doit jamais céder à la crainte, et que c'est pour cette raison que, dans toute bonne constitution, on ne doit donner la fonction de juge qu'à ceux qui, par leur état, sont des gens indépendants.

---

* Qui méprise Cottin n'estime point son Roi,
Et n'a, selon Cottin, ni Dieu, ni foi, ni loi.[111]

C'est pourquoi en France la nation a toujours réclamé, avec la plus grande force, quand il y a eu des actes d'autorité exercés contre ses juges, et elle a obtenu, depuis trois siècles, qu'au moins ils fussent inamovibles dans leurs charges.

C'est aussi par cette raison qu'en Angleterre, où les places de juges sont des faveurs accordées par la cour, et où ils ne sont inamovibles que depuis peu de temps, la nation est si attachée à ce que la fonction de juger, dans les matières les plus importantes, soit] remplie par les citoyens indépendants qu'on appelle *jurés*. p. 343

Je suis si persuadé de cette maxime, que je pense que tout magistrat qui, par la situation de ses affaires ou de celles de sa famille, se trouve dans la dépendance de quelque puissance, devrait renoncer à la profession de juge.

Or, les censeurs sont choisis parmi les gens de lettres, et en France les gens de lettres sont une classe de citoyens très dépendante, parce que ce n'est point une profession utile par elle-même. La plupart de ceux qui l'ont embrassée, y ont été déterminés par un attrait vainqueur, ont sacrifié l'espérance de la fortune à leur satisfaction et à la gloire. Cependant comme la gloire ne fait pas vivre, c'est par des grâces de la cour ou des places auxquelles la cour nomme, qu'ils ont espéré de subsister dans leur vieillesse, dans cet âge où l'aisance est devenue une nécessité.

Un homme de lettres est donc un homme dépendant de beaucoup de gens puissants, et qu'il ne faut point exposer à leur déplaire par l'approbation d'un livre.

On va voir que la grande dissertation à laquelle je viens de me livrer, n'est point étrangère au sujet que nous traitons en appliquant] les principes que je viens de poser au moment présent. p. 344

Le Roi vient d'exhorter tous ses sujets à s'occuper de la constitution des assemblées nationales.

Quand ces assemblées se tiendront, bien des auteurs s'exerceront sur les objets qui y seront traités.

On ne peut discuter ces questions sans heurter des opinions qui ont eu de puissants partisans. Il faut du courage, et nous voyons, depuis quelques mois, qu'il se trouve en France des auteurs à qui ce genre de courage ne manque pas.

Ils sont entraînés sans doute par un zèle ardent pour le bien de l'État; mais on ne peut nier que ce zèle ne soit soutenu par leur enthousiasme pour le système qu'ils ont embrassé, et par l'espérance de la gloire qui sera le fruit de leurs travaux.

Est-il juste qu'un censeur qui ne partage pas leur enthousiasme, et ne partagera pas leur gloire, partage le danger? Et quand ce censeur est un homme qui, à la fin de sa carrière, jouit tranquillement des grâces qu'il a obtenues après les avoir méritées, mais dans lesquelles il n'est maintenu que par la faveur des gens en place, ne serait-il pas cruel de le] mettre dans l'alternative de p. 345
déplaire à ses protecteurs, ou de faire des difficultés à des auteurs qui obtiendront peut-être le suffrage de la nation?

Quand on pèsera toutes ces considérations, je crois qu'on conviendra que la liberté demandée aujourd'hui pour les auteurs qui écrivent sur les intérêts de la Nation, est incompatible avec aucune espèce de censure.

3.º Ma dernière proposition est que le censeur le plus éclairé dans la matière du livre qui lui est déféré, peut être trompé, et l'est souvent.

J'atteste que, lorsque la censure s'exerçait dans toute sa rigueur, lorsque la police veillait avec activité à empêcher l'impression et le débit des livres qui n'étaient pas permis, et qu'on n'avait pas encore renoncé à l'espérance de faire exécuter les règlements, il arrivait souvent que le même livre dont le public était scandalisé quand il était imprimé, avait été approuvé par un censeur, homme instruit, homme pieux, homme très attentif.

C'est ce que je ne pouvais jamais faire concevoir à ceux qui se plaignaient du livre. Ils me disaient toujours que, puisque le public entier avait été indigné à la première lecture, le censeur qui l'avait approuvé, ou ne l'avait] pas lu, ou avait eu une instruction p. 346
secrète du magistrat protecteur des mauvais livres, ou était complice de l'auteur, et que, dans ce dernier cas, il méritait une punition exemplaire.

Je leur aurais volontiers demandé s'ils étaient dans l'habitude d'assister à ces lectures où un auteur assemble ses amis pour lui donner leurs conseils sur une pièce de théâtre ou un autre ouvrage qu'il veut faire paraître.

Ces amis que l'auteur choisit pour ses juges sont ordinairement des amateurs de la littérature, qui passent pour gens d'esprit et de goût. Cependant on sait que très souvent le public siffle unanimement l'ouvrage que ce conseil littéraire a trouvé admirable.

Il en est de même de la censure, et la différence entre le jugement du censeur et celui du public doit être encore plus fréquente, parce qu'il y a bien de différents rapports sous lesquels un livre peut être jugé répréhensible. Quelques-uns de ces motifs de censure échappent à celui qui lit en particulier, mais aucun n'échappe au public entier.

Cela est évident pour les satires personnelles.

Un censeur ne connaît pas tous les individus, ou ne les a pas assez présents à son] attention pour les reconnaître dans le portrait qu'en fait un auteur satirique, lors même que ce portrait est très ressemblant; mais dès que le trait est imprimé, il y a quelqu'un dans le public qui l'apperçoit, et dans le moment tout le public en est averti. p. 347

On aura plus de peine à croire qu'un censeur puisse être trompé sur des articles de doctrine et sur ceux qui intéressent le gouvernement; cependant cela arrive aussi très souvent.

Si l'ouvrage est très volumineux, il n'est pas possible qu'on n'ait pas eu des distractions pendant la lecture; mais, de plus, j'atteste, d'après l'expérience, que souvent les censeurs se sont trompés sur ceux qui sont assez courts pour qu'on puisse réfléchir sur chaque phrase; qu'ils se sont trompés sur des ouvrages où c'est le système général, et non pas quelques traits épars, qui a été un scandale pour les gens de bien; qu'ils se sont trompés lors même qu'ils avaient été avertis qu'il fallait être en garde contre l'auteur, et lorsque le censeur avait le plus grand intérêt à ne pas se compromettre.

Dans les autres articles j'ai rapporté quelques histoires particulières pour lesquelles il faut me croire sur ma parole; mais ici je vais] en rapporter deux dont tout le public a eu connaissance dans le temps. p. 348

Nul ouvrage n'a excité plus de clameurs de la part du clergé, des magistrats et d'une grande partie du public, que l'*Encyclopédie,* que cependant aujourd'hui tout le monde veut avoir dans sa bibliothèque.

Le plan en fut concerté avec le plus vertueux et le plus éclairé des magistrats, M. le Chancelier d'Aguesseau.[113] M. Diderot lui fut présenté comme celui des auteurs qui aurait le plus de part à l'ouvrage.

Cet auteur était déjà noté, chez beaucoup de dévots, pour la liberté de penser.

Cependant le pieux M. d'Aguesseau voulut conférer avec lui, et je sais qu'il fut enchanté de quelques traits de génie qui éclatèrent dans la conversation; mais comme il affectionnait particulièrement cet ouvrage dont il avait prévu toute l'utilité, et dont quelques personnes lui dénonçaient l'auteur comme suspect, il voulut nommer lui-même les censeurs, et prit la précaution qu'on croyait la meilleure. Un théologien fut chargé des articles de théologie et de métaphysique, un avocat de ceux de jurisprudence, etc.

Le premier volume ne parut qu'après sa mort, et, malgré les précautions qu'il avait] prises pour la censure, il s'éleva un cri universel. p. 349

Le plus ardent ennemi de l'*Encyclopédie* fut l'ancien évêque de Mirepoix. Il porta ses plaintes au Roi lui-même, et lui dit, les larmes aux yeux, qu'on ne pouvait plus lui dissimuler que la religion allait être perdue dans son royaume.

Le chancelier successeur de M. d'Aguesseau, qui était un magistrat aussi religieux qu'aucun évêque du royaume et que l'évêque de Mirepoix lui-même, [114] jugea cependant qu'il ne fallait pas ruiner quatre familles de libraires, manquer aux engagements pris avec les souscripteurs pour des sommes considérables, et priver le public de l'ouvrage que M. d'Aguesseau avait regardé comme le plus utile qui pût paraître, parce qu'il y avait quelques propositions condamnables dans le premier volume; il pensa qu'il suffirait de prendre des mesures pour qu'il ne s'en trouvât plus dans les tomes suivants.

On m'ordonna d'en conférer avec M. l'évêque de Mirepoix.

Il me dit qu'on avait trompé les censeurs nommés par M. d'Aguesseau, en insérant dans les articles de médecine, de physique ou d'autres sciences profanes, des erreurs qui ne pouvaient] être aperçues que par un théologien. p. 350

Je lui offris de faire censurer tous les articles sans exception, par des théologiens qu'il choisirait lui-même.

Il accepta ma proposition avec joie, et me nomma les abbés Tamponnet, Millet et Cotterel, [115] qui étaient ceux en qui il avait le plus de confiance.

Les tomes II, III, IV, V, VI et VII de l'*Encyclopédie* ont été censurés en entier par ces trois docteurs. Il n'y a pas un seul article dont le manuscrit n'ait été paraphé par un des trois.

C'est cependant le livre qui a été regardé par tous les dévots, et nommément par les confrères des trois censeurs, comme un répertoire d'impiétés.

Quand leurs confrères leur en faisaient des reproches, ils étaient confus, et ne savaient que répondre. Ils finissaient par avouer qu'ils ne comprenaient pas eux-mêmes comment ils avaient pu approuver les articles qu'on leur citait, et qu'ils en avaient jugé autrement sur le manuscrit que sur l'imprimé.

Pour l'évêque de Mirepoix, il ne dit plus rien quand il vit que ses bons amis étaient compromis; et lorsque je lui en parlai, il me] répondit avec douleur, que c'étaient de vertueux ecclésiastiques, qui n'avaient sûrement pas eu mauvaise intention.

Mais le Parlement, qui ne se croyait pas obligé à aucun égard pour les censeurs de l'évêque de Mirepoix, prit alors connaissance de l'affaire.

Il supprima les sept volumes qui avaient paru, [116] ce qui est un mot vide de sens, car tous les exemplaires étaient chez les souscripteurs, et on n'espérait pas qu'ils les portassent au greffe. Il nomma les censeurs pour les examiner, et les chargea aussi de la censure des tomes suivants. * L'évêque de Mirepoix avait] choisi des molinistes; on pense bien que le Parlement nomma des jansénistes.

---

* Je n'examine pas si le Parlement n'excéda pas son pouvoir, et ne profita pas de l'occasion pour s'attribuer un droit qu'il n'avait jamais eu. Il est juge du délit commis: par conséquent il peut nommer des examinateurs du livre qui lui est dénoncé, comme des experts pour constater le corps du délit; mais je ne crois pas que jusqu'alors il eût nommé les censeurs pour examiner le livre qui paraîtra. L'université a eu cette fonction. Le Roi la fait remplir depuis par des censeurs royaux, mais non par le Parlement, parce que cet acte est d'administration, et non de justice.

Au reste, cela est étranger à la question que nous traitons dans ce chapitre. Comme on prévoyait bien que ces censeurs n'auraient rien à faire, on n'y songea pas.

Ce choix fut indifférent; car ils n'eurent rien à censurer. Les libraires prirent un parti qu'ils auraient dû prendre plus tôt. Ils firent imprimer sans censure, ou en pays étranger, ou secrètement dans le royaume (je n'ai pas cherché à pénétrer ce mystère), et ils firent imprimer tout l'ouvrage à la fois pour n'avoir plus de querelle à essuyer à chaque tome.

Quand l'ouvrage parut de cette façon, il n'y eut personne à qui on pût s'en prendre, et alors le zèle se refroidit. Personne ne s'opposa à l'entrée ni au débit, et chaque exemplaire parvint à sa destination chez le souscripteur.

Le livre *de l'Esprit* [117] a fait au moins autant de bruit que l'*Encyclopédie*. Le cri fut général. * Le censeur fut M. Tercier. [118] On a dit] dans le public, qu'il était ami de l'auteur. Ce fait n'est pas vrai: il ne le connaissait point quand il fut nommé son censeur. Ils firent connaissance, et sont peut-être devenus amis pendant l'examen de l'ouvrage.

M. Tercier était homme de lettres. On ne peut pas lui refuser cette qualité, puisqu'il était de l'Académie des belles-lettres. Il était donc assez instruit pour découvrir le danger d'un livre où tout le monde disait que les propositions dangereuses n'étaient pas même déguisées.

Il était premier commis des Affaires étrangères, et avait passé toute sa vie dans la politique: ainsi il devait avoir la prudence nécessaire pour prévoir l'effet que ferait un pareil livre.

S'il n'en avait pas été le censeur, je suis persuadé qu'il aurait dit comme tout le public: "Comment est-il possible qu'un censeur ait approuvé un pareil ouvrage?"

J'ajoute un fait dont je suis très certain: c'est qu'il fut averti plusieurs fois, et même de la part des amis de l'auteur, de se tenir en garde, parce que la complaisance qu'il pourrait avoir leur serait funeste à tous les deux.

---

* Je ne parle qu'historiquement de l'effet que fit ce livre dans le public. Je n'examine point jusqu'à quel point il pouvait être répréhensible.

Je serais bien fâché d'insulter la cendre de deux morts estimés et regrettés de tous ceux qui les ont connus.

Je connaissais personnellement l'auteur, et je l'aimais tendrement. Il avait autant de droit à l'estime des honnêtes gens par ses vertus morales, qu'aux applaudissements du public par ses talents.

Ce censeur du livre de *l'Esprit* était particulièrement] protégé par la feue Reine. [119] Il avait donné au roi de Pologne, dans les circonstances les plus dangereuses de sa vie, des preuves d'attachement que la Reine n'oubliait pas.

Or, tout le monde connaissait la piété de la Reine, et personne n'ignorait qu'elle gémissait continuellement sur les mauvais livres dont le public était inondé.

M. Tercier était aussi particulièrement attaché à la personne de Monseigneur le Dauphin, [120] avec qui il avait même un travail habituel.

Il avait tout à espérer de si grandes protections, et tout à craindre en rendant sa doctrine suspecte à ses vertueux protecteurs.

Il courait le risque évident de perdre son état; ce qui lui est réellement arrivé. Cependant il a donné son approbation.

Après de tels exemples, n'est-il pas évident qu'il n'y a point de censeurs qui ne puissent se tromper dans leurs jugements?

Résumons ce chapitre, qui est beaucoup plus long que je n'aurais voulu.

Je regarde comme certain, 1° que l'inexécution des règlements de librairie est venue de ce qu'on a refusé la permission pour une multitude de livres qui sont devenus nécessaires à la nation; 2° que quelque chose qu'on] fasse, ces permissions seront toujours refusées, par conséquent que, tant qu'on laissera subsister la loi qui exige, pour chaque livre, une permission expresse après une approbation préalable, les règlements sur cette partie d'administration seront toujours illusoires.

Si je n'ai pas réussi à convaincre de ces vérités ceux qui liront ce mémoire, c'est peut-être moi qui ai tort.

Mais alors il est inutile de lire ce qui me reste à dire; car c'est sur ces vérités, que je regarde comme fondamentales, que tout mon mémoire est appuyé, et si on ne les admet pas, je ne connais rien de raisonnable à faire.]

Chapitre IV

QUESTION QUATRIÈME

Quel est le meilleur moyen d'obvier à la licence des libelles, ou de soumettre les livres à la censure, ce qui est la loi de France et de quelques royaumes, ou de ne rien prescrire aux auteurs, et de laisser à la justice le soin de punir les délits, ce qui est la loi d'Angleterre et de quelques autres pays?

Sur l'exposition de cette question, on croira peut-être que je la regarde comme résolue par les principes que j'ai établis dans le précédent chapitre.

Puisque je regarde comme une nécessité indispensable de révoquer la loi qui exige la permission expresse et la censure, on croira que j'ai tout dit, et que je n'ai plus qu'à conclure qu'il faut admettre la loi d'Angleterre telle qu'elle est avec ses avantages pour la liberté, et ses inconvénients sur la licence.]

Mais ce n'est pas là ma conclusion. Il faut examiner auparavant si la loi anglaise produirait en France ce qu'elle a produit en Angleterre, et c'est le sujet de la cinquième question.]

Chapitre V

QUESTION CINQUIÈME

La loi anglaise introduite en France, y produira-t-elle les mêmes effets qu'en Angleterre, c'est-à-dire, l'heureux effet de donner aux citoyens honnêtes et raisonnables la liberté de produire leurs sentiments, et le mauvais effet d'augmenter la licence des libelles et d'autoriser des satires personnelles?

La suppression de la censure nous remettrait sous la loi commune à toutes les nations, suivant laquelle on attend que les délits soient commis pour les punir.

L'auteur pourrait imprimer sans prendre la permission d'un censeur, comme il a le droit naturel d'écrire et de parler. Mais si son livre était criminel, il serait jugé et puni suivant les lois du pays où il vit, comme le serait un prédicateur qui aurait prononcé un sermon séditieux.

Or, chaque nation a ses lois particulières] pour la justice criminelle, et il y a entre les lois et l'esprit national des Anglais et des Français, des différences qui en entraîneraient une immense sur le degré de licence que produirait la suppression de la censure.

1.º En Angleterre, les juges doivent s'en tenir aux termes précis de la loi. Ils ne peuvent punir que les actions que la loi a déclarées être des délits: la peine qu'ils prononcent est celle que la loi a déterminée, excepté dans les seuls cas où la loi elle-même a ordonné de proportionner la peine aux circonstances, comme les condamnations pour réparation de dommages; mais le juge ne peut jamais décider, d'après ses propres lumières, qu'une action que la loi n'a prévue ni définie, soit un crime.

En France, on a donné beaucoup plus de latitude au pouvoir des juges: l'esprit de la loi supplée au texte littéral; et quand le juge français croit voir clairement que l'accusé a eu une mauvaise intention, et qu'il l'a effectuée, ce que nous appelons *concilium et eventus,* il prononce la condamnation, et l'accusé n'échapperait pas à la justice en disant que le cas n'a pas été prévu par la loi. *]

Je n'entreprends point de discuter ici les avantages et les inconvénients de ces deux jurisprudences; je ne dis que le fait, et il me paraît évident que cette seule différence entre les deux jurisprudences doit rendre l'effet de la suppression de la censure très différent dans les deux pays. p. 360

Par exemple, les libelles diffamatoires sont regardés partout comme un délit très grave; ainsi on punirait en Angleterre, comme en France, l'auteur qui dans son ouvrage outragerait un citoyen en le nommant.

Mais si cet auteur, sans nommer personne, fait un portrait de celui qu'il veut insulter,] auquel on ne puisse pas se méprendre, le juge anglais ne pourra pas le condamner parce qu'aucune loi n'a pu définir les cas dans lesquels le trait d'un livre doit être réputé une satire, et le juge français le condemnerait sans hésiter; l'auteur aurait beau dire qu'on lui prête une intention qu'il n'a pas eue. Quand cette intention paraîtrait évidente au juge, cette défense de l'accusé serait regardée comme un subterfuge. p. 361

Les blasphèmes, le manque de respect pour la religion de l'État, sont regardés comme des crimes dans tous les pays du monde.

Mais dans un pays où on ne juge que d'après la disposition précise de la loi, on ne peut pas condamner comme impie l'auteur

---

* Rien ne démontre mieux l'arbitraire des règles qu'on a suivies pour la censure, et que le Parlement se propose de suivre lorsqu'il aura obtenu ce qu'il appelle la liberté de la presse, que les termes dont il s'est servi dans l'article de son arrêté, par lequel il demande cette liberté, "sauf à répondre des écrits répréhensibles, suivant l'exigence des cas."

Par ces termes vagues, on demande une loi pénale qui ne définira point le délit, ne déterminera point la punition, laissera au juge le droit d'arbitrer ce qui lui paraîtra criminel, et d'y appliquer la peine qui lui semblera proportionnée.

A-t-on tort de dire qu'avec une telle législation, ce ne sera point de la loi, mais de l'opinion des juges que dépendra le sort des citoyens?

qui a établi une proposition qui, dans la façon de penser du juge, contient implicitement une impiété.

L'auteur qui serait accusé par la partie publique, ne pourrait être convaincu légalement qu'après avoir été entendu dans sa défense; ce qui serait soutenir une thèse contre le ministère public, et il serait toujours admis à dire qu'il n'avait pas pensé comme son accusateur; qu'il peut s'être trompé, mais que l'erreur n'est pas un crime.

Mais ce n'est pas ainsi qu'on juge en France] les affaires de ce genre. Les juges ne se regardent pas uniquement comme des interprètes de la loi; ils statuent sur la doctrine, comme les conciles où l'Église est assemblée. _{p. 362}

C'est l'avocat général qui est chargé de cette fonction. Cet orateur jurisconsulte prononce un traité de philosophie ou de théologie, et l'auteur accusé n'est admis à aucune réplique. Telle est la règle de nos tribunaux.

Il ne peut ni contester la doctrine de M. l'avocat général, ce qui serait regardé comme une témérité, ni même soutenir qu'on l'a mal entendu, et qu'il n'a jamais prétendu établir la doctrine qu'on lui impute. Son intention a paru évidente à la justice, et c'est assez pour asseoir une condamnation.

C'est dans la même forme qu'on statue sur tout ouvrage qu'on regarde comme contraire aux lois, à l'ordre public, à l'administration, et il y a une très grande quantité d'ouvrages qui peuvent être critiqués sous quelques-uns de ces aspects, souvent sans que l'auteur l'ait prévu.

Si on veut bien y réfléchir, et examiner jusqu'où cela peut s'étendre, on verra qu'il n'y aurait aucun métier plus dangereux que] celui des auteurs, s'ils avaient à répondre à la justice de tous leurs ouvrages. _{p. 363}

Les auteurs ont aujourd'hui des difficultés fort incommodes à éprouver. Souvent on leur en fait auxquelles ils ne se seraient pas attendus. Ils les attribuent à la fantaisie du censeur, et trouvent fort dur d'être obligés de s'y soumettre.

Mais s'ils n'avaient plus la sauvegarde de la censure, ils auraient des censeurs d'un autre genre; ils en auraient autant qu'il y a de conseillers au Parlement et au Châtelet, qui ont le droit de les dénoncer. Cette censure serait bien plus redoutable, puisqu'elle ne se terminerait pas à leur faire sacrifier un trait de leur ouvrage, mais qu'elle leur ferait subir un procès criminel; et peut-on prévoir quelle en serait l'issue dans un pays où les lois ne sont pas précises, et où le jugement dépend de la façon de penser de ceux qui un tel jour tiennent le tribunal?

Tout citoyen, de quelque profession qu'il soit, doit être à l'abri d'un procès criminel, en évitant de faire aucune des actions qui sont défendues par la loi. Les auteurs seuls y seraient exposés par l'interprétation qu'on peut donner à leurs ouvrages.

On va voir encore d'autres différences essentielles] entre la justice qui se rend en France, et celle qui se rend en Angleterre. p. 364

2.º En Angleterre, les juges ne sont point un corps; ils le sont en France.

C'est certainement un corps bien respectable, que celui des gardiens de la loi; mais un seul corps ne doit pas avoir inspection sur la publication des pensées des citoyens de tous les ordres et de tous les états.

Nous avons fait voir dans les chapitres précédents, qu'il était absurde que l'Université, qui, dans les siècles d'ignorance, était le corps entier des gens de lettres, eût cette inspection, et que le gouvernement s'est trompé quand il a cru pouvoir exercer cet empire sur les opinions: il ne serait pas plus raisonnable de le donner au corps des magistrats.

3.º Voici une troisième différence, qui est peut-être la plus importante de toutes.

La justice criminelle ne se rend en Angleterre qu'après une instruction publique: c'est la nation qui préside au jugement, et la nation anglaise, fortement persuadée que la liberté nationale tient à la liberté de la presse, ne permettrait pas aux juges de condamner arbitrairement les auteurs.

L'opinion que chacun peut avoir d'un livre, le chagrin d'un particulier, celui d'un] corps, celui du gouvernement lui-même p. 365 quand il se croit insulté dans un écrit, tout cela ne paraît aux Anglais que de petites considérations, qui ne peuvent pas être mises en balance avec le grand principe, qu'il ne faut imposer aucune gêne aux citoyens qui veulent parler à la nation.

On me dira peut-être que la nation française prendra sur

l'esprit de la nation anglaise lorsqu'elle aura des assemblées nationales.

Personne ne peut savoir avec certitude ce que produiront ces assemblées; mais je soutiens que le vœu même de la nation ne dirigera point les juges en France comme en Angleterre, tant que notre forme d'instruction criminelle subsistera, et que les jugements seront rendus sur des procédures secrètes.

Cette proposition peut être rendue sensible par la comparaison de deux procès qui ont fait beaucoup de bruit, l'un en Angleterre, et l'autre en France.

M. Wilkes [121] passait en Angleterre pour le plus hardi des auteurs; et comme la licence des libelles a des inconvénients reels, dont les gens raisonnables sont frappés en Angleterre ainsi qu'en France, beaucoup d'Anglais murmuraient de cette liberté, qui leur semblait excessive. Ceux qui pensaient ainsi se croyaient] la majeure partie du public, et sûrement le gouvernement pensait de même; car sans cela le procès de M. Wilkes n'aurait pas été entamé.

Il fit paraître une feuille où le gouvernement se crut si ouvertement insulté, qu'il ne douta point que ce délit ne fût puni s'il était déféré à la justice.

Tous ceux qui approchaient du Roi ou des ministres regardaient cela comme certain, et vraisemblablement les plus grands jurisconsultes d'Angleterre avaient été consultés, et pensaient de même. On fut charmé de trouver cette occasion de faire un exemple qui servît de frein à la licence.

Tout le contraire arriva.

Lorsqu'on voulut faire le procès, la nation se réveilla.

On pensa que la hardiesse qu'on imputait à M. Wilkes ne devait être considérée, dans une affaire d'État, que comme une peccadille méprisable; mais qu'il serait du plus grand danger que les juges prissent l'habitude de flétrir les auteurs qui auraient déplu aux puissances.

Le gouvernement s'obstina; ce qui augmenta la chaleur nationale en faveur de M. Wilkes. Non seulement il fut absous, mais] il fut regardé comme un illustre persécuté. La tentative qu'on avait faite pour le perdre lui procura des honneurs inouïs, et une fortune à laquelle, sans cela, il n'aurait peut-être pas aspiré.

Je crois que le gouvernement eut tort de s'obstiner à cette petite vengeance, et de ne pas songer qu'on illustre toujours celui à qui on donne le mérite de la persécution, et que la nation alla trop loin en déférant à un auteur les honneurs qui devraient être réservés pour les citoyens qui ont rendu les plus grands services à l'État.

Nous ne devons pas être surpris en France, que le gouvernement anglais ait fait cette faute, ni que la nation anglaise se soit portée à cet excès.

Voyons à présent ce qui s'est passé en France dans la fameuse histoire de M. du Paty. [122]

Depuis quelques années on s'était pourvu en cassation ou en révision contre plusieurs arrêts de condamnation à mort. Il avait paru des mémoires où le public avait trouvé l'innocence des condamnés démontrée. Le Conseil en avait jugé de même; mais ce n'est qu'après la mort des malheureux, que leur innocence avait été reconnue.]

Ces affaires, surtout celle de Calas, [123] qui fit plus de bruit que toutes les autres, avaient excité dans le public une sensation très vive.

On s'en prenait à nos lois criminelles: on disait qu'elles étaient faites pour produire souvent de pareils malheurs. On ne parlait que de les réformer, et on aurait pu dire que c'était un cri national s'il y en avait un chez une nation qui ne s'assemble jamais.

Je sais que beaucoup de magistrats trouvaient ce cri du public inconsidéré; qu'ils pensaient que la réformation dans nos lois, qu'on proposait, aurait les plus grands inconvénients.

Je ne prends point parti dans cette question: je dis seulement le fait, que le vœu d'une très grande partie du public était qu'on fît de grands changements dans la procédure criminelle, et qu'on adoucît la rigueur des peines et celle de l'instruction.

Dans ce temps-là trois hommes de la lie du peuple, gens a qui personne ne prenait d'intérêt, ainsi en faveur de qui il ne pouvait y avoir aucune intrigue, furent condamnés à la roue.

On sut que quelques juges, à qui le crime ne paraissait pas assez prouvé, s'étaient opposés avec force à l'arrêt. C'en fut assez pour] que le Roi ordonnât un sursis nécessaire pour que les accusés pussent se pourvoir au Conseil.

M. le président du Paty prit connaissance de l'affaire; il lui parut que la procédure était mal faite, et le jugement rendu sans preuves suffisantes. De plus, il voulut voir les accusés. Le spectacle d'un malheureux a de grands droits sur un homme sensible qui a peu fréquenté la classe d'hommes par qui se commettent ordinairement les grands crimes. M. du Paty, après le savoir vus, ne douta pas de leur innocence.

Il s'enflamma pour une cause qui lui parut si intéressante; il fit un mémoire; et comme, en France, un mémoire ne peut pas être imprimé sans être signé d'un avocat étant sur le tableau, M. du Paty en trouva un qui, pensant comme lui, remplit cette formalité.

M. du Paty pensait et écrivait avec beaucoup de chaleur; il en mit dans cette affaire, et il faut convenir que, s'il y a une cause qui en soit susceptible, c'est celle de trois hommes qu'on croit innocents, et qu'on veut arracher au supplice de la roue.

Il ne s'en tint pas à la défense de ces trois particuliers: il était persuadé que les erreurs du jugement venaient des défauts de notre] procédure criminelle; il en attaqua les principes, et il est vrai que, par son mémoire, il semble exhorter fortement le public à demander au Roi de la changer.

Ce mémoire produisit l'effet qu'on en devait attendre sur un public déjà prévenu, pour une pareille cause, depuis la mort tragique de Calas et de plusieurs autres.

En Angleterre, cette faveur du public en aurait imposé aux magistrats, comme dans l'affaire de Wilkes.

En France, ce fut tout le contraire: ils furent indignés de la témérité d'un auteur qui osait révolter le public contre ses juges; * ils crurent nécessaire d'y mettre un frein, et cette nécessité fit passer par-dessus toutes les règles qu'on se prescrit ordinairement.

En effet, quel était le delit de l'auteur de ce mémoire?

On disait qu'il n'avait qu'une connaissance superficielle des lois qu'il critiquait, et qu'il y avait dans son premier mémoire plus d'éloquence que de logique.

Supposons que cela soit vrai; mais jamais les défenseurs des parties n'ont été regardés] comme coupables pour avoir employé des moyens que les juges ne trouvent pas bons.

---

* Ce qu'on appelait l'an passé *le public,* est ce qu'on appelle aujourd'hui *la nation.*

On disait aussi que son plaidoyer était une satire sanglante des juges; mais on ne peut pas attaquer un jugement sans dire que les juges ont eu tort de le rendre.

Nous avons déjà remarqué ailleurs que, malgré les gênes établies en France sur l'imprimerie, on a toujours excepté les mémoires des avocats, parce qu'on a reconnu que la liberté nécessaire pour la défense des citoyens ne subsisterait plus, si on voulait inspecter ces mémoires comme les autres ouvrages qu'on imprime.

Lorsqu'un avocat diffame son adversaire par des injures ou des allégations absolument étrangères à sa cause, le corps des avocats le réprimande, et il y en a eu de rayés du tableau.

Mais quand les faits allégués peuvent avoir trait à la cause, quand l'avocat a pu croire que ce sont des moyens pour sa partie, on ne se permet pas de lui faire des reproches sur la véhémence avec laquelle il les a exposées. Or, quelque qualification qu'on donne aux traits du mémoire de M. du Paty, dont la justice a été blessée, on ne peut pas dire qu'ils fussent étrangers à la cause dont il s'était chargé.]

Cependant ces maximes qu'on observe ordinairement n'arrêtèrent point le Parlement dans cette occasion.

On rendit plainte. M. du Paty fut décrété sans examiner si sa charge de président d'un autre Parlement le laissait justiciable de celui de Paris, et on raya du tableau l'avocat qui avait donné sa signature.

Il ne faut pas dire que cette rigueur était nécessaire pour réparer la réputation des juges outragés: c'était vengeance qu'on voulait, et non réparation, et il faut bien prendre garde à cette différence.

L'arrêt qui condamne un livre ne fait point la justification de celui qui a été offensé. Le citoyen calomnié dans un écrit qui a été publié, ne peut obtenir son absolution que du public, et ce ne peut être que par une réfutation à laquelle le calomniateur ait droit de répliquer.

La méthode de faire réfuter un auteur dans un discours foudroyant, prononcé par un avocat général, ne peut jamais déterminer l'opinion du public, parce qu'on sait que lorsque ce magistrat a parlé, il n'est permis à personne de répondre.

On n'est point convaincu par celui qui établit une doctrine que personne ne peut contredire.] On ne l'est jamais par l'avocat qui plaide une cause avant d'avoir entendu son adversaire. _{p. 373}

L'arrêt contre M. du Paty et son avocat n'était donc pas fait pour réparer l'honneur des juges, mais pour punir les auteurs qui avaient manqué au respect dû à la magistrature.

Je crois que l'avocat a été depuis rétabli dans ses fonctions. Si cela est, cet acte de justice ou de clémence n'empêche point l'effet de l'arrêt.

On a pardonné à l'homme qui, en signant le mémoire, n'avait pas prévu que la justice en serait irritée; mais l'avertissement est donné à tous les défenseurs des citoyens: on sait à présent que, s'il leur arrivait d'offenser les juges (même quand ce serait dans la vue de sauver la vie à un innocent), le corps entier de la magistrature leur ferait éprouver son ressentiment, et alors ils ne pourraient plus dire qu'ils croyaient que la carrière était libre.

La loi sera regardée comme faite par l'arrêt de M. du Paty, et on trouvera difficilement un avocat qui s'expose à la perte de son état.

Quant au prétendu délit d'avoir osé critiquer les ordonnances du royaume, je crois] en vérité que cette accusation ne mérite plus d'être discutée. _{p. 374}

Il est permis de penser, dans notre siècle, qu'il faut changer les ordonnances du siècle passé, comme il a été permis, dans le siècle passé, de croire qu'il fallait changer celles d'un autre siècle, qui furent abrogées en 1667 et 1670.

Non seulement cette critique salutaire des lois est permise à tous les citoyens, mais elle leur est recommandée aujourd'hui par le Roi lui-même, puisqu'il vient d'annoncer aux notables, "que la justice civile et criminelle seront perfectionnées" par les lumières qui leur seront données dans les Assemblées nationales.

Les citoyens de tous les ordres qui vont être admis à cette importante discussion, ne pourront être instruits que par les ouvrages que chaque auteur, qui a étudié les lois, aura droit de publier.

Le Parlement pouvait croire, il y a deux ans, que c'était une témérité de critiquer les anciennes lois, mais personne ne peut le soutenir aujourd'hui.

Voilà ce qui s'est passé en France et en Angleterre dans deux affaires qui ont été assez connues pour qu'on ne puisse pas dire

que] j'aie altéré les faits. Je demande qu'on compare, et ensuite p. 375
on jugera si la loi qui supprimerait la censure en soumettant les
auteurs à toute la rigueur de la justice, produirait les mêmes effets
en France qu'en Angleterre?

Ceux qui ne sont occupés que de mettre un frein à la licence,
pourront en conclure que la nouvelle loi vaudrait mieux pour la
France que pour l'Angleterre, parce qu'elle n'y aura pas l'inconvénient d'assurer l'impunité à ces pamphlets diffamatoires dans
lesquels on se contente de supprimer le nom de celui qu'on insulte.

Mais on demande aussi la juste liberté d'écrire dans un siècle
qui voit tous les jours éclore, sur tous les objets possibles, des
vérités inconnues à nos ancêtres. Nous sommes dans un moment
où la nation invoque les lumières de tous les citoyens sur les objets qui l'intéressent, et on doit prévoir que la nouvelle loi imposera silence à un très grand nombre d'auteurs qui ne veulent pas
s'exposer à un procès criminel.

Il y a des sciences où il ne serait pas possible d'écrire une
ligne sans courir ce risque; par exemple, la morale et la métaphysique. *] Non seulement il serait dangereux d'écrire des traités de p. 376
ces deux sciences, mais il faudrait s'interdire, dans tous les autres
ouvrages, les réflexions morales ou métaphysiques, parce que chaque proposition est souvent regardée, par ceux qui sont d'une
opinion contraire, comme le germe d'une erreur punissable, et que
l'auteur ne peut pas prévoir de quel système seront ses juges.

Il ne serait pas possible non plus d'écrire sans danger d'autres
histoires que des chroniques sèches, dépouillées de toutes réflexions, et qui ne présentent au lecteur aucun tableau, parce qu'il
n'y a aucune histoire dont on ne puisse faire l'application au temps

---

* J'ai évité de prononcer le mot *philosophie*, parce que l'âcreté des
disputes élevées depuis quarante ans n'a pas laissé à ce mot de signification
certaine. Suivant les uns, toute grande idée, toute vérité nouvelle est regardée comme apartenante à la *philosophie*. Suivant d'autres, *philosophie*
est devenue synonyme d'*impiété*. Je crois qu'en Grèce, dans le beau siècle
de la littérature, qui fut cependant celui de la persécution des philosophes,
et à Rome, dans les différents siècles où les philosophes furent bannis, il y
avait diversité d'opinions sur la signification qu'il faut donner à ce nom.

Pour éviter les disputes autant qu'il est possible dans un mémoire où
je cherche à réunir les opinions de tout le monde sur une vérité importante,
j'ai dû éviter de nommer *la philosophie*.

présent], et que l'auteur pourrait être accusé d'avoir voulu, par p. 377
malignité, faire faire cette application.

La jurisprudence est une des sciences dans lesquelles les auteurs auront plus à craindre en disant librement leur façon de penser, puisqu'ils auront pour juges ceux qui peuvent en avoir une différente, et qui ne veulent pas qu'on les contredise.

Quoique jusqu'à présent la censure ait mis les auteurs à l'abri des recherches de la justice, excepté dans quelques cas singuliers, on a vu quelquefois des magistrats de cour souveraine, qui avaient été avertis qu'un avocat ou un juge de province faisait imprimer un livre, envoyer chercher cet auteur, et exiger de lui la suppression des propositions de son ouvrage qui étaient contraires à leur façon de penser personnelle.

On croit peut-être que les sciences physiques seraient à l'abri de cette gêne; et moi, je soutiens qu'elles y seraient aussi sujettes.

Rappelons-nous ce qui se passa, il y a quelques années, quand la méthode de l'inoculation fut proposée en France. [124]

Une partie du public se récria contre ces innovateurs qui allaient répandre dans toutes les villes le venin de la petite vérole, et qui] feraient sacrifier les malheureux enfants dont les pères et mères p. 378 auraient été séduits par leurs systèmes extravagants.

Je me souviens que la plupart des magistrats étaient du nombre de ces ennemis de l'inoculation, et on rendit des arrêts qui en devaient rendre l'usage si difficile, qu'on espérait que cette méthode serait bientôt abandonnée.

Si le premier auteur qui écrivit sur l'inoculation n'avait pas eu une approbation légale, je ne doute pas que son livre n'eût été dénoncé, qu'on ne l'eût mandé, qu'on n'eût defendu à lui et à tout autre d'écrire en faveur de cette méthode dangereuse, et cependant les médecins anti-inoculateurs qui échauffaient leurs partisans, et nommément les magistrats, auraient eu la carrière libre.

Cela aurait peut-être suffi pour retarder, de quelques années, l'établissement de l'inoculation en France.

Je ne prononce point sur l'utilité de l'inoculation d'après ma façon de penser personnelle, parce que, dans un mémoire comme celui-ci, je ne dois adopter aucune opinion particulière; j'ai seulement à prouver qu'il est permis à chaque auteur d'établir la sienne. Mais à present la doctrine de l'inoculation a] si généra- p. 379

lement prévalu, et est appuyée sur des autorités si respectables, qu'on ne peut pas dire que les magistrats qui composaient le Parlement lorsque cette méthode fut apportée en France, dussent avoir le pouvoir d'y mettre obstacle.

Cela ne vient que de ce que le corps des juges, qui, en cette qualité, ne devraient avoir inspection que sur la jurisprudence (si tant est qu'aucun corps ou aucun particulier doive avoir inspection sur aucune science, excepté sur la théologie); de ce que ce corps, dis-je, se regarde en France comme juge *] de la doctrine dans

---

* Cependant n'allons pas jusqu'à accuser les magistrats de nos jours de chercher à usurper une autorité nouvelle; ils ne font que suivre la route tracée par leurs ancêtres.

Dans les siècles passés, le Parlement, et même tous les corps, ne connaissaient point de limites à leur pouvoir, et exerçaient le genre d'autorité qu'ils avaient sur tout ce qui leur paraissait répréhensible.

L'Église a quelquefois compromis son infaillibilité quand elle a voulu prononcer sur une question de droit, comme sur l'usure.

L'Université s'est aussi compromise quand elle a condamné les opinions philosophiques, qui ont triomphé malgré ses efforts.

Dans les mêmes temps la justice se croyait chargée de veiller à la santé des hommes, et on sait qu'elle a quelquefois interposé son autorité pour défendre l'usage de quelques médicaments nouveaux, qui cependant ont été depuis généralement employés.

On voit dans les histoires de l'Université, que, dans le temps d'une réformation, trois magistrats du Parlement de Paris, envoyés pour y présider, déclarèrent gravement à la Faculté de médecine, qu'il fallait s'en tenir à la seule doctrine d'Hippocrate et des Anciens, et rejeter toutes les nouveautés comme pernicieuses.

Par cette singulière injonction on proscrivait d'avance la doctrine de la circulation du sang, qui fut découverte peu de temps après: on abolissait l'usage de tous les remèdes que nous tenons des Arabes, qui sont ceux qu'on emploie à présent le plus souvent, et de tous les médicaments venus des pays inconnus aux Anciens; enfin, on renonçait à toutes les connaissances acquises par l'anatomie, puisque, du temps des Anciens, la dissection des corps humains était défendu comme un crime.

Les magistrats qui prononcèrent cet oracle au nom du Parlement dont ils étaient députés, étaient, si je ne me trompe, Jacques-Auguste de Thou l'historien, Édouard Molé, Lazare Cocqueley,[125] trois des plus grands magistrats qu'ait eus la France.

Je suis fâché que des hommes d'un si grand mérite aient dit une si grande sottise. Je la rapporte exprès pour faire voir aux magistrats d'aujourd'hui qu'on ne les offense pas en leur disant que, malgré leurs vertus et leurs lumières, ils ne doivent pas se permettre de proscrire les opinions qu'ils trouvent fausses ou dangereuses sur ce qui n'est pas de leur métier.

Au reste, dans le même temps que des jurisconsultes français voulaient prescrire des règles pour les études de la médecine, les théologiens italiens persécutaient Galilée pour avoir démontré des vérités astronomiques.

toutes les matières. C'est là ce qu'on ne voit pas en Angleterre, où les] juges savent qu'ils ne sont que des juges, et où l'Assemblée de la nation, composée de gens de tous les états, ne leur permettrait pas de prononcer sur ce qui n'est pas de leur compétence.

p. 381

Passons à un autre objet. Nous avons dit que, depuis quelques années, il paraît souvent des traités utiles faits par des ouvriers sur leurs métiers.

On croira peut-être qu'au moins pour les ouvrages de ce genre, on n'a pas à craindre la répréhension de la justice.

Et moi, je réponds que j'ai reçu plusieurs fois des plaintes à ce sujet quand j'étais chargé de la librairie.

Presque toutes les fois qu'un artisan écrit sur son métier, les autres soutiennent qu'il ne l'a fait que pour ruiner ses confrères; à quoi ils ne manquent pas d'ajouter qu'il a enseigné de mauvaises pratiques, qu'il a induit le public en erreur, et qu'ainsi son ouvrage est dangereux pour la société.]

Je ne m'amusais pas à tâcher de leur faire entendre raison; car la dispute est inutile avec les gens qui sont mûs par une passion; je terminais l'affaire en leur disant que l'ouvrage avait été approuvé, qu'il était imprimé, ainsi que tout était fini.

p. 382

Mais s'il n'y avait pas de censure, les rivaux de l'auteur artisan chercheraient un protecteur parmi les magistrats, et quelquefois en trouveraient.

Je crois bien que, sur cette matière, l'avocat général ne se chargerait pas de la discussion comme dans les questions de théologie et de philosophie.

On nommerait des experts, qui seraient, ou les maîtres et gardes de la communauté, ou d'autres anciens maîtres, tous gens intéressés à faire punir l'écrivain assez téméraire pour croire en savoir plus que ses anciens, ou assez infidèle pour dévoiler au public les secrets du métier.

Venons enfin aux belles lettres proprement dites; ce qui comprend la poésie, le théâtre, les romans, et en général tous les ouvrages d'agrément.

Quoique cette partie de la littérature ne soit pas pour les hommes d'une nécessité première, on ne saurait nier qu'elle ne contribue] à la gloire d'un siècle et d'une nation, et, malgré les paradoxes avancés de nos jours, on doit convenir que les belles-lettres

p. 383

ont adouci les mœurs, qu'elles ont quelquefois tiré les nations de la barbarie. On doit se souvenir que, dans le siècle de Louis XIV, comme dans celui d'Auguste, elles ont fait oublier la fureur des guerres civiles.

Doit-on exposer ceux qui s'y adonnent à des dangers toujours renaissants?

Si les auteurs de ce genre étaient exposés à être repris par la justice sans avoir, comme à présent, la sauvegarde d'une approbation, ils n'auraient aucune règle pour savoir ce qui leur est permis ou défendu. *]

---

* Il était nécessaire à Racine, pour sa comédie des *Plaideurs,* qu'il y eût dans les gens du métier, un traître qui lui fournit plusieurs traits et les termes techniques.

Molière avait un médecin de ses amis qui lui rendait le même service pour toutes les comédies où il a mis des médecins sur le théâtre.

J'ai trouvé dans les papiers de ma famille, desquels j'ai tiré bien des anecdotes, que c'était l'avocat Fourcroy, [126] le plus fameux avocat de son temps, qui rendit ce service à Racine.

M. de Fourcroy avait dans sa jeunesse voulu être homme de lettres, et il y a quelques traits contre lui dans les premières satires de Boileau. [127] Vous verrez tout cela dans Brossette. [128]

M. de Fourcroy ne s'en fâcha pas, et devint le meilleur ami de Boileau; ce que vous verrez aussi dans Brossette.

Il était aussi l'ami intime du premier président de Lamoignon mon bisaïeul, [129] et de son fils, avocat général, mon grand-père, [130] ainsi que de M. de Baville son frère. [131]

J'ai vu dans leurs lettres, que cet avocat, qui était un homme d'esprit et un homme très gai, était l'amusement de leur société.

Il avait une maison de campagne dans un village de la terre de Baville, et le premier président l'avait fait son bailli; il passait toutes les vacances de Palais dans cette petite maison, et était presque toujours au château de Baville, où Boileau, Racine, le Père Bourdaloue et d'autres allaient aussi fort souvent.

Ce fut là que Racine avec Fourcroy lurent la comédie des *Plaideurs*; et non seulement le premier président ne s'en formalisa pas, mais il y ajouta quelques-uns de ces traits qui ne pouvaient être fournis que par un homme du métier, et Racine les employa.

Il y a deux ans que je fus très aise de me rappeler cette anecdote, et de la rapporter à des magistrats du Parlement qui étaient très en colère contre la comédie de M. de Beaumarchais. [132]

J'avoue que je n'ai pas été fâché de rapporter ce trait dans mon mémoire, parce que c'est ce même premier président qui s'opposa au *Tartuffe*.

Je n'ai pas prétendu l'en justifier, mais seulement faire voir que si le zèle de la dévotion le portait trop loin, il n'avait pas un attachement aussi ridicule que celui que je vois aujourd'hui pour la vanité de sa robe.

Quant à l'histoire du *Tartuffe,* tout le monde la sait; mais il y a une réflexion à faire que tout le monde ne fait pas.

Nous avons vu des magistrats indignés contre *le Mariage de Figaro,* parce qu'il y] a un juge très ridicule. Ils ne se rappelaient pas que, dans le siècle passé, M. de Fourcroy,] homme de lettres et le plus célèbre avocat de son temps, qui était ami de Racine, et le premier président du Parlement lui-même, lui fournirent plusieurs traits pour la comédie des *Plaideurs.*

p. 384
p. 385
p. 386

Je me souviens que, dans le temps d'une comédie de Piron, où il y avait un auditeur des comptes qui n'avait pas beaucoup d'esprit, on s'en plaignit à la police de la part de la chambre des comptes; et à Toulouse,] le corps municipal a voulu empêcher la représentation de *la Métromanie,* parce qu'il y a un Capitoul. * [136]]

p. 387

Le premier président fit défendre la représentation; il était dévot dans un temps où la Cour de Louis XIV ne l'était pas encore; car si *le Tartuffe* eût été fait vingt ans plus tard, il n'aurait jamais paru pendant toute la vie de Louis XIV.

On disait que la peinture d'un faux dévot servirait de prétexte pour décrier la véritable piété.

Il en est réellement resté, que *Tartuffe* est devenu un mot de la langue, et que c'est l'injure qu'on dit aux dévots, vrais ou faux: à quoi il n'y a pas grand mal; car quand on ne les appelait pas Tartuffes, on les appelait toujours hypocrites.

Ce fut du Roi personnellement que Molière obtint la permission de jouer sa pièce. Alors le Parlement ne s'en mêla plus; mais survinrent les dévots de la cour, qui dans ce temps-là n'étaient que les évêques et le confesseur du Roi.

La restriction qu'on fit mettre à la permission fut de défendre à Molière d'habiller son Tartuffe en Abbé. On craignit ensuite qu'on ne lui donnât un habillement si voisin de celui d'un Abbé, qu'on pût s'y méprendre. On ordonna qu'il serait habillé comme les gens du monde, et spécialement qu'il porterait une épée; et on assure que le pieux Louis XIV (car il l'a toujours été dans le fond du cœur) voulut bien entrer lui-même dans ce détail. Il est certain que ce n'est que depuis sa mort que l'acteur qui joue *Tartuffe,* s'est permis de prendre un autre costume.

Il est donc évident qu'on songeait moins à faire respecter la véritable piété, qu'à épargner un petit ridicule à ceux qui portent l'habit ecclésiastique, et que, de tout temps, ce sont l'esprit de parti et l'esprit de corps qui se sont manifestés sous le nom de zèle pour la religion.

On a cependant vu d'autres Abbés mis sur le théâtre; un par Dancourt,[133] un par Boursault,[134] un par Poinsinet:[135] aussi j'ai vu des ecclésiastiques en murmurer, et trouver que c'était un scandale; cependant il n'y a pas eu de défense.

* La pièce de Piron, où il y avait un auditeur des comptes, est celle des *Fils ingrats*;[137] elle eut du succès dans le temps. Je crois qu'on ne la joue plus aujourd'hui.

On y fait le portrait des trois fils ingrats, qui sont d'états différents, et il y a ce vers:

La peinture des hommes est le grand objet des ouvrages du genre dont nous parlons, et plus la peinture des hommes est ressemblante, plus on en fait l'application à quelques hommes en particulier.

Si la nouvelle loi avait eu lieu dans les siècles passés, Molière et La Bruyère auraient eu beaucoup de procès criminels à soutenir, et il y en aurait eu quelques-uns où ils auraient succombé.

Ou plutôt je crois que La Bruyère aurait pris le parti de ne pas imprimer en France, et Molière, qui n'avait pas cette ressource pour la représentation de ses pièces, * se serait] peut-être réduit au genre de comédie qui n'est piquant que par le comique des situations, et nous serions privés de ces belles pièces de caractère, qui sont devenues pour la nation une excellente école de mœurs, mais dont quelques-uns de ses contemporains étaient trop irrités.

Le capitaine un fat, et l'auditeur un sot.

et il est vrai que dans plusieurs autres endroits de la pièce on dit: *L'auditeur est un sot.*

Aucun capitaine ne s'avisa de s'en fâcher, mais beaucoup les auditeurs.

Il y en eut un avec qui je m'en expliquai quelques années après, et qui me dit ingénûment que cela était fort désagréable pour eux, parce que, dans le temps qu'on jouait cette pièce, quand il arrivait à un pauvre auditeur de dire dans sa société quelque chose qui ne plaisait pas à toute la compagnie, il s'apercevait qu'on se disait à l'oreille: *L'auditeur est un sot.*

Je crois que le plus sot de tout le corps fut celui qui en porta des plaintes à la police; car suivant ceux de qui je tiens l'anecdote, ce ne fut pas le premier président ni le procureur général qui portèrent des plaintes au nom de la Compagnie: ce furent seulement quelques auditeurs qui allèrent trouver le lieutenant de police, et on aurait eu égard à leurs justes représentations; mais malheureusement il n'était plus temps, parce qu'il y avait déjà eu deux ou trois représentations de la pièce.

* On voit que je réunis dans cet article, ce qui s'observe en France pour la représentation des pièces de théâtre, à ce qui s'observe pour l'impression des livres. Ce sont deux polices différentes, mais toutes deux dans les mêmes principes.

Il faut pour la représentation de chaque pièce nouvelle, une permission expresse et une censure préalable.

En Angleterre, quoique la presse soit libre, il y a la même règle qu'en France sur la représentation des ouvrages dramatiques; et s'il y a quelque différence entre la liberté ou la licence du théâtre anglais et du théâtre français, elle ne vient que de la différence des mœurs des deux nations, et peut-être de ce que le public de Londres, qui jusqu'à présent a été plus puissant que celui de Paris, fait la loi à ceux qui donnent et refusent les permissions.

Voilà l'état où la littérature aurait été réduite dans le beau siècle de Louis XIV, si les auteurs avaient eu à craindre les rigueurs d'une justice qui est toujours arbitraire.

Mais ce n'est pas là ce qui arriverait dans notre siècle. Je suis persuadé que la crainte des caprices de la justice y produirait ce qu'a produit la tyrannie de la censure.

Les mêmes moyens qu'on emploie pour imprimer et vendre en fraude malgré la police, seraient pris pour empêcher la justice réglée de découvrir les auteurs, imprimeurs et distributeurs des livres qu'il lui plairait de condamner.

On ferait imprimer en pays étranger ou dans les provinces, où les presses sont éloignées des regards des magistrats.

Les libraires ne vendraient la plupart des] livres que dans leurs arrières-boutiques, jusqu'à ce qu'ils eussent fait leur effet dans le public, et qu'on fût bien assuré que la justice ne s'en formaliserait pas: ils auraient, comme à présent, des magasins secrets, et les personnes les plus considérables leur donneraient asile, et leur faciliteraient l'entrée de leurs livres dans les villes.

Enfin, l'art des *presses domestiques* deviendrait encore plus commun, et dans bien des maisons on prendrait un domestique qui sût imprimer, comme aujourd'hui on en prend un qui sait copier.

Ainsi la licence dont on se plaint, régnerait comme aujourd'hui; mais on serait privé, comme aujourd'hui, des ouvrages de beaucoup d'auteurs qui ne veulent pas se faire des affaires, et beaucoup de gens de lettres dont la littérature est en quelque sorte le patrimoine, et qui tirent leur subsistance ou du moins leur aisance du produit des livres qu'ils font paraître par un commerce licite et soumis à la censure, seraient très à plaindre puisqu'il leur faudrait, ou y renoncer, ou être exposés tous les jours à des querelles avec la justice; ce qui, pour d'honnêtes gens, est très douloureux et très humiliant.

Chapitre VI

QUESTION SIXIÈME

Peut-on concilier la loi d'Angleterre, qui n'exige pas la censure, et l'ordre judiciaire établi en France? et comment peut-on éviter les inconvénients exposés dans les précédentes questions?

Il paraît d'abord difficile de résoudre ce problème, après avoir établi dans le troisième chapitre, qu'il faut renoncer à exiger la permission expresse et la censure préalable, et dans le cinquième, qu'on ne peut pas soumettre les auteurs aux rigueurs de la justice, telle qu'elle s'exerce en France, sans leur laisser un moyen pour s'assurer avant de faire paraître leurs ouvrages, qu'ils ne seront point exposés à un affront.

Je vais proposer le règlement que je crois le meilleur, mais en avertissant que je ne me flatte pas que ce soit un moyen d'obvier à tous les abus de l'impression; car je ne crois pas] que cela soit possible dans un siècle où le goût des livres est une espèce de passion pour une assez grande partie du public.

Il est juste et nécessaire que l'auteur qui de bonne foi ne cherche pas à abuser de l'impression, puisse avoir la sûreté de sa personne, et ne soit pas exposé à un procès criminel, si malheureusement ses intentions sont mal interprétées dans les tribunaux.

Jusqu'à présent les auteurs jouissaient de cette sécurité par la censure, à la vérité sous la condition de se soumettre aux corrections qu'on exigeait d'eux.

Cette condition est dure: cependant il y a encore des auteurs qui aimeront mieux y être soumis, que de courir des risques. Il est juste de leur accorder cette faculté.

Je ne suis donc pas d'avis d'abolir la censure; je crois même qu'il faut prononcer, plus précisément qu'on ne l'a fait jusqu'à présent, que les auteurs qui auront subi cette épreuve, ne pourront plus être recherchés par la justice, (ce que j'expliquerai dans un moment).

Mais je crois qu'il ne faut pas soumettre à la censure ceux qui y ont de la répugnance, et qu'il faut permettre à ceux-là d'imprimer à leur risque, péril et fortune; ce qui est la liberté de la presse demandée par une partie] du public, et en dernier lieu par le Parlement. p. 393

Par ce moyen, les auteurs sages ou timides, qui ne veulent pas se faire des affaires, pourront écrire en sûreté, et ceux qui supportent impatiemment le joug de la censure, pourront s'y soustraire. On aura le choix.

Il y a cependant sur ce règlement quelques observations à faire, et il y aura quelques précautions à prendre; les unes pour la sûreté des auteurs de bonne foi, et des censeurs; les autres pour obvier, autant qu'il est possible, à la licence; c'est ce qui nous reste à examiner. *

1.º *Précautions pour la sûreté des censeurs, et celle des auteurs qui ne se seront pas soumis à la censure.*

Nous avons dit que jusqu'à présent ceux] qui croyaient avoir à se plaindre d'un livre imprimé avec approbation, ne s'adressaient ordinairement qu'au chef de la justice, sous les ordres de qui se faisait la censure, ou au lieutenant de police pour les petits ouvrages dont il autorise l'impression. p. 394

Mais je n'assurerais point aujourd'hui qu'il en serait de même.

Il y a déjà eu des exemples d'auteurs approuvés, et même de censeurs dénoncés à la justice: c'est ce qui est arrivé à l'occasion du livre *de l'Esprit.*

---

* En relisant ce dernier chapitre, qui est la conclusion des précédents, on s'est aperçu qu'on y a souvent répété ce qui a déjà été dit.

J'en demande pardon à ceux que les répétitions ennuient; mais quand on a fort à cœur de persuader ses lecteurs, il est souvent bon de rapprocher les principes qu'on a établis, des conséquences qu'on en tire.

J'ai souvent entendu dire que le défaut de la plupart des avocats est de répéter. C'est l'expérience qui leur a appris que cela est souvent nécessaire.

Nous avons déjà observé que toutes les puissances, et même une grande partie du public, étaient alors réunies contre cet ouvrage, et que le cri était général.

L'auteur et le censeur se trouvant exposés à cet orage, ne voulurent pas incidenter sur la compétence du juge; ils crurent avoir meilleur marché du Parlement en se soumettant à lui; et dans le fait je crois que le Parlement ne fut pas fâché d'avoir cette occasion d'exercer son pouvoir sur un livre: il fut content de la soumission des deux accusés, et leur fit seulement une injonction.

On les aurait peut-être traités plus sévèrement s'ils avaient entrepris de décliner la juridiction, et je ne crois pas qu'ils eussent été] soutenus dans cette entreprise, car leurs protecteurs les avaient abandonnés; personne n'était disposé à prendre leur parti, et dans ce pays-ci on se détermine beaucoup plus par les circonstances particulières, que par des principes généraux. p. 395

Je ne sais pas ce qui s'est passé depuis mon temps; mais dès qu'il y a eu un premier exemple, je suis persuadé qu'il y en a eu d'autres.

Si le Parlement a trouvé d'autres occasions d'exercer son pouvoir contre quelques censeurs, de concert avec le gouvernement, il ne les aura pas laissé échapper.

Le Parlement ayant des exemples, et se fondant sur le principe général qu'il est le juge de tous les délits, soutiendra sûrement que l'approbation donnée par un censeur royal n'est point une excuse légitime pour l'auteur, et que le censeur n'est qu'un complice qui mérite aussi d'être poursuivi suivant la rigueur des lois.

Nous sommes dans un moment où tous les corps sont disposés à exercer tous leurs droits, même ceux dont ils ne faisaient jamais usage.

Jusqu'à présent le Parlement et les autres tribunaux étaient accoutumés à voir leurs poursuites arrêtées par la seule autorité du Roi.]

On savait que quand un ouvrage serait approuvé par l'administration, le Roi ne laisserait ni l'auteur ni le censeur exposés aux poursuites judiciaires. C'est pourquoi le ministère public ne mettait les auteurs et les censeurs en cause qu'après s'être assuré du consentement du chef de la justice. p. 396

Mais il ne faut pas se flatter qu'à présent le Parlement se conduise d'après de telles considérations.

Ainsi, s'il est juste qu'un auteur qui s'est soumis à la censure, n'ait plus rien à craindre; s'il est juste qu'un censeur qui s'est conformé aux instructions de son ministre, soit en sûreté, il faut que cela soit décidé par une loi connue du Parlement, et qui soit enregistrée.

Examinons donc s'il est juste de donner cette sûreté aux auteurs et aux censeurs.

Parlons d'abord des auteurs.

Si ceux qui se sont soumis à la censure sont encore exposés aux recherches de la justice, il s'ensuivra que, dans le moment où la nation demande la liberté de la presse, on soumettra les auteurs à un joug infiniment plus dur que celui auquel ils étaient soumis en France, et que celui auquel ils le sont dans tous les pays du monde.]

J'ai assez expliqué qu'on ne peut pas comparer la France à l'Angleterre ni aux autres pays de liberté, où les auteurs sont sous la sauvegarde de la nation. p. 397

Dans tous les autres il y a une censure: elle est rigoureuse en France; je crois qu'elle l'est encore plus en Espagne et en Portugal, mais au moins celui qui s'y est soumis n'a plus un procès criminel à craindre.

Dans tout pays policé et qui n'est pas régi par le dispotisme arbitraire d'un Pacha, le citoyen qui veut obéir aux lois, qui ne veut pas troubler la société, est certain de ne jamais subir une condamnation, parce qu'il connaît les lois suivant lesquelles il serait jugé.

En France, les gens de lettres seraient les seuls qui ne jouiraient pas de cette tranquillité si on pouvait les inquiéter sur leurs écrits, parce qu'il n'y a aucune loi qui fixe en quoi consiste le crime d'un ouvrage imprimé.

Qu'on ne dise pas qu'un auteur doit savoir si son livre est répréhensible, ou s'il ne l'est pas; qu'il n'a rien à craindre de la justice.

Nous avons dit dans le cours de ce mémoire, que ce qui est répréhensible aux yeux d'un homme, ne l'est pas aux yeux d'un autre; et en admettant l'infaillibilité des juges,] dont tout le mon- p. 398

de ne convient pas, il serait toujours très injuste qu'un auteur qui se serait trompé, qui de bonne foi n'aurait pas vu dans son livre de délit que la justice y trouvera, pût être flétri par un arrêt.

Il est donc d'une justice évidente de donner à l'auteur qui ne veut point contrevenir aux lois, un garant par qui (si j'ose me servir de ce terme) il puisse se faire assurer contre les procédures criminelles, comme on assure un vaisseau contre les risques de la mer.

Les principes de la censure sont arbitraires: c'est pour cela qu'elle était regardée par la plupart des auteurs, comme une tyrannie. Ils se plaignaient d'être soumis à la façon de penser personnelle d'un homme de lettres qu'on constituait leur juge.

Mais s'ils sont répréhensibles par la justice, ce ne sera plus des fantaisies d'un seul homme qu'ils dépendront; ce sera de celles de tous les conseillers au Parlement et au Châtelet, à qui leur livre déplaira, et qui jugeront à propos de le dénoncer.

Je sais que le tribunal entier n'est pas toujours de l'avis du dénonciateur; mais personne n'ignore que très souvent la véhémence de ce dénonciateur qui a lu le livre, qui s'est échauffé contre des opinions con-] traires à la sienne, entraîne la pluralité des *p. 399* juges, qui ne peuvent pas avoir mis le temps nécessaire à l'examen réfléchi d'un livre écrit sur des matières qui ne sont pas l'objet de leurs études ordinaires.

D'ailleurs, quelle différence entre la gêne de la censure, et la crainte qu'on doit avoir d'un jugement?

Les fantaisies d'un censeur sont incommodes pour l'auteur qui est obligé de leur sacrifier quelques traits de son ouvrage. Mais si la justice a aussi ses fantaisies, elles seront cruelles, puisqu'elles feront subir à l'auteur l'humiliation d'une condamnation qu'un honnête homme ne peut jamais mériter.

Beaucoup de gens fort instruits et dont les lumières pourraient être très utiles à la nation, n'écriront point s'ils ont à rendre compte de leurs ouvrages à des tribunaux qui n'ont point de loi certaine pour règle de leurs jugements.

Or, ces auteurs sont peut-être ceux par qui on a le plus de besoin d'être éclairé; car ce sont précisément les gens sages et réfléchis qui ont cette crainte, pendant que les étourdis et les enthousiastes risquent tout pour la gloire d'avoir produit une opinion nouvelle.

Lorsque l'ouvrage approuvé est réellement] condamnable, c'est le censeur seul qui est coupable. Il y a un seul cas où c'est à l'auteur qu'il faut s'en prendre, et non au censeur.

C'est celui où le censeur a été trompé par l'auteur sans pouvoir l'éviter.

Ce cas n'est que celui des satires personnelles, de ces allusions, de ces portraits où, sans nommer celui qu'on attaque, on le désigne si bien, que cela devient une diffamation publique.

Le libelle diffamatoire est un délit grave, qui ne doit pas rester impuni; mais le censeur n'en doit pas répondre.

Il n'est pas possible à celui qui lit un manuscrit, de reconnaître l'intention maligne d'un auteur satirique, parce qu'aucun homme ne peut savoir l'histoire de chaque individu, ni les anecdotes de chaque société.

Cependant lorsque le livre est imprimé, la satire est bientôt aperçue par le public entier, parce que ceux qui sont instruits des anecdotes en donnent la clef.

S'il est évident que l'intention a été de diffamer un citoyen (ce que la justice ne regarde jamais comme évident en Angleterre, et ce qu'elle regardera quelquefois comme évident en France), l'auteur qui a eu cette] intention, est coupable; le censeur qui ne l'a pas devinée, n'a rien à se reprocher.

Le censeur doit veiller à ce qui intéresse l'ordre public, et ne doit être chargé que de cela.

Celui qui choisit les censeurs ne doit confier cette fonction qu'à des gens qui joignent à l'honnêteté et à la prudence assez de lumières pour juger de ce qui est contraire à la religion, à la morale et aux lois du royaume, mais c'est tout ce qu'on peut exiger d'eux.

Cependant si le trait satirique est aperçu par le censeur, il doit certainement refuser son approbation. Je dis seulement qu'il n'est pas dans son tort quand il ne l'a pas aperçu.

Les principes que j'établis ici ne sont pas nouveaux.

Dès le temps que j'étais chargé de la librairie, personne ne pensait qu'un particulier offensé dans un livre fût non-recevable à rendre plainte contre l'auteur, parce que le livre avait eu une approbation de censeur.

J'ai vu de mon temps des plaintes de ce genre faites au Châtelet, sans qu'on ait imaginé de les évoquer sous prétexte qu'il y avait une permission donnée par le Roi.]

Mais comme je crois nécessaire que la loi qu'on va faire, porte expressément que les auteurs qui auront subi la censure, seront à l'abri des recherches de la justice, je pense qu'il faut bien expliquer que c'est sans préjudice de l'action des particuliers, soit en réparation d'injures, et pour cause de calomnie ou de diffamation, soit pour toute autre cause personnelle aux plaignants. p. 402

Parlons à présent des censeurs.

Celui qui aurait approuvé un ouvrage contraire à la religion, aux mœurs, aux principes de la société, doit être puni; mais je soutiens qu'il ne doit l'être que par l'autorité immédiate du Roi.

Je sens que dans ce moment où il y a un cri général contre les actes d'autorité arbitraire, cette proposition effarouchera d'abord presque tous ceux qui l'entendront.

Je sais aussi que dans tous les temps les magistrats auraient soutenu qu'il n'y a aucun délit qui ne doive être puni par la justice réglée.

Cependant si on veut bien s'en tenir à ce premier sentiment, qu'on se donne la peine de m'entendre, et qu'on ait la patience d'examiner la question de sang-froid, j'espère que tout le monde finira par être de mon avis.]

Je prétends démontrer, 1.º que la punition d'un censeur faite par l'autorité du Roi, dont il tient sa mission, n'est point contraire au droit qu'ont tous les citoyens de n'être jugés que par les tribunaux; 2.º qu'il serait contraire à la justice naturelle, supérieure à toutes les lois, que les fautes commises par un censeur dans ses fonctions, fussent jugées par d'autres que par le Roi lui-même. p. 403

Preuve de la première proposition

Le censeur accusé d'avoir prévariqué dans ses fonctions, doit être jugé par d'autres juges et suivant d'autres lois que celles qui sont établies pour tous les délits, comme le militaire est jugé par la loi militaire.

Cette loi militaire est établie partout; elle l'est en Angleterre comme en France, et elle n'a jamais été regardée comme contraire au droit commun des citoyens, quoiqu'elle soit une exception à ce droit, parce que le militaire s'y est soumis quand il est entré au service.

Prenons une autre comparaison encore plus applicable à la censure.

Un ministre du Roi dans les cours étrangères peut prévariquer dans ses fonctions, et] même commettre en cela des crimes très graves. Ce ne peut être ni le Châtelet ni le Parlement qui le jugent, parce que ses instructions sont des pièces secrètes que le Roi ne peut pas communiquer aux officiers de ses tribunaux. p. 404

Il en serait de même d'un commis des Affaires étrangères, ou du secrétaire d'un ambassadeur qui aurait trahi la confiance de son ministre.

Je ne sais pas si en Angleterre ceux qui entrent dans la carrière politique, sont exceptés du droit qu'ont tous les citoyens d'être jugés par la loi commune; je sais seulement que cette exception est aussi conforme au droit naturel, que celle qui est admise pour les gens de guerre, et je trouve qu'un censeur de livres est dans le même cas.

Il s'est soumis à l'administration lorsqu'il a accepté la commission de censeur, et les tribunaux ne peuvent pas le juger, parce qu'ils ne connaissent pas les instructions qu'il a reçues de l'administration.

Preuve de la seconde proposition

C'est à présent la cause des censeurs que je vais plaider. Je dis qu'il serait très injuste] qu'ils pussent être jugés par aucune autre puissance que par l'administration, et, si on veut bien y réfléchir, on ne pourra le nier. p. 405

Nous avons dit que le ministre dans les cours étrangères ne peut être jugé que par ceux qui ont le secret de ses instructions qui font charge contre lui.

Quant aux censeurs des livres, ce sont les instructions qu'ils ont reçues de l'administration qui font leur décharge. Il n'est donc pas possible de les faire juger par un tribunal qui n'en a pas connaissance.

Dira-t-on qu'un censeur n'a point d'instructions secrètes à recevoir, et qu'il doit se conduire par ses propres lumières? Mais a-t-on oublié la vérité fondamentale, et que je regarde comme la base de ce mémoire, que les principes de la censure sont arbitraires en France?

Ils le seront toujours jusqu'à ce qu'il soit établi en France, comme en Angleterre, qu'on ne peut trouver nul délit dans un livre, à moins que les propositions qui y sont contenues, ne soient directement, et *in terminis,* des propositions criminelles, et que la mauvaise intention ne doit jamais être présumée.

Or, nous sommes encore bien loin de nous conduire en France d'après cette maxime.]

J'ai prouvé que nos principes sur la censure sont arbitraires, en faisant voir les variations qu'ils ont subies depuis cinquante ans.

Cela est plus évident que jamais dans cette année, où on est obligé de permettre, pour l'instruction de la nation, des livres qu'on aurait sévèrement défendus avant la première assemblée des notables. 138

Rappelons-nous que *l'Esprit des lois,* proscrit, dans son origine, par toutes les puissances, dont le débit n'a été toléré que quand il a été impossible de l'empêcher; ce livre que les magistrats du Parlement ne permettaient pas de nommer dans les audiences il y a quatre ans, est aujourd'hui un livre nécessaire à tous ceux qui prendront part aux assemblées nationales, soit pour en adopter les principes, soit pour les combattre.

Les principes de la censure étant incertains, le censeur n'a autre chose à faire, dans les cas douteux, que de consulter le magistrat dont il tient sa commission, qui lui-même reçoit ses instructions du chef de la justice, et le chef de la justice doit savoir quelles sont les intentions du Roi.

Je dirai ici des censeurs ce que j'ai dit des auteurs. Ils ne jouiraient pas de la sûreté que doivent avoir tous les citoyens, et qu'ils ont] partout, excepté dans les pays de despotisme oriental; ils ne seraient pas à l'abri d'une accusation criminelle en observant la loi, s'ils ne pouvaient pas consulter, sur une loi arbitraire, ceux par qui ils seront jugés.

Or, peut-on consulter des tribunaux? Nous avons dit que, dans le temps de la condamnation de l'*Encyclopédie,* le Parlement nomma, pour les derniers volumes, des censeurs qui, par l'événement, ne remplirent pas cette fonction.

S'ils avaient eu à la remplir, comment se seraient-ils déterminés lorsqu'il y aurait eu des articles sur lesquels on pouvait douter de ce que penserait le Parlement toutes les chambres assemblées?

Si les censeurs ont à rendre compte de leur conduite à une autre puissance que celle dont ils tiennent leur mission, et dont ils reçoivent les instructions, il n'y aurait aucun homme raisonnable qui pût accepter une place de censeur, excepté ceux qui sont certains de la bienveillance personnelle du Parlement; mais on n'est jamais sûr de la bienveillance personnelle d'un corps que quand on est homme de parti, et un homme de parti ne doit pas être censeur; car la première qualité requise pour la censure est l'impartialité.]

Je serais même d'avis de retrancher des anciens règlements l'obligation de faire imprimer l'approbation du censeur à la suite des livres pour lesquels il y a permission publique et scellée; car puisque le censeur ne doit répondre de son jugement qu'à son ministre, je ne voudrais pas non plus qu'il s'en rendît en quelque sorte responsable au public.

J'ai vu souvent des censeurs faire, sur quelques livres, des difficultés que dans le fond de leur cœur ils ne trouvaient sûrement pas justes; mais ils craignaient de se faire personnellement des ennemis par leur approbation, et c'est en grande partie ce qui a fait établir les *permissions tacites,* où le censeur n'est pas nommé.

Cependant comme tout changement aux anciennes lois déplaît aux magistrats, et que celui-là ne me paraît pas d'une nécessité indispensable, je n'y insisterai pas.

Enfin, venons à la véritable objection, celle à laquelle on croit le Parlement si attaché, qu'on craint qu'elle n'empêche l'enregistrement d'une loi qui pourrait soustraire la censure à la juridiction des tribunaux.

Pour moi, je ne le pense pas. Il est possible que quelques magistrats fassent à présent cette objection, parce que la question n'a pas encore] été discutée; mais quand elle l'aura été, je suis persuadé qu'ils n'y insisteront pas.

Cette objection est qu'il est à craindre que l'administration ne favorise des ouvrages condamnables, et que, par une permission donnée mal à propos, elle ne réduise la justice à l'inaction dans le cas où sa sévérité serait le plus nécessaire.

Il n'y a que deux cas auxquels cette objection puisse s'appliquer, celui où la grande bonté du Roi le porterait à épargner un censeur coupable, et celui où le Parlement, juge des délits, ne serait pas de même avis sur un livre, que l'administration qui commet des censeurs.

Dans le premier cas, le Roi, en usant d'indulgence, ne fera qu'exercer le droit qu'il a toujours eu de faire grâce; ce n'est sûrement pas là ce qu'on craint.

Quant au cas où l'administration protégerait un livre que les tribunaux trouveraient condamnable, je demande seulement qu'on réfléchisse sur les circonstances dans lesquelles la question se présente.

Le Parlement qu'on avait toujours cru opposé à *la liberté de la presse,* vient de la demander, et on croit que ce vœu sera secondé par celui des États généraux.]

La liberté demandée par le Parlement n'est que la dispense pour les auteurs de se soumettre à la censure, en répondant de leurs ouvrages à la justice.

p. 410

L'intention du Parlement est certainement de procurer à tous les citoyens la faculté de parler à la nation par la voie de l'impression. Cependant il est évident que cette liberté ne sera pas entière pour les auteurs qui auraient à craindre la censure du Parlement, bien plus redoutable que celle des censeurs royaux; mais elle sera complète pour les auteurs qui seront dans les principes parlementaires.

Ainsi dans le cas où le Roi accordera la loi demandée, il renoncera à tous moyens de s'opposer à la publication d'un ouvrage que le Parlement protégera.

La loi qui soustraira le censeur à l'autorité du Parlement, ne fera autre chose que de réserver au Roi le même droit que les Parlements veulent acquérir, celui de laisser imprimer les ouvrages qu'il protégera, sans que le Parlement puisse l'empêcher. *]

---

* Je ne serais pas étonné que les États généraux demandassent qu'il fût statué que tout ce qui sera publié par le vœu de l'assemblée générale

Pourrait-on soutenir, osera-t-on soutenir que le Roi ne doit pas avoir, autant que le Parlement, la faculté de faire publier les livres qu'il approuve? *p. 411*

En vérité, quand un Roi fait les sacrifices immenses par lesquels il mérite aujourd'hui la reconnaissance de son peuple, on serait indigné qu'il y eût des corps dans le royaume, qui voulussent lui disputer un droit qu'ils s'attribuent à eux-mêmes sous prétexte de demander la liberté de la presse.

Mais, je le répète, cela n'est pas à craindre: dès que la question sera bien entendue, on n'insistera pas sur l'objection.

Je sais qu'il y a des partisans de la puissance populaire, qui aimeraient mieux qu'il] n'y eût ni censure ni jugement des livres dans les tribunaux; et comme ils conviennent qu'il peut y avoir des livres punissables puisqu'il peut y avoir même des discours punissables, ils voudraient que la connaissance de ce délit fût déférée à un tribunal national, composé et choisi par les États généraux, et ils ne désespèrent pas que les États ne l'obtiennent. *p. 412*

Cela est très beau dans la spéculation; mais ce tribunal n'existe pas, et, si les États généraux le demandent, ce ne sera pas vraisemblablement pour les seuls délits de librairie.

Quand il existera et qu'il connaîtra des autres délits, la connaissance de ceux de librairie lui sera indubitablement attribuée.

Mais en attendant que ce tribunal national soit institué, le moyen que je propose, est celui qui me paraît le plus propre à procurer aux auteurs et à la nation une liberté réelle.

2.º *Précautions pour que la liberté accordée, en dispensant de la censure, ne dégénère pas en licence*

On dira que, puisque la justice n'aura plus que le droit de punir les auteurs qui ne se seront pas soumis à la censure, il faut au]

---

ou des assemblées nationales particulières, ne sera ni soumis à la censure, ni sujet à la juridiction des tribunaux.

S'il arrivait (ce qu'on ne peut pas prévoir) que quelque assemblée provinciale prit une délibération condamnable, il y serait statué suivant les lois du royaume pour le fait de la délibération, et non pas pour le fait de l'impression.

Je crois que les assemblées du clergé et les autres assemblées nationales ont toujours joui de ce droit, sans qu'il ait été prononcé par aucune loi; mais nous sommes dans un temps où tous ces droits doivent être constatés par des lois précises.

moins lui donner l'exercice de ce droit dans toute son étendue, et p. 413
pour cela tâcher d'empêcher les impressions clandestines par lesquelles un auteur coupable peut se soustraire aux recherches de la justice.

Je désire fort qu'on y réussisse; mais je ne crois pas que cela soit aisé.

J'ai souvent entendu proposer un moyen qui d'abord paraît plausible, et cependant que je croirais très mauvais; c'est de permettre à tout le monde d'écrire, mais en se nommant. J'en proposerai un autre que je crois meilleur. Commençons par discuter celui-ci.

Je crois premièrement qu'on éluderait la loi en présentant des prête-noms. Ce n'est pas là ma plus forte objection.

Je soutiens que s'il était impossible d'imprimer sans se nommer, ce serait un grand obstacle à la liberté de la presse dans les matières pour lesquelles il est le plus important de l'établir.

Je m'attends à entendre prononcer le bel apophtegme, qu'un homme d'honneur ne doit jamais craindre de dire sa façon de penser, et je réponds que cette maxime me paraît ridicule, toute brillante qu'elle est.

Un homme courageux ne doit pas craindre de dire une vérité qui déplaise à un autre] homme avec qui il puisse se mesurer. p. 414
C'est là sans doute ce que veulent dire ceux qui profèrent cette grande maxime.

Mais on ne peut pas exiger de l'homme faible, de dire une vérité qui déplaît à l'homme puissant qui peut l'écraser, ni du particulier de dire celle qui déplaît à un corps contre la puissance de qui aucun particulier ne peut lutter.

Il y a donc bien des vérités qui ne seront jamais dites si on ne peut les dire qu'en se nommant; car il arrive souvent que ceux qui sont seuls à portée de faire connaître à la nation des vérités bien intéressantes, sont des gens qui, par leur situation, ne pourraient pas mettre leur nom à leurs ouvrages; et c'est à ce genre d'auteurs qu'il est important de donner toute la liberté possible.

Celui qui avance un fait dont il a connaissance personnelle, est un témoin qui doit se nommer pour soutenir sa déposition; mais celui qui disserte, qui discute, doit en être dispensé, puisque son nom est indifférent à la thèse qu'il soutient.

Prenons pour exemple les abus de la justice, dont il a été question plus d'une fois dans les anciens Etats généraux. Je ne parle pas des abus commis par l'iniquité personnelle] d'un juge: la dénonciation de ceux-là est une accusation personnelle; je parle de ceux qui peuvent résulter du vice de nos lois ou des usages passés en force de lois, et à l'occasion desquels la nation pourra demander des changements dans la jurisprudence ou même dans la constitution et la compétence des tribunaux.

p. 415

Par qui la nation pourra-t-elle recevoir des instructions sur un objet si intéressant?

Il y aura des gens du monde, de beaux esprits, des philosophes, qui oseront tout dire et pourront présenter de très bonnes vues.

Mais aucun d'eux ne connaît une infinité de détails dans lesquels consistent les abus, et d'autres qui peuvent faire trouver le moyen d'y remédier.

Je suis fort d'avis que, sur cette matière ainsi que sur les autres parties d'administration, on écoute les gens étrangers au corps, parce qu'il n'y a souvent qu'eux qui soient exempts de préventions; mais il est évident qu'il faut entendre aussi ceux qui ont pratiqué toute leur vie, et qui ont seuls la science et l'expérience.

Il y a peut-être tel greffier de la tournelle d'un des Parlements du royaume, pour les matières criminelles, ou tel procureur au] Parlement ou au Châtelet, pour la procédure civile, qui est l'homme le plus capable d'écrire un ouvrage instructif sur les abus de la justice, et qui l'écrira s'il n'est pas obligé de se nommer.

p. 416

Mais si cet homme a un état qui lui soit nécessaire, s'il a une famille qu'il fasse subsister, peut-on exiger qu'il se déclare l'auteur d'un ouvrage qui le rendrait odieux à ceux dont son sort dépend?

J'ai pris la justice pour exemple, parce que c'est la seule profession dans laquelle j'ai passé ma vie.

Mais il en est de même de toutes les autres parties de l'administration publique. Il en est dont l'objet est une science compliquée, qui n'est bien sue que de ceux qui s'y sont livrés par état.

S'il y avait de grands abus dans l'administration de la marine, du génie, de l'artillerie, il serait intéressant pour la nation de les connaître, puisqu'elle fait pour ces objets des dépenses immenses.

Or, personne ne pourrait mieux les faire connaître que les officiers même de ces corps, ou ceux qui ont par état des relations continuelles avec eux, et le plus grand nombre ne voudront pas donner en leur nom des mémoires] qui les compromettraient avec des corps respectables et puissants. p. 417

On m'en citera quelques-uns qui ont eu ce courage, peut-être cette témérité; mais il y en a fort peu, et, pour que la vérité soit connue, il faut que tout le monde ose la dire.

S'il y a des corps puissants ou des hommes puissants qui craignent que de certains abus ne soient démasqués, il est très prudent à eux d'appuyer le projet d'ordonner aux auteurs de se nommer.

Ce qui donne aussi de la faveur à ce projet, est l'aversion générale qu'on a contre les lettres anonymes, les délations anonymes, et tout ce qui porte le nom d'anonyme.

Il est trop vrai que la signification qu'on donne aux mots influe souvent sur les opinions des hommes. Ainsi je crois qu'il ne sera pas inutile de remonter au premier principe de ce sentiment, qui attache au mot *anonyme* une signification odieuse.

Le président de Montesquieu, avec son laconisme et son énergie ordinaires, a dévoué à l'éxécration publique les délations anonymes de Venise. [139]

Je suis bien éloigné de combattre sur cela le jugement de ce grand homme; mais s'il] existait encore, je lui demanderais une explication. p. 418

J'oserais lui soutenir que ce qui rend cette inquisition vénitienne si odieuse, n'est pas tant que les délations sont anonymes, mais qu'elles sont faites à une puissance qui statue arbitrairement sur la vie des hommes, et, ce qui est encore pire que l'arbitraire, une puissance dont la justice s'exerce clandestinement.

Si les délations anonymes étaient portées à un tribunal soumis à des lois, et où ces accusations fussent publiquement discutées, je ne crois pas que M. de Montesquieu en eût porté le même jugement.

En France, tout le monde regarde les lettres anonymes comme aussi odieuses que méprisables: les femmes surtout n'en parlent qu'avec indignation, et elles ont grande raison; car rien n'est plus abominable que celles qu'on écrit quelquefois à des maris pour troubler la paix des familles.

Je n'entreprends pas d'examiner si le pouvoir donné par les lois aux maris sur leurs femmes est une puissance juste.

On a pensé en France, que ce pouvoir, tel qu'il existait dans l'ancien droit romain, était excessif et même barbare.]

Je respecte ce qui en reste comme une institution respectée chez toutes les nations, et que plusieurs gens de bien regardent comme tenant au sacrement.

p. 419

Mais je peux dire sans scandaliser personne, que cette puissance diffère de toutes les autres, en ce que tout le monde concourt à soustraire les fautes d'un femme à la connaissance de son mari. Le dévot le plus sévère, celui qui prescrira le plus rigoureusement aux femmes l'attachement à leurs devoirs et la soumission à l'autorité maritale, ne croira jamais devoir avertir un mari qu'il est trompé.

On considère d'un autre œil toutes les autres puissances. C'est faire l'action d'un bon citoyen de dénoncer un criminel à la justice (excepté dans le seul cas où la justice a des lois trop sévères, comme les nôtres sur le duel; ce qui rentre parfaitement dans mes principes).

On regarde comme une action non seulement louable, mais quelquefois héroïque, d'avertir le Roi de l'abus que les ministres font de sa confiance. On croit remplir les justes devoirs de l'amitié en faisant voir à un maître qu'il est trompé par ses domestiques, en avertissant un père de la mauvaise conduite] de son fils; mais on regarderait comme un infâme celui qui ouvrirait les yeux d'un mari sur la conduite de sa femme.

p. 420

Celui qui écrit une lettre anonyme à un mari est un homme vil, puisqu'il commet sous le masque une action qui le déshonorerait s'il la commettait à visage découvert.

Je trouve que l'indignation générale contre les lettres anonymes écrites aux maris vient à peu près du même principe que celle qu'on a contre ces délations de Venise. Ce sentiment est fondé sur ce que les délations excitent une puissance tyrannique, ou éclairent une puissance qu'il faut laisser dans l'erreur.

Mais il n'en faut pas conclure qu'il n'y ait pas de lettres anonymes utiles.

Il y en a qui sont même nécessaires pour la classe des malheureux citoyens, à qui toutes les autres ressources manquent.

J'ai souvent vu des lettres anonymes, et je conviens que presque toutes ne méritent que du mépris; mais je certifie qu'il y en a qui pourraient produire de très bons effets si on y faisait assez d'attention.

Par exemple, il peut y avoir dans une province un intendant, un commandant ou même un principal magistrat qui abuse scandaleusement de son pouvoir, qui soit craint] dans le pays, et qui passe pour avoir du crédit à la cour. p. 421

Un homme de ce caractère a communément l'adresse de se concilier l'amitié des gens considérables de la province, et de ceux de Paris et de la cour qui y passent; ce qui lui est très aisé par les petits plaisirs qu'il fait aux uns, et la bonne réception qu'il fait aux autres.

Ce tyran de la province opprimera impunément le peuple, sans que la puissance souveraine puisse en être avertie autrement que par des lettres anonymes; car quel est le malheureux qui osera se plaindre en son nom de la vexation qu'il a éprouvée? Il sait que sa requête sera renvoyée sur les lieux pour y être vérifiée par des gens à la dévotion de son persécuteur, que ce persécuteur lui-même en aura connaissance, et qu'il a des moyens de s'en venger cruellement.

Ainsi, lorsque j'entends des ministres, de grands seigneurs, des magistrats déclamer contre les lettres anonymes, je trouve qu'ils entendent aussi bien leurs intérêts que les femmes, qui en parlent de même; mais je suis de l'avis des femmes pour ce qui les concerne, parce qu'il est odieux de troubler leur tranquillité, et même celle de leurs maris, par ces infâmes délations; et je ne suis pas] de l'avis des grands, parce qu'il est nécessaire pour le peuple qui p. 422 craint l'oppression, que la conduite des grands soit éclairée.

S'il existait quelque part un tribunal constitué pour avoir la confiance entière des citoyens, par exemple, un tribunal élu par la nation même, et où la justice se rendît publiquement; si on y établissait cette espèce de tronc de Venise, où toutes les délations soient reçues; si de ces billets anonymes il était fait différents lots, distribués par la seule loi du hasard aux différents membres de ce sénat, pour rejeter ceux qui ne méritent aucune attention, et faire le rapport au tribunal de ceux qui sont dignes qu'on s'en occupe; qu'ensuite on n'y statuât qu'après avoir vérifié les faits suivant les lois et par l'instruction publique, cette institution ferait de la peine à quelques personnes, parce qu'on n'aime pas à être obligé de se justifier, même lorsqu'on est sûr d'y réussir; mais ce serait le frein le plus redoutable contre les vexations de tout genre.

Ce projet n'est qu'une chimère, qui n'est applicable ni à nos lois ni à nos mœurs; car en France on ne cesse de dire qu'il faut défendre les faibles contre l'oppression des puissances, et cependant je vois tous les jours] que, par toutes sortes de considérations, on refuse aux faibles les seuls moyens de défense qu'ils puissent avoir.

Au reste, cette dissertation est très inutile quant à l'usage des lettres anonymes, parce que je ne crois pas possible de les empêcher, et il y a longtemps qu'on l'aurait fait si on l'avait pu; mais je ne l'ai pas crue inutile pour détruire les préjugés qui favorisent le projet de ne permettre d'imprimer qu'en se nommant.

J'ai cependant remarqué qu'il faut excepter les ouvrages où l'auteur avance un fait dont il prétend avoir connaissance personnelle. Il faut certainement que cet auteur se nomme pour attester et prouver la vérité du fait qu'il avance, et il faut qu'il soit puni s'il est calomniateur.

Je conviens donc qu'il faut chercher un moyen pour que les libellistes calomniateurs soient découverts et punis.

Je n'approuve pas celui d'ordonner aux auteurs de tous les ouvrages qu'on imprime, de se nommer. Je vais en proposer un autre.

C'est d'ordonner que les imprimeurs et libraires qui auront fait paraître les ouvrages pour lesquels on ne se sera pas soumis à la censure, soient responsables des condamnations] civiles ou pécuniaires, sauf leur recours contre l'auteur. *

Il serait injuste de rendre le libraire responsable d'un livre censuré et approuvé.

On ne peut pas non plus le condamner, pour le livre qui a paru sans approbation, à une peine corporelle qui ne peut être méritée

---

* Dans ce dernier cas que j'ai prévu, qui est celui des ouvrages où il y a des faits avancés par l'auteur, le libraire peut dire qu'il ne peut pas prouver ces faits, parce que ce n'est pas lui qui en a connaissance; mais si l'auteur ne se présente pas pour les justifier, ces faits doivent être réputés calomnieux, et l'auteur, ainsi que sa caution, jugé en conséquence.

que par celui qui a eu une intention criminelle, et le libraire peut très bien n'avoir pas connu le danger du livre qu'il a imprimé.

Mais je ne trouve pas injuste qu'un libraire qui n'entreprend un ouvrage que pour gagner, coure le risque de perdre, pourvu qu'il soit averti par la loi qu'il s'y expose.

Il en arrivera qu'un libraire prudent n'imprimera que pour les auteurs qu'il connaît et qui sont solvables, ou qu'il se fera donner caution.

Si un inconnu vient lui présenter un livre à imprimer, il le fera examiner par quelqu'un] en qui il ait confiance, ce que font presque tous les libraires, et il jugera si le gain qu'il en espère, compense le risque auquel il s'expose. p. 425

Je prévois une objection spécieuse: c'est que, par ce moyen, on pourra faire imprimer un livre, quelque scandaleux qu'il soit, en y sacrifiant la somme à laquelle on prévoit que montera l'amende.

Je dis que cette objection n'est que spécieuse, parce que cela arriverait également sans qu'on fasse la loi que je propose.

Quiconque voudra sacrifier une somme pour faire imprimer un livre, a mille moyens pour cela sans se compromettre, ne fût-ce que d'envoyer son manuscrit à un libraire étranger qui fera l'édition, et se chargera de faire entrer les exemplaires en France.

On en trouve aisément qui font gratuitement de pareilles entreprises; ils s'y porteraient encore plus volontiers si on leur donnait de l'argent pour cela.

Il resterait la difficulté de faire débiter en France un livre imprimé chez l'étranger.

Mais il sera aussi difficile d'y faire débiter celui qui aura été imprimé en France lorsqu'il aura été condamné.

L'édition en sera saisie, à moins qu'on ne] la cache avec les mêmes précautions et les mêmes risques que celles des livres imprimés clandestinement ou bien venus de Hollande. p. 426

Ce serait donc une très mauvaise spéculation de la part de l'auteur et de la part du libraire, de consigner en quelque sorte une amende pour faire imprimer en France ce qu'on peut faire imprimer ailleurs avec moins de frais et de risques.

Quant à la punition corporelle que pourrait mériter un auteur dont le livre serait véritablement criminel, on voit également qu'il lui est très aisé de s'y soustraire par les mêmes moyens.

Soit que la loi de la nécessité de la censure soit conservée, soit que le Parlement soit chargé de punir les livres répréhensibles, suivant l'exigence des cas, soit qu'on ordonne aux auteurs de se nommer, l'auteur d'un livre qui mérite punition corporelle serait bien insensé s'il ne le faisait pas imprimer hors de France, et même en France, soit dans les imprimeries clandestines, soit dans les imprimeries publiques, où on imprime souvent en fraude.

Ceux qui cherchent avec tant de zèle les moyens d'obvier à la licence des livres, qui ne désespèrent pas d'en trouver, qui s'en prennent] à la négligence ou à la connivence de l'administration ou à ce qu'on n'a pas établi sur cela une aussi bonne police qu'on le pourrait, ne songent pas que le commerce avec les étrangers rend inutiles toutes les précautions qu'on prend dans le royaume.

Ce commerce est plus facile en France que dans tous les pays du monde, par une raison particulière à la France.

Les livres anglais, allemands, espagnols, portugais, etc. ne s'impriment qu'en Angleterre, en Allemagne, en Espagne et en Portugal.

Mais il y a en Europe plusieurs pays hors de la domination du Roi, tels que la Savoie, la moitié de la Suisse et la plus grande partie des Pays-Bas catholiques, où la langue que tout le monde parle est la langue française, et il y en a d'autres, comme le reste de la Suisse, les Provinces-Unies, l'Angleterre et une grande partie de l'Allemagne, où on trouve beaucoup d'imprimeurs qui sont dans l'habitude d'imprimer le français.

Ajoutons ce que nous avons dit dans le cours de ce mémoire, le goût de la nation pour les livres, tant de la part de ceux qui les lisent, que de ceux qui veulent avoir une bibliothèque par vanité.]

Or, il n'y a point de contrebande qui ne se fasse quand il y a beaucoup d'acheteurs pour les marchandises prohibées.

On préfère les livres qui ne sont pas permis. Ce n'est pas le seul objet sur lequel la défense irrite les désirs; mais de plus, nous avons vu que depuis longtemps le refus de permission pour les ouvrages que le progrès des lumières rendait nécessaires, a obligé le public à recourir aux livres défendus.

Je crois que si on avait fait, il y a soixante ans, la loi dont on sent aujourd'hui la nécessité, si on n'avait pas défendu ce qu'il est impossible d'empêcher, et qu'on eût réservé la rigueur des lois pour les livres qui méritent réellement d'être proscrits, et si en même temps la tyrannie des libraires de Paris, propriétaires des privilèges exclusifs, n'avait pas obligé les libraires de province à imprimer clandestinement ou à se fournir en Hollande, en Suisse et aux foires d'Allemagne, le débit des livres qui méritent d'être proscrits ne serait pas aussi facile qu'il l'est devenu.

Mais le mal est fait: les habitudes sont prises: le commerce a pris cette route; et quand les eaux d'une rivière sont détournées de leur lit, il est bien difficile de les y faire rentrer.

Il ne faut donc pas se flatter de faire cesser] absolument le p. 429 commerce des mauvais livres, et cette espérance chimérique ne doit pas empêcher de donner aux citoyens la juste liberté de parler à la nation par la voie de l'impression, liberté si nécessaire dans les circonstances présentes, et qui sera une partie essentielle de la Constitution que la nation désire, et que le Roi est disposé à lui accorder.

Je conviens que, dans le plan que je propose, ceux qui désirent la liberté n'auront pas satisfaction complète, puisque, dans le cas où le Parlement et le gouvernement seraient réunis pour la proscription d'un livre, les censeurs refuseraient leur approbation, et l'auteur qui voudrait s'en passer aurait à craindre la poursuite judiciaire.

Dans ce cas-là il ne resterait à l'auteur d'autres moyens que ceux qui existent malgré toutes les lois, celui de la fraude, et celui de faire imprimer en pays étranger.

Or, il n'est pas impossible que les puissances se trouvent quelquefois réunies contre des ouvrages dont il serait fâcheux pour la nation d'être privée.

Mais quand on ne peut pas faire une aussi bonne loi qu'on voudrait, il faut faire la moins mauvaise qu'on peut.

La morale ni la raison ne permettraient] une loi par laquelle p. 430 tous les livres sans exception, pourraient paraître impunément, puisqu'il peut y avoir même des discours si coupables, qu'il soit nécessaire de les punir.

Il faut donc, ou prévenir les livres répréhensibles par la censure, ou les punir par la justice; et comme la censure et la justice s'exercent par des hommes, le caprice des censeurs ou la crainte des caprices de la justice seront toujours un obstacle à la liberté de la presse, jusqu'à ce que tous les tribunaux du royaume, dirigés par la nation elle-même, se soient pénétrés de principes assez certains sur cette liberté, pour que les auteurs qui, dans leur conscience, savent qu'ils n'ont pas d'intention criminelle, soient bien assurés qu'ils n'ont rien à craindre.

Or, nous sommes encore bien loin de là en France, et, en attendant qu'on y soit parvenu, il est juste de donner une sauvegarde aux auteurs qui veulent écrire sans se compromettre.

Ainsi, l'expédient proposé de leur donner le choix de se soumettre aux fantaisies des censeurs ou de s'exposer à celles de la justice, me paraît meilleur que tous les autres partis qu'on pourrait prendre, c'est-à-dire,] meilleur que celui de les soumettre tous à la censure, meilleur que celui de les exposer tous au caprice de la justice, et meilleur aussi que celui de laisser subsister des lois rigoureuses qu'on n'exécute pas, parce que bien des auteurs ne veulent pas se fier à cette tolérance tacite, et que ceux qui s'y fieront, en seront peut-être la victime dans un moment où il plaira à la justice de vouloir remettre les lois en vigueur, et de l'annoncer par un exemple.

P.S. Quand j'ai fait ce mémoire, je ne connaissais pas encore la brochure que M. de Mirabeau a fait paraître sur la liberté de la presse. [140]

Je viens de la lire; je reconnais le génie de Milton au trait que l'auteur a choisi pour son épigraphe.

Je vois avec grand plaisir qu'on pensait, dès le temps de Milton, que la liberté de la presse est le fondement de la liberté des nations. [141]

Je suis étonné que Milton attribue uniquement à l'Église romaine et à l'Inquisition le système de la censure préalable, qui n'avait pas lieu chez les Anciens. [142]

Comment n'a-t-il pas songé que cette police] n'a pu avoir lieu que depuis l'invention de l'imprimerie?

Caton l'ancien et les empereurs romains, qui ont plusieurs fois voulu bannir la philosophie de Rome, auraient certainement pris le parti d'établir une inspection sur les livres si, de leur temps, les livres avaient été fabriqués dans une boutique; et s'ils n'inventèrent pas la censure, c'est parce qu'il n'est pas possible d'inspecter le manuscrit que chaque particulier écrit chez lui.

Au reste, cette légère observation ne fait rien à la question que nous traitons, et je n'ai rien trouvé dans cet ouvrage, qui m'ait fait changer d'avis sur ce que j'ai proposé.

FIN

NOTES

[1] Chamfort (1740-1794) wrote that "M. le chancelier Daguesseau ne donna jamais de privilège pour l'impression d'aucun roman nouveau, et n'accordait même de permission tacite que sous des conditions expresses. Il ne donna à l'abbé Prévost la permission d'imprimer les premiers volumes de *Cleveland* que sous la condition que Cleveland se ferait catholique au dernier volume" (Chamfort, *Caractères et anecdotes*, Paris, Mercure de France, Collection des plus belles pages, n.d., p. 240). Chamfort's observation may derive from a comment by Condorcet in his *Vie de Voltaire* (*Œuvres de Voltaire*, Moland edn., Paris, Garnier, 52 vols., 1877-1883, vol. I, p. 213). For a discussion of the question of a ban on novels in which the chancellor d'Aguesseau may have played a vital role during 1737-1738, see Georges May, *Le Dilemme du roman au XVIIIe siècle. Étude sur les rapports du roman et de la critique*, New Haven (Conn.) and Paris, 1963, pp. 75-105.

[2] On 23 January, 1759, after the scandal caused by Helvétius's work *De l'Esprit*, the Paris *parlement* sat in judgment on this work and on the *Encyclopédie* and a number of shorter works including Voltaire's poem *La Loi naturelle*, an edition of Diderot's *Pensées philosophiques* (under the title *Étrennes des Esprits forts*) and the *Lettre du P. Berthier sur le matérialisme* (attributed to the Abbé Coyet). On 6 February all save the *Encyclopédie* (which, despite the efforts of the *procureur général* Omer Joly de Fleury, benefited from a certain indulgence because of its undeniable utility) were condemned to be burned. On 8 March, however, an *arrêt du conseil* decreed that the letters of privilege for the *Encyclopédie* were revoked, it being felt by "sa Majesté" that "l'avantage qu'on peut retirer d'un ouvrage de ce genre pour le progrès des Sciences et des Arts, ne peut jamais compenser le tort irréparable qui en résulte pour les mœurs et la Religion." It fell to Malesherbes' lot to draw up this text — although the adjective "irréparable" which appears in the official printed version does not appear in his draft (Cf. P. Grosclaude, *Malesherbes, témoin et interprète de son temps*, Paris, n.d. (1961), pp. 132-133).

[3] "La Compagnie": i.e. the *Parlement*.

[4] *De l'Esprit:* in this work, published in July, 1758, Helvétius, imbued with the philosophy of John Locke and, in the words of Pierre Grosclaude "un des plus irréligieux parmi les encyclopédistes" (op. cit., p. 120), had sought to show "que l'on devait traiter la morale comme toutes les autres

sciences et en faire une sorte de physique expérimentale." The work created an immediate scandal. Both the author and the censor who had passed the book were subjected to violent attack. On 10th August the work's *privilège* was withdrawn, and Helvétius was forced to make a humiliating retraction. On 6 February 1759, *De l'Esprit* was condemned by the Paris *parlement* (cf. supra, n. 2). For Malesherbes's role in this controversy, see P. Grosclaude, op. cit., pp. 122-127.

⁵ Jean-Pierre Tercier (1704-1767): the censor involved in the *De l'Esprit* controversy and *premier commis aux affaires étrangères*, a man of some consequence, enjoying the protection of the Queen and the Dauphin. As secretary to the French Embassy to Poland, he had aided in Stanislas's escape at the time of the siege of Danzig. He was a member of the *secret du roi*. In consequence of the *De l'Esprit* his name was removed from the list of censors and he lost his post at the Foreign Ministry. He also received a royal pension.

⁶ A *saisie réelle* was, in the event of debt or non-payment of taxes, "la saisie d'un immeuble réel, ou d'un immeuble fictif comme rente, office" (cf. N.-F.-M. Marion, *Dictionnaire des institutions de la France aux XVIIᵉ et XVIIIᵉ siècles*, Paris, 1923).

⁷ Cf. infra, n. 92.

⁸ I.e. *Conciliorum collectio regia maxima ad P. Philippi Labbei et P. Gabrielis Cossartii... labores... studio P. Joannis Harduini*, 12 vols., Paris, 1714-1715.

⁹ I.e. Diderot's *Pensées philosophiques* (1746), La Mettrie's *Histoire naturelle de l'âme* (1745) and Toussaint's *Les Mœurs* (1748).

¹⁰ *Lieutenant de police* until replaced by Nicolas-René Berryer in 1747.
Gazette ecclésiastique: i.e. the *Nouvelles ecclésiastiques, ou Mémoires pour servir à l'histoire de la Constitution 'Unigenitus'*, a periodical in defence of the Jansenist cause, published 1728-1803. Initially it had to be published and circulated clandestinely.

¹¹ Mattieu-François Molé (1705-1793) was *premier président* of the Paris *parlement* from 1757 until 1763, succeeding René-Charles de Maupeou, who had held the post from 1743, and being succeeded in turn by René-Nicolas-Charles de Maupeou.

¹² The *gens du roi* were "les magistrats chargés du ministère public, avocats et procureurs généraux dans les Parlements et autres cours souveraines, avocats et procureurs du roi dans les tribunaux inférieurs, et leurs substituts" (N.-F.-M. Marion, op. cit.).

¹³ I.e. François-Joachim de Pierre de Bernis (1715-1794), diplomat, foreign minister and minor poet.

¹⁴ The extremely important *Règlement du conseil* of 28th February, 1723, was known as the *Code de la librairie*. There had, of course, been earlier laws concerning the printing of scandalous and defamatory books.

¹⁵ See E. P. Shaw, *Problems and Policies of Malesherbes as Directeur de la Librairie in France (1750-1763)*, New York, 1966, pp. 58-60, on illegal methods of distributing and selling books.

[16] See J.-P. Belin, *Le Commerce des livres prohibés à Paris de 1750 à 1789*, Paris, 1913, pp. 84-85: "En 1757, Mme d'Épinay débita elle-même en deux jours plus de cent exemplaires de ses *Entretiens sur le Fils naturel* de Diderot. Voltaire se fit ainsi le colporteur de Marmontel pour son premier poème couronné à l'Académie; il le porta à Fontainebleau, le vendit à toute la Cour et revint chez Marmontel avec son chapeau rempli d'écus."

[17] The *procureur général* was an extremely important figure so far as the book trade was concerned, since after 1723 the *parlement* could condemn books only when specifically required to do so by him (see article III of the *Code de la librairie*). Between 1717 and 1746 this office was held by Guillaume-François Joly de Fleury (1675-1756) and between 1746 and 1771 by his son Guillaume-François-Louis Joly de Fleury.

[18] The *procureur du Roi au Châtelet*: the Châtelet was the tribunal of the *prévoté* and *vicomté* of Paris and was immediately subordinate to the *parlement*. In practice it was a national rather than a regional institution, and an extremely important one. The *procureur du Roi* was in effect the *procureur général*'s representative.

[19] "*La musique italienne est la seule bonne*": one of the great phenomena of the eighteenth century in France is a long-drawn-out debate concerning the relative merits of French and Italian music. Many of the great names of the day participated in the debate, which was not always characterised by calmness and rationality. The debate came to a head in 1752 in the *Querelle des Bouffons* in consequence of a performance in Paris of Pergolesi's *La Serva padrona*, and again in 1774 with the battle between the admirers of Gluck and the admirers of Piccini.

[20] This tongue-in-cheek observation, with its implicit acceptance of religious orthodoxy, is strikingly similar to many indulged in by the *philosophes* — cf., for example, Diderot's *Pensées sur l'interprétation de la nature* (first published under the title *De l'Interprétation de la nature* in 1753): "La religion nous épargne bien des écarts et bien des travaux. Si elle ne nous eût point éclairés sur l'origine du monde et sur le système universel des êtres, combien d'hypothèses différentes que nous aurions été tentés de prendre pour le secret de la nature? Ces hypothèses, étant toutes également fausses, nous auraient paru toutes à peu près également vraisemblables. La question, *pourquoi il existe quelque chose*, est la plus embarrassante que la philosophie pût se proposer; et il n'y a que la révélation qui y réponde" (Diderot, *Œuvres philosophiques*, ed. P. Vernière, Paris, Garnier, n.d., p. 242). Malesherbes's father, the chancellor, an enthusiastic supporter of the Jesuits, may well have been, to quote his son's phrase from the *Mémoire sur la liberté de la presse*, a "magistrat aussi religieux qu'aucun évêque du royaume." Malesherbes himself was not in accord with his father on this point (cf. P. Grosclaude, op. cit., passim).

[21] The reference is, of course, to Jean-Baptiste Colbert (1619-1683), the great minister of Louis XIV.

[22] I.e. Pierre-François-Xavier de Charlevoix, the author of, amongst other works, an *Histoire et description générale de la Nouvelle France, avec le Journal historique d'un voyage fait par ordre du Roi dans l'Amérique septentrionale*, Paris, 1744, 3 vols.

[23] A reference to the poet Jean-Baptiste Rousseau (1671-1741).

[24] Cf. n. 20.

[25] Cf. the article *Chronologie sacrée* in the *Encyclopédie*, in which, after consideration of the theories of the Indians, Chaldeans, etc. concerning "la chronologie des premiers tems," it is blandly said, "Ou regardant toutes ces *chronologies* soit comme fabuleuses, soit comme réductibles, par quelque connoissance puisée dans les anciens, à la *chronologie* des livres sacrés, nous en tiendrons-nous à cette *chronologie*? La raison & la religion nous obligent à prendre ce dernier parti..." Diderot himself was responsible for this article...

[26] The three theologians appointed to keep an eye on all articles written for the *Encyclopédie* (in the words of a letter from Malesherbes to the Comte de Bernis in 1758, "même ceux qui paroissent avoir le moins de rapport avec la théologie" (B.N. MSS. Fonds français 22.191, f°s. 6 et seq.)), although they were "théologiens estimés dans leur faculté," seem to have experienced great difficulty in performing their task, or alternatively to have been astonishingly lax. Of these three — Cotterel, *curé* of Saint-Laurent, Tamponnet, who played an important part in the Abbé de Prades affair, and the Abbé Millet, who had been a pupil at the Collège Louis-le-Grand along with Voltaire — only the last can be in any way suspect on the grounds of weakness or indecision. Malesherbes himself, as well as Boyer, admitted their good intentions (Cf. *Mémoire sur la liberté de la presse*, pp. 350-351 & P. Grosclaude, op. cit., pp. 106-113). They were negligent, perhaps they were duped, but it seems highly unlikely that they were conscious accomplices of the *encyclopédistes*.

[27] For an account of Malesherbes' sympathetic attitude towards and actions in favour of the French Protestants from the time in July, 1775 when he became a minister, cf. P. Grosclaude, op. cit., pp. 373-387.

[28] It had been illegal, ever since 21 December, 1630, for private individuals to keep printing equipment in their houses. This law was extended by the *Déclaration* of 10 May, 1728 (article 12), to include "toutes communautés ecclésiastiques ou laïques, séculières ou régulières" on pain of a fine of 3,000 *livres* and the loss of "tous les privilèges et immunités à elles accordées, tant par nous que par les rois nos prédécesseurs" (Isambert, Jourdan & Decrusy, *Recueil général des anciennes lois françaises*, Paris, 1821-1833, 29 vols., XXI, 315). It was still found necessary, in the *Déclaration* of 16 April, 1757 (article 4) to emphasise that the provisions of this law would be put into practice (ibid., XXII, 273). For an account of a raid made in 1731 by the *Directeur de la Librairie* Chauvelin on the printer Ballot, the printer of the clandestine *Gazette ecclésiastique*, cf. David T. Pottinger, *The French Book Trade in the Ancien Régime*, Harvard University Press, 1958, p. 75.

[29] *Mazarinades:* pamphlets and songs attacking Cardinal Mazarin during the *Fronde*.

[30] Pascal's *Lettres provinciales*, published 1656-1657.

[31] A reference to the refusal of the Paris *parlement* to register the royal edict enforcing the anti-Jansenist Bull *Unigenitus* (and the *parlement*'s arrest

of those priests who refused the sacraments to suspected Jansenists — the struggle over the *billets de confessions*). As Alfred Cobban says, "The so-called Jansenism of the parlements was really a combination of Gallicanism with an attempt to revive their own political power. It enabled them to disguise as an assertion of the independence of the secular power their own claim to authority in matters of ecclesiastical discipline..." (*A History of Modern France*, 2 vols., Penguin Books, 1957 & 1961, vol. I, p. 61).

[32] Cf. supra, n. 10.

[33] *Judicium Francorum*: the famous pamphlet of 1732, sometimes referred to as the *Mémoire touchant l'origine et l'autorité du Parlement*, which summed up the political claims of the Paris *parlement*, arguing *inter alia* that the *parlement* as an institution could be traced back to the assemblies held by the Franks, and that it was the true representative of the people: "C'est une loi fondamentale, que rien ne peut être imposé sur les Sujets du Roi... que par le consentement du Parlement, qui représente le consentement général du Peuple. Telle est la forme essentielle du Gouvernement François."

[34] A reference to the *Déclaration concernant les imprimeurs* of 10 May, 1728.

[35] After having had the king's will forced upon them by a series of *lits de justice*, in 1756 nearly all the members of the Paris *parlement* resigned or were exiled from Paris. Following the attempted assassination (if such it was) of Louis XV by Damiens in January, 1757, repressive measures were taken against printers, booksellers, and any other persons found in possession of seditious writings.

[36] Cf. article 1 of the *Déclaration* of 16 April, 1757: "Tous ceux qui seront convaincus d'avoir composé, fait composer et imprimer des écrits tendants à attaquer la religion, à émouvoir les esprits, à donner atteinte à notre autorité, et à troubler l'ordre et la tranquillité de nos États, seront punis de mort" (Isambert, Jourdan & Decrusy, op. cit., XXII, 273).

[37] Article 5 reads as follows: "Les propriétaires ou principaux locataires des maisons... dans lesquelles lesdites imprimeries privées et clandestines auront été trouvées, et qui ne les auront pas dénoncées à la justice, seront condamnées, en six mille livres d'amende; en cas de récidive, au double, sans que lesdites amendes puissent être modérées sous quelques prétexte que ce soit, à peine de nullité des jugements" (ibid., XXII, 273-274).

[38] Articles 2, 3, 4 and 5 of the 1728 *Déclaration* run as follows:
"2. Voulons que tous imprimeurs qui seront convaincus d'avoir imprimé sous quelque titre que ce puisse être, de mémoires, lettres, relations, nouvelles ecclésiastiques, ou autres dénominations, des ouvrages ou écrits non revêtus de privilèges, ni permission sur des disputes nées ou à naitre en matières de religion, et notamment ceux qui seroient contraires aux bulles reçues dans notre royaume, au respect dû à notre Saint Père le Pape, aux évêques et à notre autorité, soient condamnés, pour la première fois, à être appliqués au carcan, même à plus grande peine, s'il y échet, sans que ladite peine du carcan puisse être modérée sous quelque prétexte que ce soit; et

en cas de récidive, ordonnons que lesdits imprimeurs soient en outre condamnés aux galères pour cinq ans, laquelle peine ne pourra pareillement être remise ni modérée.

3. La disposition de l'article précédent aura lieu pareillement à l'égard des imprimeurs qui seront convaincus d'avoir imprimé des ouvrages ou écrits tendants à troubler la tranquillité de l'État, ou à corrompre les mœurs de nos sujets, et qui par cette raison n'auroient pû être revêtus de privilège ni de permission.

4. Voulons que ceux qui seront convaincus d'avoir composé et fait imprimer des ouvrages ou écrits de la qualité marquée dans l'un ou dans l'autre des deux précédentes articles, soient condamnés comme perturbateurs du repos public, pour la première fois, au bannissement à temps hors du ressort du parlement où ils seront jugés; et en cas de récidive au bannissement à perpétuité de notre royaume.

5. A l'égard des autres ouvrages ou écrits qui n'étant de la qualité et sur les matières ci-dessus marquées, auront été imprimés sans privilège ni permission, laissons à la prudence et à la religion de nos juges, par rapport auxdits ouvrages seulement, de prononcer contre les imprimeurs et auteurs telle peine qu'ils jugeront convenable, suivant l'exigence des cas; leur enjoignant néanmoins de tenir sévèrement la main à ce que tous ceux qui auront eu part à la composition, impression ou distribution de tous libelles de quelque nature qu'ils puissent être, soient punis suivant la rigueur de nos ordonnances" (ibid., XXI, 313-314).

Malesherbes approved of this *Déclaration* in so far as it set out to clarify the legal position of printers, which was governed by a whole series of laws dating from 1547 onward. The clarification was necessary for, as it is put in the preamble to the 1728 *Déclaration,* "...nous avons été informés que les différents réglements intervenus sur cette matière pouvoient laisser quelques doutes à ceux de nos juges à qui appartient la connoissance des contraventions, et faire espérer aux coupables de se soustraire à la rigueur des lois, sous prétexte que la disposition n'en étoit pas encore assez claire et assez précise, pour mettre la justice en droit et en état de les condamner" (ibid., XXI, 312).

[39] We have already quoted article 1 of the 1757 *Déclaration* (cf. n. 36). Article 2 prescribes the death penalty for printers and vendors of works tending to "émouvoir les esprits", etc., and article 3 prescribes that the author, printer, publisher or vendor of any book *not* covered by article 1 who has not observed "les formalités prescrites par nos ordonnances" shall be sent to the galleys, in extreme cases for life. (ibid., XXII, 273).

[40] Cf. infra, p. 182.

[41] Cf. Isambert, Jourdan & Decrusy, XXI, 315.

[42] Cf. ibid., loc. cit.

[43] Cf. ibid., loc. cit. and XXII, 273-274.

[44] By article 43 of a law of August, 1686 (ibid., XX, 6-20), the number of printers permitted in Paris was limited to a maximum of 36. This figure still held good in Malesherbes' time (cf. infra, p. 130). Their establishments had to be situated within a carefully defined area, the *Quartier de l'Université,* or inside the *Palais.* This geographical rule had been laid down still

earlier, by article 30 of a lay of June, 1618: "Sera défendu à tous libraires, imprimeurs et relieurs, tenir et avoir plus d'une boutique et imprimerie, laquelle ils tiendront en l'Université, au-dessus de Saint-Yves, et au-dedans du palais [i. e. the Palais de Justice] et non ailleurs, sinon ceux qui voudroient se restreindre à en vendre que des usages [i. e. prayer-books authorised by the Council of Trent]" (ibid., XVI, 123-124).

[45] A *généralité* under the *Ancien Régime* was the area presided over by an *intendant*.

[46] I.e. Armand-Thomas Hue de Miroménil (1723-1796), who became *premier président* of the Rouen *parlement* in 1755.

[47] I.e. Antoine-Paul-Joseph Feydeau de Brou (1731-1762), who became *intendant* of Rouen in 1755.

[48] For Articles 5 and 72 of the *Code de la librairie* of 1723, see infra, the appendix. For the distinction between *porte-balles* and *colporteurs*, see also infra, pp. 153-154.

[49] This observation may be something of an exaggeration. It does not seem to fit in with the picture presented by the official registers for the first half of the eighteenth century. Malesherbes himself, in the *Cinquième Mémoire sur la librairie,* observes with a slight but significant change of emphasis that *permissions tacites* "se sont multipliées au point d'être devenues *aujourd'hui* aussi communes que les permissions publiques" (infra, p. 249). Cf. also "Les permissions tacites étant devenues aussi communes qu'elles le sont *aujourd'hui...*" (infra, p. 246 — our italics in both cases). François Furet's conclusion would seem to be the correct one: "On peut présumer à la fois que la phrase est excessive, et que pourtant un nombre important de livres ont bénéficié pendant cette période [the thirty years previous to 1759] d'autorisations tellement 'tacites' qu'elles n'ont laissé aucune trace écrite. C'est d'ailleurs ce que laisse entendre Malesherbes lui-même... quand, distinguant les permissions tacites des simples tolérances dont il ne reste aucun vestige, il ajoute: 'Les premières permissions tacites qui ont été données ont sans doute été de ce genre; il arrive encore quelquefois qu'on en donne de pareilles à cause du défaut de principes fixes en vertu desquels le censeur puisse se réputer à l'abri de tout reproche. Mais les véritables permissions tacites sont bien différentes de ces actes de tolérance ou peut-être de connivence' [This passage from the fifth *Mémoire* can be found infra, p. 246]. Ainsi, il est probable que, jusqu'aux années cinquante, toute une littérature illégale, mais pourtant distincte de celle qui est proprement clandestine et pourchassée par la police royale, a été simplement tolérée par le pouvoir, sans que nous en trouvions aucune trace écrite dans les registres de la librairie" (F. Furet, *La 'librairie' du royaume de France au 18e siècle,* in G. Bollème, J. Ehrard, F. Furet, D. Roche, J. Roger, *Livre et société dans la France du XVIIIe siècle,* Paris, 1965, p. 9.)

[50] Robert Étienne (or Estienne) (1503-1559), the celebrated printer, bookseller and author. He produced a Latin-French dictionary in 1538, followed in 1539 by a French-Latin dictionary, which for a long time was the only dictionary of the French Language. Subsequent to this there was less diversity in French spelling, and as author, printer and bookseller,

Étienne was able to present his own system to the reading public with ease. His French grammar (1557) was of further help in the stabilising of the language. Étienne produced several editions of the Bible, became a Protestant in 1550 and, from Geneva, produced in 1552 his eloquent work, *Les Censures des théologiens de Paris, par lesquelles ils ont faussement condamné les Bibles imprimées par Rob. Estienne.*

[51] The great Lulli (Jean-Baptiste Lully), born in 1632, had in fact died in 1687. The *arrêt du Conseil* of 11 June 1708 referred to by Malesherbes is preserved in the Archives de France (V⁶ 812, no 21). In 1672 Lully was granted a *privilège* by Louis XIV "pour faire imprimer, ses ouvrages de musique pendant le temps de trente années", and the *arrêt* of 1708 refers to the attempts by Lully's son, Louis, who followed his father as *surintendant et compositeur de la chambre du roi*, to prolong this *privilège*. The closing words of the *arrêt* read as follows:

> "Et faisant droit sur l'intervention des syndic et adjoins de la Communauté des Libraires et Imprimeurs de Paris, fait Sa Majesté defenses audit Lully d'afficher, vendre, ny faire vendre ses opera par autre que par un Imprimeur et Libraire sur les peines portées par l'article sixieme du reglement pour la librairie de l'année mil six cens quatre vingts six et neanmoins a Sa Majesté de grace et sans tirer a consequence dechargé led. Lully de l'amende par lui encourue pour la contravention commis au dit reglement lequel sera executé selon sa forme et teneur touts depens compensez."

[52] An *acquit à caution* was an official authorisation for goods which had not yet had duty paid on them to be moved freely from one bonded warehouse to another.

[53] I.e. Les Rousses, in the Jura. This spelling is given infra, p. 200.

[54] I.e. Seyssel: there are two townships of Seyssel facing each other across the Rhône, one in Ain, the other in Haute-Savoie.

[55] Antoine-Pierre II de Grammont was Archbishop of Besançon from 1735 until 1754.

[56] Jean-Louis Moreau de Beaumont (1715-1785) was in turn *intendant* of Poitou, Franche-Comté and Flanders. He was nominated to the post of *intendant des finances* in 1756. In 1768 he published, in four volumes, his *Mémoires concernant les impositions en Europe.*

[57] Pierre-Étienne Bourgeois de Boynes (1719-1783), who was *intendant* at Besançon from 1754 until 1761.

[58] Voltaire's *La Pucelle,* first published in 1755.

[59] The *cinq grosses fermes:* the large area comprising the provinces of Ile-de-France, Normandy, Picardy, Champagne, Bourbonnais, Nivernais, Berry, Orléanais, Touraine, Poitou, Aunis, Anjou and Maine which, especially after Colbert's great ordinance of 1664, was an entity from the customs point of view, each province trading freely with the others, and having common tariffs at their borders. The name derives from the fact that the dues which had hitherto been levied in the area constituted five *fermes:*

the *rêve* or *domaine forain;* the *haut passage;* the *imposition foraine* or *traite domaniale;* the *trépas de Loire* and the *traite d'Anjou.* The last two were abolished by the ordinance of 1664. The area was also known as *L'Étendue.*

[60] I.e. the Customs House then situated on the Quai du Havre at Rouen. A new customs building was completed in 1726, the original one having been demolished in 1723; "Le nom de *Romaine* qu'on lui donne indifféremment, lui vient de l'instrument qui sert à peser les marchandises assujetties aux droits" (Théod. Licquet, *Rouen; précis de son histoire, son commerce, son industrie, ses manufactures, ses monuments,* Rouen, 1827, p. 142).

[61] The *provinces étrangères* were, in fact, the provinces foreign to the tariff of 1664, subject to customs duties in their dealings with the *cinq grosses fermes,* with each other and with foreign countries: Artois, Flandres, Britanny, Guyenne, Saintonge, Languedoc, Provence, Dauphiné and Lyonnais. Apart from these provinces which were reputed *étrangères,* there were others, France's most recent acquisitions, Alsace, Lorraine and Franche-Comté, which were still more positively *étrangères,* having free communication with foreign countries on their frontiers, but being separated from the rest of France by customs barriers.

[62] I.e. Pierre-Jean-François de La Porte, seigneur de Meslay, Sarzay, Bellefonds, sgr Marquis de Presles (b. 1710).

[63] The Comtat is the Comtat Venaissin. Together with Avignon it was Papal territory from 1274 until 1791.

[64] A *maréchaussée* was originally the territory governed by a marshal of France and, by extension, the term was applied to a mounted police force (replaced in 1790 by the *gendarmerie*).

[65] I.e. Jean-Emmanuel Guignard, vicomte de Saint-Priest, father of the more celebrated François-Emmanuel (1735-1821).

[66] The *Courrier d'Avignon* (or *Courrier historique, politique, littéraire, galant et moral*) was founded on 2 January 1733 by François Morénas. It was suppressed on 15 July 1768, when the French occupied Avignon, and was transferred to Monaco, taking the name *Courrier de Monaco,* returning to Avignon on 4 July 1775. It was placed under the direction of Leblanc, *secrétaire des commandements* to the Prince de Conti, and then under that of Mlle Leblanc, *directrice des Postes.* It continued to appear up to 30 November 1790, when it was suspended from publication. It reappeared on 24 May 1791 and finally expired in 1794. The *Courrier,* which appeared twice per week, was edited by its founder, Morénas, until the end of 1742. It was strongly Jesuit in content and very influential in the provinces and abroad.

[67] Malesherbes's dislike of defamatory writings is clear enough in the *Mémoire sur la liberté de la presse,* but there is evidence too to illustrate his feeling that individuals were on occasion too sensitive concerning what they took to be allusions to themselves. His main concern was always to *limiter les dégâts.* Thus, in 1760, when Mme Retau-Dufresne, the widow

of a dignitary of Nantes, complained to him that her reputation had been grievously attacked by Fréron in the *Année littéraire*, Malesherbes replied that although Fréron had used a singularly unfortunate expression, "l'allusion serait si indécente et de si mauvais goût qu'il vaut mieux croire qu'il n'y en a aucune". Mme Retau-Dufresne took Malesherbes' advice not to make the whole affair still more public and more damaging by lodging a formal complaint against Fréron (cf. P. Grosclaude, op. cit., p. 142).

[68] Philippe VI de Valois (1293-1350) became king of France in 1328, to the exclusion of Edward III of England.

[69] 1561.

[70] Disputes arising from a confusion between the Jansenist problem, brought to a head by the promulgation in 1712 of the Papal Bull *Unigenitus*, and the revival of the long-standing controversy between the Ultramontanes and the Gallican party, the *parlements* being traditional supporters of Gallicanism and in consequence not infrequently prepared to aid the Jansenists in their struggle against the authority of Rome (cf. supra, n. 31).

[71] A *Conseil de justice* set up in 1665 to review judicial procedure, presided over by Séguier but in fact controlled by Colbert and Pussort, produced a series of ordinances. Those referred to by Malesherbes are the *Ordonnance civile* or *Code Louis* (1667) and the *Ordonnance criminelle* (1670). Malesherbes's great-grandfather, Guillaume de Lamoignon, *premier président* of the Paris *parlement*, was a member of the *Conseil*.

[72] Malesherbes became *premier président* of the *Cour des aides* in December, 1750, in succession to his father, who had just become Chancellor. His father immediately made him *Directeur de la librairie*, which post he held until 1763.

[73] In 1762, in Toulouse, the Protestant Jean Calas was broken on the wheel for allegedly having murdered his son to prevent his abjuring the Protestant faith in favour of Catholicism. Voltaire launched a brilliant propaganda campaign and, three years later, the memory of Calas was rehabilitated and compensation paid to his wife and children.

[74] Shortly after Colbert founded the *Académie des Sciences* in 1666, he instructed its members to investigate the methods and tools employed by French craftsmen with a view to, wherever possible, introducing improvements (1675). The first fruits of this work, *L'Art du charbonnier*, did not appear until 1761. Between then and 1788, numerous such works appeared (with illustrations), amounting to 73 parts in all (cf. G. B. Watts, *The Handcrafts of France as recorded in the 'Description des Arts et Métiers'*, Boston, 1952).

[75] I.e. Jean-Frédéric Phélypeaux de Maurepas (1701-1781).

[76] M. Grosclaude has the following to say on this subject (op. cit., p. 175):
"À l'égard des libelles diffamatoires et, en général, à l'égard de tous les écrits s'attaquant aux personnes, la sévérité de Malesherbes s'affirme en maintes circonstances. Il réclame des sanctions rigoureuses contre 'tout homme qui, sous prétexte de disserter et [*sic*] sur les ouvrages nouveaux,

insulte la personne des citoyens et attaque leur honneur..., qui, par la voie la plus publique qu'il soit possible d'imaginer, a cherché à rendre un citoyen la fable et l'objet des railleries du public' (B.N., fonds français, 22133, pièce 44). En termes indignés il appelle la sévérité du lieutenant de police Sartine contre deux libelles, dont l'un intitulé *Préface à la Comédie des Philosophes* [i.e. Morellet's *Vision de Palissot*] 'est une brochure sanglante non seulement contre Palissot, mais contre des personnes respectables et qui, par leur état, devraient être à l'abri de pareilles insultes. Ces deux brochures ne sont sûrement revêtues d'aucune permission, et cependant elles sont vendues ce matin chez les marchands établis au Palais-Royal et ailleurs, avec la même publicité qu'un ouvrage revêtu de privilège. Je vous supplie, Monsieur, de faire cesser ce scandale.... Je crois qu'il est de l'ordre public que la punition soit très sévère et que cette punition ne se termine pas à la Bastille ou au For l'Évêque, parce qu'il faut mettre une très grande différence entre le délit des gens de lettres qui se déchirent entre eux, et l'insolence de ceux qui s'attaquent aux personnes les plus considérables de l'État, et je ne crois pas que Bicêtre soit trop fort pour ces derniers' (B.N., N. Acq., 3348, f.º 70 et seq., 29 May, 1760).

The "grands génies" referred to by Malesherbes at this point in his *Mémoire* are probably Voltaire and D'Alembert (cf. P. Grosclaude, op. cit., pp. 153-157).

[77] The States General met in 1355 for the purpose of supplying funds to defend France against an invasion led by Edward III of England and the Black Prince. The States undertook to raise and maintain a considerable force of men, but only on the understanding that the subsidy which was to be raised from the *gabelle* or salt tax and from an *aide* on sales, should be paid over into the hands of treasurers responsible to the States for the expenditure of this revenue. What in effect this amounted to was that the States General was taking a decisive step towards the assertion of two extremely important principles, namely that it was the States General which should control taxation and also that it should have charge of public expenditure. This was a view of things, of course, which was not calculated to appeal to a strong monarch.

The States General met again in 1346-7, after the capture of king Jean at Poitiers. Étienne Marcel, provost of the merchants of Paris, and virtually master of the capital, saw an opportunity to seize power during the king's captivity. He assumed the leadership of the discontented bourgeoisie at the States General and, together with the bishop of Laon, Robert le Coq, drew up a list of grievances, endorsed by the provincial States, and presented this list to the *dauphin* Charles. Marcel's demands, intended to set a limit on royal authority, are embodied in the Royal Ordinance of 1347 (the *Grande Ordonnance*). Amongst the provisions of this ordinance are the following: the States General to meet twice a year, and more frequently still should the necessity arise; the States to nominate thirty-six councillors to act on its behalf between sessions; the States to be consulted before the conclusion of any treaty; the States to vote and collect taxes and to have the control of the expenditure of income from taxation; military service to be universal, the soldiers to be paid by the central government. This marks the summit of the influence of the States General until the events of 1789.

[78] In November, 1576, the States General met in Blois. Of the 312 deputies, no fewer than 311 were Catholics, eager to co-operate with the

Crown in the extirpation of Protestant heretics. Nevertheless, in practice the demands of the States General would have gone a long way towards suspending the royal authority. Acts passed by the three Orders were to be embodied in Ordinances, even without the sanction of the king, and a majority of the members of the *Conseil* were to be nominated by the States. The grant of money awarded to the king showed mistrust of royal authority and was in fact insufficient to wage effective war against the Huguenots. This meeting was, however, characterised by a fatal weakness which typified so many meetings of the States General: the failure of the three Orders to act in concert. If the demands of the States General had been conceded it might have marked a turning point in the constitutional history of France, but the refusal of the nobles and clergy to act in a united fashion with the third estate frustrated any real constitutional advance.

After the death of the Duc d'Anjou (1584), the legitimate heir to the throne was the Protestant Henri de Navarre. The Catholic *Ligue* demanded that Henri's uncle, the Cardinal de Bourbon, be recognised as heir, in an attempt to pave the way for the Duc de Guise.

[79] The meeting of the States General which began in 1614, the year in which Louis XIII reached his legal majority of thirteen, and which lasted into 1615, was the last meeting of that body before 1789. Once again the meeting was characterised by a complete lack of solidarity between the three Orders, clergy, nobility and third estate, which met, according to custom, separately. This meeting is, in fact, a clear illustration of the fact that there was no possibility at the time of any alternative to a strong monarchical authority, and it goes far towards explaining the establishment of monarchical absolutism in France in the seventeenth century. The clergy and the nobility joined together to force through the abolition of the *paulette* which made hereditary and therefore more valuable the posts of the wealthy middle class which comprised the majority of the third estate representation. One of the conditions upon which the third estate acceded to this move was that not only should the States General petition the king for the abolition of the *paulette* but it should also seek a reduction in taxes and a drastic cut in the royal pensions enjoyed by the great nobles. Thereupon the nobles joined the Ultramontane clergy in a demand for the formal acceptance of the decrees of the Council of Trent. The States General was ultimately dismissed without any real results having been achieved.

[80] Cf. supra, n. 36.

[81] In particular the *philosophes* (cf. infra, chapter III).

[82] "... le frère Cosme": i.e. Jean Baseilhac (1703-1781), a leading surgeon of his day, especially noted for his method of removing stones and his treatment of troubles of the urethra. He joined the order of the Feuillants in 1729. One of his patients was Jean-Jacques Rousseau.

"... son Litothome": among Baseilhac's publications figures a *Recueil de pièces importantes sur l'opération de la taille, faite par le lithotome caché, avec un mémoire concernant la rétention de l'urine, causée par l'embarras du canal de l'urètre*, Paris, 1751.

[83] Voltaire's epic poem, *La Henriade*, was published in 1723, originally under the title of *La Ligue*.

⁸⁴ The same author's *Histoire du siècle de Louis XIV* was published in 1751.

⁸⁵ Fénelon's *Télémaque* was published in 1699.

⁸⁶ Montesquieu's *magnum opus, De l'Esprit des lois* was published in Geneva in 1748.

⁸⁷ Montesquieu himself says, in his preface to *De l'Esprit des lois*, "quand j'ai découvert mes principes, tout ce que je cherchais est venu à moi; et, dans le cours de vingt années, j'ai vu mon ouvrage commencer, croître, s'avancer et finir."

⁸⁸ Montesquieu's *Considérations sur les causes de la grandeur et de la décadence des Romains* were published in 1734.

⁸⁹ The *Lettres persanes* were first published, anonymously, in 1721.

⁹⁰ Montesquieu was elected to the Academy in 1728.

⁹¹ Charles Dumoulin (1500-1566), who earned the enmity of the See of Rome for frankly stating his interpretation of the legal rights of the Papacy within France. Rome ordered his works to be burned and to be placed on the Index.

⁹² Malesherbes, in the delicate position in which he found himself at the height of the storm over the *Encyclopédie,* had always expressed this kind of view: cf. the letter written to the Comte de Bernis in 1758 (B.N. MSS. Fonds Français 22.191, f⁰ 6 et seq.; quoted by P. Grosclaude, op. cit., p. 107): "J'ai beaucoup réfléchi, Monsieur, sur la conversation que j'aie eu dernièrement avec vous au sujet de l'*Encyclopédie,* et des auteurs qui y travaillent. Vous sentez mieux que personne qu'il y aurait un grand inconvénient à détruire un ouvrage qui, parmi plusieurs mauvaises choses, en contient d'excellentes, qui en tout fait honneur à la littérature française et qui est devenu un objet de commerce assez considérable par le nombre des souscripteurs..."

⁹³ In June, 1762. The *Contrat social* was published in April and *Émile* in June of that year.

⁹⁴ Rousseau's *Confessions* were not published until after his death. The first six volumes appeared in 1782, the remainder in 1789.

⁹⁵ I.e. David Hume (1711-1776).

⁹⁶ Gabriel Bonnot de Mably (1709-1785), the author of *Le Droit public de l'Europe* (1746) and *Observations sur l'histoire de France* (1765).

⁹⁷ Mably's more famous brother, Étienne Bonnot de Condillac (1715-1780), the sensualist philosopher whose most celebrated work, the *Traité des sensations,* was published in 1754.

⁹⁸ It may be that for a time it was intended for Mably to become tutor to Louis XV's son, the *dauphin.* He never took up this post.

⁹⁹ Marc-Pierre, comte d'Argenson (1696-1764) had been *directeur de la librairie* from 1737 until 1740.

[100] Henri-François d'Aguesseau (1688-1751) became Chancellor in 1717, but his opposition to John Law's *système* led to the seals of office being withdrawn from him within less than a year in favour of Marc-René d'Argenson (1662-1721). D'Aguesseau regained them in 1720 on the collapse of Law's experiment. He was exiled by Dubois in 1722 and recalled in 1727, but no longer as *garde des sceaux*. He regained the seals in 1737. He resigned in 1750, to be replaced by Malesherbes's father.

[101] Jacques-Bernard de Chauvelin (1701-1767) became *maître des requêtes* in 1728, and was put in charge of the book trade, adopting a liberal policy.

[102] Germain-Louis de Chauvelin (1685-1762) became *garde des sceaux* in 1727. He was exiled to Bourges in 1737 by Cardinal Fleury.

[103] Presumably Fleury (André-Heroule, cardinal de Fleury (1653-1743)).

[104] But cf. J.-P. Belin, *Le Commerce des livres prohibés à Paris de 1750 à 1789*, Paris, 1913, p. 29, n. 1: "Malesherbes donnait pourtant quelquefois lui-même de telles permissions. Ainsi quand Saurin lui montra en manuscrit son petit conte de *Mirza et Fatmé*, Malesherbes, croyant qu'il n'était question que de géométrie ou de physique récréative (Saurin n'avait encore mis son nom qu'à une brochure de mathématiques), l'assura qu'on ne poursuivrait pas son livre. Saurin le donna donc à imprimer à Prault. Celui-ci, étonné de cette permission, alla voir Malesherbes, qui lui répondit: 'Oui, oui, je sais ce que c'est, vous pouvez aller votre chemin.' Il l'imprima donc; et le livre, aussitôt paru, fit le plus grand scandale. On demanda à Saurin de faire des cartons; mais, comme il y chantait la palinodie de façon que le remède était pire que le mal, Malesherbes, qui avait éclaté de rire en lisant ces corrections, conclut en disant: 'Ma foi! laissons aller les choses comme elles sont.' Il fit bien: au bout de huit jours on n'en parla plus. (Note de Prault, publié par Rathery. *Bulletin du bibliophile*, 1850, p. 875)."

[105] *Lettres de Madame de Maintenon*, Nancy, Deilleau (Francfort, Eslinger), 1752, 2 vols.

[106] See J. Lough, *An Introduction to Eighteenth Century France*, London, 1960, pp. 244-5.

[107] This is true, taken absolutely literally. But he did on occasion intervene: for example in the case of *De l'Esprit*.

[108] Published in 1750.

[109] The remonstrances were in fact, in the nature of things, not infrequently distinctly one-sided documents. Cf., for the Paris *parlement*, Jules Flammermont's edition of the *Remonstrances du parlement de Paris au XVIIIe siècle*, Paris, Imprimerie nationale, 1888-1898, 3 vols.

[110] Cf. supra, n. 19.

[111] This is a quotation from Boileau's ninth *Satire*, ll. 305-306. The *abbé* Charles Cotin (1604-1682) was on more than one occasion the target for Boileau's wit, as well, of course, as for that of Molière in *Les Femmes savantes*.

[112] Jean-François Boyer (1675-1755), satirised by Voltaire under the anagrammatic name of Yébor in *Zadig*. He became bishop of Mirepoix in 1730 but subsequently resigned to become tutor to the *dauphin* (Louis XVI's father) at Fleury's request. He was replaced as bishop of Mirepoix in 1737 by Jean-Baptiste de Champflour.

[113] According to Roederer (*Journal de Paris*, 23 Primaire an VII), "Peu de gens savant aujourd'hui, mais beaucoup ont rendu autrefois ce témoignage à Malesherbes, que ce fut par sa protection que cette entreprise [the *Encyclopédie*] se forma, fut autorisée par le gouvernement et eut même, en commençant, l'appui du Chancelier d'Aguesseau, à qui Malesherbes persuada finement que l'*Encyclopédie* aiderait les Jésuites à écraser les Jansénistes que le Chancelier n'aimait pas" (cf. Pierre Grosclaude, op. cit., p. 103). This may not be gospel.

[114] The new Chancellor was, of course, Malesherbes's father. On the bishop of Mirepoix, cf. supra, n. 113.

[115] Cf. supra, n. 26.

[116] Cf. supra, n. 2.

[117] Cf. supra, n. 4.

[118] Cf. supra, n. 5.

[119] Cf. supra, n. 5.

[120] Cf. supra, n. 5.

[121] John Wilkes (1727-1797), the celebrated journalist and pamphleteer and founder in 1762 of the *North Briton,* in which he conducted a violent propaganda campaign against the government of Lord Bute. An article in number 45 of the *North Briton* on the speech from the throne exposed Wilkes to prosecution for libel. He was discharged from the case on the ground of privilege (he was M.P. for Aylesbury), but the affair led to the suppression of the *North Briton*. Wilkes was expelled from the Commons and outlawed. He went to Paris, returning in 1768, was elected M.P. for Middlesex, only to be expelled from the House again in 1769 for another libel. Nevertheless, he was three times re-elected for Middlesex, although his election was annulled on each occasion. Moreover, he was made sheriff of Middlesex and London and in 1774, the year in which he was Lord Mayor of London, was finally able to take his seat in the House of Commons without opposition.

[122] Charles-Marguerite-Jean-Baptiste Mercier Dupaty (1744-1788), the author, amongst other works of a moving *Mémoire justificatif pour trois hommes condamnés à la roue,* Paris, 1786, referred to by Malesherbes a little later on. Condorcet, too, was involved in this "affaire des roués de Chaumont, qui sera à Condorcet ce que l'affaire Calas fut à Voltaire" (Monique and François Hincker, in the introduction to their edition of Condorcet's *Esquisse d'un tableau historique des progrès de l'esprit humain,* Paris, Éditions sociales, n.d. (1966), p. 30). The three peasants involved in the affair were finally sent to the galleys, after a mockery of a trial, and simply, in Dupaty's words, "parce qu'ils étaient pauvres." Condorcet entered

the lists in March, 1786 with his *Réflexions sur un procès très connu*, in which he wrote in terms which, as Monique and François Hincker suggest, are very similar to those of Beaumarchais's *Le Mariage de Figaro*, "Quelle est la cause de ce mépris de l'homme?... Tient-il uniquement à ce reste de nos institutions, d'après lesquelles on était quelque chose comme gentilhomme, comme prêtre, comme gradé, comme bourgeois même, et rien quand on n'était qu'homme?"

[123] Cf. supra, n. 73.

[124] The practice of inoculation for small-pox was introduced into England by Lady Mary Wortley Montagu, the wife of the British Ambassador in Turkey, who had her own son inoculated whilst still in Turkey in 1717. On her return to England in 1721 she was a passionate advocate of the general introduction of inoculation into this country. After it had been tried successfully on six condemned criminals, who were given their freedom in return for having acted as guinea pigs, several members of the royal family were inoculated, and this naturally popularised the practice. Things went less smoothly in France, although as early as the same year in which the young Montagu was inoculated Boyer, subsequently dean of the Faculty of Medecine at Paris, advocated inoculation in a thesis presented to the University of Montpellier. Voltaire wrote strongly in favour of the practice in the *Lettres Philosophiques* (first published in France in 1734). In 1756 the Duc d'Orléans had his sons inoculated by Théodore Tronchin (1709-1781) the famous Genevan doctor and friend of the *philosophes,* and this fashionable example led to others following suit. Tronchin contributed an extremely important article on *Inoculation* to the *Encyclopédie:* it was written when the whole subject was still very much a matter of controversy. In it he writes, "C'est... aux Facultés de Théologie et de Médecine; c'est aux Académies; c'est aux chefs de la Magistrature, aux Savants, aux gens de Lettres, qu'il appartient de bannir des scruples fermentés par l'ignorance, & de faire sentir au peuple que son utilité propre, que la charité chrétienne, que le bien de l'État, que la conservation des hommes sont intéressés à l'établissement de l'*inoculation*," and also, "toutes les objections qu'on a élevées contre l'*inoculation* confiée à des yeux éclairés & à des mains sages, se détruisent par les faits, excepté celles que la malice, l'ignorance, la jalousie ou l'opiniâtreté, osent imaginer; on leur donne du prix en y répondant, & c'est le seul qu'elles puissent avoir." The prejudices and fears aroused by inoculation were powerful. Otherwise enlightened men failed to see inoculation as an answer to one of the most dreaded diseases of the day: in America Benjamin Franklin at first opposed it, although he subsequently changed his mind, and in France, as late as 1760, in an address given to the *Académie des sciences,* D'Alembert, one of the original leaders of the *Encyclopédie* project, expressed views opposed to those of Tronchin.

[125] Jacques-Auguste de Thou (1533-1617), the author of *Historiæ sui temporis* (1604-1609).

Édouard Molé (c. 1550-1616) played an important rôle as *procureur-général* in the troubled years leading up to Henri IV's accession to the French throne.

Lazare Cocqueley, rather less well remembered than de Thou and Molé, was admitted as a *conseiller* at the Paris *parlement* on 12 December, 1572. He was at one time a supporter of the *Ligue* but subsequently abandoned it. He spoke eloquently in favour of the registration of the Edict of Nantes in 1599: "Que la charité Chrétienne anime toutes nos démarches, & souffrons que des compatriotes & des concitoyens jouissent des honneurs, des priviléges, & des dignités, qu'ils ont droit de partager avec nous" (J.-A. de Thou, *Histoire universelle...* 16 vols., Londres (Paris), 1734, vol. XIII, p. 381). (Cf. also François Blanchard, *Un catalogue de tous les conseillers selon l'ordre des temps et de leurs réceptions*, in *Les Présidents au mortier du Parlement de Paris*, Paris, 1647, p. 91.)

[126] Bonaventure de Fourcroy (c. 1610-1691), lawyer and poet, a friend of Molière and Boileau.

[127] The article on Fourcroy in the *Biographie universelle ancienne et moderne* (vol. XV, Paris, Michaud, 1816, p. 367), where the date of his death is given as 1692, has the following to say: "Il n'était pas bon poète; aussi Boileau disait-il dans un distique qu'il n'a pas livré à l'impression:

'Qui ne hait point tes vers, ridicule Mauroi,
Pourrait bien pour sa peine aimer ceux de Fourcroi'.

[128] Claude Brossette (1670-1740), friend of Boileau and editor of his works (1716).

[129] Guillaume de Lamoignon (1617-1677), *premier président* of the Paris *parlement*, a friend of Boileau, to whom he gave the idea of writing *Le Lutrin*, in which he is represented under the name of Ariste (cf. Boileau's praise of him in the *Avis au lecteur*).

[130] François-Chrétien de Lamoignon (1644-1709), a friend of Bourdaloue, Regnard, Racine and Boileau. Boileau dedicated his sixth *Épître* to him.

[131] Nicolas de Lamoignon de Basville (1648-1724) who, as *intendant* of Languedoc, was noted for his harsh treatment of the Protestants.

[132] Beaumarchais's *Le Mariage de Figaro*, written in 1778, did not receive its first public performance until 1784.

[133] Florent Carton Dancourt (1661-1726). There is an Abbé Cheurpied in his *L'Été des Coquettes* (1690), and an unnamed *abbé* in *La Foire de Besons* (1695).

[134] Edme Boursault (1638-1701). In the one-act comedy *Les Mots à la Mode* (1694). In Scene 4, Nannette points out to her father, M. Josse, "Noble, auparavant Orfèvre," that

'Monsieur Coquerico, Marchand de Savonnettes,
Devenu Gentilhomme aussi bien que vous l'êtes'

has given his sons fine-sounding names:

'L'un est Monsieur du Rus, l'autre Monsieur de l'Orme;
Et comme le plus jeune a le dos tout courbé,
Sûr qu'il n'est bon à rien il en fait un Abbé...'

[135] Antoine-Alexandre-Henri Poinsinet (1735-1769). There is an *abbé* in his *Le Cercle, ou la Soirée à la mode* (1764).

[136] "Capitoul": the name given to the town councillors of Toulouse. *La*

Métromanie by Alexis Piron (1689-1773) was first produced in 1738. The character referred to is Baliveau.

[137] *Les Fils ingrats* (or *L'École des Pères*) of Piron dates from 1728. The *auditeur des comptes* referred to is named Éraste.

[138] I.e. February, 1787.

[139] Cf. Montesquieu, *De l'Esprit des lois*, book V, chapter 8: "Une bouche de pierre (les délateurs y jettent leurs billets) s'ouvre à tout délateur à Venise; vous diriez que c'est celle de la tyrannie."

[140] Honoré-Gabriel de Riqueti, comte de Mirabeau (1749-1791): *Sur la liberté de la presse, imité de l'anglais de Milton*, Londres, 1788.

[141] Milton's *Areopagitica. For the Liberty of unlicensed Printing* appeared in 1644. Cf. "... when complaints are freely heard, deeply consider'd, and speedily reform'd, then is the utmost bound of civil liberty attain'd, that wise men looke for" (Milton, *Areopagitica*, ed. John W. Hales, Oxford, 1898, p. 2). Cf. also: "... who kills a Man kills a reasonable creature, Gods Image; but hee who destroyes a good Booke, kills reason it selfe, kills the Image of God, as it were in the eye. Many a man lives a burden to the Eearth; but a good Booke is the pretious life-blood of a master spirit, imbalm'd and treasur'd up on purpose to a life beyond life. 'Tis true, no age can restore a life, whereof perhaps there is no great losse; and revolutions of ages doe not oft recover the losse of a rejected truth, for the want of which whole Nations fare the worse. We should be wary therefore what persecution we raise against the living labours of publick men, how we spill that season'd life of man preserv'd and stor'd up in Books..." (ibid., p. 6).

[142] Cf. "We have it [i.e. 'Book-licencing'] not, that can be heard of, from any ancient State, or politie, or Church, nor by any Statute left us by our Ancestors, elder or later; nor from the moderne custom of any reformed City, or Church abroad; but from the most Antichristian Councel [i.e. the Council of Trent, 1545-1563], and the most tyrannous Inquisition that ever inquir'd. Till then Books were ever as freely admitted into the World as any other birth; the issue of the brain was no more stifl'd than the issue of the womb; no envious *Juno* sate cros-leg'd over the nativity of any mans intellectual off-spring; but if it prov'd a Monster, who denies but that it was bustly burnt, or sunk into the Sea. But that a Book, in wors condition than a peccant soul, should be to stand before a Jury ere it be borne to the World, and undergo yet in darknesse the judgement of *Radamanth* and his Colleagues, ere it can passe the ferry backward into light, was never heard before, till that mysterious iniquity, provokt and troubl'd at the first entrance of Reformation, sought out new limbo's and new hells wherein they might include our Books also within the number of the damned" (ibid., pp. 12-13).

For an equally blistering attack on the Papal Index, cf. ibid., pp. 10-11.

Appendix

THE TEXT OF THE PRINCIPAL LAWS GOVERNING THE BOOK TRADE UNDER THE *ANCIEN RÉGIME*

(Taken from Isambert, Jourdan and Decrusy, *Recueil général des anciennes lois françaises, depuis l'an 420 jusqu'à la révolution de 1789*, 29 vols., Paris, 1821-1833.)

ORDONNANCE *sur la réforme de la justice*

Moulins, février 1566; reg. au parl. le 23 juillet (Isambert, Jourdan & Decrusy, *Recueil général des anciennes lois françaises...*, vol. XIV, pp. 189-212, text of articles 77 and 78, pp. 210-211).

(77) Défendons très-étroitement à tous nos sujets d'écrire, imprimer et exposer en vente aucuns livres, libelles ou écrits diffamatoires et convicieux contre l'honneur et renommée des personnes, sous quelque prétexte et occasions que ce soit. Et déclarons dès à présent tels scripteurs, imprimeurs et vendeurs, et chacun d'eux, infracteurs de paix et perturbateurs du repos public, et comme tels voulons estre punis des peines contenües en nos édits. Enjoignons à nos sujets qui ont tels livres ou écrits, de les brusler dedans trois mois, sur les peines de nosdits édits.

(78) Défendons aussi à toutes personnes que ce soit, d'imprimer ou faire imprimer aucuns livres ou traitez sans nostre congé et permission, et lettres de privilège expédiées sous nostre grand scel: auquel cas aussi enjoignons à l'imprimeur d'y mettre et insérer son nom, et le lieu de sa demeurance, ensemble ledit congé et

privilège, et ce sur peine de perdition de biens, et punition corporelle.

DÉCLARATION *qui défend aux religionnaires de tenir écoles et collèges, et aux libraires d'imprimer ou mettre en vente aucun livre, s'il n'a été censuré par la faculté de théologie*

Paris, 4 octobre 1570; reg. au parl. le 20 novembre (Isambert, vol. XIV, pp. 230-231).

CHARLES, etc. Par nos chers et bien amez les recteurs, docteurs régens, maistres et supposts de nostre fille aisnée, l'université de nostre bonne ville de Paris, nous a esté par leur requeste cy-attachée soubs le contrescel de nostre chancellerie, à nous et en nostre conseil privé, présentée, faict dire et remonstré, que suivant nos précédens édicts et mesme le dixiesme article de nostre dernier édict de pacification, par lequel nous avons défendu de faire aucun exercice de la pretenduë religion reformée, tant par ministère, réglement, discipline ou institution publique des enfants et autres, fors ès lieux contenus en nostre dit édict, ils auroient fait inquisition, et se seroient ja apperceus que plusieurs principaux, lecteurs, regens, maistres et pedagogues se sont retirez en ladite université, instruisans les enfants en ladite pretenduë religion, corrompans nostredite université, qui est le sommaire de tous estats, au moyen dequoy nous auroient très-humblement requis leur vouloir sur ce pouvoir.

Sçavoir faisons, que nous désirans bien et favorablement traiter lesdits supplians à la conservation de nostredite université, et observation de nostredit édict de pacification, de l'advis de nostredit conseil, auquel le tout a esté délibéré, avons dit, déclaré et ordonné, et de nostre certaine science, grâce spéciale, pleine puissance et auctorité royal, disons, déclarons, Ordonnons, voulons et nous plaist.

(1) que défenses soient faites à toutes personnes de tenir petites escoles, principautez et collèges, ny lire en quelque art ou science que ce soit en public ou en privé, ou chambre, s'ils ne sont cogneus et approuvez catholiques, tenans la religion catholique et romaine.

APPENDIX

(2) N'entendons aussi qu'aucun officier ou suppost de ladite université, soit d'autre religion que de la catholique. Faisant pareillement défense à tous libraires et imprimeurs d'imprimer ou faire imprimer ny mettre en vente aucuns livres censurez par la faculté de théologie, permettant aux docteurs qui seront par elle esleuz, de faire la recherche et visitation ès maisons des libraires.

EDIT *sur l'imprimerie, la police des ouvriers et la taxe des livres.*

Gaillon, mai 1571; reg. au parl. le 7 septembre (Isambert, vol. XIV, pp. 237-238, text of last two articles).

(23) Que les maistres imprimeurs, qui sont de présent en la ville de Paris, esliront par chacun an deux d'entr'eux, avec deux des 24 maistres libraires jurez pour ladite année, l'office desquels sera de regarder qu'il ne s'imprime aucun livre ou libelle diffamatoire ou hérétique. Et que les impressions qui se feront en chacune ville soient bien et convenablement faites, c'est à sçavoir correctement, et en bon papier, et bons caractères qui ne soient pas trop usez. Et où lesdits jurez trouveront quelques fautes qui méritent répréhension, soit en ladite impression, ou que les présens articles ne soient observez, ils en feront leur rapport pour y estre pourveu par le juge ordinaire civil ou criminel, selon l'exigence du cas. Autant en feront ceux de Lyon.

(24) Item, ne pourront lesdits libraires vendre la feuille des livres de classe, latin de grosses lettres, sans commentaires ne grec, plus de trois deniers tournois, le grec plus de six, et autres livres de menuë lettre, ou de plus grand papier que celuy de classe, au prorata. En sorte que advenant que lesdits libraires ayent meilleur marché des journées et salaires des compagnons, seront tenus de diminuer le prix des livres, selon l'advis des recteur, doyens, maistres, et vingt-quatre libraires jurez de ladite université.

Les présens articles du jour de la publication des présentes seront observés tant par les maistres imprimeurs que compagnons, sur peine à ceux qui y auront contrevenu de deux cents livres d'amende pour la première fois, et pour la seconde de punition corporelle, et autre amende arbitraire, selon que lesdits juges verront estre équitable.

LETTRES-PATENTES *sur les nouveaux statuts des libraires, imprimeurs et relieurs de la ville et université de Paris.*

Paris, juin 1618; reg. au parl. le 9 juillet (Isambert, vol. XVI, pp. 117-125, omitting as insignificant the text of articles 1-11 & 27).

Louis, etc. C'est chose assez notoire que la licence qui s'est glissée entre nos subjets pendant les guerres qui ont eu cours en cestuy nostre royaume, tant du règne du défunt roy Henry le Grand, nostre très honoré seigneur et père, que, à l'occasion des mouvemens derniers, a apporté un tel désordre en tous les estats, offices, arts et métiers, que de tous les réglemens auparavant establis entre eux avec une singulière discrétion et prudence, il n'en restait plus qu'une ombre par la malice de ceux qui, suivant le temps, s'estoient peu à peu dispensés de l'observation d'iceux.

Mais Dieu nous ayant fait la grâce d'affermir cet estat par une profonde paix, qu'il lui a plu nous donner, pour ne demeurer ingrats envers lui de tant de bienfaits, nostre principal soin a esté de réformer toutes choses en mieux, chasser les abus et désordres qui se sont rencontrés en chacune vacation, estant d'autant plus émus à la continuation de ceste réformation, que les fruits de ce qui avoit esté par nous bien commencé ont esté au grand profit et soulagement de nos subjets, et d'autant que parmi le bruit et l'insolence des armes, ceux qui font profession des bonnes lettres on testé les plus oppressées et comme réduits à néant.

Nous avons, en suivant les anciens vestiges de nos prédécesseurs, apporté tout le soin à nous possible de les restablir en leur première splendeur, principalement en ce qui regarde nostre fille aînée l'université, de nostre bonne ville de Paris.

Ayant trouvé le recteur et suppôts d'icelle disposés entièrement à contribuer au retranchement des abus, désordres et mépris de ses anciens statuts et réglement, que la malice des guerres passées y avoit introduits, et une démonstration particulière de leur bonne volonté.

Les libraires, imprimeurs et relieurs de ladite université nous ont très humblement remonstré qu'à cause de l'honneur et excellence de leur profession, ils ont de tout temps esté, non seulement distingués des arts méchaniques, mais favorisés de beaux priviléges et immunités, à eux concédés par nos prédécesseurs rois, en la jouissance desquels ils ont esté confirmés de temps en temps, et si l'ordre establi entre eux s'est quelquefois trouvé perverti par la malice des temps et des personnes, la réformation s'en est ensuivie à la première occurrence, comme il se voit par celle que le roy Charles IX y apporta par son édict de l'an 1571, lettres-patentes de déclaration sur icelui, et par l'arrêt de notre cour de parlement du 27 juin 1577, contenant plusieurs beaux réglemens entre lesdits libraires, imprimeurs et relieurs, touchant la vente et débit des livres, tant imprimés en ce royaume qu'apportés des pays estrangers, visitation d'iceux par les syndics et adjoints de la librairie et imprimerie et autres affaires concernant ladite vacation, lesquels néanmoins, par succession de temps, mauvaise succession desdits libraires, imprimeurs et relieurs, contumace et rebellion d'aucuns d'iceux ont esté négligés, en sorte qu'il est besoin d'y interposer nostre auctorité pour les faire vivre en une bonne reigle qui soit stable et perdurable à l'advenir.

Et à ceste fin, nous ont lesdits libraires, imprimeurs et relieurs fait présenter certains articles en forme de statuts, lesquels, par nos lettres-patentes du 1er du présent mois, nous aurions renvoyés au prévost de Paris ou son lieutenant afin que, appelé nostre procureur, il eût à nous donner et envoyer son advis sur la commodité ou incommodité que lesdits statuts nous pourroient apporter et à la chose publique, suivant lesquelles nosdites lettres, ils auroient présenté leurs statuts à nostredit prévost de Paris ou son lieutenant, lequel, appelé nostre procureur, après avoir vu lesdits statuts et articles, les ayant trouvé justes et raisonnables, et renvoyé pour obtenir nos lettres de confirmation et émologation d'iceux; lesquels lesdits libraires, imprimeurs et relieurs nous ont très humblement suplié et requis leur vouloir octroyer.

Sçavoir faisons qu'après avoir fait voir en nostre conseil lesdits statuts, nosdites lettres sur iceux obtenues du 1er du présent mois, l'advis à nous donné sur lesdites lettres par le lieutenant civil et nostre procureur, du 13 dudit présent mois, mis au bas desdits statuts et articles cy-attachés, sous le contrescel de nostre chancellerie, de l'advis d'icelui nostredit conseil, nous avons iceux statuts et articles loués, approuvés, confirmés, ratifiés et esmologués, louons, approuvons, confirmons, ratifions et esmologuons par ces présentes signées de nostre main, voulons et nous plaist que doresnavant ils soient suivis, gardés et entretenus de point en point, sans qu'il y puisse être contrevenu par tous les libraires, imprimeurs et relieurs ny autres.

Statuts

(12) Sera enjoint à tous libraires et imprimeurs, chacun séparément, ou associés, d'imprimer les livres en beaux caractères et bon papier, et bien corrects, avec le nom du libraire et sa marque, comme aussi insérer le privilége et permission qui lui sera octroyée à la fin ou au commencement de chacun exemplaire, si aucun il en a obtenu, le tout à peine de confiscation desdits livres, et autres peines s'il y eschet.

(13) Tous imprimeurs, libraires ou relieurs, qui imprimeront ou feront imprimer livres ou libelles diffamatoires, seront, comme perturbateurs du repos public, et en ce faisant, privés et deschus de tous leurs privilèges et immunités, et déclarés incapables de pouvoir exercer l'art d'imprimerie ou librairie.

(14) Les auteurs des livres ou correcteurs ne pourront avoir d'imprimerie ni presses, en leurs maisons ou ailleurs, pour imprimer ou faire imprimer leurs livres, ni les vendre, ni faire afficher, sous leurs noms ou autres; ains leur sera permis de les faire imprimer pour être vendus par des libraires, imprimeurs et relieurs, et non par autres, à peine de confiscation et d'amende aux contrevenans.

(15) Défenses seront faites à tous imprimeurs et leurs compagnons de retenir plus de quatre copies de tous les livres qu'ils imprimeront; à sçavoir, une copie pour le libraire qui fera imprimer lesdits livres, une pour le maître-imprimeur, une pour le correcteur et la quarte et dernière pour les compagnons, à la charge qu'ils seront tenus la représenter à celui qui la fera imprimer, laquelle il sera tenu leur payer, ou, en cas de refus, il leur sera loisible d'en disposer ainsi qu'il leur semblera bon estre, et où il s'en trouveroit davantage, seront pris comme infracteurs des ordon-

nances; et oultre que tous les libraires, imprimeurs ou relieurs, faisant imprimer livres, avec privilèges, seront tenus bailler et mettre en la bibliothèque de V.M. deux exemplaires desdits livres en blanc, desquels ils tireront acquit, et oultre ce, seront tenus mettre ès mains desdits syndic et adjoints, aussi un exemplaire de chacun livre qu'ils imprimeront, huit jours après les impressions desdits livres, pour estre employé aux affaires de ladite communauté.

(16) Et pour éviter aux abus, désordres et confusion qui arrivent journellement par l'impression d'infinis livres scandaleux, libelles diffamatoires, sans noms d'auteurs, ni du lieu où ils sont imprimés, à cause du grand nombre des libraires, imprimeurs et relieurs qui est maintenant en nostre royaume, et spécialement en nostre bonne ville de Paris, où les abus sont si fréquens, sera très expressément défendu auxdits syndic et gardes de nostredite université de ne plus recevoir par chacun an qu'un libraire, un imprimeur et un relieur, lesquels seront tenus eux présenter un an auparavant leur réception, afin d'être immatriculés sur le registre de ladite communauté, et que par ce moyen, les libraires, imprimeurs et relieurs soient réduits à certain nombre, non compris les fils des maîtres, et seront reçus, se présentant selon l'ordre de leurs apprentissages.

(17) Sera enjoint à tous libraires, imprimeurs ou relieurs, suivant vostredit édict, de s'assembler par chacun an en la salle des Mathurins, au bureau de ladite communauté, en la présence de vostre lieutenant civil et du substitut de vostre procureur général audit Chastelet, le 8e jour de mai, à deux heures de relevée, et non plus tard, afin de procéder à l'élection d'un syndic et de quatre adjoints, où se fera l'élection, par chacun an, de deux adjoints; à sçavoir, d'un libraire et d'un imprimeur, à la décharge de deux précédents; et seront tenus lesdits syndic et adjoints prester le serment à l'instant de leur réception, de bien et fidèlement se comporter en leur charge, de quoy leur sera donné acte, et continueront ladite assemblée d'année en année, sans frais.

(18) Sera pareillement enjoint auxdits syndic et adjoints aller en visites, suivant les édits et réglemens cy-devant donnés pour raison de ce, et feront leur rapport des malversations qui se commettent, pardevant vostredit lieutenant civil.

(19) Seront aussi tenus tous libraires, imprimeurs et relieurs, marchands forains, qui auront fait venir aucuns livres de dehors le royaume ou autres villes de votre obéissance en vostre ville de Paris, iceux faire apporter dans le magasin ou chambres de la communauté des libraires, soit par balles, tonnes, caisses, bahuts ou paquets blancs ou reliés, lesquels ils ne pourront retirer de la douane sans la permission du syndic ou adjoints, ni faire ouverture d'icelles en la présence desdits syndics et adjoints qui les visiteront, encore qu'elles fussent envoyées à quelques particuliers en la manière accoutumée, et où ils se trouveront livres ou libelles diffamatoires contre l'honneur de Dieu bien et repos de l'estat, imprimé sans nom d'auteur et le nom du libraire où ils auroient esté imprimés ou contrefaits sur ceux qui auroient esté imprimés par aucuns des libraires de cette ville de Paris, sera enjoint auxdits syndic et gardes de saisir et arrêter toutes lesdites marchandises, et faire assigner ceux à qui elles seront envoyées, pour se voir condamner en l'amende et voir confisquer lesdits livres à qui il appartiendra, reservant auxdits syndics et adjoints le tiers de toutes lesdites confiscations, le tout à peine d'en répondre en leurs propres et privés noms.

(20) Ne pourront lesdits libraires forains tenir boutiques, magasin ou imprimerie, ny faire afficher leurs livres en ladite ville de Paris, par le moyen de facteurs ou autres personnes qu'ils pourroient interposer: comme aussi sera défendu à tous libraires, imprimeurs et relieurs de cette ville de Paris, de faire aucune facture pour les libraires, tant de dehors que dedans le royaume: et ne séjourneront lesdits marchands forains plus de trois semaines pour tous délais, à compter du jour de l'ouverture et visite de leursdits livres pour la distribution d'iceux, à peine de confiscation des marchandises qui se trouveront ledit temps expiré, et d'amende arbitraire aux contrevenans.

(21) Défenses seront faites à tous marchands, tant de cette ville de Paris, que forains, ayant fait amener livres en cette dite ville de Paris, de les vendre et débiter qu'ils n'ayent été visités par lesdits syndic et adjoints, ny les retirer de la douane qu'avec le certificat desdits syndic ou adjoints, lesquels syndic, gardes et adjoints seront tenus prendre aussi billets, les uns des autres, pour

estre leurs marchandises vues et visitées, ainsi que les autres librai‑
res, sur les mêmes peines que dessus.

(22) Auxquels syndic et adjoints très expresses défenses se‑
ront faites d'acheter ou faire acheter, ni mettre à part, aucuns
livres pour acheter, en faisant la visite, des balles de marchandises
foraines, si ce n'est vingt-quatre heures après ladite visite.

(23) Sera enjoint auxdits syndics et gardes visiter les domi‑
notiers, imagers et tapissiers, à ce qu'ils n'ayent à imprimer ni
vendre aucuns placards ou peintures dissolues; et s'ils ont des
presses en leurs maisons, de voir qu'elles soient bien garnies de
grands tampons propres à imprimer histoires et planches, sans
avoir davantage de lettres en leurs maisons, que ce qui leur est
ordonné par ledit arrêt de vostredite cour.

(24) Seront faites inhibitions et défenses à toutes personnes
de quelque qualité et condition qu'ils soient, s'ils ne sont libraires,
de faire description et prisée de livres qui seront exposés en vente,
ny en quelque sorte et manière que ce soit, à peine de nullité
desdites descriptions et prisées et d'amende aux contrevenans: ne
pourront néanmoins les libraires qui auront fait lesdites prisées
acheter aucuns livres dudit inventaire, sinon à l'encan, comme plus
offrant et dernier enchérisseur.

(25) Le semblable sera gardé pour les presses et lettres d'im‑
primerie, qui seront prisées et inventoriées par deux maîtres
imprimeurs, sans que aucun puisse faire lesdites prisées, sinon
lesdits imprimeurs, en la forme reçue, ainsi qu'il est accoustumé,
soit par l'advis d'aucun d'entre eux, ou d'autres en façon que ce
soit, pour estre lesdites prisées et inventaires joints aux autres
inventaires des autres meubles sans être copiés par autre.

(26) Les colporteurs ne pourront tenir apprentis, magasin, ny
boutique, ny imprimer, ny faire imprimer en leurs noms; mais
porteront au cou, dans une balle, pour vendre les almanachs, édits
et petits livres, qui ne passeront point huit feuilles, brochés ou
reliés à la corde, et imprimés par un libraire ou maître imprimeur
de cette ville de Paris, auquel sera son nom, sa marque et sa
permission; le tout à peine de confiscation et de dix escus d'amende.

* * *

(28) Sera défendu à tous compagnons imprimeurs, libraires ou relieurs, de colporter par la ville s'ils n'ont attestations des syndic et adjoints, qu'ils ne font rien de leurs états, à peine d'amende arbitraire et confiscation de leurs marchandises.

(29) Pareilles défenses seront faites, suivant lesdits édits et arrêts, à toutes personnes qui ne sont libraires, imprimeurs et relieurs, et qui n'en ont été apprentis en cette ville de Paris, de tenir boutique ou magasin de livres, d'acheter pour revendre en gros ou en détail aucuns livres reliés, blancs, heures, breviaires, alphabets, romans neufs, vieux, frippés, ou vieux papiers que l'on dit à la rame, ni vieux parchemins, sous peines de confiscation et d'amende.

(30) Sera défendu à tous libraires, imprimeurs et relieurs, tenir et avoir plus d'une boutique et imprimerie, laquelle ils tiendront en l'Université, au-dessus de Saint-Yves, et au-dedans du palais et non ailleurs, sinon ceux qui voudroient se restreindre à ne vendre que des usages.

(31) Comme aussi sera défendu à tous lesdits libraires, imprimeurs et relieurs de faire étalage, ni tenir boutique portative en quelque endroit que ce soit pour vendre livres, ni même étaler les fêtes, à peine de confiscation de ce qui se trouvera et d'amende arbitraire.

(32) Défenses seront aussi faites à tous libraires, imprimeurs et relieurs de faire imprimer livres en quleque forme que ce soit hors vostre royaume, pays, terres de votre obéissance, à peine de confiscation de tous les exemplaires qui se trouveront, et de trois mille livres d'amende pour la première fois; même leur soit fait défenses de supposer ou déguiser le nom, la marque, ou le lieu auquel lesdits livres seront imprimés, aux mêmes peines que dessus, suivant vostre édit de l'an 1571.

(33) Sera défendu à tous libraires, imprimeurs et relieurs de contrefaire les livres desquels il y aura privilége obtenu de vostre majesté, même d'en acheter aucuns ainsi contrefaits des marchands forains, ni d'en faire venir en aucune forme et manière que ce soit, sur les peines portées par les priviléges qui en auraient été obtenus: comme aussi sera défendu à tous libraires, imprimeurs et relieurs de cette ville de Paris, d'obtenir aucune prolongation des priviléges

par lesdits libraires pour l'impression des livres, s'il n'y a augmentation aux livres desquels les priviléges sont expirés.

(34) Sera aussi défendu à tous compagnons imprimeurs, libraires et relieurs de faire aucunes assemblées, tant en général qu'en particulier, ni de porter aucunes armes offensives ou défensives de jour ou de nuit, seul ou en compagnie, ou pour quelque cause que ce soit; même de faire aucun trie dedans les imprimeries ni ailleurs; comme aussi, ils ne feront aucun serment entre eux, et n'exigeront argent pour faire l'exercice commun, comme ils ont ci-devant fait, sur les peines portées par l'édit de l'an 1571, et autres plus grandes, s'il y eschet.

(35) Sera enjoint à tous les compagnons travaillant chez les maîtres de garder et conserver les copies sur lesquelles ils travaillent, tant manuscrites qu'imprimées, pour enfin des labeurs, estre par eux rendues et mises ez-mains de leurs maîtres, pour y avoir recours quand besoin sera, sans que, pour raison de ce, ils puissent prétendre aucune récompense que leurs gages, et même seront tenus parachever les labeurs par eux encommencés, à peine de l'amende.

(36) Sera aussi enjoint aux syndic et adjoints prendre garde de faire bien et deument entretenir de point, selon sa forme et teneur, à peine d'en répondre en leurs propres et privés noms, et d'être condamnés en mille livres d'amende pour la première fois.

(37) Ceux qui exerceront l'imprimerie, librairie ou reliure, au jour de la publication des présentes, seront tenus faire enregistrer leurs noms sur le livre du syndic, sans frais; comme aussi, tous compagnons libraires, imprimeurs que relieurs, qui sont à présent et qui ont fait apprentissage, seront aussi tenus de se faire inscrire, incontinent après la publication des présentes, pour obvier aux abus.

(38) Comme aussi sera enjoint à tous les libraires, imprimeurs et relieurs, après la publication des présentes, se présenter à vostre prévôt de Paris ou son lieutenant civil, pour, en la présence de votre procureur audit lieu, prêter le serment de bien et fidèlement se comporter et observer les arrêts, ordonnances et présent réglement, et outre faire enregister leurs noms, sans aucuns frais, ez registres de vostre procureur, sans que le présent article puisse nuire, ni préjudicier aux édits, arrêts, immunités, franchises

et libertés, concédés, tant par vous que vos prédécesseurs roys, audit estat d'imprimerie, librairie et reliure.

ÉDIT *qui défend sous peine de six mille livres d'amende, et de punition corporelle et arbitraire de rien imprimer ni vendre sur les affaires d'état, sans lettres-patentes scellées du grand-sceau.*

Compiègne, 10 juillet 1624; reg. au parl. le 18 (Isambert, vol. XVI, pp. 146-147).

Louis, etc. Estant advertis que diverses personnes entreprennent d'imprimer et faire imprimer plusieurs lettres, mémoires et instructions concernans les affaires d'estat, sans aucune permission de nous, et d'autant qu'il importe au bien de notre service de réprimer telles licences préjudiciables à notre autorité et au bien de nos affaires, nous avons résolu d'en arrester le cours.

A ces causes, nous avons, par ces présentes pour ce signées de notre main, fait et faisons très expresses inhibitions et défenses à toutes personnes, soit libraires, imprimeurs ou autres, de quelque qualité qu'ils soient, d'imprimer ou faire imprimer ni exposer en vente, en quelque lieu que ce soit de cestuy notre royaume, aucunes lettres, mémoires ni instructions concernans nos affaires d'état, ni même celles du feu sieur cardinal d'Ossat, sans notre expresse permission par lettres patentes signées de nous, contresignées de l'un de nos secrétaires d'état et scellées de notre grand scel, et ce sur peine de 6000 fr. d'amende et de confiscation desdites impressions et autres peines corporelles que vous pourrez juger et arbitrer contre les contrevenans à nos présentes défenses.

Lesquelles nous vous mandons et ordonnons, etc.

ORDONNANCE ('Code Michaud') *sur les plaintes des états assemblés à Paris en 1614, et de l'assemblée des notables réunis à Rouen et à Paris, en 1617 et 1626* (article 52).

Janvier 1629, reg. avec modification au parl. de Paris, les 6, 7 et 16 mars, 8, 9, 11 et 13 mai (Isambert, vol. XVI, pp. 238-239).

* * *

(52) Les grands désordres et inconvéniens que nous voyons naistre tous les jours de la facilité et liberté des expressions au mépris de nos ordonnances, et au grand préjudice de nos sujets, et de la paix et du repos de cet estat, corruption de mœurs, et introduction des mauvaises et pernicieuses doctrines, nous obligent d'y apporter un remède plus puissant qu'il n'a esté fait par les précédentes ordonnances; encore que la force des loix consiste plus en la vigilance des magistrats sur l'observation et exécution d'icelles qu'en ce qu'elles contiennent. C'est pourquoi suivant le 78e article des ordonnances faites à Moulins, nous défendons à tous imprimeurs, tant de notre ville de Paris que de toutes les autres de nostre royaume, païs et terres de notre obéïssance, d'imprimer à tous les marchands libraires ou autres, de vendre ou débiter aucuns livres ni écrits qui ne portent le nom de l'auteur et imprimeur, et sans nostre permission par lettres de nostre grand sceau, lesquelles ne pourront estre expédiées qu'il n'ait esté présenté une copie du livre manuscrit à nos chancelier ou garde des sceaux, sur laquelle ils commettront telles personnes qu'ils verront estre à faire selon le sujet et matière du livre, pour le voir et examiner, et bailler sur icelui, si faire se doit, leur atestation en la forme requise, sur laquelle sera expédié le privilège. Duquel manuscrit à cette fin seront faites deux copies, dont l'une portant l'original de ladite attestation, sera laissée ès mains de nosdits chancelier ou garde de sceaux, et l'autre collationnée sur icelle, ès mains du libraire ou imprimeur au nom duquel sera délivré ledit privilège. Remettant néanmoins à la discrétion et prudence de nosdits chancelier et garde des sceaux, de dispenser de cette observation ceux qu'ils verront devoir faire, soit par le mérite et dignité des auteurs ou autres considérations. Défendons à tous lesdits imprimeurs et libraires de contrevenir à la présente ordonnance, sur les peines portées

par ladite ordonnance de Moulins et d'estre interdit pour un an de l'exercice et trafic de leur état, et de fermer leur boutique pendant ledit temps. Et quant aux livres qui seront apportez de dehors le royaume, ils ne pourront être vendus ni débitez sans qu'au préalable la facture et inventaire d'iceux ayent esté représentez au lieutenant civil de nostre prévost de Paris, les lieutenans de nosdits bailliffs et sénéchaux, et à nos procureurs respectivement; le tout sur peine de punition corporelle, confiscation desdits livres et de mille livres d'amende.

* * *

RÉGLEMENT *du conseil pour la librairie et imprimerie de Paris*

Versailles, 28 février 1723 (CODE DE LA LIBRAIRIE). (Isambert, vol. XXI, pp. 216-251.)

Le roi s'étant fait représenter en son conseil, sa déclaration du 10 décembre 1720, contenant réglement pour la librairie et imprimerie de Paris; S.M. étant informée qu'encore que ce réglement eût été composé avec grand soin, cependant lorsqu'il fut porté en son parlement avec les lettres de cachet ordinaires pour y être enregistré, il s'y trouva matière à plusieurs observations, qui ont paru judicieuses et mériter qu'il fût apporté quelques changements à un grand nombre d'articles, que d'ailleurs quelques nouveaux abus qui se sont introduits parmi ceux qui exercent l'art de la librairie et imprimerie, ayant exigé qu'on y insérât quelques nouveaux articles pour y remédier et prévenir ceux qui pourroient s'introduire à l'avenir; S.M. auroit jugé à propos de faire retirer sadite déclaration, et de faire travailler à la réformation dudit réglement, lequel ayant été de nouveau rapporté et approuvé en son conseil, il ne reste plus qu'à le revêtir de son autorité pour lui donner une pleine exécution; à quoi voulant pourvoir, S.M. étant en son conseil, a ordonné et ordonne:

TITRE Ier. *Des franchises, exemptions et immunités des imprimeurs et libraires de Paris*

ART. 1er. Le libraires et les imprimeurs seront censés et réputés du corps et des suppôts de l'Université de Paris, distingués et séparés des arts mécaniques, maintenus, gardés et confirmés en la jouissance de tous les droits, franchises, immunités, prérogatives et privilèges attribués à ladite Université, et auxdits libraires et imprimeurs; et en cette qualité sera et demeurera la communauté des imprimeurs et libraires, franche, quitte et exempte de toutes contributions, prêts, taxes, levées, subsides et impositions mises et à mettre, imposées et à imposer sur les arts et métiers, desquels S.M. l'a entièrement exceptée, distinguée et séparée, même sous prétexte de confirmation desdits droits, privilèges, prérogatives dont S.M. veut qu'elle jouisse franchement, paisiblement et sans aucun trouble.

2. Les livres tant manuscrits qu'imprimés ou gravés, reliés ou non reliés, vieux ou neufs, estampes, cartes géographiques, soit qu'ils viennent des pays étrangers et des villes et provinces du royaume, soit qu'ils soient transportés hors du royaume, seront et demeureront exempts, comme ils l'ont toujours été, et conformément aux édits et déclarations des rois prédécesseurs de S.M., de tous droits de douane, péages, ponts, chaussées, domaines, traites, impositions foraines, acquits, subsides, resves, prêts, octrois, passage, haut-passage, rivières, détroits, entrées, sorties, barrage, travers, doubles-droits, garde-nuit, boute à port, et autres taxes et impositions que ce soit, mises et à mettre, sous quelque titre que ce soit, encore qu'elles ne soient ici précisément exprimées et déclarées. Fait S.M. défenses aux fermiers généraux, fermiers des provinces et villes du royaume, sous-fermiers, traitants, commis, receveurs, députés, gardes, et à tous autres employés pour la régie et perception des droits dans toutes les douanes, domaines et autres bureaux des provinces, villes et autres lieux de son obéissance, de lever aucuns deniers sur les marchandises de librairie, et leur enjoint de les laisser aller et venir, entrer et sortir franchement et quittement, sans pouvoir les arrêter pour payer aucune chose, à peine du quadruple, et de plus grande amende s'il y échet. Les fontes, lettres et caractères d'imprimerie vieux ou neufs, et l'encre servant à imprimer, venant des pays étrangers et des villes et provinces du royaume, jouiront aussi de la même exemption.

3. Et afin que les marchandises de la qualité ci-dessus exprimée, jouissent desdites exemptions; veut S.M. que sur chaque balle, ballot, tonne, tonneau, caisse, coffre, malle, banne ou paquet,

il y ait une déclaration portant que ce sont des livres, fontes, caractères, lettres ou encre servant à l'imprimerie, en ces termes: livres, caractères d'imprimerie, encre d'imprimerie.

TITRE II. *Des imprimeurs et libraires en général*

4. Défenses sont faites à toutes personnes de quelque qualité et condition qu'elles soient, autres que les libraires et imprimeurs, de faire le commerce de livres, en vendre et débiter aucuns, les faire afficher pour les vendre en leurs noms, soit qu'ils s'en disent les auteurs ou autrement; tenir boutique ou magasins de livres, acheter pour revendre en gros et en détail, en chambres et autres lieux, même sous prétexte de les vendre à l'encan, aucuns livres en blanc ou reliés, gros ou petits, neufs ou fripés, même de vieux papiers qu'on appelle à la rame, et vieux parchemins, à peine de cinq cents livres d'amende, de confiscation et de punition exemplaire. Défend aussi S.M. aux imprimeurs et aux afficheurs d'imprimer et de poser aucunes affiches portant indication de la vente des livres ailleurs que chez les libraires et les imprimeurs, sous pareilles peines; comme aussi aux auteurs et à toutes personnes autres que lesdits imprimeurs d'avoir et tenir en quelque lieu que ce soit, et sous quelque titre et prétexte que ce puisse être, aucunes presses, caractères et ustensiles d'imprimerie, à peine de punition exemplaire, de confiscation des presses et caractères, et de trois mille livres d'amende.

5. Et d'autant que certains porteurs de balles, et soi-disant merciers, sous prétexte de vendre des heures et des petits livres, ont souvent apporté, vendu et débité des libelles diffamatoires, mémoires contre l'État et la religion, et des livres défendus, ou contrefaits au préjudice des privilèges par nous accordés; défenses sont faites auxdits porteurs de balles et prétendus merciers, ou autres qui ne sont reçus libraires, d'avoir, vendre ni débiter aucuns livres imprimés, de quelque nature et qualité qu'ils puissent être, à peine de punition corporelle et de confiscation desdits livres et marchandises qui y seront jointes. N'entend néanmoins S.M., empêcher les marchands merciers, grossiers de la ville de Paris, de vendre des A.B.C., almanachs et petits livres d'heures et prières, imprimés dehors ladite ville, sans qu'ils puissent vendre aucuns autres livres; et en cas de contravention, permet S.M. aux syndic

et adjoints, de les faire saisir en conséquence d'une permission du lieutenant-général de police.

6. Permet S.M. aux femmes et veuves des relieurs, et à celles des compagnons imprimeurs, libraires et relieurs, d'acheter et revendre les papiers à la rame, et les vieux parchemins à l'usage des imprimeurs, libraires et relieurs, après toutefois qu'elles en auront obtenu la permission par écrit des syndic et adjoints, desquelles permissions, ensemble des noms et demeures desdites femmes, il sera fait mention sur le livre de la communauté, à peine contre les contrevenants de confiscation et d'amende arbitraire: et seront en outre lesdites femmes et veuves obligées de tenir un livre de leurs achats, et d'observer le contenu en l'article suivant.

7. Défenses sont faites à tous libraires d'acheter aucuns livres des enfants ou serviteurs des autres libraires, des enfants de famille, des écoliers, des serviteurs, domestiques et de toutes personnes inconnues, s'ils ne sont certifiés par d'autres personnes domiciliées et capables d'en répondre; ce qui sera pareillement observé à l'égard des vieux papiers et parchemins, même de ceux qui sont apportés de provinces pour être vendus à Paris.

8. Ceux qui auront fait achat desdits livres, papiers et parchemins, feront mention de leurs noms et qualités sur leurs registres comme aussi de la qualité, noms et demeures des particuliers qui les auront vendus. Enjoint S.M. auxdits libraires, et à tous autres, de retenir les livres qui leur seront présentés par personnes inconnues et suspectes, et de les remettre dans les vingt-quatre heures entre les mains des syndic et adjoints qui seront tenus d'en avertir le lieutenant-général de police. Le tout à peine contre les libraires d'être civilement responsables des livres volés ou détournés qui se trouveront chez eux, d'amende arbitraire et d'interdiction pendant trois mois pour la première fois, et même de punition corporelle en cas de récidive; et contre les personnes autres que lesdits libraires de punition corporelle dès la première fois.

9. Tous les imprimeurs et libraires feront imprimer les livres en beaux caractères sur de bon papier, et bien corrects, avec le nom et la demeure du libraire qui aura fait faire l'impression pour son compte et à ses dépens. Et à l'égard des livres et autres écrits de la qualité de ceux dont le lieutenant général de police peut permettre l'impression, ensemble des factums, requêtes, mémoires,

arrêts, jugements, placards, etc., seront tenus lesdits libraires et imprimeurs de mettre leurs noms et demeures au commencement ou à la fin desdits livres, écrits et mémoires, etc., le tout à peine de confiscation, d'amende, et de plus grande peine s'il y échet. Sera tenu l'imprimeur qui aura fait une impression pour le compte du libraire, de mettre son nom seulement à la fin du livre entre le nom et la demeure du libraire qui sera au commencement, à peine de confiscation et d'amende.

10. Défenses sont faites à tous imprimeurs et à tous libraires de supposer aucun autre nom d'imprimeur ou de libraire, et de le mettre au lieu du leur en aucun livre, comme aussi d'y apposer la marque d'aucun autre imprimeur ou libraire, à peine d'être punis comme faussaires, de trois mille livres d'amende et de confiscation des exemplaires.

11. Les libraires et imprimeurs ou leurs veuves, ne prêteront leurs noms à qui que ce soit pour tenir imprimerie ou boutique de librairie, vendre ou négocier des livres, à peine de confiscation des imprimeries et des livres au profit de la communauté, et de cinq cents livres d'amende, et de pareille somme contre ceux qui se seront servis du nom des imprimeurs ou libraires.

12. Les libraires qui auront imprimerie et boutique ou magasin ouvert de librairie, les tiendront dans le quartier de l'Université, en même lieu et non séparément, s'ils n'en ont obtenu de S.M. une permission particulière, qui ne sera accordée qu'en cas d'une nécessité absolue; et à l'égard des libraires qui n'auront imprimerie, ils pourront tenir leurs boutiques dans le quartier de l'Université ou au dedans du Palais, et non ailleurs; à l'exception néanmoins de ceux qui voudront se restreindre à ne vendre que des heures et des petits livres de prières, des édits, déclarations et arrêts seulement, auquel cas ils pourront encore demeurer aux environs du Palais, dans la rue et parvis Notre-Dame, Pont-aux-Changes et quai de Gèvres; à peine de confiscation des autres livres dont ils se trouveront saisis et d'amende arbitraire. Et afin que, sous le mot d'Université, quelques libraires et imprimeurs n'affectent pas d'aller demeurer dans les lieux les plus écartés de l'étendue du quartier de l'Université, veut S.M. qu'ils soient tenus d'établir leurs demeures depuis l'extrémité et y compris le pont Saint-Michel, et depuis la rue de la Huchette et la rue de la Bucherie jusqu'à la

rue du Fouarre, rue Galande, place Maubert, rue du Mûrier, rue Saint-Victor, quai de la Tournelle, depuis la rue des Bernardins jusqu'à la porte Saint-Bernard, montagne Sainte Geneviève, jusqu'à la rue Bordet, rue des Prêtre-Saint-Étienne-du-Mont, carré de Saint-Étienne, rue Saint-Étienne-des-Grès, rue Saint-Jacques jusqu'aux Jacobins, rue des Cordiers, place de Sorbonne, rue de la Harpe, rue des Cordeliers, rue de la Bouclerie, carrefour du pont Saint-Michel, rue Saint-André-des-Arts, quai des Augustins, jusques et compris la rue Dauphine, quai Malaquais, jusques et compris les pavillons dépendants du Collège Mazarin, et au dedans de toutes les rues qui sont enfermées dans l'enceinte de celles ci-dessus désignées, à l'exception toutefois des collèges et communautés tant séculières que régulières, lieux prétendus privilégiés et renfermés, esquels S.M. défend auxdits imprimeurs et auxdits libraires de tenir leurs imprimeries et boutiques, ni d'y faire leurs demeures à peine de confiscation des livres, presses, caractères et ustensiles servant à l'imprimerie, de privation de la maîtrise, et de punition corporelle en cas de récidive.

13. Permet S.M. néanmoins à tous libraires d'avoir des magasins de librairie non ouverts dans les collèges, maisons religieuses et autres lieux hors de leur demeure, pourvu qu'ils soient dans les limites des lieux spécifiés en l'article précédent, à la charge par eux d'en faire la déclaration expresse aux syndic et adjoints, dont sera fait mention sur un registre particulier de la communauté, à peine de confiscation des livres qui se trouveront dans les lieux non déclarés, et de quinze cents livres d'amende; et aussi à la charge de la visite que S.M. permet auxdits syndic et adjoints de faire esdits magasins, en avertissant les principaux et autres supérieurs desdits lieux, auxquels S.M. enjoint de prêter le secours de leur ministère à peine de désobéissance.

14. Tous les libraires exerçant l'imprimerie seront obligés de mettre un écriteau ou tableau portant qu'ils tiennent imprimerie, et ne le pourront mettre ailleurs que dans le lieu où sera actuellement leur imprimerie, à peine de trois cents livres applicables au profit de la communauté.

15. Ne pourront les libraires avoir plus d'une boutique ou d'un magasin ouvert pour la vente de leurs livres, laquelle ne sera faite en aucuns autres lieux. Veut S.M. qu'au devant de leur bou-

tique ou magasin ouverts ils soient tenus de mettre un écriteau ou tableau, portant le nom du libraire ou de l'imprimeur, ou autre indication qui désigne qu'il s'y vend des livres. Fait pareillement défenses auxdits imprimeurs et libraires d'avoir aucun étalage et boutique portatifs sur les ponts, quais, parapets, et dans les maisons privilégiées, ou en quelque endroit que ce puisse être, à peine de confiscation, d'amende arbitraire, et de punition exemplaire, si le cas y échet.

16. Enjoint auxdits libraires et imprimeurs de tenir leurs boutiques, magasins et imprimeries fermées les dimanches et jours de fêtes commandées par l'Église, à peine d'amende.

TITRE III. *Des Souscriptions*

17. Veut S.M. qu'il ne puisse être proposé au public aucun ouvrage par souscription que par un libraire ou imprimeur qui sera garant des souscriptions envers le public en son propre et privé nom; et les deniers qui seront reçus pour les souscriptions ne pourront être remis en d'autres mains, qu'en celles des libraires ou imprimeurs au nom desquels se feront les souscriptions, et ils en demeureront responsables envers les souscrivants.

18. Ordonne qu'avant de proposer aucun ouvrage par souscription, le libraire ou imprimeur qui se charge de l'entreprise, sera tenu de présenter à l'examen au moins la moitié de l'ouvrage, et d'obtenir la permission d'imprimer par lettres scellées du grand sceau.

19. Veut que le libraire ou imprimeur ne puisse proposer aucune souscription, qu'après en avoir préalablement obtenu l'agrément de M. le garde des sceaux; et qu'il distribue avec le prospectus qu'il publiera, au moins une feuille d'impression de l'ouvrage qu'il proposera par souscription, laquelle feuille sera imprimée des mêmes forme, caractères et papier qu'il s'engagera d'employer dans l'exécution de l'ouvrage, qu'il sera tenu de livrer dans le temps porté par la souscription.

TITRE IV. *Des apprentis imprimeurs et libraires*

20. Aucun ne pourra être admis à faire apprentissage pour parvenir à la maîtrise de librairie et d'imprimerie, s'il n'est con-

gru en langue latine et s'il ne sait lire le grec, dont il sera tenu de rapporter le certificat du recteur de l'Université, à qui l'aspirant sera présenté par le syndic ou l'un de ses adjoints; et de ladite présentation mention sera faite dans ledit certificat.

21. Le temps de l'apprentissage sera au moins de quatre années entières et consécutives, et le brevet en sera passé par-devant notaires en la chambre de la communauté, en présence et du consentement des syndic et adjoints, après qu'il leur sera apparu du certificat du recteur de l'Université, comme ledit apprenti est congru en langue latine, et sait lire le grec, et qu'il a été présenté au recteur par l'un desdits syndic et adjoints; et sera tenu ledit apprenti de remettre es-mains du syndic pour les affaires de la communauté, la somme de trente livres lors de la passation du brevet qui sera transcrit sur le livre de la communauté, à la diligence du maître auquel l'apprenti sera obligé, et ce dans un mois pour tout délai, à peine de nullité du brevet et des dommages et intérêts de l'apprenti contre le maître.

22. Il ne sera permis aux imprimeurs et libraires de faire pour quelque cause que ce soit, aucune remise ni composition du temps de quatre années, porté par le brevet d'apprentissage, à peine de mille livres d'amende contre le maître, et contre l'apprenti de servir le double du temps qui lui aura été remis.

23. Les libraires et imprimeurs n'auront qu'un apprenti à la fois, et n'en pourront prendre un nouveau, si le temps du premier n'est expiré, ou du moins avant la dernière année de l'apprentissage commencée. Ceux qui n'exerceront point actuellement l'imprimerie ou la librairie, ne pourront avoir aucun apprenti.

24. Défend, S.M., auxdits imprimeurs et libraires, de prendre et garder aucuns apprentis qui soient mariés, à peine de nullité de brevets.

25. L'apprenti s'absentant de la maison de son maître, sera tenu de faire le double du temps de son absence, pour la première fois, et pour la deuxième fois, il sera déchu de son apprentissage, sans qu'il puisse y être reçu à l'avenir. A cet effet, les maîtres seront tenus d'avertir les syndic et adjoints du jour de l'absence de leur apprenti, pour en être fait mention sur le livre de la communauté et sur le brevet d'apprentissage; à peine de deux cents livres au profit de la communauté.

26. L'apprenti après le temps de son brevet d'apprentissage achevé, retirera quittance de son maître au bas dudit brevet, pour preuve qu'il aura servi le temps y contenu; et ladite quittance ne pourra être donnée qu'en la chambre de la communauté, et en présence des syndic et adjoints, qui en feront mention sur le livre de la communauté et sur ledit brevet.

27. Les fils des libraires et des imprimeurs ne seront tenus de faire aucun apprentissage; mais ils ne pourront être reçus maîtres s'ils n'ont les qualités requises en ceux qui doivent être admis à la maîtrise.

TITRE V. *Des compagnons imprimeurs et des compagnons libraires*

28. Les apprentis seront tenus, après leur apprentissage achevé, de servir les maîtres en qualité de compagnons durant trois années.

29. Il sera permis aux imprimeurs et à leurs veuves de recevoir en leurs imprimeries tels compagnons et ouvriers que bon leur semblera, quand même ils n'auroient pas de brevet d'apprentissage; seront néanmoins les compagnons qui auront fait apprentissage à Paris, préférés aux compagnons étrangers, comme aussi aux ouvriers de Paris, lorsqu'ils voudront se contenter du même salaire, et qu'ils auront d'ailleurs la docilité, l'expérience et la capacité requises.

30. Pourront aussi lesdits imprimeurs prendre tels sujets qu'ils voudront pour devenir ouvriers et travailler dans les imprimeries, pourvu qu'ils sachent lire et écrire; en faisant par lesdits imprimeurs, aux syndic et adjoints, leur déclaration, qui sera inscrite sur un registre particulier, et servira auxdits ouvriers pour leur donner préférence, au commencement de chaque labeur, sur ceux des provinces du royaume ou pays étrangers, aux conditions portées dans l'article précédent; et ils ne pourront jouir de ladite préférence, s'ils n'ont servi au moins pendant deux années leurs maîtres, et n'en rapportent un certificat qui sera registré par le syndic, en payant par lesdits ouvriers la somme de dix livres pour les affaires de la communauté: sans néanmoins que par lesdites déclarations et inscriptions, ils puissent sous aucun prétexte acqué-

rir le droit de parvenir à la maîtrise d'imprimeur ou de libraire, s'ils ne rapportent un brevet d'apprentissage, suivant qu'il est porté par les précédens articles. Défend S.M. aux compagnons et autres d'empêcher, troubler, ni molester lesdits ouvriers, sous quelque prétexte que ce soit, à peine de punition exemplaire.

31. Les imprimeurs et les veuves d'imprimeurs ne pourront faire travailler chez eux aucun compagnon ou ouvrier qui ait travaillé dans une autre imprimerie de Paris, qu'ils n'aient su du dernier maître, ou veuve du maître, d'où ledit compagnon ou ouvrier sera sorti, si ledit compagnon ou ouvrier est libre et en état de travailler où bon lui semblera, à peine contre les contrevenants, pour la première fois, de trois cents livres d'amende, et de trois livres par jour au profit du maître ou maîtresse que le compagnon ou ouvrier aura quitté sans congé, à compter du jour qu'ils auront commencé de s'en servir; et, en cas de récidive, d'interdiction pendant un an; et, pour la troisième fois, d'interdiction pour toujours; lesquelles peines ne pourront être réputées comminatoires, ni modérées sous quelque prétexte que ce soit; et, pour prévenir de pareils abus, les maîtres imprimeurs et les veuves seront tenus de déclarer, de semaine en semaine, à la chambre syndicale, les compagnons ou ouvriers qui manqueront dans leurs imprimeries ou ceux qu'ils y auront agréés pendant le cours de la semaine, afin qu'aucun maître ou veuve ne puisse prétexter qu'ils ignorent d'où peuvent sortir lesdits compagnons ou ouvriers qui se présenteront dans leurs imprimeries pour y travailler, le tout sous les peines que dessus; et sera le présent article exécuté pareillement à l'égard de ceux qui tiennent des fonderies de caractères d'imprimerie, et de leurs compagnons et ouvriers.

32. Les imprimeurs seront tenus de faire continuer les ouvrages commencés, sans les pouvoir interrompre, si ce n'est pour cause raisonnable, auquel cas ils seront tenus de donner aux compagnons ou ouvriers quelque autre ouvrage de pareille qualité, en attendant que le premier puisse être repris et continué; et, si la discontinuation dure plus d'un mois, il sera permis auxdits compagnons ou ouvriers, huit hours après avoir averti le maître, de se retirer et d'entreprendre d'autres ouvrages chez un autre maître sans qu'ils puissent être contraints de retourner chez le premier, qui sera tenu audit cas de leur donner un congé par écrit.

33. Les imprimeurs pourront congédier les compagnons et ouvriers, en les avertissant huit jours auparavant, même avant ledit terme pour des causes justes et raisonnables; hors que lesdits compagnons et ouvriers ne travaillent en conscience chez lesdits imprimeurs, et à l'égard desquels il sera ci-après pourvu.

34. Ne pourront les compagnons et ouvriers, à peine de cinquante livres d'amende, laisser, sans le consentement du maître qui les aura employés, les ouvrages par eux commencés, ou sur lesquels ils auront travaillé, soit que lesdits ouvrages aient un ou plusieurs volumes, lorsque l'impression en est faite sans une interruption qui dure plus d'un mois; et seront lesdits compagnons et ouvriers tenus, lorsqu'ils finiront leurs labeurs, d'avertir leurs maîtres huit jours auparavant que de les quitter, à peine de vingt livres au profit du maître.

35. Sera loisible au maître qui voudra accélérer l'ouvrage commencé d'en donner partie à d'autres ouvriers et compagnons, sans qu'il soit permis à ceux qui l'auront commencé de le quitter, sous quelque prétexte que ce soit, à peine de cinquante livres d'amende, et de tous dépens, dommages et intérêts envers le maître.

36. Si l'un desdits ouvriers et compagnons laisse son labeur, pour quelque occasion ou prétexte que ce puisse être, le maître, ne pouvant le faire revenir, aura la liberté de substituer en son lieu et place tel ouvrier et compagnon que bon lui semblera, sans que ceux qui travaillent sur le même ouvrage puissent le discontinuer, sous pareilles peines que dessus.

37. Les directeurs des imprimeries, compagnons et ouvriers qui travailleront chez les imprimeurs à la semaine ou à la journée, et qu'on appelle vulgairement travaillants en conscience, ne pourront quitter leurs maîtres qu'en les avertissant deux mois auparavant; et s'ils avoient commencé quelque labeur, ils seront tenus de le finir, sous les mêmes peines portées par l'article 34, et les maîtres ne pourront congédier lesdits ouvriers qu'en les avertissant un mois auparavant, si ce n'est pour cause juste et raisonnable.

38. Enjoint S.M. à tous compagnons et ouvriers, travaillant chez les imprimeurs, de garder et conserver les copies, tant manuscrites qu'imprimées, sur lesquelles ils auront travaillé, pour être par eux rendues à leurs maîtres, et remises par lesdits maîtres aux libraires, ou à ceux qui auront fait faire les impressions, sans

que, pour raison de ce, lesdits compagnons et ouvriers puissent prétendre aucun paiement ou récompense.

39. Les imprimeurs et leurs compagnons et ouvriers ne pourront retenir plus de quatre copies ou exemplaires de tous les livres qu'ils imprimeront, savoir: une copie pour le libraire qui fera imprimer le livre, une pour le maître imprimeur, une pour le correcteur qui lui servira pour faire les tables, et la quatrième et dernière pour les compagnons et ouvriers, qui seront tenus néanmoins de présenter ladite copie à celui qui aura fait faire l'impression, et qui pourra, si bon lui semble, la retenir, en payant, en sorte que les compagnons et ouvriers n'aient la faculté d'en disposer qu'à son refus.

40. Il est expressément défendu à tous imprimeurs de faire travailler dans leurs imprimeries les dimanches et jours de fêtes, et aux compagnons et ouvriers d'y travailler à la composition ou impression d'aucuns ouvrages, à peine contre les maîtres de cent livres d'amende, et de dix livres contre chacun des compagnons et ouvriers; pourront néanmoins en cas de nécessité seulement, préparer et tremper leurs papiers, hors les heures du service divin.

41. Les compagnons, ouvriers et apprentis ne feront aucun festin ou banquet, soit pour entrée, issue d'apprentissage, ou autrement, pour quelque cause et raison que ce soit.

42. Défenses sont faites à tous compagnons, ouvriers et apprentis de faire aucune communauté, confrérie, assemblée, cabale, ni bourse commune; d'avoir aucun livre ni registre de confrérie; d'élire aucun marguillier, syndic, prévôt, chef, préposé, ni autres officiers; de faire aucune collecte ni levée de deniers; et d'agir en nom collectif, pour quelque cause et occasion que ce soit, à peine de prison, de punition corporelle, et de trois cents livres d'amende.

TITRE VI. *De la réception des libraires et de celle des imprimeurs*

43. Aucun ne pourra tenir imprimerie ou boutique de libraire à Paris, ni même prendre la qualité de libraire ou d'imprimeur, en conséquence d'aucunes lettres ou d'aucun privilège, tel qu'il puisse être, s'il n'a été reçu maître en ladite communauté, à laquelle il ne pourra être admis qu'après avoir fait apprentissage

pendant le temps et espace de quatre années entières et consécutives, et servi les maîtres en qualité de compagnon, au moins durant trois années, après le temps de son apprentissage achevé, comme il est dit ci-dessus par les articles 20 et 28; qu'il n'ait au moins vingt ans accomplis; qu'il ne soit congru en langue latine, et qu'il ne sache lire le grec, dont il sera tenu de rapporter un certificat du recteur de l'Université, en la manière prescrite par le même article 20, ou de justifier comme il l'aura produit lors de son brevet d'apprentissage; et ce avant que de se présenter à la maîtrise. N'entend S.M. comprendre dans le présent article les fils et gendres des maîtres, ou ceux qui épouseront une veuve de maître, lesquels seront reçus suivant l'article 46 ci-après.

44. Et comme il est important que ceux qui exercent lesdites professions d'imprimeurs et de libraires soient pourvus d'une capacité et d'une expérience suffisantes, veut S.M. que les fils et gendres de maîtres, ainsi que les apprentis qui auront fait leur apprentissage et servi les maîtres, avant que d'être admis à la maîtrise de librairie ou imprimerie, outre le certificat du recteur de l'Université qu'ils doivent rapporter, suivant l'article 43, soient encore tenus de subir, savoir: ceux qui aspireront à être reçus libraires, un examen sur le fait de la librairie; et ceux qui aspireront à être reçus imprimeurs, après ledit examen sur le fait de la librairie, une épreuve de leur capacité au fait de l'imprimerie et choses en dépendantes; ce qu'ils seront tenus de faire par-devant les syndic et adjoints en charge, accompagnés de quatre anciens officiers de leur communauté, dont deux exerçant l'imprimerie et quatre autres libraires, qui n'auront pas passé les charges, mais qui auront au moins dix années de réception, dont deux également exerçant l'imprimerie, lesquels susdits huit examinateurs seront tirés au sort par l'aspirant dans le nombre tant desdits officiers de la communauté que des libraires et imprimeurs ayant dix années au moins de réception. Ordonne auxdits examinateurs ainsi nommés de se trouver avec les syndic et adjoints à la chambre syndicale, pour procéder tous ensemble par voie de scrutin auxdits examens et épreuves, lequel examen durera au moins deux heures; et ne pourra l'aspirant être reçu s'il n'a les deux tiers des voix en sa faveur. Il sera dressé du tout à l'instant procès-verbal par les syndic et adjoints; et, pour droit de présence, chacun des syndic et adjoints,

et autres examinateurs, aura six jetons valant six livres tournois, qui leur seront distribués par l'aspirant.

45. Les aspirants à la librairie, qui auront les qualités requises, seront reçus par les syndic et adjoints en charge, après qu'il leur sera apparu de leur capacité, par l'examen ci-dessus ordonné, de leurs bonnes vie et mœurs, et profession de la religion catholique par la certification de quatre maîtres de la communauté, dont deux exerçant l'imprimerie; et à l'égard des aspirants à l'imprimerie, le procès-verbal qui aura été dressé par les syndic et adjoints de leur examen et épreuve, ensemble l'information de vie et mœurs, et le certificat de catholicité en la forme ci-dessus, seront remis par les syndic et adjoints entre les mains du lieutenant-général de police, pour être par lui envoyé avec son avis à M. le garde des sceaux, et être en conséquence expédié un arrêt du conseil, sur lequel (et non autrement) il sera procédé à la réception de l'aspirant; laquelle, ensemble celle des aspirants à la librairie, seront faites dans la chambre de ladite communauté, en présence des anciens syndics et adjoints; à condition, par l'aspirant à la maîtrise de librairie seulement, de mettre ès-mains du syndic la somme de mille livres, et par l'aspirant à la librairie et imprimerie, la somme de quinze cents livres, lesquelles sommes le syndic emploiera dans son compte, pour être employées aux affaires de ladite communauté. Et, si celui qui aura été reçu libraire vient dans la suite à être reçu à la maîtrise de l'imprimerie, il sera tenu, outre la somme de mille livres ci-dessus, de payer celle de cinq cents livres; et seront tenus les uns et lès autres de donner, lors de leur réception, pour droits de présence, au syndic douze jetons d'argent, six à chacun des adjoints, et deux à chaque ancien.

46. Les fils de maîtres, qui auront les qualités requises, seront reçus libraires à leur première réquisition, en remettant au syndic, pour les affaires de la communauté, savoir: pour la réception à la librairie, la somme de six cents livres; et, s'ils sont admis par la suite à la maîtrise de l'imprimerie, celle de trois cents livres, outre celle desdites six cents livres par eux payée lorqu'ils auront été reçus libraires; et, s'ils sont reçus en même temps imprimeurs et libraires, ils seront tenus de remettre la somme de neuf cents livres. Les compagnons qui, après avoir fini leur apprentissage, épouseront la fille ou la veuve d'un maître, seront aussi reçus

à la première demande, pourvu qu'ils aient les qualités requises, en remettant au syndic, savoir: pour être reçus libraires, la somme de six cents livres, et pour être admis ensuite à la maîtrise d'imprimeur, celle de trois cents livres, outre celle desdites six cents livres par eux payée lors de leur réception de libraire, et, s'ils sont reçus conjointement imprimeurs et libraires, ils paieront la somme de neuf cents livres; le tout à la charge par lesdits fils et gendres de maîtres, et ceux qui épouseront des filles ou veuves, de subir l'examen, et d'observer les formalités prescrites par les articles précédens.

47. Les nouveaux maîtres prêteront serment par-devant le lieutenant-general de police, sans aucuns frais, en présence des syndic et adjoints, qui en feront mention sur les lettres de maîtrise.

48. Ceux qui auront été reçus maîtres à Paris pourront aller demeurer et exercer la librairie en toutes les villes et autres lieux du royaume, sans être pour ce tenus de faire apprentissage et nouveaux sermens ès-dits lieux; mais seulement de faire apparoir de leurs lettres de maîtrise et réception, et de faire enregistrer lesdites lettres au greffe de la justice ordinaire du lieu où ils iront demeurer.

49. S.M. étant informée que l'art de l'imprimerie, qui mérite une attention principale par rapport à l'ordre public, à l'intérêt de la religion, et au bien de son service, est tombé depuis plusieurs années dans un dépérissement considérable, et même dans une licence très-préjudiciable par la foiblesse ou l'avidité du gain de quelques-uns de ceux qui exercent cette profession, et l'inexécution des réglemens ci-devant faits sur cette matière; elle veut et ordonne qu'à l'avenir lesdits réglements, et notamment celui du mois d'août 1686, soient fidèlement exécutés en tous les articles auxquels il n'aura été dérogé par le présent réglement.

50. Et, attendu que la préférence accordée par ledit réglement de 1686, aux fils et aux gendres des imprimeurs pour être reçus en leur place, n'a servi qu'à y admettre souvent des sujets foibles ou incapables, et en exclure ceux qui, par leur capacité et l'état de leur fortune, auroient mieux mérité cette préférence, ordonne S.M. qu'à l'avenir, les fils ou gendres des imprimeurs ne pourront prétendre de droit aucune préférence avec d'autres sujets

capables, si ce n'est dans le cas d'un mérite égal, et de la vacance de la place de leur père ou beau-père, auquel cas la preuve du mérite égal sera établie par un procès-verbal dressé en présence dudit sieur lieutenant-général de police, par les syndic et adjoints et les examinateurs.

51. Veut S.M. que l'aspirant à l'imprimerie, qui se trouvera par l'examen avoir toutes les qualités ci-dessus requises, soit tenu d'avoir une imprimerie composée de quatre presses au moins, et de neuf sortes de caractères romains avec leurs italiques, depuis le gros-canon jusqu'au petit-texte inclusivement; desquels caractères les fontes seront neuves et de la quantité qui suit, savoir: le gros romain, saint-augustin et cicéro, de quantité suffisante pour faire au moins trois feuilles chacun, le petit romain deux feuilles, et les autres à proportion de l'usage dont elles sont; desquelles presses et fontes les syndic et adjoints dresseront leur procès-verbal, qu'ils remettront entre les mains du lieutenant-général de police avec celui de l'examen et épreuve, pour sur iceux être procédé pardevant lui à la prestation de serment, et jusqu'à ce les vis des presses seront déposées en la chambre syndicale de la communauté.

52. Défend à tous imprimeurs, sous peine de confiscation au profit de ladite communauté, et de déchéance de maîtrise, de prêter aux aspirants à l'exercice de l'imprimerie aucunes presses, casses, ni fontes; veut à cet effet que tous imprimeurs soient tenus de graver leurs noms sur lesdites presses et casses, et enjoint aux syndic et adjoints d'y tenir la main; défend pareillement aux aspirants, à peine d'être déchus de toute espérance de parvenir à la maîtrise, d'emprunter aucunes presses, casses, ni fontes, pour former leur établissement.

53. Veut S.M. que les imprimeurs déjà reçus, dont les imprimeries ne sont pas complètes, aient à conformer leur imprimerie à la police établie dans l'article 51 ci-dessus; en conséquence enjoint aux syndic et adjoints de faire une visite générale de toutes les imprimeries, trois mois au plus tard après la publication du présent réglement, et d'en dresser un procès-verbal qui contienne exactement tout ce qui se trouvera y manquer des presses, fontes, caractères et ustensiles nécessaires et prescrits, lequel procès-verbal ils remettront au lieutenant-général de police; et seront tenus les propriétaires des imprimeries qui se trouveront défectueuses de se

défaire de leurs imprimeries si, dans le cours de deux années, ils ne se sont conformés à ladite police.

54. Et, afin que les imprimeries qui se trouveront complètes et en bon état lors de ladite visite générale, et celles qui se conformeront dans la suite, se maintiennent toujours conformes au présent réglement, les syndic et adjoints seront tenus de faire tous les trois mois la visite des imprimeries en la manière prescrite ci-après par les articles 85 et 87.

TITRE VII. *Des veuves des libraires et des veuves des imprimeurs*

55. Les veuves des imprimeurs et celles les libraires pourront continuer leur travail dans leurs imprimeries, et tenir leurs boutiques de librairie, avoir des compagnons, et faire achever aux apprentis de leurs maris défunts le temps de l'apprentissage, sans pouvoir prendre de nouveaux apprentis; mais ne pourront lesdites veuves continuer l'exercice dudit art d'imprimerie qu'à la charge et condition d'avoir le nombre des presses et caractères fixés par le présent réglement, à peine de déchéance de leur droit; et, au cas qu'elles se remarient, elles ne pourront tenir boutique de librairie ni imprimerie, si leurs seconds maris, ayant les qualités requises, n'ont été reçus maîtres dans ladite communauté.

TITRE VIII. *Des correcteurs*

56. Les imprimeurs qui ne pourront eux-mêmes vaquer à la correction de leurs ouvrages, se serviront de correcteurs capables, lesquels seront tenus de bien et soigneusement corriger les livres, et de rendre aux heures accoutumées les épreuves corrigées, en sorte que si par leur faute il y avoit nécessité de réimprimer les feuilles qui leur auront été données pour corriger, elles seront réimprimées aux dépens desdits correcteurs.

TITRE IX. *Des fondeurs de caractères d'imprimerie*

57. Toutes personnes pourront exercer l'art et profession de fondeurs de caractères et lettres d'imprimerie, et ce faisant, seront réputées du corps de la communauté des libraires et imprimeurs, pour jouir des mêmes immunités, franchises, exemptions et privi-

lèges qui ont été attribués auxdits libraires et imprimeurs, par les trois premiers articles du présent réglement.

58. Seront lesdits fondeurs tenus, avant que de faire ladite profession, de se présenter aux syndic et adjoints, et de se faire inscrire sur le registre de la communauté en qualité de fondeurs de caractères, ce qui sera fait sans aucuns frais. Ne pourra néanmoins ladite inscription, donner auxdits fondeurs aucun droit d'exercer la librairie ou imprimerie, s'ils n'ont été reçus libraires ou imprimeurs dans ladite communauté, seront pareillement tenus lesdits fondeurs de faire leur résidence et de travailler dans le quartier de l'Université désigné dans l'article 12.

59. Veut S.M. que, six mois après la publication du présent réglement, tous les caractères, vignettes, réglets et autres ornements de fonte servant à l'imprimerie, depuis le gros canon jusqu'à la nonpareille, tant gros œil qu'ordinaire, soient fondus d'une même hauteur en papier, fixée à dix lignes et demie géométriques, et que tous les gros et petits-canons, tous les gros et petits-parangons, les gros-romains, les saint-augustins, les cicéros, les petits-romains, les petits-textes et les nonpareilles, tant romains qu'italiques, de toutes les fonderies, se rapportent pour la susdite hauteur de dix lignes et demie en papier, et chacun en particulier pour le corps qui lui est propre, en sorte que le petit-canon porte deux saint-augustin; le gros-parangon un cicéro et un petit-romain; le petit-parangon deux petit-romains; le gros-romain un petit-romain et un petit-texte; le saint-augustin un petit-texte et une nonpareille, et le cicéro deux nonpareilles; tous lesquels caractères seront à l'avenir conformes pour lesdites hauteurs et corps à la lettre *m* de chaque corps de fonte, de laquelle lettre *m* sera déposé nombre suffisant en la chambre syndicale, dont les syndic et adjoints en délivreront aux fondeurs trente de chaque corps pour servir de modèle; et les fondeurs rapporteront en ladite chambre après la justification de leurs moules, le même nombre de ladite lettre *m* du bas-de-casse de leurs frappes, afin que la justesse de chaque corps soit plus parfaitement vérifiée, à peine contre lesdits fondeurs, de cinquante livres d'amende, et de confiscation des fontes, vignettes et autres ornements qui ne se trouveront pas conformes.

60. Les caractères d'imprimerie, et tous les ornements de fonte en dépendants, seront faits de bonnes matières fortes et cas-

santes. Les fondeurs à qui les imprimeurs fourniront de vieilles matières, seront tenus de les renforcer, en sorte qu'elles soient de même fortes et cassantes. Toutes les lettres en particulier seront fondues droites et d'équerre en tous sens, d'une égale hauteur, bien en ligne, sans penchement ni renversement, ni fortes en pieds ni fortes en têtes, coupées de manière que les deux extrémités du pied des lettres contiennent ensemble la moitié du corps, bien ébarbées, douces au frotter et au ratisser, d'un cran apparent bien marquée et à l'ordinaire, qu'on appelle cran dessous. Elles seront aussi d'une égale distance pour l'épaisseur des corps ordinaires, en sorte que trois i ou trois l, on une h ou une n jointe à un i ou à une l, fasse l'épaisseur d'une m, et les autres lettres à proportion; le tout sous les peines portées par l'article précédent.

61. N'entend S.M. empêcher les fondeurs de mettre leurs frappes sur d'autres corps, qu'on appelle philosophie, gaillarde, mignonne, et autres interrompus, et plus approchés en corps et en épaisseur que les corps ordinaires, en observant néanmoins toujours la même hauteur en papier fixée à dix lignes et demie, excepté seulement les fontes pour imprimer en rouge, qui pourront être d'un tiers de ligne ou environ plus hautes que les autres; et pour distinguer plus particulièrement lesdites fontes hautes et de corps interrompus des corps ordinaires, lesdits fondeurs seront tenus d'y mettre le cran dessus, à peine d'amende arbitraire.

62. Attendu le petit nombre desdits fondeurs qui se trouvent présentement dans la ville de Paris, veut S.M. qu'ils soient tenus de travailler pour les imprimeurs de ladite ville par préférence à ceux des provinces; et ne pourront lesdits fondeurs, fournir ni envoyer aucunes fontes ni autres caractères hors ladite ville de Paris, qu'après les avoir déclarés avant l'envoi sur le registre de la communauté, qui fera mention de la qualité, poids et quantité des fontes et caractères, comme aussi des noms et lieux de la résidence des imprimeurs pour qui elles seront destinées, le tout à peine de confiscation des fontes et caractères.

63. Permet néanmoins auxdits fondeurs pendant deux années, à compter du jour des présentes, de fondre tous les assortiments dont les imprimeurs auront besoin pour les fontes qui leur ont été fournies ci-devant par lesdits fondeurs, lesquels après ledit temps passé n'y pourront être obligés sous quelque prétexte que ce puisse

être, à peine de cinquante livres d'amende tant contre lesdits fondeurs que contre les imprimeurs qui en auroient fait faire après l'expiration desdites deux années.

64. Et afin que toutes les fontes se trouvent de la hauteur prescrite par l'article 59, ordonne S.M. que celles qui viendront des pays étrangers et des provinces, soient portées directement par les voituriers à la douane, et ensuite à la chambre syndicale, pour y être visitées par les syndic et adjoints, et être vérifiées si elles sont fondues sur ladite hauteur, et au cas qu'elles ne se trouvent pas conformes, elles seront, pour la première fois, renvoyées sur les lieux, à la diligence des syndic et adjoints, aux frais de qui il appartiendra; et en cas de récidive, elles seront refondues et la matière confisquée au profit de la communauté.

65. Comme il est important au bien et à la tranquillité de l'État, qu'aucune personne, autre que celles ayant droit de tenir imprimerie, n'ait en sa possession des caractères qui puissent y servir; ordonne S.M. que les fondeurs ne pourront, à peine de cinq cents livres d'amende et de punition exemplaire, délivrer leurs fontes qu'aux imprimeurs ou à leurs veuves en exercice; et à l'égard de celles qui seront envoyées dans les provinces et dans les pays étrangers, elles seront déclarées par les fondeurs ou imprimeurs qui les enverront, sur le livre de la communauté, et conduites au lieu de leur destination sous acquit à caution, qui sera rapporté aux syndic et adjoints après qu'il aura été déchargé sur les lieux, à peine de pareille amende de cinq cents livres contre lesdits fondeurs ou imprimeurs.

66. Pourront, ceux qui exerceront ledit art, prendre et avoir telles personnes qu'ils voudront dans leurs fonderies pour être élèves et devenir ouvriers, à condition d'en faire aux syndic et adjoints leur déclaration, qui sera inscrite sans frais sur un registre particulier. Défend aux autres ouvriers fondeurs de les empêcher, troubler, ni molester dans leur travail sous quelque prétexte que ce soit, à peine de punition exemplaire.

67. Seront lesdits ouvriers fondeurs tenus d'achever les fontes par eux commencées, et sur lesquelles ils auront travaillé, et lorsqu'ils voudront quitter leurs maîtres, ils ne le pourront faire qu'en les avertissant un mois avant que les fontes par eux commencées soient achevées. Veut au surplus que les articles ci-devant établis

pour la police et discipline des compagnons et ouvriers imprimeurs, aient lieu à l'égard desdits ouvriers fondeurs, et seront par eux observés sous les peines y exprimées.

68. Ne pourront lesdits fondeurs, leurs veuves et héritiers, vendre, céder ou transporter leurs poinçons, frappes et matrices, en tout ou en partie, à d'autres qu'aux imprimeurs, aux libraires ou aux fondeurs, et seront tenus d'en donner la préférence à ceux de Paris, et d'en faire leur déclaration sur le registre de la communauté, à peine de confiscation et d'amende; leur défend S.M. de les vendre pour être transportés dans les pays étrangers sous quelque prétexte que ce soit, à peine d'amende arbitraire, de confiscation, et de plus grande peine s'il y échoit.

TITRE X. *Des colporteurs et des afficheurs*

69. Aucun ne pourra faire le métier de colporteur, s'il ne sait lire et écrire, et qu'après avoir été présenté par les syndic et adjoints des libraires et imprimeurs, au lieutenant-général de police, et par lui reçu sur les conclusions du procureur de S.M. au Châtelet, ce qui sera fait sans frais.

70. Les maîtres imprimeurs, libraires, fondeurs de caractères ou relieurs, leurs fils, compagnons et apprentis qui, par pauvreté, infirmité d'âge ou maladie, ne pourront exercer leurs professions, seront préférés à tous autres pour être colporteurs. Tous les colporteurs seront tenus, trois jours après qu'ils auront été reçus, de faire enregistrer leurs noms et leur demeure, dans le livre de la communauté, avec soumission d'y venir déclarer les maisons où ils iront loger, dans le cas de changement de domicile, et ils feront pareille déclaration aux commissaires des quartiers où ils demeureront, à peine d'interdiction et de cinquante livres d'amende.

71. Le nombre des colporteurs demeurera réduit et fixé à cent vingt, dont les huit premiers plus anciens reçus auront leurs départements dans les cours et salles du palais, où les autres ne pourront aller vendre que par succession et en la place de ceux qui seront décédés; mais il leur sera permis de vendre par la ville et les faubourgs, et les lieux qu'ils trouveront plus avantageux pour le débit, sans qu'au surplus ni les uns ni les autres puissent avoir aucuns imprimés ailleurs que dans leurs maisons; le tout à peine d'interdiction, de cinquante livres d'amende et de prison.

72. Fait S.M. défenses auxdits colporteurs de colporter, vendre et débiter aucuns livres, factums, mémoires, feuilles ou libelles sur quelque matière ou de quelque volume que ce soit, à l'exception des édits, déclarations, ordonnances, arrêts ou autres mandements de justice, dont la publication aura été ordonnée, des almanachs et tarifs, comme aussi des petits livres qui ne passeront huit feuilles, brochés et reliés à la corde, imprimés avec privilège ou permission par les seuls imprimeurs de Paris, avec le nom du libraire; le tout à peine de prison, de confiscation, et de punition corporelle selon l'exigence des cas.

73. Ne pourront lesdits colporteurs, tenir boutique ou magasin, ni faire imprimer aucune chose en leur nom ou pour leur compte.

74. Seront tenus iceux colporteurs, de porter une marque ou écusson de cuivre au-devant de leurs habits, où sera écrit *colporteur,* et chacun d'eux aura une malle dans laquelle ils porteront les imprimés qu'ils exposeront en vente tels qu'ils sont ci-dessus énoncés, et qu'il leur est permis de colporter, vendre et débiter, le tout à peine d'amende, de prison, de confiscation et de punition exemplaire. Fait défenses à toutes personnes, sans exception, qui ne seront du nombre des cent vingt colporteurs, de colporter, exposer en vente, crier par les rues, et débiter en particulier dans cette ville et faubourgs de Paris, en aucune manière ni sous quelque prétexte que ce soit, aucuns écrits, livres ou livrets, ou autres imprimés, à peine de prison et de punition corporelle.

TITRE XI. *Des libraires forains*

75. Les libraires forains ne pourront tenir boutique, magasin ou imprimer, ni faire afficher leurs livres en la ville de Paris, par le moyen de facteurs commissionnaires ou autres personnes qu'ils pourroient interposer. Défend S.M. à tous libraires, imprimeurs et relieurs de cette ville de Paris, et à tous autres, de faire aucune facture pour les libraires demeurant dans les autres villes du royaume ou étrangères; et ne pourront lesdits marchands forains séjourner pour la distribution de leurs livres, plus de trois semaines depuis le jour de l'ouverture et visite de leurs balles, à peine de confiscation des marchandises qui se trouveront après ledit temps expiré, et d'amende arbitraire.

76. Et pour remédier aux abus qui se commettent dans le commerce des livres apportés à Paris par les libraires étrangers, ou par ceux des provinces, veut S.M. que lesdits libraires forains aient leurs marchandises de livres dans le quartier de l'Université exprimé dans l'article 12 et non ailleurs; qu'ils déclarent aux syndic et adjoints les lieux où ils les tiendront, et qu'ils ne puissent faire échange ou vente de leurs livres qu'aux libraires de ladite ville de Paris et non à autres; le tout à peine de confiscation et d'amende.

77. Aucuns libraires de ladite ville de Paris, des provinces de ce royaume, étrangers, ni autres, ne pourront tenir boutique ou magasin de livres aux foires de Saint-Germain et de Saint-Laurent, et autres foires, ni vendre, exposer ou débiter èsdits lieux aucuns livres ou livrets, à peine de confiscation et de punition exemplaire, et en cas de contravention, les syndic et adjoints seront tenus de les faire saisir et enlever.

TITRE XII. *Des syndic et adjoints et des administrateurs de confrérie*

78. Il sera procédé, suivant l'usage, le 8 mai de chacune année, à l'élection de deux adjoints, en la place de ceux qui, après deux années de service et fonction dans ladite charge, en devront sortir; et sera audit jour procédé, de deux ans en deux ans, à l'élection d'un syndic, qui sera pris dans le nombre des anciens adjoints, à condition néanmoins qu'alternativement il sera élu pour syndic un desdits adjoints libraire ou libraire-imprimeur; ou que du moins le syndicat ne pourra être rempli que deux fois de suite par des sujets pris dans le nombre desdits anciens adjoints libraires, ou desdits anciens adjoints libraires-imprimeurs; et lorsque le syndic sera libraire-imprimeur, il n'y aura qu'un adjoint exerçant l'imprimerie en charge, en sorte que des cinq officiers qui composent le bureau, il y ait toujours deux libraires exerçant l'imprimerie.

79. Seront lesdites élections faites dans la communauté, en présence du lieutenant-général de police, et du procureur de S.M. au Châtelet, à la pluralité des voix, par les syndic et adjoints en charge, les anciens syndics et adjoints, et seize mandés qui n'auront point été dans les charges, dont huit exerçant l'imprimerie, lesquels mandés seront nommés par les officiers du bureau et par les anciens; les syndic et adjoints nouvellement élus, prêteront le serment

à l'instant de bien et fidèlement se comporter dans leurs charges, de quoi il leur sera donné acte sans frais.

80. Lorsqu'il sera nécessaire d'assembler ladite communauté, pour délibérer sur les affaires extraordinaires, les syndic et adjoints appelleront auxdites assemblées les anciens syndics et adjoints, et pareil nombre de seize mandés, dont huit exerçant l'imprimerie, qui seront pareillement nommés par les officiers en charge et par les anciens, et qui représenteront toute la communauté; lesdits mandés seront tenus de se rendre auxdites assemblées convoquées pour lesdites élections ou affaires extraordinaires, à peine de douze livres applicables au profit des pauvres de ladite communauté.

81. Les anciens syndics et adjoints garderont entre eux, dans les assemblées de la communauté, leur rang, séance et voix délibérative, suivant l'ordre de leurs élections; bien entendu que les syndics auront toujours la préséance sur les adjoints, et les adjoints sur ceux qui n'ont point été dans les charges.

82. Sera la confrérie administrée par les deux adjoints derniers en charge, dont le plus ancien de réception sera le premier et aura l'administration des deniers d'icelle confrérie. Il leur sera payé annuellement par chacun maître et veuve, trente sous au jour de la fête de Saint-Jean-Porte-Latine; et vingt-quatre livres une fois payées par chacun des maîtres qui seront reçus. Seront lesdits deux adjoints tenus de rendre compte de leur administration pardevant les syndic et adjoints en charge, et les anciens syndics et adjoints, trois mois après leur dite administration finie.

83. Le syndic rendra compte de la recette et administration des deniers et effets de la communauté en présence de ladite communauté assemblée en la manière prescrite ci-dessus, article 80, dans trois mois au plus tard, du jour qu'il sera sorti de charge, à peine d'être exclu d'avoir aucun rang ni voix délibérative dans les assemblées de ladite communauté, et ledit compte, après avoir été examiné tant par les syndic et adjoints en charge, que par les anciens syndics et adjoints, sera ensuite rapporté dans la communauté assemblée par un ancien syndic ou adjoint, que les syndic et adjoints en charge nommeront pour cet effet.

84. Enjoint aux imprimeurs, libraires, fondeurs, relieurs, doreurs, compagnons, ouvriers, apprentis, colporteurs et autres, de porter honneur aux syndic et adjoints, et de leur obéir en faisant

leurs charges; leur défend de les injurier, leur méfaire ou médire, à peine de cinquante livres d'amende et de punition exemplaire, si le cas le requiert.

TITRE XIII. *De la visite des imprimeries et de celle des livres venant de dehors, en la chambre syndicale*

85. Les syndic et adjoints pourront faire leur visite toutes et quantes fois qu'ils le trouveront nécessaire, dans tous les lieux où seront les imprimeries, boutiques ou magasins de libraires, et fonderies, même dans les collèges, maisons religieuses et autres endroits prétendus privilégiés: enjoint aux supérieurs, principaux et autres, d'ouvrir leurs portes, et de souffrir ladite visite, à peine de désobéissance. Seront tenus lesdits syndic et adjoints de faire, une fois au moins tous les trois mois la visite générale des imprimeries, et de dresser un procès-verbal des ouvrages qui s'imprimeront, des apprentis, compagnons et ouvriers; du nombre de presses et de la qualité et quantité des caractères de chacun maître imprimeur, et des malversations, si aucunes y a; lequel procès-verbal ils remettront entre les mains du lieutenant-général de police, pour y être par lui pourvu. Enjoint aux imprimeurs de tenir leurs imprimeries ouvertes ou seulement fermées d'un loquet pendant le temps du travail, à peine de cinquante livres d'amende, payable un tiers par le directeur ou conducteur de l'imprimerie, et le surplus par les compagnons, apprentis et ouvriers. Et pour subvenir aux besoins de la communauté, sera payé trente sous par chacun maître et par chaque veuve de maître, pour le droit de chacune des quatre visites que lesdits syndic et adjoints seront tenus de faire par chacun an chez tous les maîtres et veuves de ladite communauté, et ce, conformément à la déclaration du 11 septembre 1703, jusqu'à ce qu'il en ait été par S.M. autrement ordonné.

86. Au cas que lors des visites qui seront faites chez les libraires et imprimeurs, où dans les magasins étant dans les collèges ou autres lieux prétendus privilégiés, il soit fait refus d'ouvrir les portes, il en sera par les syndic et adjoints dressé procès-verbal, dont ils référeront au lieutenant-général de police, à l'effet d'obtenir main forte, et même permission de faire procéder par bris et rupture des portes en se conformant à l'ordonnance; ce qui sera exécuté aux frais et dépens des principaux et supérieurs des col-

lèges et maisons privilégiés, qui seront contraints au paiement par saisie, tant de leurs biens personnels, que du revenu desdites maisons et collèges.

87. S'il ne se trouve dans quelqu'une desdites imprimeries le nombre des presses et caractères ci-devant prescrit, les syndic et adjoints en dresseront un procès-verbal particulier, qu'ils remettront, au plus tard dans trois jours, au lieutenant-général de police, pour y être par lui pourvu immédiatement dans l'audience suivante.

88. Les syndic et adjoints en faisant leurs visites, tiendront la main à ce qu'il ne soit employé à l'impression aucuns mauvais caractères, ni aucun papier de mauvaise qualité; et en cas qu'ils en trouvent, ils seront tenu de les saisir, et de les faire transporter en la chambre de la communauté; ils veilleront pareillement à ce que les apprentis, tant imprimeurs que libraires, soient en exercice actuel chez leur maître.

89. Tous les libraires, ou autres personnes de quelque qualité et condition qu'elles soient sans aucune exception, qui feront venir à Paris des livres imprimés dans le royaume, ou dans les pays étrangers, ou des estampes, seront tenus de les faire apporter dans la chambre syndicale de la communauté, au même état qu'ils seront arrivés; et ne pourront les retirer de la douane, des voituriers par terre ou par eau, et des messagers, sans un billet du syndic ou de deux de ses adjoints. Seront pareillement tenus les marchands merciers, grossiers, qui vendent des alphabets, almanachs, heures et petits livres de prière imprimés hors de cette ville de Paris, de faire apporter leurs balles ou paquets desdits livres en ladite chambre, pour y être visités, à peine de confiscation et d'amende. Veut S.M. que trois au moins desdits syndic et adjoints se transportent en ladite chambre pour ladite visite, tous les mardi et vendredi de chaque semaine, deux heures de relevée, et retiennent par-devers eux les factures de livres contenus dans lesdites balles, caisses et paquets, lesquelles factures leur seront préalablement remises, signées de ceux qui retireront lesdites balles, et qui en donneront leur reçu sur le registre desdites visites, et où il se trouveroit des livres ou estampes contraires à la religion, au bien et au repos de l'État, et à la pureté des mœurs, ou libelles diffamatoires contre l'honneur et la réputation de quelques-uns des sujets de S.M., ou imprimés dans le royaume sans privilège ni permission, et sans nom

de libraire et de la ville où ils auront été imprimés, ou contrefaits sur ceux imprimés avec privilège, ou continuation du privilège; les syndic et adjoints arrêteront tous lesdits livres et estampes, ensemble ceux qui y seront joints, et les marchandises, s'il y en a, qui auront servi de couverture, ou de prétexte pour faire passer lesdits livres, desquels dits livres et estampes ainsi saisis et arrêtes, ils tiendront un registre particulier.

90. Défend S.M. à tous maîtres et conducteurs de carrosses, coches et messagers, chartiers, rouliers, et autres voitures, tant par eau que par terre, qui amèneront en cette ville de Paris des balles, ballots ou paquets de livres ou estampes, gros ou petits, et des fontes et caractères servant à l'imprimerie, comme aussi à leurs facteurs, de les délivrer à leurs adresses, et même de les décharger aux environs de Paris, ou ailleurs; défend pareillement à toutes personnes, de quelque qualité ou condition qu'elles soient, de recevoir ni souffrir qu'il soit envoyé dans leurs maisons aucuns livres, estampes, ni caractères d'imprimerie, par entrepôt ni autrement; veut qu'ils soient conduits directement à la douane, ou délivrés, sur le billet du syndic ou de deux de ses adjoints, pour être portés en la chambre de la communauté desdits libraires et imprimeurs, afin d'y être visités, ainsi qu'il est dit ci-dessus, à peine contre les contrevenants de confiscation de leurs bateaux, coches, carrosses, harnois et chevaux, de mille livres d'amende, et de répondre en leurs propres et privés noms, tant des abus qui en pourront arriver que de tous dépens, dommages et intérêts envers les libraires, même de punition exemplaire en cas de récidive; ordonne et enjoint à tous directeurs, contrôleurs, commis et gardes des bureaux d'entrées et barrières de la ville et banlieue de Paris, de tenir la main à ce que les balles, ballots ou paquets de livres et estampes, et de fontes ou caractères d'imprimerie, soient sûrement conduits à la douane; et où il se trouveroit des balles ou paquets de livres, estampes ou caractères d'imprimerie, qui n'auroient pas été déclarés par les conducteurs de voitures, ou passant en fraude par des lieux détournés, veut que lesdites voitures soient arrêtées, dont il sera donné aussitôt avis aux syndic et adjoints des libraires et imprimeurs, qui feront transporter lesdites balles ou paquets de livres, estampes ou caractères, en ladite chambre syndicale, et s'en chargeront sur le procès-verbal desdits officiers et commis. Fait pareil-

lement défenses à tous libraires, imprimeurs, fondeurs, et autres personnes, de recevoir aucuns livres, estampes ou caractères d'imprimerie, quand même ils se trouveroient mêlés avec d'autres marchandises, s'ils n'ont été préalablement visités dans ladite chambre, à peine de confiscation, tant des livres, estampes et caractères, de quelque nature qu'ils soient, que des autres marchandises qui s'y trouveront jointes, de trois mille livres d'amende, et de tous dépens, dommages et intérêts.

91. Défend aux inspecteurs et préposés au bureau de la douane de la ville de Paris, ensemble aux commis employés aux ports et barrières, maîtres des coches, carrosses, messageries, et tous autres, de délivrer aucunes balles, ballots, caisses ou paquets de livres ou estampes, à aucunes personnes, de quelque qualité et condition, et sous quelque prétexte que ce soit, et ce nonobstant tous arrêts, ordres ou permission à ce contraires, auxquels S.M. a dérogé, et déroge à cet égard même à l'article 6 de l'arrêt du conseil du 11 octobre 1720, portant réglement pour la bibliothèque de S.M., le tout à peine contre les contrevenants d'en répondre en leur propre et privé nom, de cinq cents livres d'amende, et d'être déchus et privés de leurs emplois ou privilèges.

92. Défend S.M. à tous syndic et adjoints, gardes et autres officiers des communautés des libraires et imprimeurs des villes des provinces du royaume, ensemble à tous directeurs, commis, gardes, inspecteurs et autres employés dans les douanes, romaines et bureaux, d'ouvrir ni visiter aucunes balles, ballots, caisses ou paquets de livres, d'estampes ou des caractères d'imprimerie, venant des pays étrangers ou des provinces du royaume en la ville de Paris, et de les arrêter dans leurs routes; ains leur enjoint de les laisser passer avec acquit à caution jusqu'au lieu de leur destination; à l'effet de quoi les voituriers qui seront chargés des balles ou paquets de livres, d'estampes ou de caractères d'imprimerie, seront tenus de prendre ledit acquit à caution, savoir: pour les livres, estampes ou caractères venant des pays étrangers dans les premiers bureaux d'entrée du royaume, et pour ceux venant des provinces du royaume, dans le bureau du lieu d'où l'envoi sera fait, ou, s'il n'y en avoit point, dans le plus prochain par où ils passeront; dans lequel bureau lesdits ballots ou paquets seront plombés par les commis des fermes de S.M., et les voituriers y

feront, sur le registre des acquits à caution, leurs soumissions par lesquelles ils s'obligeront, ou feront pour eux obliger personnes solvables, de représenter au bureau de la douane de la ville de Paris lesdits ballots ou paquets plombés, et de rapporter, au plus tard dans deux mois, un certificat qui sera écrit au dos dudit acquit à caution, portant que lesdits ballots ou paquets y ont été représentés et remis ès-mains des syndic et adjoints de ladite ville, qui mettront pareillement sur lesdits acquits à caution leur certificat que lesdites balles, ballots ou paquets ont été portés en leur chambre syndicale. Veut que tous les livres et livrets qui viendront des pays étrangers ne puissent entrer dans le royaume que par les villes de Paris, Rouen, Nantes, Bordeaux, Marseille, Lyon, Strasbourg, Metz, Amiens et Lille. Fait défenses à toutes sortes de personnes de les traduire, par aucunes autres villes ni par aucun autre bureau ou passage, à peine de confiscation.

93. Les syndic et adjoints, lorsqu'ils en seront requis, délivreront leur certificat de l'état auquel ils auront trouvé les livres ou estampes lors de l'ouverture des balles, ballots, caisses ou paquets, pour servir à ceux qui auront fait venir lesdits livres ou estampes contre les voituriers et messagers, en cas de dépérissement desdits livres ou estampes par leur faute ou négligence.

94. Les syndic et adjoints, en faisant la visite ordinaire des livres dans la chambre de la communauté, n'en pourront acheter ou faire acheter aucuns pour leur compte, ni mettre à part pour changer; pourront néanmoins, vingt-quatre heures après ladite visite, acheter ou échanger pour leur compte lesdits livres visités, ainsi que les autres libraires.

95. Les ballots ou paquets non réclamés et non retirés de la chambre syndicale, après un an du jour qu'ils auront été apportés en ladite chambre, seront ouverts en conséquence d'une ordonnance du lieutenant-général de police, par les syndic et adjoints, en présence d'un commissaire qu'il commettra à cet effet, lequel dressera son procès-verbal, tant des livres que des autres effets qui s'y trouveront, pour sur ledit procès-verbal être statué par le lieutenant-général de police, ainsi qu'il appartiendra.

96. Les syndic et adjoints visiteront, toutes et quantes fois qu'ils jugeront à propos, les boutiques, maisons et ouvroirs des doreurs et relieurs, de même que celles des libraires et des impri-

meurs, et, s'ils y trouvent des livres défendus ou contrefaits, ou imprimés dans le royaume sans permission ou privilège, ils les saisiront, et les feront transporter sur-le-champ en la chambre de la communauté, pour être ensuite procédé contre ceux qui s'en trouveront saisis, ainsi qu'il appartiendra.

97. Les syndic et adjoints visiteront les tapissiers, dominotiers et imagers, à ce qu'ils n'aient à imprimer ni vendre aucuns placards ni peintures et images dissolues, et ne puissent avoir dans leurs maisons que des presses uniquement propres à imprimer des planches gravées en bois ou en cuivre. Défend auxdits tapissiers, dominotiers et imagers, d'avoir par-devers eux aucune presse, ni aucuns caractères de fontes, propres à imprimer des livres. Veut que, quand ils voudront mettre au-dessous de leurs estampes et figures quelque explication imprimée et non gravée, ils aient recours aux imprimeurs, et que ladite explication ne puisse excéder le nombre de six lignes ni passer jusqu'au revers desdites estampes et figures. Seront tenus lesdits tapissiers, dominotiers et imagers, de faire apporter en la chambre de la communauté des libraires et imprimeurs les marchandises de leurs arts, qu'ils feront venir des pays étrangers et des provinces du royaume, pour y être visitées par les syndic et adjoints, le tout à peine de confiscation au profit de ladite communauté et d'amende arbitraire; et, afin que ceux qui feront profession de dominoterie et imagerie soient connus par lesdits syndic et adjoints, veut que tous lesdits tapissiers, dominotiers et imagers soient tenus de faire inscrire sans frais, sur le registre de la communauté, leurs noms et leurs demeures, à peine de cent livres d'amende, sans que ladite inscription puisse leur donner le droit de vendre aucun livre ou livret, ni d'exercer ladite profession d'imprimerie ou librairie, en quelque manière et sous quelque prétexte que ce soit, sous les peines portées par les précédents articles.

98. Les marchandises de libraire qui seront saisies pour contravention seront déposées en la chambre de la communauté des libraires et imprimeurs; les syndic et adjoints s'en chargeront par les procès-verbaux de saisies, pour les garder sans frais, jusqu'à ce qu'il ait été statué sur lesdites saisies, sans que les marchandises puissent être transportées ailleurs, ou laissées en la garde d'aucun autre gardien ou officier.

TITRE XIV. *Des libelles diffamatoires et autres livres prohibés et défendus*

99. Ceux qui imprimeront ou feront imprimer, vendront, exposeront, distribueront ou colporteront des livres ou libelles contre la religion, le service du roi, le bien de l'État, la pureté des mœurs, l'honneur et la réputation des familles et des particuliers, seront punis suivant la rigueur des ordonnances; et, à l'égard des imprimeurs, libraires, relieurs ou colporteurs, ils seront en outre privés et déchus de leurs privilèges et immunités, et déclarés incapables d'exercer leur profession, sans pouvoir y être jamais rétablis.

100. Les apprentis et compagnons ne pourront vendre et négocier aucuns livres pour leur compte particulier, à peine de confiscation des livres, et de cinq cents livres d'amende pour la première fois, et, en cas de récidive, d'être déclarés incapables de parvenir à la maîtrise, même de punition exemplaire.

TITRE XV. *Des privilèges et continuations d'iceux pour l'impression des livres*

101. Aucuns libraires, ou autres, ne pourront faire imprimer ou réimprimer, dans toute l'étendue du royaume, aucuns livres, sans en avoir préalablement obtenu la permission par lettres scellées du grand sceau, lesquelles ne pourront être demandées ni expédiées qu'après qu'il aura été remis à M. le chancelier, ou garde des sceaux de France, une copie manuscrite ou imprimée du livre pour l'impression duquel lesdites lettres seront demandées.

102. Ne pourront pareillement lesdits libraires, ou autres, faire imprimer ou réimprimer aucuns livres, ni même des feuilles volantes et fugitives, sans en avoir obtenu permission du lieutenant-général de police, et sans une approbation de personnes capables et choisies par lui pour l'examen; et sous ledit nom de livres ne pourront être compris que les ouvrages dont l'impression n'excédera pas la valeur de deux feuilles en caractères de cicéro.

103. Aucuns livres ou livrets ne pourront être imprimés ou réimprimés, sans y insérer, au commencement ou à la fin, des copies entières, tant des privilèges et permissions sur lesquels ils auront été imprimés ou réimprimés que de l'approbation de ceux

qui les auront lus et examinés avant l'obtention desdits privilèges et permissions.

104. Si les ouvrages pour l'impression desquels on demande des privilèges et permissions contiennent plusieurs traités, parties ou volumes, dont il n'y aura que les premiers d'achevés quand les permissions seront accordées, aucuns libraires, imprimeurs, ou autres, ne pourront imprimer ou faire imprimer, en vertu desdites permissions, aucunes parties desdits ouvrages, avant que lesdites parties, qui n'ont pas été examinées avant l'obtention desdites permissions, aient été examinées et approuvées; ce qui sera exécuté même à l'égard des préfaces, avertissements, épîtres dédicatoires, suppléments, tables, et autres; les imprimés seront entièrement conformes aux exemplaires vus par les examinateurs, sans qu'on puisse rien changer, ajouter ou diminuer aux titres desdits livres ou livrets dans les affiches ou placards qui en seront mis aux lieux accoutumés; et, pour cet effet, les imprimeurs, libraires et autres, seront obligés, après l'impression achevée, de remettre ès-mains de M. le garde des sceaux l'exemplaire manuscrit sur lequel elle aura été faite, ou un exemplaire imprimé paraphé par l'examinateur.

105. Les quatre articles ci-dessus seront ponctuellement exécutés, à peine contre les contrevenants de demeurer déchus de tous les droits portés par les permissions ou privilèges, et d'être procédé contre eux par confiscation d'exemplaires, amende, clôture de boutique, et autres plus grandes peines, s'il y échet.

106. Lesdites lettres ou privilèges de permission seront dans les trois mois du jour de leur obtention, enregistrées sur le registre de la communauté des imprimeurs et libraires de Paris, fidèlement, tout au long, sans interlignes, ni ratures, à peine de nullité d'icelles; et aucun livre ne pourra, sous la même peine, être affiché ni exposé en vente qu'après ledit enregistrement; les cessions desdites lettres seront pareillement enregistrées sur le même registre, au plus tard trois mois après la date desdites cessions, et tout au long, à peine de nullité. Veut S.M. que la même chose soit observée à l'égard des permissions accordées pour l'impression des livrets, avant qu'elle puisse avoir été commencée. Et sera ledit registre de la communauté des libraires et imprimeurs de Paris, communiquée à toutes personnes, pour y faire telles recherches et tels extraits que chacun avisera; au moyen de quoi,

lesdites lettres seront censées avoir été suffisamment signifiées, nonobstant toutes dispositions à ce contraires, auxquelles S.M. déroge expressément.

107. Pourront les livres pour lesquels auront été obtenues lettres de privilège ou permission, être imprimés dans l'étendue du royaume. Défend S.M. d'en faire imprimer aucun hors d'icelui, à peine de confiscation des exemplaires, et de quinze cents livres applicables, moitié au profit de l'Hôtel-Dieu, et l'autre moitié au profit de la communauté.

108. Tous libraires, graveurs, et autres personnes, qui obtiendront des privilèges ou permissions du grand sceau pour l'impression, réimpression ou gravure des livres, feuilles, estampes, seront tenus, avant que de les pouvoir afficher et exposer en vente, de remettre sans frais entre les mains des syndic et adjoints cinq exemplaires brochés de chacun des livres, feuilles et estampes qu'ils auront imprimés ou fait imprimer, en vertu desdites lettre de privilège ou permission; desquels cinq exemplaires lesdits syndic et adjoints seront tenus de se charger sur un registre particulier, et d'en donner un reçu, pour être par eux lesdits cinq exemplaires remis huitaine après, savoir: deux au garde de la bibliothèque publique de S.M., un au garde du cabinet du château du Louvre, un en la bibliothèque de M. le garde des sceaux de France, et un à celui qui aura été choisi pour l'examen desdits livres, feuilles ou estampes; comme aussi lesdits imprimeurs, libraires, graveurs ou autres, remettront sans frais entre les mains desdits syndic et adjoints des libraires et imprimeurs de Paris trois exemplaires brochés de toutes les impressions et réimpressions de livres, feuilles et estampes; desquels exemplaires lesdits syndic et adjoints se chargeront, pour être employés aux affaires et besoins de ladite communauté; le tout à peine de nullité des lettres de privilège ou permission, de confiscation des exemplaires, et de quinze cents livres d'amende. Enjoint auxdits syndic et adjoints d'y tenir la main et de saisir tous les exemplaires de livres, feuilles et estampes, qui seront mis en vente et affichés avant qu'il ait été satisfait à ce qui est ordonné par le présent article; ce qui sera pareillement observé pour les livres et autres écrits imprimés avec permission des juges de police.

109. Défend S.M. à tous imprimeurs et libraires du royaume de contrefaire les livres pour lesquels il aura été accordé des privilèges ou continuation de privilèges, et de vendre et débiter ceux qui seront contrefaits, sous les peines portées par lesdits privilèges ou continuation de privilèges, qui ne pourront être modérées ni diminuées par les juges; et, en cas de récidive, les contrevenants seront punis corporellement, et déchus de la maîtrise, sans qu'ils y pussent directement, ni indirectement, s'entremettre du fait de l'imprimerie ou du commerce des livres.

110. Ne pourront lesdits libraires et imprimeurs, ni autres, demander aucun privilège pour l'impression des factums, mémoires, requêtes, placets, billets d'enterrement, pardons, indulgences, monitoires; et seront lesdits ouvrages, indifféremment imprimés par les imprimeurs dont les particuliers voudront se servir; pourront, les imprimeurs et les libraires, imprimer ou faire imprimer les pardons, indulgences et autres ouvrages propres à chaque diocèse, sur les privilèges spéciaux qu'en auront obtenus les évêques.

111. Veut néanmoins. S.M. que les factums, requêtes ou mémoires, ne puissent être imprimés, si les copies qui seront remises entre les mains des imprimeurs ou libraires ne sont signées d'un avocat inscrit sur le tableau, ou d'un procureur. Les arrêts de la cour de parlement et de la cour des aides de Paris, ne pourront être imprimés sans permission particulière desdites cours obtenue par arrêt sur requête présentée à cet effet, à peine contre les contrevenants, de deux cents livres d'amende pour la première fois, et à l'égard des imprimeurs en cas de récidive, d'être suspendus de leurs fonctions pendant trois mois, à l'exception néanmoins des arrêts de réglements, et de tous ceux qui concernent l'ordre et la discipline publique, qui doivent être imprimés par les soins des procureurs-généraux de S. M., comme aussi des arrêts d'ordre et d'homologation des contrats pour être signifiés aux parties.

112. Défend S.M. à tous graveurs, imagers et dominotiers, d'imprimer ou faire imprimer, vendre et débiter aucunes cartes de géographie et autres planches, ni explications étant au bas d'icelles, sans privilège du grand sceau ou permission du lieutenant-général de police, qui seront enregistrés sur le livre de la communauté des libraires et imprimeurs de Paris, ainsi qu'il est prescrit par l'article 106 ci-dessus.

TITRE XVI. *Des ventes, inventaires et prisées des bibliothèques, des imprimeries, et fonds de librairies.*

113. Défend S.M. aux huissiers-priseurs de s'immiscer à faire aucune prisée ni description de livres; ordonne qu'elles seront faites par deux libraires, lorsqu'ils en seront requis par les héritiers, légataires ou autres parties intéressées, et sera l'inventaire ainsi fait par lesdits libraires, mis et annexé par les notaires, à l'inventaire des autres meubles, dont il sera fait mention par un seul article dans la minute et dans la grosse de l'inventaire général des autres effets qui sera fait par lesdits notaires. Défend à tous libraires de s'ingérer de faire lesdites descriptions et prisées autrement que dans la forme prescrite ci-dessus, à peine de cinq cents livres d'amende, et d'interdiction pendant six mois; enjoint aux syndic et adjoints d'y tenir la main, à peine d'en répondre en leurs propres et privés noms; leur ordonne en outre d'envoyer chaque année aux syndics des notaires et des huissiers-priseurs, la liste de ceux qui composent leur communauté, qui pourront seuls être appelés auxdites descriptions et prisées, sans préjudice néanmoins du jugement de l'instance qui est pendante au conseil, entre l'université de Paris et la communauté des libraires, et sera payé à chacun desdits libraires qui seront appelés, six livres par chacune vacation.

114. Défend à toutes personnes de telle qualité et condition qu'elles soient, autres que les libraires compris dans ledit tableau, de s'immiscer à faire aucune description ou prisée des bibliothèques et cabinets de livres en quelque sorte et manière que ce soit, à peine de nullité desdites descriptions et prisées, et de cinq cents livres d'amende; et aux huissiers priseurs de procéder à la vente des livres de personnes décédées, avant que la prisée en ait été faite par les libraires, à peine de nullité, d'interdiction et de pareille amende, comme aussi aux notaires de recevoir aucunes prisées faites par les huissiers ou autres personnes que les libraires dénommés dans ledit tableau, à peine de semblable amende.

115. Ne pourront, les ventes volontaires des bibliothèques ou cabinets de livres, sous quelque prétexte que ce soit, être faites par aucun particulier publiquement, par affiches et en détail.

116. Avant qu'il soit procédé à la vente des bibliothèques ou cabinets de livres qui auront appartenu à des personnes décédées,

les syndic et adjoints seront appelés pour en faire la visite, et en donneront leur certificat, sur lequel il sera obtenu une permission du lieutenant-général de police, pour faire ladite vente; seront tenus lesdits syndic et adjoints, lors de ladite visite, de mettre à part et de faire un catalogue des livres défendus ou imprimés sans permission, qu'ils remettront au lieutenant-général de police pour être envoyé à M. le garde des sceaux, duquel catalogue ils laisseront aux parties intéressées un double signé d'eux, et se chargeront desdites parties desdits livres contenus audit catalogue. Défend à tous libraires de faire l'achat desdites bibliothèques s'il ne leur est apparu de certificat des syndic et adjoints, pour justifier que la visite en aura été par eux faite, à peine de cinq cents livres d'amende et d'interdiction pendant six mois; dispense néanmoins de la formalité de ladite visite, les bibliothèques ou cabinets de livres qui seront légués ou donnés, si ce n'est que les legs ou donations en aient été faits à la charge de vente, et sera le contenu du présent article exécuté, même dans les lieux privilégiés de la ville et faubourgs de Paris, et du ressort des justices particulières et seigneuriales, sans que, sous quelque prétexte que ce soit, aucunes ventes de livres puissent être faites par la permission d'autres juges que du lieutenant-général de police.

117. Ladite visite sera faite par deux desdits syndic et adjoints, à chacun desquels sera payé six livres.

118. Les libraires qui auront acheté en compagnie, une bibliothèque ou cabinet de livres, en feront transporter les livres ou manuscrits après la visite ci-dessus ordonnée, et incontinent après l'achat, dans la chambre de la communauté, pour faire entre eux et en la présence desdits syndic et adjoints, le partage desdits livres, lequel temps de partage ne pourra excéder l'espace de huit jours, quelque nombreuse que soit la bibliothèque, et pendant le cours dudit temps, il n'en sera vendu aucun livre sous quelque prétexte que ce soit.

119. Les libraires qui auront acheté en compagnie des livres, ne pourront les faire transporter dans aucune maison religieuse, aucun collège ni autres lieux prétendus privilégiés, ou ailleurs qu'en la chambre de ladite communauté à l'effet dudit partage, et dans aucun autre lieu que dans leurs maisons, après ledit partage fait, à peine de confiscation et de quinze cents livres d'amende.

120. Pourra néanmoins le libraire, qui achètera pour lui seul une bibliothèque ou cabinet de livres, en faire transporter les livres dans sa maison pour les vendre et non ailleurs, après qu'ils auront été visités par les syndic et adjoints sur le lieu de la vente, avant que de les déplacer, conformément à l'article 16 [sic].

121. Les inventaires et prisées des fonds de librairie et des imprimeries, seront faits en la manière accoutumée par deux libraires ou imprimeurs, et ledit inventaire sera annexé par les notaires à l'inventaire des autres meubles, ainsi qu'il est dit par l'article 113. La vente desdits fonds de librairie ainsi que des livres en blancs ou reliés, vieux ou neufs, appartenant aux libraires, ne pourra être faite ailleurs qu'en la chambre de la communauté, en présence des syndic et adjoints.

122. La vente des imprimeries ou de parties d'icelles ne pourra être faite sans la permission du lieutenant-général de police, et qu'en la présence des syndic et adjoints, qui tiendront un registre de ladite vente, sur lequel les imprimeurs auxquels seuls les presses et caractères pourront être vendus et adjugés, s'en chargeront, à peine de confiscation et d'amende arbitraire contre les contrevenants. Les imprimeurs qui vendront des presses ou partie de leurs imprimeries à d'autres imprimeurs, seront tenus seulement d'en faire la déclaration sur le même registre, avant que le transport en puisse être fait, et seront obligés d'en donner la préférence aux imprimeurs de Paris, sous pareille peine.

123. Avenant le décès d'un imprimeur sans veuve ou sans enfants qui aient qualité pour exercer l'imprimerie, les vis des presses de son imprimerie seront transportées, à la diligence des syndic et adjoints, en la chambre de la communauté, pour y être déposées jusqu'à la vente de ladite imprimerie.

Veut S.M. que le présent arrêt soit exécuté selon sa forme et teneur, nonobstant tous réglements précédents auxquels S.M. a dérogé et déroge en tant que besoin, et si aucunes oppositions ou empêchements étoient formés au présent réglement, S.M. s'en réserve la connoissance, et icelle interdit à toutes ses cours et autres juges, et seront, pour l'exécution du présent réglement, toutes lettres nécessaires expédiées.

DÉCLARATION *concernant les imprimeurs.*

Versailles, 10 mai 1728. Reg. P. P. 29 (Isambert, vol. XXI, pp. 312-315).

Louis, etc. L'impression et la vente des livres ont toujours été l'un des principaux objets de l'attention des rois nos prédécesseurs, persuadés de la nécessité d'empêcher le cours d'ouvrages capables de donner atteinte à la tranquillité de l'État, à la pureté des mœurs et à la sainteté de la religion; ils ont en différents temps expliqué leurs intentions, et même prononcé des peines rigoureuses contre ceux qui contreviendroient à ce qu'ils avoient ordonné; c'est par les mêmes motifs que nous avons fait publier notre déclaration du 12 mai 1717, et nous avions lieu d'espérer que la connaissance de ces sages réglements, si souvent renouvelés, et la crainte des peines qui y sont établies, suffiroient pour réprimer les abus qui avoient donné lieu de faire cette déclaration; mais l'expérience nous a fait connoître que nonobstant l'attention et la vigilance des magistrats, plusieurs imprimeurs ont porté la licence jusqu'à imprimer sans privilège ni permission, des ouvrages tendants à corrompre les mœurs de nos sujets, ou à répandre des maximes également contraires à la religion et à l'ordre public; nous avons été informés d'ailleurs que les différents réglements intervenus sur cette matière pouvoient laisser quelques doutes à ceux de nos juges à qui appartient la connoissance des contraventions, et faire espérer aux coupables de se soustraire à la rigueur des lois, sous prétexte que la disposition n'en étoit pas encore assez claire et assez précise, pour mettre la justice en droit et en état de les condamner. A ces causes, etc., voulons et nous plaît.

ART. 1.er Que les édits, ordonnances, déclarations et réglements rendus sur le fait de l'imprimerie, notamment les ordonnances et édit du roi Henri II, des années 1547 et 1551; l'ordonnance de Charles IX, de 1563; celle de Moulins, de 1566; les lettres patentes en forme de déclaration, données en 1571; la déclaration donnée sur icelles, en 1572; l'édit du mois d'août 1686; les lettres patentes du mois d'octobre 1701; notre déclaration du 12 mai 1717; ensemble les arrêts de réglements de notre cour de parlement de Paris du 17 janvier 1654, 3 décembre 1705,

4 janvier 1706, 26 août 1711, 3 février 1712, 21 février 1715, 4 avril et 11 mai 1716, soient exécutés selon leur forme et teneur dans tous les points auxquels il ne sera pas dérogé par ces présentes; défendons à tous imprimeurs, libraires, colporteurs et autres d'y contrevenir sous les peines qui y sont contenues.

2. Voulons que tous imprimeurs qui seront convaincus d'avoir imprimé sous quelque titre que ce puisse être, de mémoires, lettres, relations, nouvelles ecclésiastiques, ou autres dénominations, des ouvrages ou écrits non revêtus de privilèges, ni permission sur des disputes nées ou à naître en matières de religion, et notamment ceux qui seroient contraires aux bulles reçues dans notre royaume, au respect dû à notre Saint Père le Pape, aux évêques et à notre autorité, soient condamnés, pour la première fois, à être appliqués au carcan, même à plus grande peine, s'il y échet, sans que ladite peine du carcan puisse être modérée sous quelque prétexte que ce soit; et en cas de récidive, ordonnons que lesdits imprimeurs soient en outre condamnés aux galères pour cinq ans, laquelle peine ne pourra pareillement être remise ni modérée.

3. La disposition de l'article précédent aura lieu pareillement à l'égard des imprimeurs qui seront convaincus d'avoir imprimé des ouvrages ou écrits tendants à troubler la tranquillité de l'État, ou à corrompre les mœurs de nos sujets, et qui par cette raison n'auroient pû être revêtus de privilège ni de permission.

4. Voulons que ceux qui seront convaincus d'avoir composé et fait imprimer des ouvrages ou écrits de la qualité marquée dans l'un ou dans l'autre des deux précédents articles, soient condamnés comme perturbateurs du repos public, pour la première fois, au bannissement à temps hors du ressort du parlement où ils seront jugés; et en cas de récidive au bannissement à perpétuité de notre royaume.

5. A l'égard des autres ouvrages ou écrits qui n'étant de la qualité et sur les matières ci-dessus marquées, auront été imprimés sans privilège ni permission, laissons à la prudence et à la religion de nos juges, par rapport auxdits ouvrages seulement, de prononcer contre les imprimeurs et auteurs telle peine qu'ils jugeront convenable, suivant l'exigence des cas; leur enjoignant néanmoins de tenir sévèrement la main à ce que tous ceux qui auront eu part à la composition, impression ou distribution de tous

libelles de quelque nature qu'ils puissent être, soient punis suivant la rigueur de nos ordonnances.

6. Déclarons sujets aux peines portées par les articles 2, 3 et 5 de notre présente déclaration, dans les différents cas qui y sont énoncés, tous imprimeurs qui se trouveront saisis de formes composées pour imprimer des ouvrages non revêtus de privilège ni permission, et ce encore qu'il n'y en eût aucune épreuve ni feuille tirée.

7. Défendons très expressément à tous imprimeurs de travailler ou faire travailler ailleurs que dans les maisons où ils demeurent, ou dans celles à la porte desquelles sera posée une enseigne publique d'imprimerie: ordonnons que conformément aux anciens réglements, la porte de leur imprimerie ne sera fermée, pendant tout le temps de leur travail, que par un simple loquet; comme aussi leur faisons très-expresses inhibitions et défenses d'avoir dans leurs maisons ou autres lieux où ils imprimeront, aucunes portes de derrière, par lesquelles ils puissent faire sortir clandestinement aucuns imprimés, le tout à peine d'interdiction pendant six mois et de cinq cents livres d'amende, qui ne pourra être remise ni modérée par nos juges, même de déchéance de la maîtrise, ou autre plus grande punition en cas de récidive.

8. Défendons à tous imprimeurs de se servir pour leurs imprimeries de rouleaux, à peine d'interdiction pendant six mois, et de cinq cents livres d'amende, même de déchéance de la maîtrise, et autre plus grande punition en cas de récidive.

9. Enjoignons à tous imprimeurs de marquer au bas de leurs ouvrages le nom de la ville dans laquelle ils les auront imprimés, et la date de l'année où l'impression en aura été faite, à peine de cinq cents livres d'amende pour chaque contravention; leur faisons très-expresses inhibitions et défenses de supposer le nom d'une autre ville, ni aucunes dates fausses, à peine d'être poursuivis extraordinairement, et punis comme faussaires.

10. Toutes les peines portées par les articles 2, 3, 5, 6, 7, 8 et 9 de notre présente déclaration contre les imprimeurs, auront également lieu suivant les différents cas contre les protes, correcteurs et compositeurs, ensemble contre les distributeurs et colporteurs de libelles, dans ce qui peut les regarder.

11. Et afin que tous les protes, correcteurs ou compositeurs des imprimeries ne puissent excuser leurs contraventions, sous prétexte qu'ils ont présumé que l'imprimeur pour lequel ils travaillent, avoit obtenu un privilège ou une permission, et qu'on ne peut leur imputer leur ignorance sur un fait dont ils ne sont pas chargés: ordonnons qu'à l'avenir sur la copie du livre ou ouvrage qu'il s'agira d'imprimer, les imprimeurs seront tenus de transcrire en entier le privilège ou la permission par eux obtenus, et de signer la copie qu'ils en auront écrite sur celle dudit livre ou ouvrage. Défendons auxdits protes, correcteurs ou compositeurs de travailler à l'impression d'aucun livre ou ouvrage, sur la copie duquel ledit privilège ou permission n'auront pas été transcrits et signés par l'imprimeur; et en cas de contravention, voulons qu'ils soient sujets aux mêmes peines que lesdits imprimeurs conformément à l'article précédent.

12. Défendons très-expressément à toutes personnes de quelque état et condition qu'elles soient, et à toutes communautés ecclésiastiques ou laïques, séculières ou régulières, d'avoir dans leurs maisons, à la ville ou à la campagne, des imprimeries privées, soit avec presse, rouleaux ou autrement, le tout à peine, savoir, contre les particuliers de trois mille livres d'amende, dont les propriétaires, s'ils demeurent dans la maison, ou les principaux locataires des maisons seront responsables; et contre les communuatés, de la même peine de trois mille livres d'amende, et d'être en outre déchues de tous les privilèges et immunités à elles accordées, tant par nous que par les rois nos prédécesseurs. Si donnons, etc.

DÉCLARATION *portant défenses à toutes personnes de quelque état et condition qu'elles soient, de composer ni faire composer, imprimer et distribuer aucuns écrits contre la règle des ordonnances, sous les peines y mentionnées.*

Versailles, 16 avril 1757. Reg. P. P. 21 (Isambert, vol. XXII, pp. 272-274).

Louis, etc. L'attention continuelle que nous devons apporter à maintenir l'ordre et la tranquillité publique, et à réprimer tout ce qui peut la troubler, ne nous permet pas de souffrir la licence effrénée des écrits qui se répandent dans notre royaume, et qui tendent à attaquer la religion, à émouvoir les esprits, et à donner atteinte à notre autorité; les rois nos prédécesseurs ont opposé en différents temps la sévérité des lois à un pareil mal, ils ont même été jusqu'à la peine de mort pour contenir par la crainte la plus propre à en imposer, ceux qui seroient capables de se porter à des excès si dangereux; animés du même esprit, nous croyons devoir renouveler cette même peine contre tous ceux qui auroient eu part à la composition, à l'impression et distribution de ces écrits; celle des galères contre tous ceux qui auroient eu part à la composition, impression et distribution de tous autres écrits de quelque nature qu'ils soient, sans avoir observé les formalités prescrites par nos ordonnances, et des amendes considérables contre les propriétaires ou les principaux locataires des maisons où on trouveroit des imprimeries privées et clandestines qu'ils n'auroient pas dénoncées à la justice. A ces causes, etc., voulons et nous plaît ce qui suit.

ART. 1. Tous ceux qui seront convaincus d'avoir composé, fait composer et imprimer des écrits tendants à attaquer la religion, à émouvoir les esprits, à donner atteinte à notre autorité, et à troubler l'ordre et la tranquillité de nos Etats, seront punis de mort.

2. Tous ceux qui auroient imprimé lesdits ouvrages, les libraires, colporteurs, et autres personnes qui les auroient répandus dans le public, seront pareillement punis de mort.

3. A l'égard de tous les autres écrits, de quelque nature qu'ils soient, qui ne sont pas de la qualité portée en l'article 1.er, voulons que, faute d'avoir observé les formalités prescrites par nos ordonnances, les auteurs, imprimeurs, libraires, colporteurs et autres personnes qui les auroient répandus dans le public, soient condamnés aux galères à perpétuité, ou à temps, suivant l'exigence des cas.

4. Les ordonnances, édits et déclarations faits, tant par nous que par les rois nos prédécesseurs, sur le fait de l'imprimerie et de la librairie, seront exécutés; en conséquence, défendons à toutes personnes de quelque état, qualité et condition qu'elles soient, à toutes communautés, maisons ecclésiastiques ou laïques, séculières et régulières, même aux personnes demeurantes dans les

lieux privilégiés, de souffrir en leurs maisons, dans les villes ou dans les campagnes, des imprimeries privées et clandestines, soit avec presses, rouleaux ou autrement, sous quelque dénomination que ce soit.

5. Les propriétaires ou principaux locataires des maisons mentionnées en l'article précédent, dans lesquelles lesdites imprimeries privées et clandestines auront été trouvées, et qui ne les auront pas dénoncées à la justice, seront condamnés en six mille livres d'amende; en cas de récidive, au double, sans que lesdites amendes puissent être modérées sous quelque prétexte que ce soit, à peine de nullité des jugements.

6. Les mêmes condamnations d'amende auront lieu contre les communautés, maisons ecclésiastiques ou laïques, séculières ou régulières chez lesquelles seront trouvées des imprimeries privées et clandestines; et en outre, elles seront déclarées déchues des droits et privilèges à elles accordés par nous et les rois nos prédécesseurs. Si donnons, etc.

ARRÊT *du conseil portant réglément sur la durée des privilèges en librairie*

Versailles, 30 août 1777. (Isambert, vol. XXV, pp. 108-112.)

Le roi s'étant fait rendre compte, en son conseil, des mémoires respectifs de plusieurs libraires, tant de Paris que des provinces, sur la durée des privilèges et sur la propriété des ouvrages, S.M. a reconnu que le privilège en librairie est une grace fondée en justice, et qui a pour objet, si elle est accordée à l'auteur, de récompenser son travail; si elle est obtenue par un libraire, de lui assurer le remboursement de ses avances et l'indemnité de ses frais: que cette différence dans les motifs qui déterminent les privilèges, en doit produire une dans sa durée: que l'auteur a sans doute un droit plus assuré à une grace plus étendue, tandis que le libraire ne peut se plaindre, si la faveur qu'il obtient est proportionnée au montant de ses avances et à l'importance de son entreprise: que la perfection de l'ouvrage exige cependant qu'on en laisse jouir le libraire pendant la vie de l'auteur avec lequel il a traité; mais qu'accorder un plus long terme, ce seroit convertir une jouissance de grace en une propriété de droit, et perpétuer une faveur contre la teneur même du titre qui en fixe la durée; ce seroit consacrer le monopole, en rendant un libraire le seul arbitre à toujours du prix d'un livre; ce seroit enfin laisser subsister la source des abus et des contrefaçons, en refusant aux imprimeurs de province un moyen légitime d'employer leurs presses. S.M. a pensé qu'un réglement qui restreindroit le droit exclusif des libraires au temps qui sera porté dans le privilège, feroit leur avantage, parce qu'une jouissance limitée, mais certaine, est préférable à une jouissance indéfinie, mais illusoire: qu'il seroit l'avantage du public, qui doit en espérer que les livres tomberont à une valeur proportionnée aux facultés de ceux qui veulent se les procurer: qu'il seroit favorable aux gens de lettres, qui pourront, après un temps donné, faire des notes et des commentaires sur un auteur, sans que personne puisse leur contester le droit de faire imprimer le texte: qu'enfin ce réglement seroit d'autant plus utile, qu'il ne pourroit qu'augmenter l'activité du commerce, et exciter entre tous les imprimeurs une émulation favorable au progrès et à la perfection de leur art.

1. Aucuns libraires et imprimeurs ne pourront imprimer ou faire imprimer aucuns livres nouveaux, sans en avoir préalablement obtenu le privilège ou lettres scellées du grand sceau.

2. Défend S.M. à tous libraires, imprimeurs ou autres qui auront obtenu des lettres de privilège pour imprimer un livre nouveau, de solliciter aucune continuation de ce privilège, à moins qu'il n'y ait dans le livre augmentation au moins d'un quart, sans que pour ce sujet on puisse refuser aux autres la permission d'imprimer les anciennes éditions non augmentées.

3. Les privilèges qui seront accordés à l'avenir, pour imprimer des livres nouveaux, ne pourront être d'une moindre durée que de dix années.

4. Ceux qui auront obtenu des privilèges, en jouiront non-seulement pendant tout le temps qui y sera porté, mais encore pendant la vie des auteurs, en cas que ceux-ci survivent à l'expiration des privilèges.

5. Tout auteur qui obtiendra en son nom le privilège de son ouvrage, aura le droit de le vendre chez lui, sans qu'il puisse, sous aucun prétexte, vendre ou négocier d'autres livres; et jouira de son

privilège, pour lui et ses hoirs, à perpétuité, pourvu qu'il ne le rétrocède à aucun libraire, auquel cas la durée du privilège sera, par le fait seul de la cession, réduite à celle de la vie de l'auteur.

6. Tous libraires et imprimeurs pourront obtenir, après l'expiration du privilège d'un ouvrage et la mort de son auteur, une permission d'en faire une édition, sans que la même permission accordée à un ou plusieurs, puisse empêcher aucun autre d'en obtenir une semblable.

7. Les permissions portées en l'article précédent, seront expédiées sur la simple signature de la personne à laquelle M. le chancelier ou garde des sceaux aura confié la direction générale de la librairie; et pour favoriser les spéculations de commerce, il sera donné à ceux qui solliciteront une permission de cette espèce, connoissance de toutes les permissions du même genre, qui auront été données à d'autres pour ce même ouvrage, et du nombre d'exemplaires qu'il leur aura été permis d'en tirer.

8. S.M., ne voulant pas permettre que l'obtention de ces permissions soit illusoire, et qu'on en obtienne sans l'intention de les réaliser, ordonne qu'elles ne seront accordées qu'à ceux qui auront acquitté le droit porté au tarif qui sera arrêté par M. le garde des sceaux.

9. Les sommes auxquelles monteront ces droits, seront payées entre les mains des syndic et adjoints de la chambre syndicale de Paris, ou de celui qu'ils commettront à ladite recette, sans qu'ils puissent se dessaisir de ces deniers que sur les ordres de M. le chancelier ou garde des sceaux, pour les émoluments des inspecteurs et autres personnes préposées à la manutention de la librairie.

10. Lesdites permissions seront enregistrées, dans le délai de deux mois, sur les registres de la chambre syndicale, dans l'arrondissement de laquelle seront domiciliés ceux qui les auront obtenues, à peine de nullité.

11. S.M., désirant traiter favorablement ceux qui ont obtenu antérieurement au présent arrêt, des privilèges ou continuations d'iceux, veut qu'ils soient tenus de remettre; savoir, les libraires et imprimeurs de Paris, dans deux mois, les libraires et imprimeurs de province, dans trois mois pour tout délai, les titres sur lesquels ils établissent leur propriété, entre les mains du sieur Camus de

Néville, maître des requêtes, que S.M. a commis et commet à cet effet; pour, sur le compte qu'il en rendra, leur être accordé par M. le chancelier ou garde des sceaux, s'il y échet, un privilège dernier et définitif.

12. Ledit délai de deux mois pour les libraires et imprimeurs de Paris, et de trois mois pour les libraires et imprimeurs des provinces, étant expiré, ceux qui n'auront pas représenté leurs titres, ne pourront plus espérer aucune continuation de privilège.

13. Les privilèges d'usages des diocèses et autres de cette espèce, ne seront point compris dans le présent. Ordonne S.M. que le présent arrêt sera enregistré dans toutes les chambres syndicales, etc.

Also dated 30 August 1777 are an *Arrêt du conseil* giving *inter alia* a complete and revised list of towns endowed with *chambres syndicales de librairie* (viz: Amiens, Angers, Besançon, Bordeaux, Caen, Châlons-sur-Marne, Dijon, Lille, Lyon, Marseille, Montpellier, Nancy, Nantes, Orléans, Paris, Poitiers, Reims, Rouen, Strasbourg, and Toulouse) (Isambert, vol. XXV, pp. 113-117), an *Arrêt du conseil* laying down formalities for the admission of printers and *libraires* (ibid., pp. 117-119), another establishing two public sales "des fonds de librairie, des parties de fonds, et des privilèges ou portions d'iceux, dont les libraires et imprimeurs, soit de Paris, soit des provinces, voudront se défaire," to be held 15-30 November and 15-31 May each year (ibid., pp. 119-120), another "portant réglement de discipline pour les compagnons imprimeurs" (ibid., pp. 125-128), and the following.

ARRÊT *du conseil concernant les contrefaçons des livres*

Versailles, 30 août 1777 (Isambert, vol. XXV, pp. 121-123).

Le roi s'étant fait rendre compte, en son conseil, des mémoires de plusieurs libraires, sur le tort que cause à leur commerce la multiplicité des contrefaçons faites au préjudice des privilèges qu'ils ont obtenus; S.M. a reconnu que cet abus est destructif de la confiance qui est le lien du commerce, et contraire à la bonne foi qui lui sert de base; que les auteurs ne sont pas moins intéressés que les libraires à voir réprimer, par la sévérité des peines, la licence de ces contrefacteurs avides, qui ne prennent conseil que d'un intérêt momentané, et qui seroient d'autant moins excusables aujourd'hui, qu'une loi favorable leur assure le droit d'imprimer chaque ouvrage après l'expiration de son privilège: qu'il est enfin indispensable de ramener tout le corps de la librairie à un plan de conduite, dont la raison, la prudence et l'intérêt réciproque auroient dû lui faire sentir plus tôt la nécessité. Et comme on a représenté au roi qu'il existoit un grand nombre de livres contrefaits antérieurement au présent arrêt, et que ces livres formoient la fortune d'une grande partie des libraires de province, qui n'avoient que cette ressource pour satisfaire à leurs engagements; S.M. a pensé qu'il étoit de sa bonté de relever les possesseurs desdites contrefaçons de la rigueur des peines portées par les réglements, et que cet acte d'indulgence à leur égard seroit, pour l'avenir, le gage de leur circonspection: à quoi voulant pourvoir:

1. Défend S.M. à tous imprimeurs-libraires du royaume, de contrefaire les livres pour lesquels il aura été accordé des privilèges, pendant la durée desdits privilèges, ou même de les imprimer sans permission après leur expiration et le décès de l'auteur, à peine de six mille livres d'amende pour la première fois, de pareille amende et de déchéance d'état en cas de récidive.

2. Les éditions faites en contravention à l'article 1er, seront saisissables sur le libraire qui les vendra, comme sur l'imprimeur qui les aura imprimées; et le libraire qui en aura été trouvé saisi, sera soumis aux mêmes peines.

3. Les peines portées en l'article 1er n'empêcheront pas les possesseurs du privilège, au préjudice duquel une édition aura été faite, de former, tant contre l'imprimeur qui aura contrefait l'ouvrage, que contre le libraire qui aura été trouvé saisi d'exemplaires de ladite contrefaçon, sa demande en dommages-intérêts, et d'en obtenir de proportionnés au tort que ladite contrefaçon lui aura fait éprouver dans son commerce.

4. Autorise S.M. tout possesseur ou cessionnaire de privilèges, ou de portions d'iceux, à se faire assister, sans autre permission que le présent arrêt, d'un inspecteur de librairie, ou à son défaut, d'un juge ou commissaire de police, pour visiter à ses risques, périls et fortunes, les imprimeries, boutiques ou magasins des imprimeurs,

libraires ou colporteurs, où il croiroit trouver des exemplaires contrefaits des ouvrages dont il a le privilège ou partie; à la charge cependant qu'avant de procéder à aucune visite, il exhibera à l'inspecteur ou au juge ou commissaire de police, l'original du privilège ou son duplicata collationné. Autorise aussi S.M. ceux chez qui on fera de semblables visites, à se pourvoir en dommages-intérêts contre ceux qui les feront, s'ils ne trouvent pas des contrefaçons des ouvrages dont ils auront exhibé le privilège, encore qu'ils en eussent trouvé d'autres.

5. Les exemplaires saisis, tant des éditions faites au préjudice d'un privilège, que de celles faites sans permission, seront transportés à la chambre syndicale dans l'arrondissement de laquelle la saisie aura été faite, pour y être mis en pilon en présence de l'inspecteur.

6. Quant aux contrefaçons antérieures au présent arrêt, S.M. voulant user d'indulgence, relève ceux qui s'en trouveront saisis, des peines portées par les réglements, en remplissant par eux les formalités prescrites par l'article suivant.

7. Les possesseurs de contrefaçons antérieures au présent arrêt seront tenus de les représenter dans le délai de deux mois, à l'inspecteur et à l'un des adjoints de la chambre syndicale dans l'arrondissement de laquelle ils sont domiciliés, pour être, la première page de chaque exemplaire, estampillée par l'adjoint et signée par l'inspecteur.

8. Le délai de ces deux mois de grace commencera à courir contre les imprimeurs ou libraires domiciliés dans l'arrondissement des différentes chambres syndicales du royaume, à compter du jour de l'enregistrement du présent arrêt dans chacune d'icelles.

9. Ledit délai de deux mois expiré, l'inspecteur renverra à M. le garde des sceaux l'estampille qu'il en aura reçue, avec le procès-verbal de ses opérations; et dès ce moment, tous les livres contrefaits qui seront trouvés dénués de la signature de l'inspecteur et de la marque de l'estampille, seront regardés comme nouvelles contrefaçons, et ceux sur lesquels ils seront saisis, soumis aux peines portées par l'article 1er. Enjoint S.M. au sieur Lenoir, conseiller d'état, lieutenant général de police de la ville, prévôté et vicomté de Paris, et aux sieurs intendants, commissaires départis pour l'exécution de ses ordres dans les différentes généralités du

royaume, de tenir la main, chacun en droit soi, à l'exécution du présent arrêt, qui sera imprimé, publié et affiché partout où besoin sera, enregistré dans toutes les chambres syndicales, et envoyé par les syndic et adjoints de chacune d'icelles, à tous les imprimeurs et libraires de leur arrondissement.

NORTH CAROLINA STUDIES IN THE ROMANCE LANGUAGES AND LITERATURES

I.S.B.N. Prefix 0-8078-

Recent Titles

THE "AUTO SACRAMENTAL" AND THE PARABLE IN SPANISH GOLDEN AGE LITERATURE, by Donald Thaddeus Dietz. 1973. (No. 132). *-932-4.*
FRANCISCO DE OSUNA AND THE SPIRIT OF THE LETTER, by Laura Calvert. 1973. (No. 133). *-933-2.*
ITINERARIO DI AMORE: DIALETTICA DI AMORE E MORTE NELLA VITA NUOVA, by Margherita de Bonfils Templer. 1973. (No. 134). *-934-0.*
L'IMAGINATION POETIQUE CHEZ DU BARTAS: ELEMENTS DE SENSIBILITE BAROQUE DANS LA "CREATION DU MONDE," by Bruno Braunrot. 1973. (No. 135). *-934-0.*
ARTUS DESIRE: PRIEST AND PAMPHLETEER OF THE SIXTEENTH CENTURY, by Frank S. Giese. 1973. (No. 136). *-936-7.*
JARDIN DE NOBLES DONZELLAS, FRAY MARTIN DE CORDOBA, by Harriet Goldberg. 1974. (No. 137). *-937-5.*
MYTHE ET PSYCHOLOGIE CHEZ MARIE DE FRANCE DANS "GUIGEMAR", par Antoinette Knapton. 1975. (No. 142). *-942-1.*
THE LYRIC POEMS OF JEHAN FROISSART: A CRITICAL EDITION, by Rob Roy McGregor, Jr. 1975. (No. 143). *-943-X.*
THE HISPANO-PORTUGUESE CANCIONERO OF THE HISPANIC SOCIETY OF AMERICA, by Arthur Askins. 1974. (No. 144). *-944-8.*
HISTORIA Y BIBLIOGRAFÍA DE LA CRÍTICA SOBRE EL "POEMA DE MÍO CID" (1750-1971), por Miguel Magnotta. 1976. (No. 145). *-945-6.*
LES ENCHANTEMENZ DE BRETAIGNE. AN EXTRACT FROM A THIRTEENTH CENTURY PROSE ROMANCE "LA SUITE DU MERLIN", edited by Patrick C. Smith. 1977. (No. 146). *-9146-0.*
THE DRAMATIC WORKS OF ÁLVARO CUBILLO DE ARAGÓN, by Shirley B. Whitaker. 1975. (No. 149). *-949-9.*
A CONCORDANCE TO THE "ROMAN DE LA ROSE" OF GUILLAUME DE LORRIS, by Joseph R. Danos. 1976. (No. 156). *0-88438-403-9.*
POETRY AND ANTIPOETRY: A STUDY OF SELECTED ASPECTS OF MAX JACOB'S POETIC STYLE, by Annette Thau. 1976. (No. 158). *-005-X.*
FRANCIS PETRARCH, SIX CENTURIES LATER, by Aldo Scaglione. 1975. (No. 159).
STYLE AND STRUCTURE IN GRACIÁN'S "EL CRITICÓN", by Marcia L. Welles, 1976. (No. 160). *-007-6.*
MOLIERE: TRADITIONS IN CRITICISM, by Laurence Romero. 1974 (Essays, No. 1). *-001-7.*
CHRÉTIEN'S JEWISH GRAIL. A NEW INVESTIGATION OF THE IMAGERY AND SIGNIFICANCE OF CHRÉTIEN DE TROYES'S GRAIL EPISODE BASED UPON MEDIEVAL HEBRAIC SOURCES, by Eugene J. Weinraub. 1976. (Essays, No. 2). *-002-5.*
FIRE AND ICE: THE POETRY OF XAVIER VILLAURRUTIA, by Merlin H. Forster. 1976. (Essays, No. 11). *-011-4.*
THE THEATER OF ARTHUR ADAMOV, by John J. McCann. 1975. (Essays, No. 13). *-013-0.*
AN ANATOMY OF POESIS: THE PROSE POEMS OF STÉPHANE MALLARMÉ, by Ursula Franklin. 1976. (Essays, No. 16). *-016-5.*
LAS MEMORIAS DE GONZALO FERNÁNDEZ DE OVIEDO, Vols. I and II, by Juan Bautista Avalle-Arce. 1974. (Texts, Textual Studies, and Translations, Nos. 1 and 2). *-401-2; 402-0.*
GIACOMO LEOPARDI: THE WAR OF THE MICE AND THE CRABS, translated, introduced and annotated by Ernesto G. Caserta. 1976. (Texts, Textual Studies, and Translations, No. 4). *-404-7.*

When ordering please cite the *ISBN Prefix* plus the last four digits for each title.

Send orders to: University of North Carolina Press
   Chapel Hill
   North Carolina 27514
   U. S. A.

NORTH CAROLINA STUDIES IN THE ROMANCE LANGUAGES AND LITERATURES

I.S.B.N. Prefix 0-8078-

Recent Titles

LUIS VÉLEZ DE GUEVARA: A CRITICAL BIBLIOGRAPHY, by Mary G. Hauer. 1975. (Texts, Textual Studies, and Translations, No. 5). -405-5.

UN TRÍPTICO DEL PERÚ VIRREINAL: "EL VIRREY AMAT, EL MARQUÉS DE SOTO FLORIDO Y LA PERRICHOLI". EL "DRAMA DE DOS PALANGANAS" Y SU CIRCUNSTANCIA, estudio preliminar, reedición y notas por Guillermo Lohmann Villena. 1976. (Texts, Textual Studies, and Translation, No. 15). -415-2.

LOS NARRADORES HISPANOAMERICANOS DE HOY, edited by Juan Bautista Avalle-Arce. 1973. (Symposia, No. 1). -951-0.

ESTUDIOS DE LITERATURA HISPANOAMERICANA EN HONOR A JOSÉ J. ARROM, edited by Andrew P. Debicki and Enrique Pupo-Walker. 1975. (Symposia, No. 2). -952-9.

MEDIEVAL MANUSCRIPTS AND TEXTUAL CRITICISM, edited by Christopher Kleinhenz. 1976. (Symposia, No. 4). -954-5.

SAMUEL BECKETT. THE ART OF RHETORIC. edited by Edouard Morot-Sir, Howard Harper, and Dougald McMillan III. 1976. (Symposia, No. 5). -955-3.

DELIE. CONCORDANCE, by Jerry Nash. 1976. 2 Volumes. (No. 174).

FIGURES OF REPETITION IN THE OLD PROVENÇAL LYRIC: A STUDY IN THE STYLE OF THE TROUBADOURS, by Nathaniel B. Smith. 1976. (No. 176). -9176-2.

A CRITICAL EDITION OF LE REGIME TRESUTILE ET TRESPROUFITABLE POUR CONSERVER ET GARDER LA SANTE DU CORPS HUMAIN, by Patricia Willett Cummins. 1977. (No. 177).

THE DRAMA OF SELF IN GUILLAUME APOLLINAIRE'S "ALCOOLS", by Richard Howard Stamelman. 1976. (No. 178). -9178-9.

A CRITICAL EDITION OF "LA PASSION NOSTRE SEIGNEUR" FROM MANUSCRIPT 1131 FROM THE BIBLIOTHEQUE SAINTE-GENEVIEVE, PARIS, by Edward J. Gallagher. 1976. (No. 179). -9179-7.

A QUANTITATIVE AND COMPARATIVE STUDY OF THE VOCALISM OF THE LATIN INSCRIPTIONS OF NORTH AFRICA, BRITAIN, DALMATIA, AND THE BALKANS, by Stephen William Omeltchenko. 1977. (No. 180). -9180-0.

OCTAVIEN DE SAINT-GELAIS "LE SEJOUR D'HONNEUR", edited by Joseph A. James. 1977. (No. 181). -9181-9.

A STUDY OF NOMINAL INFLECTION IN LATIN INSCRIPTIONS, by Paul A. Gaeng. 1977. (No. 182). -9182-7.

THE LIFE AND WORKS OF LUIS CARLOS LÓPEZ, by Martha S. Bazik. 1977. (No. 183). -9183-5.

"THE CORT D'AMOR". A THIRTEENTH-CENTURY ALLEGORICAL ART OF LOVE, by Lowanne E. Jones. 1977. (No. 185). -9185-1.

PHYTONYMIC DERIVATIONAL SYSTEMS IN THE ROMANCE LANGUAGES: STUDIES IN THEIR ORIGIN AND DEVELOPMENT, by Walter E. Geiger. 1978. (No. 187). -9187-8.

LANGUAGE IN GIOVANNI VERGA'S EARLY NOVELS, by Nicholas Patruno. 1977. (No. 188). -9188-6.

BLAS DE OTERO EN SU POESÍA, by Moraima de Semprún Donahue. 1977. (No. 189). -9189-4.

LA ANATOMÍA DE "EL DIABLO COJUELO": DESLINDES DEL GÉNERO ANATOMÍSTICO, por C. George Peale. 1977. (No. 191). -9191-6.

RICHARD SANS PEUR, EDITED FROM "LE ROMANT DE RICHART" AND FROM GILLES CORROZET'S "RICHART SANS PAOUR", by Denis Joseph Conlon. 1977. (No. 192). -9192-4.

When ordering please cite the *ISBN Prefix* plus the last four digits for each title.

Send orders to: University of North Carolina Press
  Chapel Hill
  North Carolina 27514
  U. S. A.

NORTH CAROLINA STUDIES IN THE ROMANCE LANGUAGES AND LITERATURES

I.S.B.N. Prefix 0-8078-

Recent Titles

MARCEL PROUST'S GRASSET PROOFS. *Commentary and Variants*, by Douglas Alden. 1978. (No. 193). -9193-2.

MONTAIGNE AND FEMINISM, by Cecile Insdorf. 1977. (No. 194). -9194-0.

SANTIAGO F. PUGLIA, AN EARLY PHILADELPHIA PROPAGANDIST FOR SPANISH AMERICAN INDEPENDENCE, by Merle S. Simmons. 1977. (No. 195). -9195-9.

BAROQUE FICTION-MAKING. A STUDY OF GOMBERVILLE'S "POLEXANDRE", by Edward Baron Turk. 1978. (No. 196). -9196-7.

THE TRAGIC FALL: DON ÁLVARO DE LUNA AND OTHER FAVORITES IN SPANISH GOLDEN AGE DRAMA, by Raymond R. MacCurdy. 1978. (No. 197). -9197-5.

A BAHIAN HERITAGE. An Ethnolinguistic Study of African Influences on Bahian Portuguese, by William W. Megenney. 1978. (No. 198). -9198-3.

"LA QUERELLE DE LA ROSE: Letters and Documents", by Joseph L. Baird and John R. Kane. 1978. (No. 199). -9199-1.

TWO AGAINST TIME. *A Study of the very present worlds of Paul Claudel and Charles Péguy*, by Joy Nachod Humes. 1978. (No. 200). -9200-9.

TECHNIQUES OF IRONY IN ANATOLE FRANCE. Essay on *Les sept femmes de la Barbe-Bleue*, by Diane Wolfe Levy. 1978. (No. 201). -9201-7.

THE PERIPHRASTIC FUTURES FORMED BY THE ROMANCE REFLEXES OF "VADO (AD)" "PLUS INFINITIVE, by James Joseph Champion. 1978 (No. 202). -9202-5.

THE EVOLUTION OF THE LATIN /b/-/μ/ MERGER: A Quantitative and Comparative Analysis of the B-V Alternation in Latin Inscriptions, by Joseph Louis Barbarino. 1978 (No. 203). -9203-3.

METAPHORIC NARRATION: THE STRUCTURE AND FUNCTION OF METAPHORS IN "A LA RECHERCHE DU TEMPS PERDU", by Inge Karalus Crosman. 1978 (No. 204). -9204-1.

LE VAIN SIECLE GUERPIR. A Literary Approach to Sainthood through Old French Hagiography of the Twelfth Century, by Phyllis Johnson and Brigitte Cazelles. 1979. (No. 205). -9205-X.

THE POETRY OF CHANGE: A STUDY OF THE SURREALIST WORKS OF BENJAMIN PÉRET, by Julia Field Costich. 1979. (No. 206). -9206-8.

NARRATIVE PERSPECTIVE IN THE POST-CIVIL WAR NOVELS OF FRANCISCO AYALA "MUERTES DE PERRO" AND "EL FONDO DEL VASO", by Maryellen Bieder. 1979. (No. 207). -9207-6.

RABELAIS: HOMO LOGOS, by Alice Fiola Berry. 1979. (No. 208). -9208-4.

"DUEÑAS" AND "DONCELLAS": A STUDY OF THE "DOÑA RODRÍGUEZ" EPISODE IN "DON QUIJOTE", by Conchita Herdman Marianella. 1979. (No. 209). -9209-2.

PIERRE BOAISTUAU'S "HISTOIRES TRAGIQUES": A STUDY OF NARRATIVE FORM AND TRAGIC VISION, by Richard A. Carr. 1979. (No. 210). -9210-6.

REALITY AND EXPRESSION IN THE POETRY OF CARLOS PELLICER, by George Melnykovich. 1979. (No. 211). -9211-4.

MÉMOIRES SUR LA LIBRAIRIE ET SUR LA LIBERTÉ DE LA PRESSE, introduction and notes by Graham E. Rodmell. 1979. (No. 213). -9213-0.

THE FICTIONS OF THE SELF. THE EARLY WORKS OF MAURICE BARRES, by Gordon Shenton. 1979. (No. 214). -9214-9.

CECCO ANGIOLIERI. A STUDY, by Gifford P. Orwen. 1979. (No. 215). -9215-7.

THE INSTRUCTIONS OF SAINT LOUIS: A CRITICAL TEXT, by David O'Connell. 1979. (No. 216). -9216-5.

When ordering please cite the *ISBN Prefix* plus the last four digits for each title.

Send orders to: University of North Carolina Press
Chapel Hill
North Carolina 27514
U. S. A.

The Department of Romance Studies Digital Arts and Collaboration Lab at the University of North Carolina at Chapel Hill is proud to support the digitization of the North Carolina Studies in the Romance Languages and Literatures series.